복 있는 사람

오직 여호와의 율법을 즐거워하여 그 율법을 주야로 묵상하는 자로다.
저는 시냇가에 심은 나무가 시절을 좇아 과실을 맺으며 그 잎사귀가 마르지 아니함 같으니
그 행사가 다 형통하리로다. (시편 1:2-3)

기다리던 책이 드디어 나왔다. 지난 몇 년 사이, 루터에 관한 수많은 서적이 쏟아져 나왔지만, 개인적으로 기다려 오던 책은 딱 두 권이었다. 한 권은 최근에 출판된 린들 로퍼의 『마르틴 루터: 인간, 예언자, 변절자』(복 있는 사람, 2019)이고, 나머지 한 권이 바로 이 책이다. 이 책에 대한 추천사 제의가 들어왔을 때, 단 일 초도 고민하지 않고 흔쾌히 받아들였는데 거기에는 몇 가지 이유가 있다.

첫째는 독일에서 이 책을 주머니에 꽂고 다니며 탐독하던 기억이 아직도 생생한데, 그 독서의 기쁨을 다른 사람들과 나누고 싶기 때문이다. 본문의 내용은 쉽고 명료한 문체로 되어 있으며, 차례는 일목요연하면서도 세심한 배려가 한눈에 들어온다. 이 분야의 대가가 아니고서는 감히 이런 내용을 써 내려갈 수 없다는 것을 첫 장부터 알게 될 것이다. 시대 배경, 루터의 생애와 주요 저술에 대한 군더더기 없는 개요, 신학 쟁점, 루터 이후의 신학적 발전, 루터 해석의 역사, 오늘의 문제, 거기에다 루터 연구를 위해 참고해야 할 필수 자료가 무엇인지까지, 한 권의 책이지만 거인 같은 내용이 여기 담겨 있다. 둘째는 이 책의 특별한 성격 때문이다. 앞서 언급한 린들 로퍼의 책이 루터의 심리와 시대 배경을 다룬 평전 분야의 "아이돌" 같은 것이라면, 이 책은 루터 신학 입문서 분야에서 이미 검증이 끝난 확증된 "교과서"이다. 초판(1981)이 나온 이래 다양한 언어로 번역되어 전 세계 신학생과 독자들에게 최고의 루터 신학 입문서로 사랑받아 왔으니, 이보다 더 좋은 입문서는 없다 해도 과언이 아니다. 셋째는 이 책은 초판과 내용이 완전히 다른 개정판이기 때문이다. 로제의 생애 마지막 저술이기도 한 이 책은 탁월한 수작(秀作)이다. 단지 루터 신학의 대가가 저술했기 때문만이 아니다. 그는 소천하기 직전까지 연구를 지속했는데, 그의 생애의 모든 연구와 고민, 그리고 후학들을 위한 미래 과제를 이 책에 오롯이 담았다. 로제 이후에 수많은 루터 학자들이 셀 수 없을 만큼 방대한 양의 루터 관련 서적을 쏟아 내고 있음에도, 이 책은 언제나 루터 연구의 기준을 제공했고, 당분간 그 영향력은 퇴색하지 않을 것이다.

마지막으로, 이 책을 꼭 추천해야 하는 이유는 번역자 때문이다. 제아무리 좋은 책이라도 번역자를 잘못 만나면 원저자의 의도가 왜곡되거나 제대로 전달되지 못한다. 그러나 이번에는 그럴 염려는 묶어 놔도 좋다. 국내외 루터교회에서 학문과 인격으로 존경받고, 한국 루터 신학의 최고수로 꼽히는 박일영 박사(前 루터대 총장)의 수려하고 섬세한 땀이 여기 그대로 배어 있기 때문이다. 곁에서 이 책의 번역이 나오는 과정을 지켜보았기에 독자들을 위한 배려와 노고가 얼마나 진실되게 담겨 있는지 나는 잘 안다. 루터 관련 서적은 수없이 많지만, 이 책은 "루터 신학"이라는 목적지로 인도할 확실하고 안전한 길라잡이다. 그러니 이 책을 읽는 사람은 복 받은 거다.

최주훈 중앙루터교회 담임목사

한국 교회가 위기에 처한 징후가 도처에서 나타나고 있다. 외부자들에게 교회는 "당신들의 천국"이다. 초월의 방향으로 역사를 견인해야 할 책임을 방기한 채 현실 추수에 몰두하는 것처럼 보이기 때문이다. 지켜야 할 것이 많아지면 신앙의 역동성은 현저히 줄어든다. 울면서라도 다시 시작할 용기를 내야 할 때이다. 섣부른 낙관도 우울한 비관도 도움이 되지 않는다. 방관자가 되지 않겠다는 결의가 필요하다. 우리가 루터를 다시 주목하는 것은 복음에 대한 그의 뜨거운 열정과 접속하여 우리 속에 있는 신앙의 심지에 불을 당기고 싶기 때문이다.

베른하르트 로제의 이 책은 루터의 사상과 실천이 관념이 아닌, 구체적인 현실 속에서 발생한 것임을 아름답게 보여준다. 저자는 종교개혁이 일어날 수밖에 없었던 시대 상황 속에서 루터가 어떻게 신학적으로 반응했는지를 총체적으로 살필 수 있게 해준다. 루터의 신학은 다양한 논쟁을 통해 깊어졌고 다채로워졌다. 일반 독자들이 쉽게 접하기 어려운 그의 저작에 대한 개략적인 정보와 함께, 그의 신학이 어떻게 수용되고 해석학적 논쟁을 불러일으켰는지를 보여주는 이 책은 루터 신학이라는 숲을 탐험하려는 이들이 늘 곁에 두고 참고해야 할 일종의 지도이다.

김기석 청파교회 담임목사

중세의 그늘에서 혜성처럼 살다 간 무명의 수도자 마르틴 루터. 하나님과 혼신을 다해 씨름한 그는 개신교 신학을 창시하였으며, 근대의 새로운 길을 개척하였다. 루터는 우리의 신앙, 신학, 문명의 빗장을 창조적으로 열었다. 루터를 매혹한 그 불꽃은 지금도 우리에게 여전히 이어진다. 독일 함부르크 대학교 교회사 교수인 베른하르트 로제는 루터 연구의 최고 전문가이며, 그의 이『루터 입문』은 우리 시대의 대표적인 루터 연구 입문서이다. 이미 학계의 정평을 얻은 루터 연구의 탁월한 교과서가 우리에게 새롭게 다가온다.

이 책은 루터의 생애, 저작, 신학의 다양한 결을 문헌적 연구와 역사적 고증을 통하여 생생하게 재구성한다. 특히, 루터의 역사와 신학을 매우 정교하고 입체적으로 연결한 이 저서는 루터 연구의 중요한 출발점을 제공한다. 그 외에도 루터의 시대, 생애, 논쟁, 저작, 신학, 쟁점, 해석사, 문헌 등을 넓고 깊게 조명하고 있다. "근원을 찾아"*ad fontes*, "지금, 그리고 여기에서"*nunc et hinc*. 이 책은 과거 루터의 깊이와 향기뿐만 아니라, 미래의 루터를 소망하고 상상하는 우리 모두에게 새로운 영감과 열정을 선사할 것이다.

전철 한신대학교 조직신학 교수

독일 함부르크 대학교의 교회사가이자, 루터 전문가인 베른하르트 로제의 이 『루터
입문』은 지난 1981년 초판 발간 때부터 지금까지 루터를 연구하려는 수많은 독자들
에게 신뢰를 주는 입문서로서 변함없는 사랑을 받아 왔다. 로제에 의해 전면 개정된
최종판인 제3판(1997)이 우리말로 새롭게 번역된 것을 환영하면서, 이 책이 지닌 가
치를 간단히 소개하고자 한다.

　　첫째, 이 책은 위대한 종교개혁자를 철저히 역사적인 한 인간의 모습으로 그려
내고 있다. 그 어떤 우상화된 이미지를 배제하고 그가 살았던 "삶의 자리"를 명확하
게 묘사하는 동시에, 신앙적인 결단의 과정을 담아내려는 노력을 기울임으로써 전기
(傳記)적인 연구의 한 전형을 보여주고 있다. 이러한 노력은 그의 필생의 작품인 『역
사적 발전과 체계적 연관 속에서 본 루터의 신학 *Luthers Theologie in ihrer historischen
Entwicklung und in ihrem systematischen Zusammenhang*』(1995)에서도 잘 나타난다. 둘째,
이 책은 부분과 전체가 서로 긴밀하게 연결되어 있기 때문에, 독자로 하여금 책 읽기
의 흐름에서 길을 잃지 않도록 해준다는 점에서 탁월하다. 책의 구조와 전개가 낱개
로 흩어져 있는 것이 아니라, 루터의 삶과 생각을 충분히 파악할 수 있도록 짜여 있어
서 독자들이 이해하는 데 어려움이 없다. 특히, 루터의 저작을 연대순으로 소개하여,
루터를 처음 접하는 독자들도 그 자신의 사고 과정을 엿볼 수 있게 했다는 점도 특징
이다. 셋째, 무엇보다도 이 책의 제7부는 루터 해석의 역사를 전체적으로 다룸으로써,
루터 연구가 어떻게 지속적으로 이루어져 왔으며, 루터 사상의 크기와 깊이가 어떠한
지를 잘 보여준다. 그래서 오늘날 루터에 대한 연구가 왜 필요한지를 묻는 이들에게
적절한 답변이 될 것이다.

　　지난 2017년, 종교개혁 500주년을 맞아 국내외에서 수많은 출판물이 쏟아져 나
왔다. 이는 종교개혁자 루터의 삶과 가르침을 연구하는 데 도움이 되기도 하지만, 오
히려 혼란을 불러일으킬 수도 있다. 후대의 연구자들 역시 자신이 처한 상황과 관심사
에서 자유로울 수 없기 때문이다. 더구나 자랑스러운 역사이어야 할 종교개혁 500주
년은 한국 교회가 갱신되지 않으면 안 된다는 분명한 현실도 가르쳐 주었다. 그러한
점에서 로제의 일생에 걸친 철저한 연구의 결과물인 이 책은 신앙적인 결단을 통해
새로운 세계를 돌파했던 루터를 연구하려는 모든 입문자들에게 매우 좋은 교본이자
모범이 될 것이다. **이은재** 감신대학교 교회사 교수

이 책은 루터라는 한 인물을 가장 잘 이해하도록 이끄는 가이드북이다. 탁월한 가이드인 베른하르트 로제는 루터가 살았던 시대, 그의 생애와 저작, 그가 벌였던 논쟁, 그리고 그의 영향의 역사를 전체적인 관점에서 제시해 준다. 16세기의 상황 속에서 루터의 삶을 바라보고 그 삶의 맥락에서 루터의 논쟁과 저작을 해석하며, 그가 역사에 남긴 발자취를 따라가도록 만든다. 이 책을 읽노라면, 루터의 글을 직접 읽고 그를 만나고 싶은 충동을 갖게 될 것이다.

이 책은 루터라는 세계를 탐험하기 위해 꼭 필요한 지도와 같다. 어디로 가야 특정 주제에 관한 루터의 견해를 알 수 있는지, 어디에서부터 루터 연구를 시작할 수 있는지, 루터의 고민과 노력과 대담은 무엇인지, 시대마다 루터를 어떻게 해석해 왔는지를 한눈에 보여준다. 이 책은 초판(1981)과 재판(1982)을 통해 이미 최고의 루터 입문서로 검증되었으며, 이번에 번역된 제3판은 그 후 15년 동안의 연구 성과를 반영한 것으로서, 루터와 그의 저작에 관심을 가진 모든 사람에게 선물과도 같은 책이다. 이 책을 들고 루터의 세계로 뛰어 들어가기를 바란다!

박경수 장로회신학대학교 역사신학 교수

루터 입문

루터 입문

2019년 4월 18일 초판 1쇄 인쇄
2019년 4월 26일 초판 1쇄 발행

지은이 베른하르트 로제
옮긴이 박일영
펴낸이 박종현

도서출판 복 있는 사람
주소 서울특별시 마포구 연남동 246-21(성미산로23길 26-6)
전화 02-723-7183(편집), 7734(영업·마케팅)
팩스 02-723-7184
이메일 hismessage@naver.com
등록 1998년 1월 19일 제1-2280호

ISBN 978-89-6360-289-9 03230

이 도서의 국립중앙도서관 출판예정도서목록(CIP)은
서지정보유통지원시스템 홈페이지(http://seoji.nl.go.kr)와 국가자료공동목록시스템
(http://www.nl.go.kr/kolisnet)에서 이용하실 수 있습니다. (CIP 제어번호: 2019013746)

Martin Luther: Eine Einführung in sein Leben und sein Werk
(Dritte, vollständig überarbeitete Auflage. 1997)
by Bernhard Lohse

역사 속의 신학자,
마르틴 루터의 시대와 저작을 중심으로

베른하르트 로제

루터입문

Martin Luther
Eine Einführung in sein Leben und sein Werk

박일영 옮김

복 있는 사람

차례

──────────── I. 루터의 시대와 세계 ────────────

일러두기

- 이 책은 베른하르트 로제(Bernhard Lohse)의 *Martin Luther: Eine Einführung in sein Leben und sein Werk*(Verlag C.H.Beck oHG, 1997) 전면 개정 제3판을 번역한 것이다. 또한 정확성과 가독성을 위해 영역본(*Martin Luther: An Introduction to His Life and Work*, Fortress Press, 1986)을 참조했다.

- 인명과 지명 등은 국립국어원의 외래어 표기 원칙을 주로 따랐으며, 중요한 고유명사의 규범적 표기는 2017년 종교개혁 500주년 기념사업으로 발표한 루터교회와 가톨릭교회의 공동위원회 보고서 「갈등에서 사귐으로」(한국그리스도교신앙과직제협의회, 2017)와 교육부 편수 자료(2017)를 참조했다.

- 중괄호(( ))는 지은이 주(註)를, 대괄호([ ])는 옮긴이 주이다.

- 성경 인용은 「성경전서 개역개정판」 제4판(대한성서공회, 2005)을 따랐다.

제3판 서문

이 책은 내가 이전에 저술한 『루터 입문』(원제: *Martin Luther: Eine
Einführung in sein Leben und sein Werk*, München 1997)의 제3판으로서,
기존의 내용을 완전히 새롭게 개정하였다. 초판은 1981년에 출판하
였고, 약간 수정·보완한 제2판이 1982년에 이미 나와서 다음해 2쇄
를 찍었다. 동독에 있는 몇몇 동료들 또한 이 책의 출판을 여러 차례
시도했지만 별 성과가 없었다. 그러다가 이들의 끈질긴 노력 덕분에
나의 책이 1983년 동독에서도 정식으로 출판되었다. 1986년에는
영역본이 나왔다.[1] 이 책의 수요가 지속되고 얼마 지나지 않아 절판
되었기 때문에, 나는 출판사의 제안에 따라 흔쾌히 이 책의 신판을
위한 전면 개정에 착수했다.

   이 3판의 목적은 초판을 낼 때 설정한 목표와 변함이 없다. 이번
판이 추구하는 것도 이전과 동일하여, 한편으로는 루터 연구에서 중
요한 문제와 관점을 개관하고, 또 한편으로는 독자로 하여금 루터
를 직접 공부하고 계속적으로 연구를 심화시킬 수 있도록 자극하는
것이다.

   루터와 종교개혁에 관한 문헌들은 지속적으로 증가하고 있지만,
이러한 종류의 개관과 입문서는 아직까지 출판되지 않은 것 같다.
20세기 초 하인리히 뵈머Heinrich Boehmer의 뛰어난 저작[2]은 부분적으

로 비슷한 목적을 가지지만, 전체적으로는 전혀 다르다. 뵈머는 루터의 생애를 중시하였다. 그중에서도 이 종교개혁자의 인물됨에 더 중점을 두었다. 그러나 나의 책은 우선적으로 루터의 생애의 중요한 국면들과 함께 당대의 역사를 간단히 스케치했으며, 루터의 저작과 그의 신학에 대해 서술하는 데 더 많은 비중을 두었다. 더 나아가 루터 연구의 여러 단초(端初)와 그동안의 진전 및 잠재적 과제들을 새롭게 제시하고, 동시에 독자가 직접 루터 연구에 뛰어들 수 있도록 자극하는 책을 만들고자 노력했다.

하지만 새롭게 개정되었다 해도 전체적으로 볼 때 결정적인 변화는 없다. 다만 참고 문헌 목록을 통해 루터와 종교개혁 연구의 진척 상황을 전반적으로 볼 수 있도록 고려했다. 이전 판의 제5부, "루터 신학의 관점과 문제"는 이번에는 실리지 않았다. 현재 그 주제는 나의 다른 책, 『역사적 발전과 체계적 연관 속에서 본 루터의 신학 *Luthers Theologie in ihrer historischen Entwicklung und in ihrem systematischen Zusammenhang*』Göttingen, 1995 3에서 볼 수 있다. 그 대신 이 책의 새로운 5부에서는 "루터 신학 연구 입문"이라는 제목 아래 16세기의 논쟁의 분류 문제와 몇몇 중요한 방법론적 질문을 다룬다.[4]

1996년 10월, 함부르크
베른하르트 로제

옮긴이의 글

"이 한 권의 책에 루터 이해와 루터 연구를 위해 필요한 그 모든 내용을 이처럼 효과적으로 압축해 담을 수 있다는 것이 경이롭다." 이 책에 대한 가장 적절한 표현이다. 이 책은 가장 뛰어난 루터 학자로 세계적인 명성을 얻은 베른하르트 로제Bernhard Lohse, 1928-1997의 루터 연구 개관서로서, 이 분야에서 독보적 가치를 인정받는 저작이다.

로제는 독일 함부르크 대학교의 교회사 교수로 재직하면서, 주로 마르틴 루터와 종교개혁 신학을 연구하고 가르쳤던 역사학자이다. 그러나 동시에 그는 조직신학적 연구를 조화시켜 루터 신학의 복음적인 핵심에 접근하고자 노력했다. 상황적 요인에 따라 변해 갔던 루터 신학의 다양한 국면을 보기 위해서는 역사적 접근이 불가피하지만, 이 방식에만 집중할 때 루터 신학의 일관성과 통일성은 보기 어렵다. 반면에 루터 신학의 일관성과 통일성을 보기 위해서는 조직신학적 접근이 불가피하지만, 이 경우에는 루터 신학의 다양성과 상황적 적합성을 보기 어렵다. 로제의 주장은 이 두 요소를 다 보아야 한다는 것이다. 이러한 그의 방법론은 1995년 출판된 『역사적 발전과 체계적 연관 속에서 본 루터의 신학』에 잘 나타나는데, 이 책의 제목이 가리키는 대로 그는 역사적, 조직신학적 접근을 병행하는 방식으로 루터 신학을 균형 있게 소개한다. 그러나 이러한 로제의 방법론은 1981년 출판된『루터 입문』에 이미 잘 예시되어 있다. 물론 1995년의 책은 1981년의 이 입문서보다 확장된 내용을 담고 있다. 그러나『루터 입문』은 압축된 형태로 역사적 접근 방식과 함께 조직신학적 접근 방식의 틀을 매우 효과적으로 소개하고 있다.

제1부에서 저자는 루터 당시의 시대적 상황에 대한 폭넓은 통찰을 제공하는 것으로 시작한다. 제2부에서는 출생부터 죽음에 이르기까지 루터의 생애의 중요한 국면들을 소개한 뒤, 제3부에서 루터 신학을 결정짓는 다양한 논쟁을 다룬다. 루터 신학은 그의 다양한 상대와의 논쟁의 맥락을 고려할 때에만, 그 중심 사상이 바르게 파악될 수 있다. 제4부는 루터의 방대한 저작을 분석하고 설명한다. 루터 신학의 발전 과정을 루터 자신의 저술들을 따라 추적하며, 동시에 그의 저술들을 연대기적으로, 그리고 문학 유형별로 분류한다. 특별히 이 4부는 전례 없는 연구로서, 루터의 저작에 대한 폭넓고도 체계적인 관점을 얻을 수 있는 상당히 유익한 분류 방식을 제시한다.

제5부에서 원래 저자는 루터 신학의 중요한 주제들을 요약적으로 다루었다. 그러나 제3판 서문에서 밝힌 대로 저자는 이 부분을 생략하고, 그 대신 루터 연구 방법론을 논한다. 그러나 이전 판에 실린 루터 신학의 중심 주제들에 대한 요약은 다른 책에서 찾기 어려운 매우 훌륭한 분류 방식과 개관을 제공한다. 또한 루터 신학의 핵심 주제들을 대부분 논하며, 대단히 효과적인 방식으로 초점을 짚어 준다. 그러므로 본 역서는 제2판의 제5부를 생략하지 않고, 제6부, "루터 신학의 관점과 문제"라는 제하에 배치했다. 제6부(본 역서는 제7부)에서는 "루터 해석의 역사"를 상세하게 서술한다. 정통주의, 경건주의, 계몽주의를 거쳐서 현대 주요 신학자들의 루터 해석까지, 그리

고 현대 로마 가톨릭의 새로운 루터 해석도 요약적으로 소개한다. 제8부에서는 루터 연구를 위해 유용한 도구들, 즉 루터 전집 바이마르판을 비롯해 다양한 전집의 역사와 특징에 대해 소개하고, 루터 관련 전문 학술지 및 학술 대회 보고서 등 루터 연구에 필요한 모든 정보를 알려 준다. 마지막으로, 제9부에는 이 책의 차례를 따라 주제별로 구분한 참고 문헌 목록이 수록되어 있다. 1982년 제2판 출간 이후 15년이 지난 1997년에 나온 제3판은 그 내용이 크게 바뀌지는 않았다 하더라도, 제5부를 새로 구성한 것 외에도 전체적으로 수정되거나 새로 첨가된 부분이 적지 않다.

이 책의 가장 주된 특징은 루터 연구를 위해 중요한 정보와 전제, 연구 상황 및 과제 등을 요점적으로 정리하고, 독자의 보다 깊은 연구를 위한 방향을 제시해 준다는 점이다. 그 때문에 각 주제의 항목들은 내용 면에서 상세하지 않으며, 어떤 경우에는 결론을 독자에게 맡기기도 한다. 그러나 이 책은 큰 그림 가운데서 루터를 이해하고, 또 그 안에서 구체적인 연구 주제의 핵심을 파악하는 데 매우 유용하다. 분량은 많지 않지만, 그 범위 면에서는 루터 신학의 배경을 이루는 세계사적 상황에서부터 현대 신학에 이르기까지, 루터 신학과 루터 연구에 필요한 핵심적인 사항들을 폭넓게 다루고 있다. 이러한 점에서 이 책은 루터 신학을 균형 잡힌 시각에서 이해하고자 할 때, 또한 시대에 따라 매우 다양한 양상을 보인 루터 해석의 유형을 전반적으로 파악하고자 할 때 효과적인 도움을 줄 것이다.

다른 학문도 마찬가지이겠지만 신학 연구는 "숲과 나무"를 함께 볼 수 있는 학문적 균형과 깊이를 훈련하는 순환적 과정이다. 숲 전체의 윤곽 안에서 개별적인 나무의 위치와 의미를 파악하는 것이 우선 중요하다. 그러나 동시에 개별적인 나무에 대한 보다 깊은 지식은 숲의 구성도와 윤곽선을 끊임없이 교정하는 역할을 한다. 학문의 이러한 순환적 성격은 루터 연구 분야에서는 더욱더 깊이 고려해야 할 중요한 요소이다. 이는 루터 관련 자료의 방대함은 물론, 시대별로 끊임없이 재해석되는 루터 신학의 유동적 혹은 역동적 성격 때문이다. 이러한 점에서 이 책은 루터 신학의 숲과 나무를 함께 볼 수 있는 유익한 관점을 제공한다. 전문적인 주제, 혹은 어떤 특정한 주제를 연구하기 전에 이 책을 참고하는 것이 큰 도움이 될 것이며, 동시에 그 주제에 대한 연구 결과가 루터 신학 전체와 어떤 균형을 이루는지를 평가하는 데도 이 책은 매우 유용하다.

이 책의 구조와 내용과 저술 방식은 일종의 사전의 성격을 가지고 있다. 본 역서는 이 책의 그런 성격과 독자 자신의 더 깊은 연구를 격려하고자 하는 저자의 의도를 보다 효과적으로 살리려고 했다. 이를 위해 주요 개념들을 비롯해 원서에서 번역되지 않고 라틴어나 고어체 독일어 그대로 나와 있는 용어나 인용문, 서명들도 비록 표준적인 번역은 될 수 없을지라도, 대체로 어떤 뜻인지를 가늠할 수 있도록 가급적 우리말로 옮겨서 첨가했다.

폭넓은 의미에서 인생은 공부이고, 공부는 곧 만남이다. 마르틴 루터의 삶과 그의 영향력은 교회와 신학 영역 안에만 머무는 것이 아닌, 세계 역사의 전환점을 이루는 것이었다. 지난 500년의 역사가 증명해 왔듯이 루터와의 만남은 역사적, 신학적 지식을 확장하는 것을 넘어서, 사람들의 삶과 사회 가운데 역동적인 변화의 지침으로서의 역할을 지속적으로 해왔다. 그러나 루터가 집필한 일차적 문헌은 물론 그에 관한 이차적 문헌의 방대함 때문에 그를 만나는 일은 쉽지 않다. 그러기에 효과적이고 유용하게 루터를 소개해 줄 수 있는 탁월한 전문가와의 만남이 중요한 의미를 갖는다. 루터에 관한 한, 로제와 그가 세상을 떠나기 전 마지막으로 손질하고 남긴 이 책은 루터를 효과적으로 만날 수 있도록 인도하는 탁월한 안내자이다. 이 한 권의 책을 통해 소개되는 루터의 삶과 끊임없는 그의 투쟁, 그 투쟁 가운데서 보여준 엄청난 양의 문학적 생산력과 그만큼 풍부한 사상, 그리고 오늘에 이르기까지 계속되는 학자들의 루터 연구에 대한 열정의 범위와 깊이가 전해 주는 루터의 영향력은 우리를 충분히 압도하고도 남을 것이다.

종교개혁 500주년이 지난 지금도 여전히 입으로만 "개혁"을 외치는 한국 교회 안에 과연 자정 능력이 있는가 하고 적지 않은 사람들이 의심하는 것이 우리 교회의 현실이다. 그러나 중세 후기 교회가 그 당시 절실했던 개혁을 수행할 수 없었던 16세기에, 무명의 수도사이자 작은 신생 대학의 교수였던 루터를 통해, 복음은 그 스스로 생명력을 가지고 역사한다는 것을 하나님은 보여주셨다. 한국 교회가 루터의 종교개혁의 역사를 뒤돌아보며 소망의 불꽃을 발견할 수 있기를 바란다. 그리고 이 책이 그 소망을 위한 작은 기여가 되기를 바라며, 이 작업을 시작하도록 동기를 부여해 준 루터교회 동역자 최주훈 목사와 출판을 허락해 준 복 있는 사람의 박종현 대표, 그리고 책임편집을 맡아 꼼꼼하게 원고를 검토하고 세심하게 용어와 표현을 다듬어 준 이경훈 편집자에게 감사를 드린다.

2018년 종교개혁 기념일 즈음에
박일영

약어표

AGTL	Arbeiten zur Geschichte und Theologie des Luthertums
AGK.E	Arbeiten zur Geschichte des Kirchenkampfes, Ergänzungsreihe
AKG	Arbeiten zur Kirchengeschichte
AKGH	Arbeiten zur Kirchengeschichte Hamburgs
Anton.	Antonianum
ARG	Archiv für Reformationsgeschichte
AThD	Acta Theologica Danica
AzTh	Arbeiten zur Theologie
BCG	Buchreihe der Cusanus-Gesellschaft
BEvTh	Beiträge zur evangelischen Theologie
BFChTh	Beiträge zur Förderung christlicher Theologie
BGDS(H)	Beiträge zur Geschichte der deutschen Sprache und Literatur, Halle
BHTh	Beiträge zur historischen Theologie
BÖT	Beiträge zur ökumenischen Theologie
BSLK	*Die Bekenntnisschriften der evangelisch-lutherischen Kirche*, Göttingen 1930, 11. Aufl. 1992
CCath	Corpus Catholicorum
Cath(M)	Catholica. Jahrbuch der Kontroverstheologie, Münster
Cl	Clemensche Ausgabe
CTM	Concordia Theological Monthly
EA	Erlanger Ausgabe
EThSt	Erfurter theologische Studien
EvTh	Evangelische Theologie
FBESG	Forschungen und Berichte der evangelischen Studiengemeinschaft
FGLP	Forschungen zur Geschichte und Lehre des Protestantismus
FKDG	Forschungen zur Kirchen- und Dogmengeschichte
FuH	Fuldaer Hefte
HerBü	Herder-Bücherei

HThR	The Harvard Theological Review
HThS	Harvard Theological Studies
HUR	Hallische Universitätsreden
HV	Historische Vierteljahrsschrift
HZ	Historische Zeitschrift
JHKGV	Jahrbuch der hessischen kirchengeschichtlichen Vereinigung
KiKonf	Kirche und Konfession
KLK	Katholisches Leben und Kämpfen, ab 25/26, 1967: Katholisches Leben und Kirchenreform im Zeitalter der Glaubensspaltung
KlProt	Klassiker des Protestantismus
KuD	Kerygma und Dogma
KVR	Kleine Vandenhoeck-Reihe
LM	Lutherische Monatshefte
LUA	Lunds Universitets Arsskrift
LuJ	Luther-Jahrbuch
Luther	Luther. Mitteilungen der Luther-Gesellschaft, ab 34, 1963: Luther. Zeitschrift der LutherGesellschaft
Mü	Münchener Lutherausgabe
NSGTK	Neue Studien zur Geschichte der Theologie und Kirche
PMLA	Publications of the Modern Language Association of America
QFRG	Quellen und Forschungen zur Reformationsgeschichte
RGG	Die Religion in Geschichte und Gegenwart
RGST	Reformationsgeschichtliche Studien und Texte
SBAW	Sitzungsberichte der bayerischen Akademie der Wissenschaften
SBKAB	Studien und Berichte der katholischen Akademie Bayern
SCJ	The Sixteenth Century Journal
SDGSTh	Studien zur Dogmengeschichte und systematischen Theologie
SEE	Studien zur evangelischen Ethik
SGV	Sammlung gemeinverständlicher Vorträge und Schriften aus dem Gebiet der Theologie und der Religionsgeschichte
SKGNS	Studien zur Kirchengeschichte Niedersachsens
SLAG	Schriften der Luther-Agricola-Gesellschaft (in Finnland)
SMRT	Studies in Medieval and Renaissance Thought
SQS	Sammlung ausgewählter kirchen- und dogmengeschichtlicher

	Quellenschriften
SThKAB	Schriften des theologischen Konvents augsburgischen Bekenntnisses
STL	Studia Theologica Lundensia
SVRG	Schriften des Vereins für Reformationsgeschichte
TB	Theologische Bücherei
TBT	Theologische Bibliothek Töpelmann
THE	Theologische Existenz heute
ThA	Theologische Arbeiten
ThLZ	Theologische Literaturzeitung
ThR	Theologische Rundschau
ThSt(B)	Theologische Studien, hg. von Karl Barth u.a.
TKTG	Texte zur Kirchen- und Theologiegeschichte
UUA	Uppsala Universitets Arsskrift
VIEG	Veröffentlichungen des Instituts für europäische Geschichte Mainz
WA	Weimarer Ausgabe
WA Br	Weimarer Ausgabe, Briefwechsel
WA Tr	Weimarer Ausgabe, Tischreden
WA DB	Weimarer Ausgabe, Deutsche Bibel
ZGl.	Zeilenglosse
Rgl.	Randglosse
Sch.	Scholien
AWA	Archiv zur Weimarer Ausgabe
WdF	Wege der Forschung
ZBKG	Zeitschrift für bayerische Kirchengeschichte
ZDP	Zeitschrift für Deutsche Philologie
ZEE	Zeitschrift für Evangelische Ethik
ZfG	Zeitschrift für Geschichtswissenschaft
ZKG	Zeitschrift für Kirchengeschichte
ZKTh	Zeitschrift für katholische Theologie
ZSRG.K	Zeitschrift das Savigny-Stiftung für Rechtsgeschichte, 3. kanonistische Abteilung
ZThK	Zeitschrift für Theologie und Kirche
ZVKGS	Zeitschrift des Vereins für Kirchengeschichte der Provinz Sachsen
ZW	Zeitwende

Ⅰ. 루터의 시대와 세계

1장. 정치적 상황

1. 프리드리히 3세와 막시밀리안 1세

루터의 생애 동안 독일을 통치한 황제는 모두 세 명이었다. 루터
는 프리드리히 3세[Friedrich III, 1440-1493]가 통치하던 때인 1483년에 태
어났다. 프리드리히 3세는 53년간 독일을 다스렸는데, 이는 독일
황제 중에서 가장 긴 통치 기간이었다. 그는 군사적으로뿐만 아니
라 정치적으로도 무능해서 그의 시대의 요구에 부응하지 못했으며,
그 결과 제국에 대한 통치력을 상실하게 되었다. 그러나 프리드리
히 3세는 결혼 정책을 통해 합스부르크 가문[Haus Habsburg]이 급격히 부
상할 수 있는 토대를 만드는 데 성공한다. 그의 아들인 막시밀리안
1세[Maximilian I, 1493-1519]가 부르군트의 마리아[Maria von Burgund]와 결혼함
으로써 부르군트의 상속권을 얻게 된 것이다. 그러나 그 상속권에
따른 문제로 막시밀리안 1세는 프랑스와 적대 관계에 들어섰고, 그
결과 발생한 합스부르크가와 프랑스의 전쟁이 16세기 첫 십 년간
정치와 교회의 역사에 어두운 그림자를 드리웠다. 그의 아버지보다

정치적으로 더 능동적이었던 막시밀리안 1세는 1495년에 제국의 개혁을 시작했다. 많은 이들이 열망해 온 개혁이었지만, 그는 그가 의도했던 것의 일부만 성취할 수 있었다. 막시밀리안 1세의 개혁 조치 중 하나는 제국세^{Reichssteuer}, 곧 [제국에 속한 모든 사람에게 징수하는] "일반세"^{gemeiner Pfennig}를 도입한 것이었다. 그러나 때때로 그는 여전히 소속된 영토에 별도로 요구하는 "특별세"^{Matrikularbeiträge}에 의존할 수밖에 없었다. 그 결과 그는 전 제국을 더 강력하게 지배할 수 있는 재정적인 기초를 만들지 못하였다. 예를 들어, 그는 중앙 군대를 유지할 수 없었다. 그러나 막시밀리안 1세는 1495년에 제국 대법원^{Reichskammergericht}을 세우는 데 성공하였다. 그 법원은 "약육강식의 봉건법"^{Faust- und Fehderecht}에 의존해 무제한적으로 권력을 휘둘렀던 귀족들의 힘을 효과적으로 제한하는 역할을 하였고, 그로 인해 제국 중앙 정부의 힘을 보다 더 강화할 수 있었다. "마지막 기사"^{der letzte Ritter}라고 불리던 막시밀리안 1세는 인문주의와 시문학의 진흥을 촉진하는 데 더 큰 성과를 거두었다. 그로 인해 이미 다른 많은 나라에서 강한 영향을 미치고 있었던 새로운 정신 운동이 독일 제국에서도 점차 자리를 잡을 수 있게 되었다.

2. 카를 5세

루터와 종교개혁에 관한 한, 가장 중요한 황제는 카를 5세^{Karl V, 1519-1556}이다. 1497년 막시밀리안 1세의 아들인 필리프^{Philipp}는 아라곤의 페르난도^{Ferdinand von Aragon}와 카스티야의 이사벨라^{Isabella von Kastilien}의 딸인 요한나^{Johanna}와 결혼했다. 이 결혼 당시에는 스페인과 독일 제국을 연합시키려는 계획이 없었다. 그러나 왕위 계승 서열상 요한나 앞에 있던 이들이 모두 죽자, 그녀가 스페인의 왕위를 상속받게 되었다. 이후 1506년에 요한나의 남편인 필리프가 죽고, 그녀 자신도 정신병에 걸렸다. 요한나의 병세는 점점 더 깊어져 갔으며, 그 때문에 그 당시 아직 미성년이었던 그녀의 아들 카를 5세가 이제까지 서구 세계에 설립된 왕국 중 가장 큰 영토를 가진 왕국의 상속자가 되었다. 카를 5세는 합스부르크가의 고향인 오스트리아의 영토뿐만 아니라, 막시밀리안 1세가 얻은 나폴리와 네덜란드까지 상속받았다. 더욱 중요한 것은 스페인과 스페인이 소유한 아메리카의 영토까지도 그에게 귀속된 것이었다. 물론 넓게 분포되어 있는 이 모든 영토를 하나로 묶을 자연적인 요인이나 방법은 있을 수 없었고, 따라서 스페인과 독일 제국의 통일이 지속될 수 있다고는 어느 누구도 생각할 수 없었다. 그럼에도 불구하고 카를 5세의 손에 이 거대한 권력이 집중되었다는 것은 독일 제국뿐 아니라 전체 유럽의 정치에 있어서 상당히 중대한 요소가 되었다. 유럽의 다른 강대국들, 특히 프랑수아 1세Franz I, 1515-1547가 통치하는 프랑스는 점차 증가하는 독일 제국의 지배력을 걱정스럽게 주시하고 있었고, 교황조차도 그의 교회 국가 [바티칸 시국(市國)]가 카를 5세에 의해 둘러싸이는 것을 두려워하였다. 카를 5세와 프랑수아 1세는 특히 밀라노 지역을 놓고 거의 끊임없이 전쟁을 벌였다. 카를 5세의 확장된 통치권은 독일 제국에도 중대한 영향을 미쳤다. 독일은 카를 5세에게 대단히 중요한 나라였다. 독일은 그의 아버지의 가문인 합스부르크가의 고향 땅이었고, 그를 황제 지위에 연결해 준 나라였다. 그러나 독일은 여전히 제국의 일부에 지나지 않았기 때문에, 카를 5세는 때때로 독일에 대해서 별로 관심을 보이지 않았고 그곳에서 일어난 문제들을 방치하기도 했다.

1519년 황제 선출이 있기 전에 독일 제후들은 일종의 "선거권 포기"Wahlkapitulation 문서를 작성하고 이에 서명하였다. 이 선거권 포기 결정은 카를 5세의 통치권과 관련이 있을 뿐만 아니라, 루터와 종교개혁 사건을 위해서도 상당히 중요한 의미를 지니는 것이었다. 당시에는 제국 헌법이 존재하지 않았다. 단지 렌제 제후 협의Kurverein zu Rense, 1338와 황금문서Goldene Bulle, 1356에 의거해서 왕과 황제의 선출이 이루어져 왔다. 1519년 제후들은 선거권 포기의 대가로, 독일은 황제의 여러 영토들 중 한 부속 영토Annex로서 통치를 받지 않는다는 합의를 얻어 냈다. 또한 추가로 독일인은 심문 절차 없이 제국에서 추방하지 않는다는 황제의 약속도 받았다. 프리드리히 현공(賢公) Friedrich der Weise, 1486-1525은 이 선거권 포기를 성립시키는 데 결정적인 역할을 하였다. 이 선거권 포기는 "16세기 제국의 근본적인 헌법 문서"1, 혹은 "일종의 제국 기본법"2이 되었다.

카를 5세는 일찍 아버지를 여의고 또 어머니도 병들었기 때문에 어린 시절을 네덜란드에서 보냈다. 그래서 그는 독일어를 충분히 배우고 익힐 기회를 얻지 못하였고 스페인어와 프랑스어에 더 친숙하였다. 그럼에도 불구하고 그는 자신의 선조들이 독일인이라는 사실 때문에 프랑스 왕까지도 탐냈던 독일 왕위를 얻을 수 있었다. 그러나 카를 5세는 결정적으로 부유한 은행 가문인 푸거가Fugger로부터 막대한 지원을 받음으로써 황제 선거전에서 승리할 수 있었다. 황제 선출권을 가진 제후들이 투표의 대가로 거액을 요구하였기 때문에 돈은 선거에서 중요한 요소였다. 독일 제국에 대한 카를 5세의 기본적인 의도는 영주들의 자치권을 제어하고 중앙 행정력을 강화하는 것이었다. 그러나 그는 수많은 전쟁을 치러야 했고, 또 영주들의 도움 없이는 전쟁을 치를 수 없었기 때문에 그들과 끊임없이 협상해야만 했다. 그가 황제로 선출되기 이전부터 시작된 종교적 갈등은 그 후에 더욱 급속히 가열되었고, 실제로 수년 내에 전 제국을 휩쓰는 정치적인 논쟁으로 발전되었다. 카를 5세의 통치 시대는 두 가지 갈등으로 특징지어진다. 하나는 황제와 영주들 간의 갈등이었고, 또 하나는 로마 가톨릭과 개신파(改新派, [교회 분열이 법적으로 재가되고 개신"교"로서 확립되기 이전의 "종교적 당파"로서 프로테스탄트Protestant는 개신"파"로 옮긴다. 루터파도 마찬가지이다]) 간의 갈등이었다. 이 두 근본적인 갈등 속에서 그가 맞서야 하는 상대는 끊임없이 바뀌었다. 예를 들어, 로마 가톨릭 영주들은 카를 5세의 정책이 모든 영주의 자치권을 위협하는 것으로 보일 때면 황제의 반(反)개신파 정책을 지원하지 않았다. 마찬가지로 카를 5세도 자신의 목적을 이루는 데 도움이 된다고 생각할 때는 개신파의 지원을 얻으려는 의도적인 노력을 마다하지 않았다.

3. 프랑수아 1세와 헨리 8세

그 당시 유럽의 다른 강대국들에 대해서 말하자면, 보다 더 강화된 중앙 집권적 체제를 이룬 프랑스는 독일 제국보다 강력했다. 프랑스의 통치자 프랑수아 1세와 카를 5세는 이탈리아 북부 지역의 지배권과 부르군트에 대한 카를 5세의 상속권을 놓고 수십 년에 걸쳐 전쟁을 치렀다. 이 문제는 카를 5세가 전쟁에서 승리하여 1544년 크레피 조약Frieden von Crépy으로 평화가 이루어지면서 비로소 해결되었다. 그러나 이 평화 조약이 체결된 지 얼마 지나지 않아 프랑스는 이전에 독일에 속해 있었던 일부 지역을 점령하여 프랑스의 동부 국경선을 확장하는 데 성공한다. 그 당시 영국은 비양심적인 르네상스 군주 헨리 8세^{Heinrich VIII, 1509-1547}가 다스리고 있었다. 그는 처음에는 카를 5세를 지지했지만, 후에는 프랑스 편이 되었다. 그는 자신의 형의 미망인[카를 5세의 이모]인 아라곤의 카타리나^{Katharina von Aragon}와 결혼하였다. 헨리 8세의 결혼을 돕기 위해 특별한 사면 조치를 취해 주었던 교황은 나중에 그가 카타리나와의 이혼을 요청했을 때 응하지 않았다. 이에 대하여 헨리 8세는 로마 교황의 권위를 부정하고 영국 국교회^{Anglikanische Staatskirche}를 설립하였다. 그러나 그는 어떤 개신파적 경향도 도입하지 않았다. 영국이 처음으로 유럽에서 지도적인 강대국 반열에 오르게 된 것은 1588년 스페인의 무적함대를 격파한 엘리자베스 1세^{Elizabeth I, 1558-1603}의 통치 시기였다.

4. 네덜란드

그 당시 네덜란드는 여러 면에서 16세기 유럽 정치의 "회전 표적"^{Drehscheibe}이었다고 말할 수 있다. 막시밀리안 1세는 네덜란드를 독일 제국과 통합시켰다. 네덜란드는 카를 5세가 통치하는 다른 많은 나라를 연결해 주는 지리적 위치에 있었기 때문에, 황제에게 네덜란드의 통합은 매우 중요한 일이었다. 1556년 카를 5세가 왕위를 양위하고 그의 유산을 나누었을 때, 네덜란드는 합스부르크가의 스페인 분가(分家) 지역으로 할당되었다. 그러나 네덜란드는 스페인의 지배와 아울러 개신파에 대한 박해에 저항하여 반란을 일으켰다. 그 당시 가장 강력한 통치자였던 필리프 2세^{Philipp II, 1556-1598}에게 반란을
일으킨 지 10년 만에 네덜란드는 독립된 국가를 설립할 수가 있었다.
그 결과 네덜란드는 더욱 활발한 정신적, 지적 자유 운동의 중심지가
되었고, 그 운동은 점차 다른 유럽 국가로 퍼져 나가게 되었다.

5. 터키의 위협

터키의 위협 또한 루터 시대에 간과할 수 없는 대단히 중요한 요소
였다. 카를 5세는 프랑수아 1세와 거의 끊임없이 전쟁을 벌였을 뿐
만 아니라, 유럽 남동부에 대한 터키의 위협으로 인해 숨 돌릴 여유
가 없었다. 상당히 유능한 통치자였던 술탄 쉴레이만 대제<sup>Suleiman II der
Große, 1520-1566</sup>는 1521년에 베오그라드^{Belgrad}를, 그리고 1526년에는
부다페스트^{Budapest}를 정복했다. 1529년 가을에는 처음으로 빈^{Wien}의
외곽 지역까지 터키 군대가 진격했다. 곧바로 퇴각했지만 오스트리
아와 헝가리에 대한 터키의 위협은 사라지지 않았다. 황제는 영주들
로부터 터키에 대항하기 위해 필요한 재정적, 군사적인 도움을 얻는
데 항상 상당한 어려움을 겪었다. 때때로 그는 필요한 지원을 얻어
내기 위해 무엇인가를 양보해야만 했다. 제국에 대한 터키의 위협은
한 세기 내내 지속되었다. 특별히 16세기 유럽인에게 터키의 위협
은 곧 "이교도"가 기독교 세계를 지배하게 되리라는 것을 뜻했기 때
문에, 이러한 상황은 그 당시 사람들에게 일종의 묵시적인 사상을 불
어넣는 데 큰 역할을 하였다. [다니엘서에서 묘사된] 네 왕국의 표상을
가지고 역사를 이해해 왔던 중세인의 관점에서 볼 때, 터키는 적그리
스도 세력으로 간주될 수 있었다. 그 당시 세간에는 이제 서구 로마

제국이 종말을 맞이할 것이라는 생각이 확산되어 있었다.

이렇게 루터 시대 황제들의 통치는 여러 면에서 전체 유럽의 정치와 서로 얽혀 있었다. 루터와 종교개혁의 역사는 항상 이러한 커다란 맥락에서 보지 않으면 안 된다.

6. 루터의 고향, 만스펠트

루터와 종교개혁에 대해서 보다 직접적인 영향을 미친 것은 유럽의 큰 국가들보다는 독일의 제후들과 영주들이었다. 확실히 루터는 자신을 독일인이라고 생각했다. 우선 루터는 그가 고향으로 여겼던 작은 마을, 백작령 만스펠트Mansfeld 출신이었다. 그리고 후에 루터가 비텐베르크Wittenberg에서 강의를 하며 활동했을 때, 종교개혁의 발전을 결정하게 된 사건들은 비텐베르크가 속해 있던 선제후령 작센Sachsen의 영토 내에서 일어났다. 지방 영지들과 중앙 정부 사이의 갈등은 독일 제국의 시작과 더불어 항상 있었던 것이지만, 16세기에 특별히 심각하였다. 강력한 통치자였던 카를 5세까지도 권력의 저울이 지방 영지들을 향해 기울어지는 것을 막을 수 없었다. 특히 큰 영지들뿐만 아니라 몇몇 큰 도시도 그 영향력을 확장시켜 나가고 있었다.

7. 독일 제국의 영지와 도시

15세기 독일의 지도를 간단히 살펴보기만 해도 당시의 영지가 얼마나 다양한 모습을 띠고 있었는지 쉽게 알 수 있다. 1495년 제국에 등록된 자료를 보면, 지방 국가Territorialstaat, 백작령, 제국 자유시Reichsfreie

Stadt, 수도원, 제국 기사단Reichstritterschaft, 그리고 그 밖의 다른 종류의 영지들 350개 이상이 수록되어 있다. 통치자는 세속 선제후와 성직자 선제후로 구분할 수 있는데, 이들이 다스리는 영지의 크기는 아주 다양했지만 황제 선출권을 가지고 있기 때문에 모두 상당한 영향력을 행사하였다. 뷔르템부르크Württemburg, 바이에른Bayern, 작센, 그리고 브라운슈바이크뤼네부르크Braunschweig-Lüneburg의 공작들도 그들의 영지의 크기 때문에 모두 대단히 중요하게 취급되었다. 헤센Hessen의 백작은 가장 중요한 영지들 중 하나를 다스리고 있었다. 밤베르크Bamberg, 뷔르츠부르크Würzburg, 뮌스터Münster, 그리고 브레멘Bremen의 주교들도 상당히 넓은 지역을 소유하고 있었다. 제국 도시도 간과할 수 없다. 예를 들어, 뉘른베르크Nürnberg나 울름Ulm 등과 같은 도시들은 요지에 토지를 소유하고 있어서 다른 큰 영지들과 마찬가지로 상당한 영향력을 가지고 있었다. 자본의 축적 및 경제력의 증가와 함께 도시의 영향력은 더욱 커졌다. 이러한 다양한 성격의 영지들 외에 더 작은 지방 영토들이 수없이 많았는데, 그중 다수는 다른 큰 영지의 경계 안에 포함되어 있었다. 오직 소수의 제후들만이 통일된 커다란 영지를 다스렸다. 종교개혁 당시 독일 제국의 지도보다 더 다양하고 복잡한 지도를 찾아내기는 어려울 것이다.

종교개혁은 이러한 상황에 대하여 어떤 실제적인 변화를 가져오지는 않았다. 독일에 비해서 영국이나 프랑스는 더 강력한 중앙 집권화를 이루고 있었다. 로마와의 관계를 단절하고 교황으로부터 영국 교회의 독립을 결정한 헨리 8세의 한 가지 목적은 왕의 권력과 영향력을 증대시키는 것이었다. 또한 스칸디나비아반도의 통치자들도 이와 같은 동기로 교회 정책Kirchenpolitik을 결정했다. 그러나 제국에서는 황제가 종교개혁을 지지하면서 권력의 증대를 기대하기 어렵게 되었다. 다수의 민중과는 달리 대부분의 영주들이 옛 교회에 충성하고 있었기 때문에, 16세기에 개신파 황제가 나온다는 것은 상상할 수 없는 일이었다. 황제가 개신파에 속해 있었다면 결코 그는 권력 투쟁에서 살아남을 수 없었을 것이다. 다른 한편, 지방 제후들과 제국 도시들, 그리고 다른 모든 제국 영지들은 어떤 상황에서는 종교개혁을 지지함으로써 많은 이익을 보기도 하였다.

그러나 이는 종교개혁을 지지하거나 반대하는 결정이 단지 정치적인 계산만을 근거로 이루어졌다는 것을 결코 의미하지 않는다. 그와 반대로 교회 내의 악습들이 만연한 가운데서도 그 당시 사람들이 잃지 않았던 깊은 경건성과 종교적 동기들이 종교개혁에 대한 지지나 반대에 있어서 종종 결정적인 이유로 작용하였다. 많은 사람들이, 심지어는 제후들까지도 자신의 신앙을 지키기 위해 큰 고난을 당했다는 사실이 이를 증명해 주고 있다. 그러나 종교개혁을 둘러싼 논쟁들은 당시의 사회적인 맥락 속에서 보아야 한다. 이와 함께 정치적 상황과 신학적 논쟁 사이에 작용한 상호 영향을 고려하는 것도 중요한 일이다.

8. 제후의 권력 증대

15세기 후반의 사회적 상황은 이미 지방 영지 내의 질서를 보다 더 엄격하게 강화하는 방향으로 발전되었고, 그 결과 지방 제후들의 힘은 더욱 증대되었다. 몇몇 유능한 제후는 제국에 대항하여 주권을 강화하는 동시에, 자신에게 종속된 지방 귀족들의 반대를 물리치고 통치력을 강화하는 데 성공하였다. 그러나 영지의 통치자는 지방 귀족들이 내는 세금에 의존하게 되어 있기 때문에 그들의 협력 없이는 권력을 유지하기 어려웠다. 결국 일종의 헌법을 만들게 되었고, 이를 근거로 제후는 정규적인 세금과 재정 관리에 대한 권한을 가질 수 있었다. 그리고 이와 관련해 일단의 공무원 그룹이 발전되었다. 마찬가지로 중세 후기에 이미 많은 영지에서 제후가 의장을 맡는 제후 자문회fürstlicher Rat 혹은 추밀원Hofrat이 설립되었다. 처음에는 기사 계급의 자문단이 추밀원의 의원이었지만, 점차 그 자리는 법률가들로 대치되었다. 그리고 제후를 보좌하고 동시에 정책 수행을 담당하는 별개의 중앙 관청이 형성되었다. 그러한 중앙 기구의 형성에 따라 제후가 거주할 관저의 건설이 필요하게 되었다. 이렇게 해서 현대적 국가의 초기 형태가 나타났는데, 그것은 제국 차원이 아니라 지방 국가들 가운데서 발전된 것이었다.

또한 제후들은 교회와 관련된 문제에도 상당한 영향력을 행사하였다. 로마 교황청은 교황의 아비뇽Avignon 유수 사건과 잇따른 교황청의 분열로 이미 쇠퇴하기 시작했으며, 그 당시 절실하게 요청되었던 교회 개혁을 시작하거나 수행할 능력이 없다는 것을 드러냈다. 그 때문에 그렇지 않아도 이미 보다 강력한 힘을 갖게 된 유럽의 국가들은 교회와 관련된 문제에 대해서 더욱더 많은 권리를 주장할 수 있게 되었다. 15세기에 이미 영국과 프랑스에서는 국가교회Landeskirche라고 말할 수 있는 교회 형태가 생겨나기 시작했다. 그러나 중앙 정부의 힘이 약한 독일 제국에서는 이러한 발전이 이루어질 수 없었다. 하지만 15세기 초에 이미 많은 제후들이 상당한 권한을 가지고 교회 개혁을 주도하며 감독 시찰을 시행하였다. 예를 들어,

15세기에 여러 수도원에서 시작된 개혁은 제후들의 적극적인 후원 없이는 불가능한 일이었다. 그러므로 16세기에 개신파 국가교회가 나타났을 때, 그것은 단지 중세 후기에 이미 시작되어 계속 발전한 현상이었을 뿐이다. 종교개혁 시기에 이러한 국가교회의 발전은 로마 가톨릭 영지에서도 볼 수 있었다.

9. 경제적 발전

경제적인 발전도 지방 영지의 중요성을 증대시키는 데 중요한 역할을 담당했다. 이러한 점에서 15세기 후반과 16세기는 급진적인 변화의 시기였다. 초기 자본주의 경제 형태가 발전된 것은 이때였다. 자본이 갖는 중요성은 그 당시 푸거 은행 가문이 누린 높은 지위가 잘 증명해 준다. 푸거가의 재정적인 뒷받침이 없었다면 마인츠의 알브레히트Albrecht von Mainz가 세 개의 교구를 동시에 손에 넣는, 명백히 교회법에 위반되는 일을 할 수 없었을 것이다. 16세기 초반에 새로운 생산 방법들, 특별히 이전보다 훨씬 더 발달된 새로운 제조 방법이 도입되었다. 광업은 특히 작센 지역에서 중요한 산업이었다. 보헤미아작센 경계 지역에서는 구리, 은, 주석이 생산되었다.

12세기 이후부터 이미 작센에서 은이 채광되었지만, 광업이 중요한 산업이 된 것은 15세기 중반부터였다. 사람들은 이때의 현상을 19세기 미국 서부의 "골드러시"Gold Rush에 비유하기도 한다.[3] 실제로 양자 사이에는 여러 가지 유사점이 있다. 예를 들어, 두 경우 모두 결과적으로 인구 이동과 돈의 흐름을 증가시키고 광업에 참여한 이들에게 부의 축적을 가져다주었지만, 그렇지 못한 이들에게는 빈

곤을 초래하였다. 16세기 작센의 경제에서 광업만큼 중요한 산업은 없었다. 광업이 기초가 된 경제력이 없었다면, 작센은 16세기에 꽃 피운 수준 높은 문화를 누릴 수가 없었을 것이다. 또한 작센의 통치 자들은 광업 덕택으로 정치적인 영향력도 가질 수 있었다.

10. 작센

작센은 루터가 자신의 고향이라고 여겼던 곳이다. 그 지역의 통치 가문인 베틴가Haus Wettin는 1485년에 통치 지역을 둘로 나누었다. 에른스트Ernst는 비텐베르크와 토르가우Torgau 주변과 튀링겐Thüringen의 넓은 지역, 그리고 서부 에르츠 산맥Erzgebirge과 포크트란트Vogtland를 받았다. 그러나 무엇보다도 중요한 것은 그가 황제를 선출하는 선제 후의 지위를 갖게 되었다는 것이다. 다른 한편, 알브레히트Albrecht는 베라 강Werra까지 이르는 튀링겐 북쪽 지역뿐만 아니라, 마이센Meißen 지역의 영토와 라이프치히Leipzig를 받았다. 작센의 양분된 영토는 한 편의 영토 안에 다른 한편의 영토가 포함되기도 하는 등 서로 얽혀 있었다. 이 때문에 양측은 늘 긴장 관계에 있었고, 16세기 초반 수십 년간 양측이 많은 논쟁에 관여하게 된 것은 놀라운 일이 아니었다. 이 경쟁 관계는 슈말칼덴 전쟁Schmalkaldischer Krieg, 1546-1547 때 작센 의 모리츠Moritz 공작이 개인적으로는 루터파 신앙을 가지고 있었지 만, 황제 편에 서서 개신파 진영과 싸우면서 정점에 달했다. 황제는 보상으로 그에게 선제후 자리뿐만 아니라 선제후령의 많은 영토를 내주었다.

1485년 작센이 분할되었을 때 그 지역의 유일한 대학교는 공작령 작센 영지에 속한 라이프치히에 있었다. 이 때문에 선제후 프리드리히 현공은 1502년 비텐베르크에 새로운 대학교를 설립하였다. 비텐베르크 대학교는 선제후령 작센의 유일한 대학교로 출범했지만, 사실상 처음 15년간은 제대로 자리를 잡지 못하였다. 그러나 종교개혁으로 인해 비텐베르크 대학교는 주목을 받게 되었으며, 16세기 한동안 독일에서 가장 명성이 높은 대학교가 되었다. 작센의 두 지역에는 모두 그 당시 기준으로 볼 때 큰 도시가 없었다. 1만 명 이상의 인구를 가진 도시는 하나도 없었다. 작센에서 가장 큰 도시인 괴를리츠Görlitz에는 9,000여 명의 주민들이 살고 있었고, 라이프치히의 인구는 대략 6,500명이었다. 토마스 뮌처가 한때 활동하였던 츠비카우Zwickau의 인구는 대략 3,200명(1561년 당시)이었다. 그리고 16세기 초반 비텐베르크에는 2,000명이 조금 넘는 주민들이 살고 있었다. 작센에 속하지 않았던 뉘른베르크Nürnberg, 쾰른Köln, 스트라스부르Straßburg, 뤼베크Lübeck 등은 그 당시 작센의 도시보다 더 크고 중요한 곳이었다.

2장. 정신적, 문화적 상황

1. 교회 내외적 상황

가톨릭교회는 16세기 초까지 전반적으로 큰 도전을 받지 않았다. 수십 년간 비판의 대상이 되어 왔던 모든 악습들, 과도하고 건전하지 못한 종교성 및 면죄부["면벌부"(免罰符)도 가능. 본 역서는 루터의 반박 대상이 일반 대사부(大赦符)가 아닌, 과오용된 것임을 고려해 필요에 따라 두 용어를 병용한다] 관행, 혹은 신학의 결핍 등에도 불구하고 사람들은 교회를 떠나지 않았다. 오히려 교회에 대한 강한 비판이 있었다는 것은 사람들이 교회의 진정한 과제가 무엇이어야 하는지 알고 있었다는 사실을 말해 준다. 1500년경의 시기가 독일 역사에서 가장 경건한 때였다고 흔히 말하곤 하는데, 이는 정당한 평가이다. 물론 중세 후기의 교회와 종교성을 나타내는 이미지들 가운데는 서로 강하게 대립되는 것이 있어서, 그 당시 종교 생활의 다양한 형태를 함께 묶어 설명할 수 있는 공통분모를 찾아낸다는 것은 거의 불가능하다. 오히려 상이한 흐름과 다양한 경향이 공존했다고 보는 것이 적절하다.

겉으로만 본다면 1500년경 가톨릭교회는 아직 번영기에 속해 있었다. 교황의 아비뇽 유수 이후 전개된 교황청의 분열[1378-1415]은 결국 콘스탄츠 공의회[Konstanzer Konzil, 1414-1418]에 의해서 해결될 수 있었다. 서구 기독교 세계의 가장 크고 치명적인 추문은 마침내 종결되었지만, 교황청은 스스로의 힘으로 그 분열을 치유할 수 없었고 공의회의 도움을 받을 수밖에 없었다. 중세 절정기의 교황들이 황제와 다른 통치자들에게 비합리적인 요구를 강제할 수 있었던 것과는 반대로, 이제 교황의 힘은 공의회 운동에 의해 교회 내부로부터 제한받게 되었다. 콘스탄츠 공의회뿐만 아니라 바젤 공의회[Baseler Konzil, 1431-1449] 역시 공의회가 교황보다 우월하다는 것을 선언했다. 그러나 교황은 그 선언을 인정하지 않았으며, 반대로 가능한 모든 수단을 다하여 공의회를 자신에게 예속시키려고 하였다. 16세기에 교황이 공의회에 대한 압력을 받을 때, 교황은 15세기의 공의회 경험 때문에 개최를 꺼렸다. 또한 카를 5세와 프랑수아 1세 사이에 계속된 군사적 충돌 역시 보편적 공의회를 여는 데 결정적인 방해 요인이었다. 그 밖에 교회 내의 수많은 악습들, 교황의 권력 욕구, 교회 개혁에 대한 미온적 태도가 공의회 거부의 근본적인 이유가 되었다. 공의회 운동은 15세기 중반에 들어서면서 이미 그 절정기가 지나 버렸다는 것이 분명해졌다.

3. 교회 개혁의 요구

실제적인 교회 개혁의 요구는 절실했지만, 개혁을 수행할 힘은 없었다. 다방면에 걸쳐 악습들이 많았다. 무엇보다 교황청의 재정과 관련된 문제는 심각했다. 교황청은 하나의 교회 국가로서 전쟁을 치르기 위해 많은 돈이 필요했으며, 또한 사치스럽고 소모적인 궁정 생활을 유지하기 위해서 더욱더 많은 비용이 들었다. 중세 후기에 면죄부[면벌부]의 수가 증가한 것은 무엇보다도 재정적인 이유 때문이었다. 그리고 교회는 교회가 부과하는 형벌을 이용하여 부과금과 세금을 징수하였고 성직도 돈을 받고 매매하였다. 이러한 재정적인 착취 관행보다 더 심각한 것은 성직자들이 사제로서 자신의 의무를 진지하게 생각하지 않았다는 것이다. 많은 주교들이 스스로를 사제라기보다는 세속적 통치자로 생각했다. 성직자의 독신이 지켜지지 않는 것은 예사였다. 성직자의 재정적인 필요를 충당하기 위해 미사를 드리는 횟수도 늘어났다. 미사성제Meßopfer의 진정한 의미에 대한 신학적 해명도 부족했다. 이러한 신학의 혼란은 더 많은 악습의 원인이 되었을 뿐 아니라, 동시에 점점 증가하는 그 악습의 결과로 신학의 혼란 역시 가중되었다.

독일 제국 의회 때마다 항상 "독일 국가의 무거운 짐들"Gravamina nationis Germanicae이 제출되었다. "그라바미나"Gravamina ["무거운 짐들"을 의미하는 라틴어로, 교회와 성직 계급, 혹은 영주에 대해 제기하는 불만 사항의 목록을 지칭]라는 용어는 1456년 프랑크푸르트Frankfurt에서 발표된 한 공식 문서에서 처음 사용되었지만, 그러한 목록은 이미 1417년 콘스탄츠 공의회 때도 제출된 적이 있었다. 악습을 시정해야 한다는 요구는 종교개혁 초기 제국 의회 때도 계속 제기되고 있었다. 사실상 1521년 보름스 제국 의회Wormser Reichstag 때 제출된 그라바미나는 가장 광범위한 사항들을 포함하고 있었지만, 이는 그 당시 루터와 직접적으로 관련된 것은 아니었다. 수년이 지난 다음에 루터의 문제가 이 목록에 대한 논의를 억제시키는 역할을 하게 되었다. 그러나 루터의 꼬리표를 달고 적지 않은 옛 그라바미나가 계속해서 제기되기도 하였다.

15세기 이래로 제출되어 왔던 그라바미나에서도 볼 수 있는 것이지만, 16세기에는 더욱 분명하게 세속적인 문제와 교회적인 문제가 서로 분리할 수 없이 근본적으로 연결되어 있다는 것이 드러났다. 교황은 근본적으로 그 모든 악습에 대해서 책임을 져야 하는 장본인으로 여겨졌다. 독일인에게 교황은 국가의 적이기도 했다. 그라바미나를 요약하자면, 교황은 독일 국가로부터 재산과 자유와 명예를 빼앗아 가는 자라는 것이었다.

교회는 개혁 요구에 부응할 능력이 없다는 것이 명백해졌다. 이러한 사실은 종교개혁이 시작되기 바로 직전에 개최된 제5차 라테란 공의회Laterankonzil, 1512-1517에서 가장 분명하게 드러났다. 비록 그 공의회는 교회의 부과금과 세금에 관련된 여러 가지 악습을 개혁하기 위해 많은 결의안들을 통과시켰지만, 성직 매매나 복수 겸직의 폐단을 금지시키지는 못했다. 인쇄물의 검열이 계획되었지만 실행에 옮기지 못하였다. 그 당시 개혁을 위한 시도가 전혀 일관성이 없었다는 사실은 다음의 한 예가 잘 보여주고 있다. 제5차 라테란 공의회의 제9차 회기 중 낭독된 교회 개혁에 대한 교황의 교서가 마인츠의 대주교인 알브레히트에게 송달될 때, 그 교서와 함께 교황의 특별한 제안이 동봉되어 있었다. 그런데 그 제안은 바로 교황의 교서에서 금지하고 있는 사항이었다. 교황은 복수의 성직을 차지하려는 알브레히트의 불법적인 계획을 허락해 주는 대신, 금화 1만 두카텐 Dukaten [13세기에서 20세기 초까지 유럽에서 통용되던 금화]을 바치도록 요구했던 것이다. 그리고 교황은 알브레히트가 그 비용을 충당할 수 있도록 그에게 면죄부를 판매할 수 있는 권한을 주었다. 바로 이 면죄부가 루터로 하여금 95개 논제를 작성하도록 만든 동기가 되었다.

4. 개혁 운동

하지만 중세 후기에 이미 몇몇 개별적인 개혁 운동이 발전되었다. 그중에서 가장 중요한 것은 "새 시대의 경건"devotio moderna 이라는 운동이다. 14세기 말경 네덜란드에서 시작된 이 운동은 한편으로는 수도원의 개혁을 추구했지만, 동시에 평신도의 내면적인 영성을 양육하는 데 큰 역할을 하였다. 특히 이 운동은 평신도 그룹인 "공동생활형제단"Brüder vom gemeinsamen Leben의 활동을 통해서 활발하게 전개되었다. 이 운동은 중세 교회에서 가장 고상하게 피어난 꽃이었다. 그리스도를 따르는 이상(理想)에 이끌린 남녀들이 각각 수도원을 만들어 공동체 생활을 하였다. 그리고 그들은 학교를 설립하여 교육을 통해 더욱 폭넓은 영향력을 행사하였다. 공동생활형제단은 많은 면에서 종교개혁을 준비하는 길이 되었고, 후에 그들 중 다수가 종교개혁에 합류하였다.

중세 후기 교회에 대해 특별히 중요한 의미를 지니는 사건은 얀 후스Johann Huß, 약 1369-1415에 의해서 시작된 개혁 운동이다. 후스파는 로마교회로부터 독립을 쟁취하여 독자적인 신앙고백을 갖게 된 첫 번째 큰 집단이었다. 후스는 교회 개혁을 옹호했던 영국의 신학자 존 위클리프John Wyclif, 약 1320-1384의 저술에서 많은 영향을 받았다. 그의 영향이 지대했다는 것은 후스가 때때로 위클리프의 저술 중 일부를 그대로 옮겨서 사용하기도 했다는 사실에서 엿볼 수 있다. 그러나 이는 후스가 정신적으로 위클리프에게 의존해 자신의 독립성을 갖지 못했음을 의미하는 것은 아니다. 오히려 후스는 위클리프의 저술에서 자신이 수용할 수 있는 부분만을 사용하였다. 전반적으로 볼 때 후스는 위클리프보다 훨씬 조심스러운 모습을 보였다. 그 당시 교회의 관습이나 가르침에 대한 후스의 비판은 위클리프의 것처럼 날카롭지 않았고, 개혁을 위한 그의 제안도 위클리프의 것처럼 급진적이지 않았다. 그러나 이 "종교개혁 이전의 개혁자들"Vorreformatoren이 견해를 같이했던 점은 성경을 중시하고, 성경을 하나님의 법으로서 강조한다는 것이었다. 그들에 따르면 교회는 성경에 의거하여 나아갈 방향을 설정해야 하고, 성경은 교회의 가르침과 행동을 판단하는 기준이 되어야 한다. 그들은 세속화되어 부와 권력을 갖게 된 중세 교회와 사도적 가난 속에서 살았던 초대 교회를 비교했다. 면죄부[면벌부]에 대해서는 위클리프와 후스 둘 다 매우 날카롭게 비판했다. 후스는 교회를 구원이 예정된 사람들의 숫자로 정의했다. 그리고 교회의 머리는 오직 그리스도뿐이라고 주장했다.

보헤미아의 많은 이들이 후스를 따랐다. 교회의 고위 계급은 점차 그에게 예민한 반응을 보이게 되었고, 결국 그를 파문하였다. 그러나 보헤미아의 왕과 민중뿐만 아니라, 상당수의 귀족들이 후스를 지지했기 때문에 그는 파문을 당한 뒤에도 얼마 동안 활동할 수 있었다. 후스는 콘스탄츠 공의회에 소환을 받았고, 황제는 안전한 귀환을 약속하였다. 그러나 공의회에서 자신의 가르침을 철회하기를 거부하자, 후스는 이단자로 판결받고 화형을 당했다. 그의 죽음은 보헤미아에 큰 물의를 일으켰다. 황제와 교황 둘 다 후스를 죽인 살인자로 간주되었다. 후스파 안에는 두 그룹이 있었는데, 성만찬 때 평신도에게 포도주를 분배할 것을 요구하는 온건한 칼릭스틴파Kalixtiner 4 혹은 우트라크비스트파Utraquist 5가 있었고, 힘으로 하나님의 나라를 세우고자 했던 급진적인 타보르파Taborit 6가 있었다. 1420년 교황은 보헤미아의 이단자들에게 십자군 전쟁을 선포하는 교서를 발표하였고, 이로 인해 후스파 전쟁이 시작되었다. 후스파는 광적으로 자신들을 방어했다. 1427년 이후 그들은 하나님의 나라를 확장하기 위해 독일 제국을 침입하여 브란덴부르크Brandenburg와 오스트리아까지 이르렀다. 타보르파는 구약성경을 모든 삶의 규범으로 삼고 어떤 종류의 교회 계급도 반대했으며, 재산을 공유하는 생활을 하였다.

온건한 칼릭스틴파가 후스파의 지배권을 차지한 뒤에, 바젤 공의회는 후스파와 프라하 조약Prager Kompaktat, 1433을 맺고 타협에 이르렀다. 그러나 교황청은 그 조약을 인정하지 않았고 실제로 1452년에 그 조약을 무효화했지만, 후스파는 여전히 건재할 수 있었다. 1467년에는 형제단Brüderunität이 후스파로부터 분리되어 나갔다. 그들은 스

I. 루터의 시대와 세계

스로를 복음의 원리에 따르는 후스파 내부의 개혁 운동으로 이해하였고, 산상수훈의 가르침을 실현하고자 노력했다. 16세기의 제국은 여전히 후스파 전쟁의 공포를 기억하고 있었다. 비밀리에 보헤미아인의 가르침을 따르는 모임들이 여러 지역에 걸쳐 나타났다. 이전의 다른 모든 이단들은 1500년 무렵에 거의 다 사라져 버렸지만, 후스파의 영향은 여전히 남아 있었다. 16세기 초의 사람들은 하나님의 "율법"에 기초를 둔 후스파의 삶의 모범뿐만 아니라, 교회의 악습을 향한 그들의 비판에 대해서도 여전히 깊은 인상을 간직하고 있었다. 가장 중요한 것은 후스가 콘스탄츠 공의회에서 유죄 판결을 받고 사형에 처해진 것이 정당한 일이었는가라는 질문이 끊임없이 제기되었다는 사실이다. 후스파는 서구 세계에 성공적인 저항 운동의 한 예를 제공하였다.

6. 정신적 삶의 상황

중세 후기의 상황은 교회 및 종교성뿐만 아니라, 일반적인 정신적 삶에 있어서도 대단히 복잡했다. 미래에 대한 낙관적 기대와 재앙에 관한 묵시적 비전이 나란히 함께 존재했다. 중세 후기는 르네상스 시대인 동시에 죽음이 춤추는 시대이기도 했던 것이다. 미술 분야의 경우, 알브레히트 뒤러Albrecht Dürer에게서 볼 수 있는 것과 같은 새로운 각성이 이 시기에 일어나기도 했지만, 중세 특유의 옛 사고방식이 여전히 지배적이었다. 다시 한 번 우리는 그 당시 상황의 폭넓은 다양성을 지나치게 단순화하지 않도록 조심할 필요가 있다.

7. 대학교

지적 영역에 관한 한, 중세 전성기까지 독일은 확실히 영국과 프랑스에 비해서 훨씬 뒤처지는 모습을 보였다. 이탈리아와 마찬가지로 영국과 프랑스에는 13세기 이래로 이미 대학이 설립되어 있었다. 그러나 독일 제국에는 14세기 중반에 이르기까지 대학이 설립되지 못했다. 그 당시 제국의 가장 오래된 대학교가 위치한 도시로는 프라하Prag, 1348, 빈Wien, 1365, 하이델베르크Heidelberg, 1386, 쾰른Köln, 1388, 에르푸르트Erfurt, 1392, 그리고 라이프치히Leipzig, 1409 등이 있다. 16세기 초에 유럽에서 가장 중요한 대학교는 여전히 파리에 있는 소르본Sorbonne 대학교였다. 파리의 개혁적인 신학자들 가운데는 교회의 대분열을 극복하는 데 중요한 역할을 했던 피에르 다이Pierre d'Ailly, 1350-1420, 그리고 콘스탄츠 공의회에 참석했던 장 드 제르송Jean de Gerson, 1363-1429 등이 있다. 1500년 이후에도 소르본에서는 공의회가 교황보다 더 우월하다고 가르쳤다. 독일의 대학교는 그와 비슷한 영향력을 갖지 못했지만, 종교개혁 이후에 비로소 그러한 영향력을 발휘하기 시작했다.

신학과 철학 교육에도 차이가 있었다. 가장 유력한 학자들은 주로 영국과 프랑스에서 활동했고, 그중에서도 특히 프랑스가 유명하였다. 신학과 철학의 위대한 중세적 체계들은 대부분 파리에서 발전되었다. 물론 독일에서도 도미니크회나 프란체스코회 수도사들의 중요한 저술이 연구되었다. 그러나 스콜라주의에 관한 한, 독일에서는 실질적으로 어떤 공헌도 하지 못했다. 처음 독일에서 두각을 나타낸 것은 독일 신비주의였다. 요하네스 에크하르트Johannes Eckhart, 약 1260-1327, 요하네스 타울러Johnnes Tauler, 1300-1361, 하인리히 조이제Heinrich Seuse, 1295-1366

가 앞선 세대의 신비주의자들에게 깊은 영향을 받았다는 것은 확실한 사실이다. 그러나 또한 스콜라주의와 신비주의 사이에 분명한 경계선을 긋기는 어렵다. 그럼에도 불구하고 중세 후기의 신비주의가 독일에서 독특하고 고유한 특징을 가지고 발전하였다는 것은 의심의 여지가 없다. 이러한 신비주의의 영향은 16세기에 들어와서도 계속되었다. 또한 신비주의는 독일 언어의 발전사에서 중요한 역할을 했다.

8. 스콜라주의와 후기 스콜라주의

근본적으로 위대한 스콜라주의 체계의 시대는 1500년경에 끝났다. 토마스 아퀴나스Thomas Aquinas와 둔스 스코투스Duns Scotus의 체계가 여전히 가르쳐지고 있었지만, 그들은 더 이상 그 분야를 지배하지 못했다. 그들의 자리를 윌리엄 오컴William of Ockham, 약 1285-1349이 대신하였다. 오컴은 영국에서 태어나고 성장했다. 황제 바이에른의 루트비히Ludwig der Bayer와 교황 사이에 불화가 발생했을 때, 그는 주의 깊게 기술한 글들을 통해 황제를 옹호하였다. 철학과 신학을 종합한 옛 스콜라주의 체계는 아리스토텔레스적인 학문의 원리를 보다 엄격하게 적용하여 철학과 신학을 분리시킨 오컴에 의해 흔들리게 되었다. 철학과 신학은 각기 다른 영역의 지식으로 간주되었다. 그렇다고 오컴은 이중 진리 이론을 따르지 않았다. 오컴은 신학이 사변적인 방법으로 논의되는 것으로 그쳐서는 안 된다고 생각했다. 오히려 신학은 철학적 개념들의 신학적인 유용성을 비판적으로 검증해야 한다고 생각했다. 신론에서 그는 하나님의 자유 개념을 중심에 두었다. 창조주와 피조물은 날카롭게 구별되었다. 또한 그는 하나님의 능력을 절대적 능력과 질서에 의해 제한된 능력die absolute und die geordnete Macht Gottes으로 구분하였다. 이 구분을 적용해 오컴은 죄론과 은혜론, 그리고 인간론도 이중적인 방식으로 접근하였다. 예를 들어, 오컴은 한편으로 아담의 죄는 오직 하나님이 그 죄를 후손들에게 전가시켰다는 이유만으로 모두에게 파괴적인 영향을 미치는 것이라고 설명하였지만, 동시에 다른 한편으로 교부들의 권위를 따라서 원죄를 본래적인 의의 결핍, 즉 아담이 죄를 짓기 이전에 지녔던 특별한 의의 결핍으로 묘사하기도 했다. 이와 비슷하게 오컴은 은혜란, 근본적으로 죄가 전가되지 않는 것이라고 말하는 한편, 인간은 스스로의 힘으로 율법을 충족시킬 수 있는 능력을 가지고 있다는 것을 함께 주장할 수 있었다.

하나님의 자유, 그리고 피조물 및 발생하는 모든 것의 우연성에 대한 그의 사상은 상당히 지배적인 것이 되었다. 그 때문에 다른 스콜라주의 체계의 대표자들도 오컴에게, 아니면 적어도 그가 제기한 질문에 의해 영향을 받지 않을 수 없었다. 심지어 아우구스티누스의 가르침에 근거해서 죄와 은혜에 관해 더 깊은 통찰력을 발전시켰던 리미니의 그레고르Gregor von Rimini, 약 1300-1358 같은 신학자까지도 적어도 신론에 있어서는 오컴의 영향을 받았다. 튀빙겐에서 활동했던 가브리엘 비엘Gabriel Biel, 약 1410-1495은 대학 수업과 저술을 통해서 오컴의 가르침을 널리 알렸다. 그러나 비엘은 교황과 교회에 대한 오컴의 비판적인 사상은 중요하게 취급하지 않았다.

스콜라주의가 종교개혁이 시작되기 전에 이미 그 전성기가 지난 반면, 이탈리아로부터 독일로 전해진 인문주의는 16세기 초에 이르러 최고로 발전하였다. 그러나 알프스 산맥 이편의 인문주의와 저편의 인문주의 사이에는 차이점이 있었다. 고전 시대 그리스와 로마의 문화에 대한 관심과 수사학자를 이상적으로 여기는 인문주의의 경향은 15세기 이탈리아에서는 세속화로 이어졌다. 그러나 독일에서는 이러한 현상이 일어나지 않았다. 그와 반대로 독일의 인문주의는 대단히 종교적인 방향으로 발전되었다. 따라서 알프스 북쪽의 인문주의는 일종의 성경적 인문주의Bibelhumanismus였다고 말할 수 있다. 이러한 특징은 루돌프 아그리콜라Rudolf Agricola, 1443/44-1485에게서 일찍이 나타났고, 특별히 요하네스 로이힐린Johannes Reuchlin, 1455-1522, 혹은 에라스뮈스Desiderius Erasmus, 1469-1536에게서도 명백하게 볼 수 있다. 그 때문에 독일 인문주의자들에게서 고전 문화를 향한 개혁 경향과 기독교적 개혁 경향 사이를 구별해 내는 것은 어렵다. 이탈리아 인문주의자들은 "학술원"Akademie을 설립한 반면, 독일 인문주의자들은 작은 그룹을 형성하고 개인적인 접촉이나 서신을 통해 교제를 계속하였다. 콘라트 켈티스Konrad Celtis, 1459-1508는 어느 누구보다도 많이 그러한 지식인의 동우회를 창설했다. 그는 교사보다는 시인으로서 더 활동적이었다. 1487년에 그는 황제 프리드리히 3세에 의해 뉘른베르크에서 독일인으로는 처음으로 계관 시인이 되었다. 다른 많은 인문주의자들과 마찬가지로 켈티스는 독일의 과거에 새로운 가치를 부여하기를 원했다. 이를 위해 독일 인문주의자들은 독일의 역사적 자료나

격언들을 수집하여 출판하였다. 그러나 이러한 노력은 종종 아마추어 수준의 작업으로 그치곤 하였다.

많은 제후들이 이러한 인문주의 운동을 장려했으며, 특별히 막시밀리안 1세는 누구보다도 앞서서 이 운동을 지원하였다. 황제가 개인적으로 인문주의자들을 후원하자, 독일은 유럽의 다른 어느 곳보다도 왕성한 인문주의의 중심지가 되었다. 동시에 독일 인문주의 안의 민족주의적인 요소가 더욱 강해지면서 독일 법, 독일 문법, 심지어는 독일적인 형태의 교회까지 발전시키려는 열망이 일어났다. 이렇게 인문주의는 국가적인 낭만주의 운동을 만들어 내는가 하면, 다른 한편으로는 인문주의적인 계몽주의 운동도 발전시켰는데, 이는 에라스뮈스에 의해 대표되는 것이다. 이 계몽주의 운동은 국가적 위상을 드높이는 것과는 거리가 멀었다. 이처럼 인문주의 안에는 다양한 경향들이 작용하고 있었다. 그러나 이러한 여러 경향들은 한 가지 공통적인 특징을 가지고 있었는데, 그것은 오직 교육을 받은 소수의 사람들에게만 영향을 주었다는 것이다. 교육을 받지 못한 일반 민중은 인문주의 운동에 참여하지 못했다.

인문주의는 대학교에도 침투하였다. 처음에는 스콜라주의와 인문주의 사이에 큰 대립이 없었지만, 점차 둘 사이에 긴장과 대립이 발전하였다. 왜냐하면 고대로 돌아가야 한다는 인문주의자들의 주장은 곧 중세기의 평가 절하를 전제하는 것이기 때문이었다. 또한 스콜라적인 학문의 방법 역시 점차 거부되었다. 대다수의 사제들의 빈약한 교육 상태는 흔한 조롱거리였다. 고위 성직자의 도덕성에 대한 풍자 문학도 등장하였다. 인문주의에 의해 새롭게 된 문화적 이상(理想)은 점점 더 많은 대학과 학교들을 사로잡았다. 많은 개혁자들이 인문주의에 의해 결정적인 영향을 받았다. 루터의 경우는 오직 제한된 의미에서만 그 영향을 받았다고 말할 수 있다. 그러나 루터가 인문주의로부터 얼마나 영향을 받았는가 하는 문제는 아직 논쟁의 여지를 안고 있다.

삶에 대한 일반적인 정서에 관한 한, 종교개혁 전야에는 서로 상당히 날카롭게 대립되는 사상들이 발전되고 있었다. 인문주의자들은 자신들이 어두웠던 중세기를 대신하는 새로운 시대의 시작점에 서 있다고 생각했다. 그러나 세상이 곧 멸망할지도 모른다는 묵시적 사상을 갖고 있는 이들도 있었다. 마녀 신앙과 적그리스도의 표상, 그리고 인문주의의 문화적 이상이 공존하였다. 이처럼 서로 대립적인 생각들이 하나의 동일한 집단 내에서도, 심지어는 한 인격 안에서도 동시에 나타나기도 했다. 유대 랍비 문헌을 파괴할 것인가, 아니면 보존할 것인가 하는 문제를 놓고 벌어진 퀼른의 도미니크회 수도사들과 로이힐린 사이의 논쟁[1510-1520]은 단지 인문주의와 스콜라주의, 학문성과 종교재판소, 혹은 계몽주의와 몽매주의 사이의 싸움이 아니었다. 랍비 문헌을 지키고자 했던 로이힐린의 입장은 당시의 시대정신이 반영된 것이었다. 이 논쟁 중에 랍비 문헌을 없애려는 이들을 조롱하는 풍자글, 『무명인들의 편지 *Epistolae obscurorum virorum*』[1515/1517]가 출판되었는데, 그 저자들 대부분이 에르푸르트의 인문주의자였다. 당시에는 옛 정신과 새 정신, 그리고 보수주의와 혁명적인 열성이 많은 면에서 서로 연결되어 있었다. 동료 인문주의자들로부터 칭송을 받았던 로이힐린은 루터의 종교개혁에 대해서는 단호히 반대하였다. 자신의 조카 손자인 멜란히톤[Philipp Melanchthon, 1497-1560]이 루터 편에 섰을 때, 로이힐린은 멜란히톤과의 관계를 끊어 버렸다. 그러나 그 반대 현상도 있었다. 중세적 사상에 깊이 정착해 있었던 많은 이들이 1517년 이후에 종교개혁의 지지자가 되기도 하였다. 종교개혁 전야의 상황에서 어떤 부류의 사람들이 루터 편에 설 것인가를 예측하는 것은 성공할 수 없는 일이었다. 세상은 개혁의 때가 무르익은 것처럼 보였을지라도, 종교개혁은 많은 이들이 기대했던 개혁과는 다른 것이었다.

3장. 시대 구분에 대한 질문: 중세, 종교개혁, 근대

중세와 근대 사이의 경계 설정의 문제에 대해서 학자들이 늘 다양한 입장을 보여 왔다는 사실은 놀라운 일이 아니다. 이 질문에 대한 답변을 찾기 위해서는 관련된 매우 다양한 문제들을 논의해야 하지만, 여기에서는 단지 부분적으로만 다룰 수밖에 없다.

우선 우리는 17세기 말에 크리스토프 켈라리우스$^{Christoph\ Cellarius,}$ $^{1638-1707}$가 처음으로 제안했던 고대, 중세, 그리고 근대의 시대 구분을 계속 유지할 것인지, 아니면 이 구분을 부적절한 것으로 보아야 할지 물어야 한다. 이와 관련하여 만약 우리가 관례를 따라 시대를 셋으로 구분하고자 한다면, 우리는 고대 및 근대와 구별되는 중세만의 독특한 특징들을 가려내야만 할 것이다. 그리고 중세가 근대 역사와 구분되는 경계 지점뿐만 아니라, 고대 역사와 구분되는 경계 지점도 분명히 밝힐 수 있어야 할 것이다. 켈라리우스는 중세의 시작을 콘스탄티누스 대제의 통치로, 그리고 그 끝을 대략 15세기 말경 콘스탄티노플의 함락으로 간주하였다. 그 후에 많은 이들이 중세를 구분하는 경계에 대해 상당히 다른 의견들을 제시하였다. 특히 학자들 개개인의 역사를 보는 상이한 관점에 따라 다양한 시대 구분이 제시되었다. 또한 역사를 정치사적으로 연구하느냐, 아니면 정신사적, 교회사적으로, 혹은 경제사적으로 연구하느냐에 따라 서로 다른 경계 지점들이 제시되기도 하였다. 또한 이와 유사한 방식의 질문이 제기될 수 있는데, 즉 근대는 중세에 이어서 즉시 발생한 것인지, 그렇다면 중세와 구별되는 근대의 특징은 무엇인지, 그리고 근대와 중세 사이에 개신파의 종교개혁과 가톨릭의 반(反)종교개혁 Gegenreformation 시대를 별도로 구별해 설정해야 하는지, 그렇다면 그 종교개혁 시대가 근대와 중세로부터 구별되는 특징은 무엇인지를 묻는 것이다. 여기에서도 역시 우리가 경제사적, 사회사적, 정치사적, 정신사적, 교회사적, 신학사적인 문제들 중 어디에 가장 많은 관심을 두느냐에 따라 상이한 결론에 도달하게 될 것이다. 그러나 예를 들어, 우리가 단지 사회사에 특별한 관심을 가지고 있다고 해서 16세기에 신학적 요인들이 중요한 의미를 가지고 있었다는 것을 거부할 필요는 없다.

결국 역사적 시대 구분에 대한 우리의 견해는 상당 부분 우리 자신의 세계관에 의해 결정되는 것이다. 마르크스주의자는 그리스도인과는 달리 생각할 것이고, 개신교인은 종교개혁이 기독교의 통일성을 파괴했다고 생각하는 로마 가톨릭교인과는 달리 생각할 것이다. 어떤 이들은 자유와 관용에 대한 근대적 이념의 발달을 가장 의미 있는 것으로 판단할 수도 있다. 또한 여기에 불가지론의 입장을 취하는 이들도 있을 것이다.

적어도 근대와 중세 사이를 구별하는 문제는 다른 모든 반대 의견들을 배제하고, 한 가지 의견을 선택하는 방식으로 대답될 수 없는 것이다. 시대 구분에 대해서 어떤 견해를 갖고 있든지 간에 다른 방법과 관점에 대해 열린 마음을 갖고, 가능한 한 더 많은 요소들을 충족시킬 수 있는 대답을 찾기 위해 노력하는 것이 중요하다. 또한 우리는 어떤 견해를 취할지라도 한 시대로부터 다른 시대가 갑자기 나타난 것이 아니라는 사실을 받아들여야 할 것이다. 우리는 전형적인 근대적 요소들이 이미 중세 후기에 나타나고 있음을 발견할 수 있다. 지성사의 측면에서 유명론자들의 새로운 인식론의 발전, 그리고 정치 철학에서 파두아의 마르실리우스Marsilius von Padua, 1275-1342/43의 새로운 정치 이론이 이미 근대적 요소들을 내포하고 있다는 것 등이 그 예이다. 정치적 실천의 측면에서 유럽의 민족주의 국가의 발전과 절대주의적 정부 형태를 예견한 마키아벨리Machiavelli, 1469-1527의 정치 이론도 여기에 포함될 수 있을 것이며, 예술의 경우 개인 초상화가 유행하게 된 과정을 주목할 수 있을 것이다. 교회적, 신학적 측면에서는 자신의 양심과 성경의 증언에 의거하여 로마교회의 권위에 예속되기를 거부했던 루터의 예를 들 수 있다. 그리고 루터가 교회의 권위주의적 지배로부터 인간의 이성과 세속 정부를 해방시킨 것은 중세와 대조되는 새로운 시대의 시작의 한 부분이 되었다고 말할 수 있을 것이다.

다른 한편, 16세기는 중세의 특징으로 여겨지는 요소들이 아직 삶의 전 영역에 걸쳐서 발견되는 시기이다. 예를 들어, 수많은 형태의 미신이 만연해 있었고, 비록 정도의 차이가 상당하지만 다른 형태의 종교들을 억압하는 불관용 정서가 일반적이었다. 사람들은 한 지역에서는 오직 하나의 형태의 신앙만이 허용된다는 것을 자명한 것으로 받아들였다. 동시에 마귀와 적그리스도에 관한 개념들은 매우 대중적이었으며, 정신적 자유에 대한 사상은 겨우 싹트기 시작하는 단계였다.

　루터는 중세에서 근대로 넘어가는 이 다양한 변천의 과정에서 가장 두드러지는 위치를 차지하고 있다. 이 과정 가운데서 우리가 루터를 어떠한 이미지로 그리느냐에 따라 그를 보수적인 인물로 볼 수도 있고, 진보적인 인물로 볼 수도 있다. 그러나 각자의 의견이 어떠하든 간에 간과하지 말아야 할 것은, 한 역사적 인물에 대한 평가가 단지 역사의 흐름 속에서 그가 차지하는 위치를 결정하는 것만으로 내려질 수 없다는 사실이다. 루터에 관한 한, 그의 인격 전체는 그가 선포한 "핵심 내용"^{Sache}과 관련되어 있었다. 그러므로 루터를 이해하고자 한다면, 이 "핵심 내용"을 정확히 이해하도록 노력해야 한다.

Ⅱ. 루터의 생애에 대한 관점 및 질문의 개관

1장. 서론

1. 풍부한 자료

어떤 사람의 업적은 그 생애 전체의 맥락에서만 정당하게 이해되고 평가될 수 있다는 잘 알려진 원칙은 특별히 루터를 이해할 때 중요한 것이다. 그가 얻은 신학적 통찰들은 그에게는 항상 실존적인 의미를 가지고 있었다. 그의 펜에서 나온 방대한 저술은 미리 짜 놓은 계획에 따른 것이 아니라, 주로 그가 휩싸였던 다양한 논쟁 가운데서 생산된 것이었다. 물론 이 말은 루터가 기본적이고 포괄적인 신학적 관점을 가지고 있지 않았음을 뜻하는 것이 아니다. 하지만 그의 기본적인 관점은 새로운 상황에 대처하며 끊임없이 새롭게 재형성되어 갔다.

우리는 16세기나 그 이전 시대의 어느 누구보다도 루터 개인과 그의 일상생활에 대해 자세히 알고 있다. 그의 방대한 저술과 강의 원고, 또한 보존된 그의 설교 원고 및 공동 설교문, 특별히 그의 활발한 서신 왕래를 근거로 하여 우리는 그의 전기(傳記)를 매일 매시간 단위로 쓸 수 있을 정도이다. 그러나 그 당시 작성된 엄청난 양의 보고서와 한편으로는 루터의 삶과 다른 한편으로는 주요 정치적 사건들이 서로 복잡하게 얽혀 있는 상황, 그뿐만 아니라 루터에 대한 동시대인의 다양한 언급들을 함께 고려할 때, 루터 전기를 쓰는 것은 매우 어려운 일이다. 면죄부 논쟁 이전 시기의 초기 루터에 대해, 그리고 농민전쟁을 거쳐 1520년대 후반까지의 루터에 대해 몇 편의 전기가 쓰였으나, 후기 루터에 관심을 기울인 연구는 훨씬 적다. 하인리히 보른캄Heinrich Bornkamm의 작품1979은 아직 미완성 단편으로 남아 있다. 에르스트 브레히트Erst M. Brecht는 상세하게 기술한 그의 루터 전기 제3권에서 후기 루터를 다루었다. 나이가 들면 들수록 루터의 삶은 독일 종교개혁 역사의 발전과 더욱 긴밀하게 연결되었다. 후기 루터에 대한 정당한 평가를 위해서는 그의 개혁자로서의 역할과 교회 교사로서의 역할 사이의 균형, 또한 그의 개인적 삶과 가정생활 사이의 균형도 신중히 고려해야 할 것이다.

2. 루터 전기의 과제

루터 전기를 쓰려는 사람은 루터의 삶을 당시의 정치적, 정신적 역사의 맥락에서 주의 깊게 묘사하는 것에만 만족해서는 안 된다. 오히려 전기 작가는 처음부터 루터에 대한 개인적인 입장을 결정하고, 자신의 가치 판단을 드러내야 한다. 중세 후기 교회의 부패, 르네상스와 인문주의 등 당시에 일어난 새로운 운동들, 지방 국가들과 제국의 대립적인 관계, 제국 내 경제의 재편성, 그리고 15세기 후반에 이미 등장하여 농민전쟁 중에 최고도에 이르렀던 급격한 사회 변화의 과정 등과 같은 다양한 역사적인 요인들이 루터의 삶에서 얼마만큼의 비중을 가지고 있는지에 대해 먼저 개인적 입장을 결정할 필요가 있다. 즉, 루터 전기의 저술은 이러한 요인들에 대한 작가 자신의 판단이 전제될 수밖에 없는 것이다.

이러한 문제들에 대한 입장을 결정할 때 전기 작가가 고려해야 할 또 다른 중요한 물음이 있다. 그것은 루터가 붙잡고 씨름했던 종교적인 문제가 루터에 의해 제기된 그 시대의 특정한 문제였는지, 아니면 그 형태는 끊임없이 달라졌다 하더라도 근본적으로 모든 시대가 늘 제기하는 문제를 특별히 루터가 자신의 삶 속에서 더욱 날카롭게 인식하고 경험했던 것인지 결정해야 한다는 것이다. 그리고 종교개혁으로 이어진 종교적 문제에 대한 논의가 "진정한" 것이었다고 할 때, 전기 작가는 그 문제에 대한 루터의 답변이 성경적인 의미에서 참으로 기독교적이었는지, 아니면 루터는 급진적이고 편파적인 신학자였는지 결정해야 할 것이다. 이렇게 결정해야 할 관점들과 구별되는 별도의 비판적 과제가 있는데, 그것은 모든 학문적인 연구에 주어진 과제이다. 이 비판적 과제는 종교개혁을 근본적으로 긍정하는 입장이나, 로마 가톨릭의 전통적인 비판의 입장이나 관계없이 진지하게 고려되어야 한다.

2장. 루터의 유년기와 학업

1. 유년기

앞에서 다룬 물음에 대해 전기 작가가 취할 입장은 루터의 유년기를 묘사할 때부터 반영될 것이다. 물론 루터의 가족과, 1483년 11월 10일 아이스레벤^{Eisleben}에서의 출생, 그리고 그의 아버지가 구리 광산을 경영하여 적당한 재산을 축적했던 만스펠트의 어린 시절 등에 관한 기본적인 사실은 이미 잘 알려져 있다. 루터의 선조들이 튀링겐 숲 서쪽에 살았던 농부라는 사실도 명백하게 밝혀진 것이다. 그러나 귀족이 아닌 농민 출신의 루터가 이전에는 높은 지위에 해당되었던 역할을 담당할 수 있었다는 사실은 어떤 의미를 갖는가? 더구나 우리는 만스펠트의 외딴 지역에서 보낸 루터의 유년기가 그 당시 더욱더 고조되어 가던 긴장 관계들에 의해 이미 영향을 받고 있었는지, 아니면 루터가 나중에서야 이와 처음으로 접촉하게 된 것인지도 결정해야 한다. 혹은 다음과 같은 물음도 제기할 수 있다. 대체로 인정하는 바, 루터의 부모의 엄격한 양육 방식은 그의 내면적 발달에 어떤 영향을 끼쳤는가? 아버지의 엄격함은 루터의 "영적 시련"에 있어서 대단히 중요한 요인이 되었던 심판자 하나님의 이미지와 어떤 관계가 있는가? 그러한 관계성은 증명할 수 있는가, 아니면 그것은 증명 가능한 성질이 아닌가? 소년 루터에게 후에 종교개혁자로서의 길을 가도록 영향을 준 다른 요인들은 없었는가? 혹은 루터의 성격은 아주 특별하고 어떤 면에서는 심지어 비정상적이었다고 말할 수 있는가? 만일 비정상적이었다면, 그것은 어떤 종류였는가?

2. 가정 교육

루터의 개인적 발달과 관련된 문제는 완전히 다른 분야를 대표하는 학자들에 의해 여러 각도에서 반복적으로 다루어져 왔다. 자신의 부모의 가정 교육에 관하여, 후에 루터는 자신이 여러 번 심한 매질을 당했다는 것을 기억하였다. 그러나 그 당시 어린아이를 가르치는 방법은 현대와는 달리 일반적으로 대단히 엄격했다. 그러므로 루터의 경험은 특별한 것이 아니었다. 루터와 그의 부모는 항상 서로를 향한 깊은 애정을 가지고 있었다. 루터는 자신의 부모가 사망할 때까지 그들과 따뜻한 관계를 유지하였다. 루터의 후기 생애를 아버지와의 깊은 갈등의 관점에서 해석하려는 많은 시도들이 있었지만 이를 뒷받침할 자료는 많지 않다. 루터가 가정에서 경험한 종교적인 생활에도 그 당시 기준에서 볼 때 정상적이지 않은 어떤 유별난 것이 없었다. 루터의 부모는 경건한 사람들이었다. 확실히 그 시대에 유행하던 미신적 신앙을 가지고 있었지만, 동시에 현실적이며 건전한 사고를 할 수 있는 이들이었다. 전체적으로 판단해 볼 때 가장 눈에 띄는 특징을 말한다면, 그것은 루터의 유년기와 청소년기에 대한 자료에서 후에 루터가 걷게 될 길을 암시해 줄 만한 어떤 것도 발견할 수 없다는 것이다.

3. 청소년기

청소년기의 루터가 마그데부르크^{Magdeburg}와 아이제나흐^{Eisenach}에서 보낸 시기는 대단히 중요한 의미를 갖는다. 1497-1498년^{혹은 1496-1497} 사이에 루터는 1년 동안 마그데부르크에 있는 성당 학교^{Domschule}에서 공부했는데, 공동생활형제단에 속한 사람들이 그 학교의 교사였다. 그러므로 루터는 그의 청소년기에 아마도 중세기 전체를 통틀어 가장 깊이가 있었던 종류의 평신도 영성과 가깝게 접촉할 수 있었다. 이것이 의미하는 바는, 루터는 중세 후기 교회의 부패의 측면만 본 것이 아니었다는 사실이다. 이후 루터는 대략 1498-1501년^{혹은 1497-1501}에 아이제나흐의 학교생활을 마쳤다. 그곳에 있는 동안 루터는 경건하고 교양 있는 귀족 샬베^{Schalbe}와 코타^{Cotta}의 저택을 자주 방문하였다. 이들 가문의 영적인 분위기는 프란체스코의 영성을 반영하고 있었다. 음악도 그곳에서 육성되었다. 루터는 아이제나흐에서 많은 친구들을 사귀었고, 그중 몇 명은 그의 생애 마지막까지 친구로 남아 있었다. 루터는 아이제나흐뿐만 아니라 마그데부르크에서도 꽤 긍정적인 체험을 많이 하였다. 이러한 사실은 루터의 유년기와 청소년기를 너무 어두운 색으로 채색하려는 것에 대해 경고하고 있다.

4. 대학교 진학(1501-1505)

에르푸르트^{Erfurt}에서의 대학 시절은 루터의 후기 발달을 위해서 특별히 중요한 의미를 갖는다. 1501-1505년 사이에 루터는 기본적인 교양과목의 공부를 끝냈다. 이 학업에서 루터는 문법, 수사학, 그리고 아리스토텔레스 논리학을 공부했고, 또한 아리스토텔레스 윤리학과 형이상학을 익혔다. 그 당시 에르푸르트에서는 오컴의 유명론이 지배적인 사조였다. 물론 황제 바이에른의 루트비히를 지원하기 위해 출판된 오컴의 후기 저술들은 교황청과 교회에 대해 비판적이기 때문에 무시되었지만, 오컴주의적 경향은 지배적인 위치를 차지하고 있었다. 루터는 튀빙겐에서 활동했던 가브리엘 비엘로부터 온건한 형태의 오컴주의를 배웠다. 루터는 학생 신분으로 이미 아리스토텔레스와 토마스 아퀴나스에 대한 오컴주의적 비판을 접하게 되었다. 그 당시 에르푸르트에도 확실히 인문주의적 경향이 있었지만, 루터는 이와 가깝게 접촉하지 않았던 것으로 보인다. 1507년에 신학 공부를 시작하면서 루터는 역시 먼저 비엘에 의해서 수정된 형태의 오컴주의적 신학을 접하게 된다. 루터는 다른 전통들을 접할 때 우선 오컴주의자들이 소개하는 방법으로 그것을 보는 법을 배웠다. 이러한 이유 때문에 학자들은 중세 후기에 토마스주의에 대해 비판적이었고, 때로 토마스주의를 부분적으로 파괴하기까지 한 오컴주의가 루터의 종교개혁 신학의 발전에 얼마나 중요한 영향을 미쳤는지를 반복해서 질문해 왔다.

오컴주의 이외에 다른 전통들도 루터에게 중요하였다는 사실은 의심의 여지가 없다. 루터는 아마도 토마스 아퀴나스는 거의 읽지 않았던 것 같다. 그러나 많은 연구가들은 루터가 토마스 아퀴나스에 대한 정확하고 광범위한 지식을 가지고 있었다는 것을 확인할 수 있다고 생각한다. 어찌 되었든 오컴주의 이외에 아우구스티누스가 곧 루터에게 대단히 중요한 자리를 차지하게 된다. 루터가 다른 이들을 통해서 아우구스티누스에게 접근하게 되었는지, 아니면 루터 자신이 주도적으로 그에 대해 특별한 관심을 가지게 되었는지는 아직 논란이 끝나지 않았다. 또한 얼마 지나지 않아서 신비주의자들의 저술이 루터에게 중요한 의미를 갖게 된다. 신비주의에 관해서 우리는 한편으로 디오니시우스 아레오파기타Dionysius Areopagita의 고대 기독교 신비주의, 아우구스티누스의 온건한 신비주의, 그리고 베른하르트Bernhard von Clairvaux의 그리스도 중심적 신비주의와, 다른 한편으로는 독일 신비주의, 곧 타울러의 저술이나 "독일 신학"Theologia Deutsch의 신비주의를 신중하게 구별하는 것이 중요하다. 루터는 그의 초기 강해를 준비할 때나 그의 신학을 발전시킬 때 항상 상당히 넓은 범위에 걸쳐 고대 기독교와 중세의 전통을 연구하였다. 이와 관련된 많은 것이 논란의 여지를 갖고 있다. 그러므로 우리는 루터가 어떤 전통을 알고 있었으며, 그리고 어떤 배경에서 루터 자신의 진술을 이해해야 하는지 확실하게 말하기 어렵다.

3장. 수도사 루터

1. 수도원 입회(1505)

루터는 1505년 문학[자유 과목] 석사 학위^{Magister artium}를 받은 뒤에 아버지가 원하는 대로 법학을 공부하려고 했다. 이 계획은 1505년 7월 2일 그가 에르푸르트와 가까운 슈토테른하임^{Stotternheim}에서 강한 폭풍우를 만났을 때 갑자기 바뀌게 되었다. 루터는 죽음의 공포 속에서 광부의 수호성인인 성 안나에게 도움을 구하고, "나는 수도사가 되겠습니다"라고 외치며 서원하였다. 이 서원은 심사숙고한 결과가 아니라 공포의 순간에 갑작스럽게 입에서 튀어나온 것이었다. 그러나 다른 한편으로 루터가 그러한 서원을 하게 된 것은 단지 우연한 일이 아닐 수 있다. 비록 루터가 이를 집중적으로 생각하지는 않았다 할지라도, 아마도 이미 전에 때때로 수도사가 될 가능성을 염두에 두었을지 모른다. 그 당시 수많은 수도원이 있었고 수도사의 숫자가 전체 인구 중 상당한 비율을 차지하고 있었으며, 어디에서나 상존하는 영혼의 구원에 관한 질문은 영원한 심판자 앞에서 자신의 가치에 대해 생각해 보게 만드는 충분한 원인이 되었다.

　루터의 서원은 자유롭고 자발적인 의지로 행한 것이 아니었기 때문에, 결과적으로 루터는 아마도 자신의 결정에 대해 불안감을 갖게 되었던 것 같다. 에르푸르트로 돌아온 뒤에 루터는 그 서원이 구속력이 있는 것인지 알고자 하였다. 그의 선생들은 그에게 서로 다른 대답을 주었다. 루터는 가장 어려운 대답을 선택했으며, 다리를 건넌 뒤 뒤돌아보지 않고 그 다리를 끊어 버렸다. 1505년 7월 17일, 루터는 에르푸르트에 있는 아우구스티누스 은둔수도회의 검은 수도원 Schwarzes Kloster에 들어갔다. 이전에 종종 주장되어 온 것처럼 그 수도원이 특별히 엄격한 금욕주의를 지켰기 때문에 루터가 그곳을 택한 것 같지는 않다. 아마도 그 수도원의 철학과 신학의 학문적 경향이 루터가 대학에서 교양과목Artistenfakultät 1을 배웠을 때와 같았기 때문일 것이다. 루터는 자신이 이전부터 공부해 왔던 것과 동일한 근본정신에서 연구를 계속하기를 희망했을 수 있다.

2. 영적 시련

루터가 수도원에 들어가게 된 더욱 깊은 이유들 가운데 하나는 그의 영적 시련Anfechtung이었다. 루터와 관련된 전형적인 개념이 된 이 "영적 시련"이라는 용어에는, 그 성격에 있어서 신학적인 부분과 개인적인 부분이 교차하는 많은 국면과 문제들이 포함되어 있다. 결국 루터의 영적 시련은 인간이 하나님 앞에서 어떻게 가치 있는 존재가 될 수 있는가, 즉 인간이 어떻게 자비로우신 하나님을 발견할 수 있는가라는 질문과 관련되어 있다. 루터로 하여금 이 질문을 가지고 씨름하도록 만든 당시의 신학적인 전제는 중세 신학의 "행위의인"(行爲義認)Werkgerechtigkeit 사상이었는데, 루터는 후에 이것을 거부하게 된다. 이 행위의인 사상에 따르면 인간은 하나님을 이 세상 어떤 것보다 사랑하고 신뢰할 수 있는 자연적인 능력, 곧 제1계명을 성취할 수 있는 능력을 가지고 있다. 인간이 이 능력을 얼마나 가지고 있는가 하는 질문은 참회 전에 자신을 살필 때나, 고해성사에서 사제가 부과하는 보속(補贖)을 수행할 때 특히 날카롭게 드러난다. 영적 시련의 개념 안에는 중세의 기도 관습에서 비롯된 다양한 체험들, 또한 하나님의 요구 앞에서 갖게 되는 인간 자신의 부족함에 대한 불안감, 임박한 죽음의 공포, 구원의 예정이나 선택의 불확실성 등에서 오는 체험들이 포함되어 있었다. 중세 후기에 수많은 이들이 이러한 영적 시련을 경험하고 있었다.

영적 시련이 없었다면 사람들은 자신이나 연옥에서 고통을 당하고 있는 가족을 위해 면죄부[면벌부]를 사려고 하지 않았을 것이다. 임박한 죽음 앞에서 영적 시련을 겪는 이들은 사제의 인도와 그 당시 유행하던 소위 "죽음의 기술"ars moriendi이라는 문학에서 도움을 구했다. 사람들은 절망에 사로잡히지 않도록 위로와 도움을 받고자 했고, 하나님의 뜻에 자신을 맡길 수 있는 용기와 확신을 갖기를 원했다. 루터가 겪었던 영적 시련의 특수성은, 영적 시련에 관한 신학적 문제들을 특별히 그의 하나님 개념의 관점에서 매우 진지하게 사색하고 씨름하였다는 사실에 있다. 그러나 루터의 영적 시련의 독특성은 그 성격이 아닌, 그 강도에 있었다. 즉, 그는 남다른 강렬함으로 영적 시련을 겪었고, 그 시련이 제기하는 물음에 대해 신학적으로 숙고하였다.

후에 루터는 그의 영적 시련에 대해 이렇게 말한 적이 있었다.

Ⅱ. 루터의 생애에 대한 관점 및 질문의 개관

"나는 더욱 자주 이 형벌들을 겪어 왔다고 주장한 한 사람을 알고 있다(고후 12:2). 그는 그 형벌들이 짧은 시간만 지속되기를 바랐지만, 그 형벌들은 너무나 크고 마치 지옥과 같아서 어떠한 혀로도 그것들을 적절히 설명할 수 없고, 어떠한 펜으로도 적절히 묘사할 수 없고, 또 직접 경험해 보지 못한 사람은 그것들을 믿을 수 없을 정도다. 그리고 그 형벌들은 너무도 엄한 것이어서 그것들이 최고도에 이르게 되거나, 혹은 그것들이 한 시간의 반, 아니 십분의 일이라도 지속된다면, 그는 완전히 멸망당하고 그의 뼈는 완전히 재가 되고 말 것이다. 그 순간에 하나님은 굉장히 진노하신 분으로 보이며, 그분과 함께 모든 피조물도 진노한 것처럼 보인다. 그 순간에는 안이나 밖이나 탈출구도 없고, 편안함도 없고, 모든 것이 우리를 정죄할 뿐이다. 그 순간에 그는 눈물 가운데서 시편 기자처럼 '주의 목전에서 끊어졌다'(시 31:22)고 탄식할 것이요, 또는 최소한 '주의 진노로 나를 징계하지 마옵소서'(시 6:1)라는 말조차 감히 할 수 없을 것이다. 이상한 말이지만, 그 순간에 그 영혼은 자신이 언젠가 구원받을 수 있으리라고 믿지 못하고, 단지 그 형벌이 완전히 끝나지 않을 것처럼 느끼게 될 뿐이다. 형벌은 영원하다. 그러나 그 영혼은 또한 자신이 일시적인 존재라고 생각할 수도 없다. 오직 남는 것은 도움을 바라는 간절한 마음과 깊은 절망에서 나오는 신음뿐이다. 그러나 그 영혼은 어디에 도움을 청해야 하는지조차 알지 못한다. 그 사람은 그리스도와 더불어 그의 모든 뼈를 셀 수 있도록 모든 사지를 크게 뻗고 있다. 그리고 그 영혼 안에는 심한 비애와 두려움과 전율과 슬픔으로 채울 수 있는 구석도 없으며, 그러한 고통은 영원히 지속될 것이다. 이에 관해 한 비유를 생각해 보자. 하나의 공이 직선으로 그어진 어떤 선을 횡단한다면 공이 닿은 지점에서 그 선은 공의 전체 무게를 느낄 것이다. 그러나 그 선은 그 공 전체를 감싸지는 못한다. 영혼도 이와 마찬가지이다. 영혼은 자신 위로 흘러가는 영원한 홍수와 닿게 되는 그 지점에서 오직 영원한 형벌만을 느끼거나 그것을 흡입하게 될 뿐일 것이다. 그러나 그 형벌은 머물러 있지 않는다. 다시 자신 위를 넘어서 흘러가 버리기 때문이다. 그러므로 살아 있는 사람에게도 이 지옥의 형벌은 견딜 수 없는 것이고 어떤 위로도 소용없는 것인데, 연옥에서 이러한 형벌을 당하는 이들은 훨씬 심한 고통을 당할 것으로 여겨진다. 더구나 그 형벌은 영구적인 것이다. 그리고 이 경우에 내부의 불은 외부의 불보다 더욱 무서운 것이다. 만약 이를 믿지 못하는 사람이 있다면 우리는 그와 다투지 않을 것이다.” [2]

루터는 영적 시련 속에서 하나님의 진노를 경험했다. 그는 이생에서 이미 내적으로 연옥의 고통을 경험했다. 이것이 영적 시련의 핵심이지만 거기에는 다양한 방식으로 나타나는 특별한 국면들이 있다. 루터의 영적 시련은 그가 종교개혁 신학을 발견하게 됨으로써 끝난 것이 아니었다. 시간이 지나면서 그것은 또 다른 형태로 나타난다. 특별히 1527년은 루터에게 어려운 시기였다. 루터는 자신이 실제로 옳은 것인지, 또 그의 원수들의 세계는 정말 불의한 것인지, 그리고 왜 그가 종교개혁에 이르는 방식으로 가르치기 시작했는지 반복해서 묻고 괴로워하였다. 루터 자신만이 지혜로운 사람이고, 다른 모든 이들은 잘못되었는가? 정말 지난 수백 년 동안 그에 앞서 있었던

II. 루터의 생애에 대한 관점 및 질문의 개관

이들은 무엇이 옳은지 몰랐었는가?

　이 영적 시련을 우리는 어떻게 평가해야 하는가? 그것은 단지 역사의 의미를 묻는, 그리고 자신의 삶의 의미를 묻는 늘 되풀이되는 질문의 표현에 불과한 것인가? 하나님의 진노에 대한 루터의 경험은 병리학적으로 설명해야 하는가? 혹은 하루하루 살아가는 일상의 삶이란, 근본적으로 항상 현존의 공허함과 허무함의 심연에 대해 인간을 속이는 하나의 끔찍스러운 환상이라고 말할 수 있는 것인가?

3. 영적 시련에 대한 해석

수도원에 들어가기로 한 루터의 갑작스러운 결정과 그가 반복적으로 경험한 영적 시련, 그리고 그의 삶 가운데 일어난 다른 많은 사건들은 계속해서 루터에 대한 의학적인 관심과 해석을 불러일으켰다. 루터가 겪었던 다양한 질병은 이미 오래전부터 의학적인 측면에서 주목을 받아 왔다.[3] 처음으로 루터에 대해서 정신분석학적 해석을 시도한 사람은 미국 학자인 프리저브드 스미스Preserved Smith이다. 덴마크 정신과 의사인 파울 라이터Paul J. Reiter는 루터의 성격과 그의 질병에 대해, 그리고 정신병으로 의심되는 그의 심리 상태에 대해 가장 포괄적인 연구1937-1941를 수행하였다. 여러 질병 외에도 루터는 오랫동안 담석으로 고통받았고, 결국 협심증으로 세상을 떠났다. 라이터는 루터가 그의 생애 초기에 이미 그의 아버지 콤플렉스와 관련된 정신 불안 증세로 고통을 겪었다고 주장했다. 라이터에 의하면 루터가 그의 유년기부터 겪은 이런 심리학적인 위기는 그의 우울증을 악화시켰다. 루터는 항상 그의 아버지를 압제적이고 위협적인 그림자로 보았다. 라이터는 루터가 가정생활에서 받은 이러한 암울한 영향이 그 어떤 것보다도 그에게 큰 영향을 미쳤다고 주장하였다. 루터가 수도원에 들어가고 또 사제의 서품을 받은 다음에도, 그리고 종교개혁 신학을 발견한 뒤에도 이러한 그의 심리적인 근본 기질은 바뀌지 않았다. 라이터는 루터의 정신병이 하나의 붉은 실처럼 그의 전 생애를 꿰뚫고 있다고 주장하였다.

라이터는 결코 루터가 이룩한 성취를 부정하지 않는다. "그러므로 그의 정신병은 그의 천재성의 후광을 결코 없애지 못한다. 오히려 그 병은 그를 종교개혁의 실제적인 창시자요 가장 위대한 지도자로 만들 수 있었던 내외적 상황Konstellation의 핵심 요소로 평가되어야 한다. 그 병이 없었다면 루터는 천재가 되기 어려웠을 것이다."[4] 그러나 라이터는 루터의 고유한 종교적, 신학적 특징을 전혀 이해하지 못했다. 라이터에게 칭의(稱義)Rechtfertigung와 예정에 관한 전체 교리는 단지 "청산할 수 없는 루터의 신경증Neurose의 잔재"[5]에 지나지 않았다. 루터의 신학은 근본적으로 "한 우울증 환자가 겪는 감정적인 혼란을 이념적으로 체계화시킨 것"[6]이라고 라이터는 결론짓는다. 라이터의 연구는 루터의 많은 질병을 상세하게 설명해 준다는 점에서 유용하다. 그러나 어떤 측면에서 루터의 심리가 비정상적이든 그렇지 않든 간에, 라이터는 신학적인 물음에 대한 이해가 없었다는 점에서 비판받을 수밖에 없다. 라이터는 "루터의 삶에서 일어난 사건들을 순수하게 자연적인 방법으로 설명하는 것이 가능한 한, 우리는 신적인 혹은 악마적인 능력이나 신비적인 요소들의 존재를 가정해서는 안 된다"[7]고 주장하였다. 이러한 주장은 종교적이고 신학적인 현상의 본질에 어긋나는 것이다. 마지막으로 라이터의 방법은 종종 역사비평적인 학문이 요구하는 조건들에 부합하지 않으며, 그의 광범위한 결론은 자료적인 근거를 충분히 갖지 못한다.

루터는 미국의 정신분석학자인 에릭 에릭슨Erik H. Erikson에 의해서 또 다른 방법으로 해석되었다. 에릭슨은 정신분석학적인, 그리고 역사적인 루터 연구를 시도하였다. 그러나 그의 연구는 역사비평적인 방법에 있어서 라이터보다 더 나은 점이 없었다. 에릭슨은 유년기에 루터가 겪은 아버지와의 갈등과 거기서 초래된 정체성의 위기에 대해 설명했지만, 이를 뒷받침할 수 있는 충분하고도 적절한 자료가 없었기 때문에 그는 의심스러운 진술에만 기초하여, 그리고 때때로 자료를 잘못 분석함으로써 그러한 해석을 내릴 수 있었다. 성가대석에서 루터가 "나는 아니다"(즉, 막 9:17 이하에 묘사된 귀신 들린 사람이 아니다)라고 소리치며 발작을 일으켰다는 "성가대석에서의 발작"에 대한 그의 해석은 문법적인 오해에 기인한 것이었다. 그러나 이러한 오류는 별개로 하더라도 실제로 이 사건이 있었는지도 의심하지 않을 수 없다. 그럼에도 에릭슨은 이 사건을 그의 견해를 발전시키는 데 있어서 핵심적인 위치에 두고 있다. 에릭슨은 루터가 꽤 오래되고도 심각한 정체성의 위기를 겪었으며 그의 정체성을 발견하는 데 유예 기간이 있었다고 주장했지만, 이러한 주장 역시 자료적인 면에서 충분하게 뒷받침되지 못한다. 그러나 다른 한편으로 신학적인 물음에 대해서 에릭슨은 라이터보다는 나은 이해를 보여주고 있다.[8] 그러나 라이터는 그가 죽은 뒤에 출판된 원고에서 자신의 입장을 변호하고 에릭슨을 비판하면서, 에릭슨은 많은 중요한 부분들에서 너무 쉽게 문제에 대한 해결책을 발견하고 있다고 주장하였다.[9]

수백 년 전에 살았던 인물에 대해 정신의학적인 혹은 정신분석학적인 연구를 한다는 것은 대단히 어려운 일이다. 이전 시대에는 보편적이던 사상들이 한 개인의 정신적 발달을 위해 어떤 중요성을 지니고 영향을 미칠 수 있었는지를 오늘날 평가한다는 것은 매우 어려운 일이다. 특별히 루터와 같은 인물을 이해하는 데 있어서는 독특한 종교적인 요소들을 간과할 수 없다. 그러므로 루터를 의학적인 관점에서 해석하려는 시도는 역사적, 신학적인 측면에서 그를 정당하게 취급하는 가운데 이루어져야 한다. 그러한 연구를 의미 있게 수행하려면 신학적인 측면에서는 정신의학적, 정신분석학적인 관점에 열린 마음을 가져야 하고, 정신의학이나 정신분석학의 측면에서는 종교적 표상과 종교적 경험의 고유성을 근본적으로 인정할 준비가 되어 있어야 한다.

4. 사제 서품과 신학 연구

1506년 가을 혹은 1507년 봄에 루터는 에르푸르트 성당에서 사제 서품을 받았다. 신임 사제로서 집전하는 그의 첫 미사는 1507년 5월 2일에 있었다. 이후에 그는 신학 수련의 임무를 부여받았다. 이로써 루터는 그에게 실존적인 관심을 유발했던 질문들에 대해 학문적으로 연구할 수 있게 되었다. 1508년 10월, 수도원의 주교 총대리 Ordensgeneralvikar인 슈타우피츠Johann von Staupitz는 루터를 비텐베르크 수도원으로 전출시켰다. 거기에서 루터는 계속 신학을 연구하였고, 또한 비텐베르크 대학교의 교양학부에서 도덕 철학을 강의하게 되었다. 그가 1508-1509년에 가르쳤던 아리스토텔레스의 니코마코스 윤리학 강의 원고는 보존되어 있지 않다. 1509년 3월, 루터는 비텐베르크 대학교 신학부에서 성경학 석사 학위*baccalaureus biblicus*를 받았다. 같은 해에 그는 "센텐티아리우스"*sententiarius*, 즉 중세 중기 및 후기의 기본적인 교리서인 페트루스 롬바르두스*Petrus Lombardus*의 『명제집 *Sentenzen*』을 강의할 수 있는 자격을 얻고 강의를 시작하였다. 1509-1510년 사이에—루터는 1509년 가을 다시 에르푸르트에 간 적이 있었다—루터가 그의 책 여백에 적어 놓은 롬바르두스에 대한 방주들, 그리고 아우구스티누스의 저술에 대한 많은 방주들을 보면 우리는 그 당시 루터의 신학적인 사고를 엿볼 수 있다. 루터는 그때 이미 중요한 점들에서 오컴주의와 거리를 두고 있었다. 그러나 아직 종교개혁적 신학은 보이지 않았다.

아마도 1508-1509년 겨울, 루터와 슈타우피츠는 비텐베르크에서 지내며 서로 더욱 가까워졌던 것 같다. 두 사람이 처음 만난 것은 아마도 1506년이었을 것이다.[10] "새 시대의 경건 운동"의 영향을 받은 현명한 성직자였던 슈타우피츠는 확실히 루터의 영적 시련에 대해서 어떤 도움을 줄 수 있는 사람이었다. 그러나 그는 루터로 하여금 심판하시는 하나님의 위엄 앞에서 느끼는 공포를 성경 해석에 의해서나 신학적으로 극복하도록 도울 수 있는 능력은 갖고 있지 못했다. 이 슈타우피츠의 신학적 위치에 대하여 학자들 간에 논란이 있다. 슈타우피츠는 중세 후기의 어떤 특정한 신학적 경향에 속하지 않았다. 성경과 아우구스티누스를 지향한 절충주의자로서 그는 목회적인 방향의 신학을 추구하였다. 루터와 관련해 중요한 것은 루터가 슈타우피츠로부터 스콜라적인 신학의 또 하나의 대안을 배울 수 있었다는 점이다.

5. 로마 여행과 비텐베르크 대학교 성경 강사 임직(1512)

1510년 11월, 루터는 그의 수도원에 속한 다른 수도사와 함께 로마로 파송되었는데, 그것은 원시회칙파Observanten, 즉 보다 엄격한 규율을 주장하는 엄수파 수도원들과 콘벤투알파Konventualen, 즉 완화된 규율을 주장하는 수도원들을 재통합하려는 슈타우피츠에게 항의하기 위한 것이었다. 루터의 수도원은 엄수파에 속했다. 그러나 그러한 항의는 성공 가능성이 없었고, 얼마 지나지 않아 결국 거부되었다. 그 당시 루터에게 로마 여행은 큰 의미를 가지고 있지 않았다. 단지 루터는 후에 로마교회의 세속화를 비판하면서 그 여행에 대해 회상하였고, 그때 로마에서 경험한 특정한 사건들을 떠올렸다. 에르푸르트로 돌아온 뒤에 루터는 에르푸르트의 수도원들 대다수가 반대하였지만, 슈타우피츠가 제안한 타협안을 지지하였다. 그 이후로 슈타우피츠는 1511년 루터를 다시 비텐베르크로 보냈다. 그때부터 루터는 비텐베르크에서 영구히 거주하게 되었다. 1512년 10월, 루터는 신학 박사 학위를 받았고, 동시에 이전에 슈타우피츠가 맡았던 교수직인 "성경 강사"Lectura in Biblia로 임명받게 되었다.

4장. 종교개혁으로의 전환

1. 루터의 초기 강해

루터가 영구히 비텐베르크에 정착하기 전까지의 그의 삶에 대해서, 특별히 로마 여행에 대해서 불분명한 점들이 있으며, 심지어 논란이 되는 점들도 많이 있다. 그러나 1512년 가을 이후부터 루터의 삶은 정확한 추적이 가능하다. 1513년 루터는 신학 교수로서 그의 교육 활동을 시작하였으며, 30년 이상 그 일을 계속했다. 강해^{Vorlesung}를 통해 루터는 성경의 각 책을 계속 해석해 나갔다. 비텐베르크에서의 초기 몇 년 동안 루터는 교수직 이외에도 교단 내의 다양한 직무들을 맡아 수행하였다. 1511년 가을에 그는 수도원 전임 설교자^{Konventsprediger}가 되었다. 1512년 5월에는 수도원 부원장이 되었으며, 또한 수도원과 연관된 일반 연구 프로그램을 책임지는 학장 역할도 맡게 되었다. 같은 시기에 루터는 그의 교단의 지방 주교 대리^{Distriksvikar}가 되었다. 그의 직책은 작센 지역에 있는 그의 교단 소속 수도원들을 감독하는 일이었는데, 그 숫자가 처음에는 10개였다가 후에 11개로 늘어났다. 루터는 그에게 주어진 교단의 직무를 상당히 성실하게 수행하였다. 또한 그는 교단의 규칙을 주의 깊게 지켰다. 마침내 루터는 1514년 초에 비텐베르크 교구 성당Pfarrkirche의 사목 행정관이 되었다.

그러나 루터에게 가장 중요한 것은 그의 강해였다. 그는 1513-1515년에 시편을 강해했고, 1515-1516년에는 로마서를, 1516-1517년에는 갈라디아서를, 그리고 1517-1518년에는 히브리서를 강해했다. 강해를 위해 루터가 어떤 책들을 선정했는지에 주목할 필요가 있다. 시편은 그 당시 그리스도의 기도로 이해되었다. 이러한 이해를 바탕으로 루터는 전적으로 그리스도의 메시지에 집중하여 시편을 해석할 수 있는 기회를 가졌다. 겸손, 교만, 심판, 신뢰, 그리고 복음과 같은 단어들은 그리스도의 십자가의 빛 안에서 새로운 의미를 갖게 되었다. 인간론에서 루터는 하나님 앞에 서 있는 인간, 하나님과의 인격적 관계 가운데 있는 인간에게 집중하였다. 그리스도가 십자가에서 자신을 낮추신 것처럼, 인간은 하나님의 심판 아래에서 자신을 낮추어야 한다. 이 낮은 자리에서만 인간은 하나님의 은혜를 받을 수 있다. 루터는 옛 시편 주석들을 주의 깊게 참조하면서 이러한 기본적인 주제들을 발전시켰다.

루터는 시편 강해에 이어서 바울서신들—히브리서도 전통적으로 바울의 것으로 인정되었다—을 강해하였다. 루터가 택하고 해석한 성경의 책들을 보면, 그가 "하나님의 의"Gerechtigkeit Gottes와 함께, 인간이 어떻게 하나님 앞에서 의로움을 인정받는가에 대한 문제로서 "인간의 칭의"Rechtfertigung des Menschen에 특별한 관심을 가지고 있었다는 사실을 알 수 있다. 이는 루터가 그 밖의 수많은 다른 주제들을 소홀히 여겼다는 것을 뜻하지 않는다. 그러나 이 초기 강해는 분명 루터 신학의 특징적인 시각을 나타내고 있다. 즉, 이 초기 강해에서 이미 루터는 모든 문제를 저주와 구원, 죄와 은혜, 혹은 자기 자신을 실현시키려는 인간의 시도와 그리스도의 "외래적"fremd 의를 받아들이는 믿음을 서로 대비시키는 관점에서 접근하고 있다.

2. 새로운 신학의 형성

루터는 이때쯤 하나님의 의와 인간의 칭의에 대한 그의 종교개혁 신학을 발견한 것처럼 보인다.[11] 물론 이 시기에 대해서도 많은 논쟁이 있다. 어떤 학자들은 이러한 발견이 1514년 가을에, 혹은 1514년 가을과 1515년 봄 사이에 있었다고 생각하는 반면, 루터의 종교개혁 신학이 전반적으로 면죄부 논쟁과의 관련성 속에서 발전되었다고 간주하면서 그 시기를 1518년 봄으로 설정해야 한다고 주장하는 이들도 있다. 그러나 이 시기의 문제에 대한 각기의 의견이 어떠하든 간에, 루터의 위대한 종교개혁 신학의 발견은 1513년 이후 형성된 그의 신학적 발전의 전체 맥락에서 이해되어야만 한다. 이 시기에 발전된 신학으로 인해 루터가 그 당시 가톨릭교회를 떠난 것은 아니다. 사실 루터는 면죄부 논쟁이 시작되기 이전에는 자신이 로마와 대립하고 있다는 사실조차 의식하지 못하고 있었다.

그러나 루터는 스콜라주의 신학에 대한 그의 반대가 점차 커지고 있다는 사실을 깨닫게 되었다. 아우구스티누스를 근간으로 하여 루터는 펠라기우스주의자들을 공격했고, 구원과 관련된 모든 문제에 있어서 인간의 의지는 노예 상태임을 주장하였다. 또한 그는 구원은 믿음으로 받는 하나님의 은혜를 통해서만 가능하다고 주장했다. 이 새로운 신학의 가장 날카로운 표현은 1517년 9월 4일에 작성한 『스콜라 신학 반박문 Disputation gegen die scholastische Theologie』에서 볼 수 있다. 여기에서 루터는 그 당시 널리 받아들여지고 있었던 신학에 반기를 들었다. 루터와 로마의 충돌이 이 반박문으로 인해 발생하지 않고, 이 글보다 훨씬 덜 급진적인 1517년 10월 31일 면죄부에 관한 95개 논제로부터 시작되었다는 것은 사실상 우연한 일이다.

3. 로마와의 갈등

루터는 비텐베르크에서 교수직을 맡은 이후 학문을 가르치는 교사로서 자신의 직무에 주의를 집중할 수 있었고, 외부적인 갈등에 휩싸이지 않았다. 그러나 95개 논제의 발표로 시작된 논쟁은 갑자기, 그리고 영구적으로 루터에게서 조용한 연구의 시간을 빼앗아 버렸고, 이후로 루터는 수많은 논쟁에 휘말리게 되었다. 처음 이 논쟁은 가톨릭교회와 관련하여 발생되었다. 가톨릭교회는 루터의 논제가 로마를 공격하는 것이라고 느꼈으며, 루터가 15세기 초에 이단으로 정죄된 얀 후스와 비슷하다고 여겼다.

루터가 1517년 이전 혹은 이후에 종교개혁 프로그램을 미리 계획하고 있었고, 로마와의 단절은 그 계획을 실행한 결과로 빚어진 일이라고 생각하는 것은 잘못이다. 루터가 1517년에(혹은 더 이른 시기에), 그리고 1517년 이후에는 더욱 단호하게 다양한 개혁을 요구했다는 것은 사실이다. 그러나 루터는 결코 종교개혁을 위한 어떤 확정적인 프로그램을 제시하지 않았다. 그의 관심은 성경 안에서 증거되고 있는 하나님의 말씀이 다시 한 번 설교와 교회 생활의 유일한 규범이 되는 것이고, "인간적 규칙들"Menschensatzungen은 구속력 있는 권위를 가져서는 안 된다는 것이었다. 그 당시 가톨릭교회도 성경의 권위를 분명하게 인정하였다. 그러나 그들은 무비판적으로 성경과 전통을 일치시켰다. 그 때문에 종교개혁이 성경적인 원칙을 주장하며, 성경에 근거해 수없이 많은 전통들을 비판하였을 때, 그것은 오랜 세월 동안 갖가지 모습으로 뿌리내려 온 악습들을 드러내는 엄청난 영향력을 발휘하였다. 더욱이 그 영향력은 "근원으로 돌아가자"ad fontes를 주창한 인문주의에 의해 더욱 강화되었다. 결과적으로 거의 16세기 전반기 내내 로마에 충성하는 신학자들은 종교개혁 신학에 대항해 그들의 신학을 방어하는 데 대단히 어려운 입장에 처하게 되었다.

루터와 로마 간의 대립은 결코 결말이 나지 않았지만, 그 핵심은 주로 1517-1521년 사이에 일어난 논쟁에서 드러났다. 루터가 교회에 의해 파문당하고 황제에 의해 법외자로 선언되었을 때, 그 논쟁은 정점에 달하게 된다. 그러나 그것은 논쟁의 잠정적인 결론에 불과했다. 그다음 시기에 루터와 로마 모두 양자 간의 관계를 위해 실제적으로 의미 있는 새로운 쟁점들을 내놓지 못했다. 그러나 루터 편에서는 계속해서 자신의 입장을 수정하고 새롭게 해명하려는 노력을 기울였고, 그러한 그의 노력은 『노예의지에 대하여 De servo arbitrio』1525와 『슈말칼덴 조항 Die Schmalkaldischen Artikeln』1537 등과 같은 그의 저술들 속에서 발견할 수 있다.

5장. 종교개혁의 발전과 투쟁

1. 바르트부르크의 루터(1521-1522)

루터의 생애에서 1521년은 하나의 전환점이었다. 그해에 그는 개인적인 안전의 이유로 바르트부르크^{Wartburg} 성으로 옮겨 감으로써 얼마간 비텐베르크에서 일어나는 사건들에 능동적으로 참여할 수가 없었다. 결과적으로 그 사건들은 루터가 희망했던 바와는 다른 방향으로 발전되었다. 바로 이 1521년에 루터의 수많은 추종자들 가운데 매우 다양한 경향을 추구하는 그룹들이 공존하고 있다는 것이 명백해졌다.

그러한 그룹들은 한 가지 공통점을 가지고 있었다. 즉, 그들은 루터가 생각하는 것보다 더 빠르고 더 단호하게 개혁이 이루어져야 한다고 주장했다. 그러나 구약성경의 율법에 대한 이해, 그리고 성령의 의미에 대한 이해에 있어서 그들은 서로 다른 시각을 보였다. 거의 예외 없이 그러한 문제들은 종교개혁 내부로부터의 분열을 초래하였다. 종교개혁 진영 내부의 차이는 그때 처음으로 나타났지만,

그 뿌리는 서로 다른 중세 후기 전통에 기인한 것이었으며, 이것이 종교개혁을 지지하는 다양한 그룹들 가운데서 작용하게 된 것이다. 학자들은 그 전통들의 본질과 영향력의 범위에 대해, 그리고 다양한 형태의 종교개혁 운동이 점진적으로 차별화되는 과정에서 그 이전의 전통들이 어떤 영향을 미쳤는가를 더 명확하게 밝혀내려고 오랫동안 시도해 왔지만, 아직 결정적인 결론에 도달하지 못했다. 의미 있는 것은 아우구스티누스 신학을 서로 다른 방향으로 수용하는 해석의 다양성이 분명하게 나타났으며, 또한 중세 후기의 신비주의가 다양한 형태로 영향을 미쳤다는 사실이다. 안드레아스 카를슈타트Andreas Karlstadt, 1486-1541는 루터가 없는 동안 비텐베르크의 종교개혁의 지도자가 되었다. 멜란히톤은 어느 정도 주저하며 그의 지도를 따랐다. 1522년 3월, 바르트부르크에서 돌아온 루터는 이 비텐베르크의 개혁자들을 비판하며 그들과 대결하였다.

그 후로 수년 동안 루터의 활동은 훨씬 크게 확대되었다. 종교개혁은 빠르게 퍼져 나갔고, 종교개혁을 받아들인 영주들은 늘 루터의 조언을 구하게 되었다. 또한 루터는 엄청난 양의 저술과 광범위한 서신 왕래를 통해 큰 영향을 미쳤다. 게다가 루터는 정기적인 강의와 설교를 계속했다.

1523년 이후 농민전쟁이 그 위협적인 그림자를 드러내기 시작했다. 이에 대해서 루터는 여러 논문을 통해 한편으로 농민들의 주장의 신학적 근거에 대해, 다른 한편으로는 토마스 뮌처에 대해 다루었다. 1524-1525년의 농민전쟁 중에 루터는 분량은 작지만 상당히 중요한 몇 편의 논문을 출판하였다. 에라스뮈스가 인간의 의지에 대한 루터의 견해를 공격한 것도 이때의 일이었다. 그 공격에 대한 루터의 답변[1525]으로 인해 루터와 인문주의 운동은 근본적으로 결별하게 된다.

2. 루터의 결혼

농민전쟁이 비극적으로 끝난 직후인 1526년 6월 13일에 루터는 한때 수녀였던 카타리나 폰 보라Katharina von Bora와 결혼하였다. 이 결혼은 그 당시 상당히 큰 이야깃거리가 되었다. 이는 루터가 독신 서원을 파기하려고 했기 때문이 아니다. 수도사가 독신 서원을 깨고 결혼한 사례는 이전에도 있었다. 논란의 이유는 바로 결혼 시기에 있었다. 전반적으로 볼 때 농민전쟁은 아직 끝나지 않았다. 그리고 반란에 대한 제후들과 영주들의 무서운 보복이 이미 시작되고 있었다. 루터는 어떻게 이러한 시기에 결혼할 수 있었는가? 농민들은 스스로 종교개혁 편에 섰고, 종교개혁이 약속한 자유를 그들 나름대로 이해하고 그것을 실현시키고자 했다. 묵시적인 때가 종교개혁과 더불어 도래한 것이다. 이러한 시기에 루터가 자신의 개인적 행복을 생각한다는 것이 어떻게 가능했는가? 심지어 루터의 가장 가까운 동료들까지도 이에 대해 비판적이었다. 멜란히톤은 루터가 자신의 결혼 계획을 어느 누구에게도 말하지 않았고, 게다가 그는 전적으로 잘못된 시기를 선택했다고 불평하였다.[12]

그러나 루터에게 결혼은 모든 묵시적인 사상과 마귀에 대항하는 신앙의 행동이었다. 또한 루터는 대단히 신중한 상황 판단 끝에 결혼을 결정하였으며, 현대적인 의미에서 사랑에 이끌려 결혼한 것이 아니었다. 루터는 수도원에서 살고 있었는데, 그 수도원이 점차로 해체되면서 실질적으로 그는 홀로 자신을 돌보아야 했다. 그 때문에 루터는 집안일을 돌보고 자신을 보살펴 줄 사람이 절실히 필요했다. 루터는 전에 카타리나에게 좋은 배우자를 찾아 주려고 힘썼는데, 결국 그녀를 자신의 아내로 맞게 되었다. 1525년 6월 21일, 루터는 암스도르프Nikolaus von Amsdorf에게 이렇게 서신을 썼다. "나는 열정적인 사랑에 빠져 있다고 느끼지는 않지만, 나의 아내를 사랑하고 매우 소중하게 여깁니다."13 이 결혼의 두 당사자는 서로를 매우 사랑하였다.

케티Käthe[카타리나의 애칭]는 점점 커져 가는 루터의 살림살이를 지혜롭고 능숙하게 관리했다. 선제후가 루터에게 개인 재산으로 준 검은 수도원의 커다란 건물은 환대의 중심지가 되었다. 수많은 친구와 손님들이 루터의 집을 방문했으며, 그 당시 교수 관행에 따라 학생들이 돈을 내고 기숙하고 있었다. 점점 늘어나는 그 가족 가운데서는 음악 행사도 많이 열렸다. 케티는 종종 재정적인 어려움을 겪기도 했다. 루터는 인색함을 모르는 상당히 관대한 사람이었고, 재정적인 문제는 진지하게 생각하지 않았다. 사실 루터의 봉급은 그렇게 적은 편이 아니었고, 여러 번 봉급 인상을 받기도 했다. 그러나 루터는 학생들로부터 받는 수업료는 인상을 거부하였다. 수업료 인상은 정당한 일이었지만, 그는 그것을 일절 거부하였다. 루터는 또한 자신의 수많은 저술에 대해 단 한 푼의 사례비도 받지 않았다. 출판업자들이 루터에게 그의 저술의 출판권을 양도하는 대가로 교수 봉급보다 많은 액수인 1년당 400굴덴Gulden을 제의하기도 했지만, 그는 모두 거절하였다. 루터는 그가 할 수 있는 것은 무엇이든 대가를 받지 않고 해야 한다고 생각했다.

루터가 가정을 이루게 되었다고 해서 그가 해야 하는 일이 줄어든 것이 아니고, 또한 논쟁이 중지된 것도 아니었다. 그는 강연 외에도 성경 번역에 집중하였다. 소위 "9월 성경"Septembertestament이라고 불리는 그의 신약성경은 1522년에 이미 출판되었다. 구약성경의 번역도 점차적으로 진행되어 마침내 1534년에 성경 전체가 번역되었다. 그다음에 보다 중요한 과제는 개신파 지역의 교회들을 세우는 일이었다. 종교개혁 운동은 광범위한 영향을 미쳤지만, 1520년 중반까지는 아직 어떤 실질적인 개혁으로도 이어지지 못했다. 여러 면에서 큰 불확실성, 가령 교회의 삶과 선포의 내용을 새롭게 형성하는 문제 등이 매우 불확실하였으며, 또한 옛 교회의 조직 체계는 이제 부분적으로 존재하지 않게 되었지만, 아직 분명한 윤곽을 갖춘 새로운 체계가 나타나지도 않았다. 1526년 슈파이어 제국 의회Reichstag zu Speyer에서 채택된 선언은 종교개혁을 받아들이는 데 있어서 합법적인 근거처럼 여겨졌다. 그 결과 1527년 선제후령 작센에서는 교회와 학교들에 대한 시찰이 시작되었고, 루터는 이 시찰에 협력하였다. 교회 조직의 문제는 선제후령 작센뿐만 아니라, 다른 지역에서도 루터가 늘 반복해서 관심을 가져야 하는 사안이었다.

3. 성만찬 논쟁

마침내 1525년에 성만찬과 관련된 츠빙글리와 루터 사이의 논쟁이 시작되었다. 이 논쟁은 성례전에서 그리스도의 살과 피가 실재로서 임재한다는 것을 주의 깊게 강조한 루터를 츠빙글리가 논박함으로써 시작되었다. 루터와 츠빙글리는 둘 다 각자의 성만찬론을 상당히 발전시켜 왔다. 루터는 실재^{Realpräsenz}를 강조한 반면, 츠빙글리는 "제 정의 말씀"을 상징적인 의미로 해석했다. 양자 간의 이러한 차이점의 배후에는 다양한 신학적 문제들이 관련되어 있었다. 그 결과 그 논쟁은 단순히 하나의 개별적인 문제에 관한 다툼이 아니라, 신학과 개혁적 교회의 근본 방향을 다루는 것이 되었다. 성육과 죄의 해석, 고전적 전통과 대비되는 성경적인 의미에서의 육과 영의 관계, 그리고 구원의 확실성의 근거 등이 논제가 되었다.

논쟁이 진행됨에 따라 종교개혁의 거의 모든 주요 신학자들이 이 논쟁에 참여하게 되었다. 다시 한 번 종교개혁 운동 내부에 상당히 다양한 차이점이 있다는 사실이 명백하게 드러났다. 그들 모두가 루터의 입장이나 츠빙글리의 입장을 취한 것은 아니다. 오히려 타협을 위한 시도들이 더 많았다. 루터는 츠빙글리와 논쟁하는 과정에서 점점 더 실재를 강조하게 되었고, 편재론^{Ubiquitätslehre}을 주장하는 데까지 나아갔다. 이 교리에 의하면 승천하신 그리스도의 인성은 그리스도의 신성과 연합하여 편재의 속성을 가진다. 물론 그 그리스도의 인성은 오직 우리의 "구원을 위해서만" 성만찬의 요소[빵과 포도주] 가운데 우리에게 주어지는 것이다. 이 주장이 반대에 부딪히자, 이제 루터는 다양한 스콜라적 논쟁 방식을 다시 사용하기 시작했다. 그리고 종교개혁 운동이 분열의 모습을 드러내면서 루터는 교육의 중요성을 더욱 강조하게 된다.

1529년 마르부르크 회담$^{Religionsgespräch\ in\ Marburg}$에서 양편은 서로 상대의 입장과의 거리를 얼마간 좁힐 수 있었다. 그러나 핵심적인 면에서 결국 루터와 츠빙글리 사이의 차이는 극복되지 못했다. 결과적으로 종교개혁 운동을 하나로 결합하는 것은 불가능해졌다. 종교개혁은 이제 개별적인 영지의 차원에서 각 지역별로 다양한 방식으로 진행되었고, 광범위한 연합은 불가능해졌다. 이것은 또한 합스부르크가의 거대한 권력을 견제하기 위해 종교개혁 영지들의 동맹을 결성하려고 했던 헤센의 영주 필리프^{Philipp von Hessen, 1504-1567} 백작의 대담한 계획이 무산되었다는 것을 의미했다. 마르부르크 회담의 결과로 양편은 일부 신학적인 접근을 이루었지만, 그 합의는 항구적인 의미를 가지지 못했다.

4. 아우크스부르크 제국 의회(1530)

1530년에 종교개혁은 가혹한 시험을 겪어야 했다. 1521년 보름스 제국 의회의 칙령은 실제로는 합스부르크가가 다스리는 영지들 안에서만 수행되었다. 다른 영지들은 다소 애매한 성명을 발표하는 것으로 만족했다. 이러한 상태는 보름스 제국 의회가 끝난 뒤 곧바로 카를 5세가 프랑수아 1세와의 군사적 충돌에 휩싸였기 때문에 가능했다. 그 결과 수년 동안 황제는 자신의 칙령을 실행에 옮기는 데 관심을 가질 수 없었다. 카를 5세는 1530년 마침내 독일 제국으로 돌아올 수 있었다. 그는 1530년 아우크스부르크 제국 의회에서 한편으로는 터키에 대한 방어전을 치르기 위해 제국의 도움을 얻고자 했고, 다른 한편으로는 종교적인 문제를 해결하고자 하였다. 황제는 좋은 분위기를 만들기 위해 의도적으로 대단히 부드러운 어조로 제국 의회 소집령을 내렸다. 그러나 협상이 결렬되면 황제는 필요한 경우 개신파에 대해 무력적 조치를 취하여 교회의 통일을 회복하려고 할 것임을 누구나 예상할 수 있었다.

교회로부터 파문당하고 황제에 의해 법외자가 된 루터는 제국 의회에 나타날 수가 없었다. 그는 제국 의회 기간 동안 선제후령 작센 영지의 가장 남쪽에 있는 코부르크Coburg 성에 머물렀다. 가능한 아우크스부르크에 가까이 있으면서 제국 의회에서 진행되는 일에 대해 최소한 서신을 통해 영향을 줄 수 있기를 원했기 때문이다. 아우크스부르크 신앙고백서Confession Augustana를 작성하는 일과 근본적으로 신앙고백서 그 자체보다 훨씬 더 중요한 협상의 일차적인 책임을 멜란히톤이 맡게 되었다. 멜란히톤은 박식한 학자였을 뿐만 아니라, 종교개혁의 미래에도 깊은 관심을 가지고 있었다. 그 때문에 그는 루터보다 훨씬 양보적인 입장을 취했다. 루터가 아우크스부르크에 있는 그의 친구들과 함께할 수 없다는 것은 대단히 고통스러운 일이었다. 서신을 통한 의견 교환은 시간이 많이 걸렸다. 루터는 가능한 모든 방법을 동원하여 아우크스부르크에 있는 개신파를 지원했다. 그는 또한 『아우크스부르크 제국 의회에 모인 모든 성직자들을 향한 권고 Vermahnung an die Geistlichen, versammelt auf dem Reichstag zu Augsburg』라는 글을 써서 영향력을 행사하였다. 이 글에서 그는 종교개혁 사업의 정당성을 당당하게 주장하였다.

　　그 당시 루터는 바르트부르크 성에 머물렀을 때처럼 상당한 긴장 상태에 있었지만, 시급한 매일의 의제와는 거리가 먼 문제들에 대해서도 글을 쓰는 마음의 여유를 가질 수 있었다. 그때 그는 시편 118편의 해석인 『아름다운 고백 Das schöne Confitemini』, 고해, 사죄, 교회 치리와 관련된 문제들에 대한 중요한 논의인 『열쇠들에 대하여 Von den Schlüsseln』, 그리고 『학교에서 아이들을 돌보는 일에 대한 설교 Daß man Kinder zur Schule halten solle』 및 해석학에 대한 중요한 연구인 『번역에 대한 공개편지 Sendbrief vom Dolmetschen』를 썼다. 또한 이솝 우화를 번역하기도 했다. 긴장감이 팽배했던 그해에도 이렇게 루터는 쉬지 않고 일했다. 아우크스부르크의 상황에 관한 한, 루터 는 비록 아우크스부르크 신앙고백서의 몇몇 부분에 대해서는 비판 적이었지만, 개신파 사람들이 그토록 용기 있게 그들의 신앙을 고백 한 것에 대해 기뻐하였다.

아우크스부르크 제국 의회의 결정은 보름스 칙령을 재확인하는 것이었다. 그 결과 개신파 지역들은 심각한 위협을 받게 되었다. 그 대응 조치로서 개신파 영주들은 슈말칼덴 동맹Schmalkaldischer Bund, 1531 을 결성했다. 황제가 종교적인 문제를 해결하기 위해 군사력을 사용 할 경우에 대처하기 위한 것이었다. 처음에 루터는 적극적인 저항권 을 거부하고 대신 수동적인 저항을 권하였다. 그러나 종교개혁이 많 은 영지들에 도입된 이후로 이러한 견해는 더 이상 유지될 수가 없 었다. 루터는 황제의 권위는 영주들의 권위보다 우월하지 않다는 법 률가들의 의견을 받아들였다. 그리고 마지못해 방어 동맹에 대한 자 신의 반대를 철회하였다. 그러나 그는 계속해서 하나님 대신에 무 기를 신뢰하는 것에 대해 경고하는 일을 잊지 않았다. 1520년대와 1530년대 초에 루터가 저항권에 대해 논의한 것을 보면, 그의 입장 이 서로 다른 여러 형태로 나타나는 것을 볼 수 있다. 이에 대한 루 터의 입장과 아울러 두 왕국과 두 정부/통치 사이의 구별에 대한 그 의 견해를 바르게 이해하려면 그 당시 루터가 처해 있었던 상황적 배경을 고려해야만 한다.

5. 뉘른베르크 휴전 협정(1532)

1532년 뉘른베르크 휴전 협정Nürnberger Anstand으로 인해 처음으로 진정한 휴전이 성립되었다. 이는 루터에게 무력을 통해서는 목적을 이룰 수 없음을 다시 확인해 주는 것이었다. 그러나 군사 동맹은 종교개혁이 방해받지 않고 발전할 수 있는 보호 장치를 제공해 주었다. 그즈음에 비텐베르크 대학교의 신학부[1533]와 대학 전체[1536]가 재조직되었다. 이러한 과정에서 루터는 토론의 관행을 상당히 가치 있게 여기고 이를 다시 도입하였다. 루터 자신이 자주 명제들을 제시하고 그 명제들에 대해 토론을 벌였다. 이러한 토론에서 많은 종류의 교리적 문제들이 탐구되었다. 때로 토론 주제는 자연스럽게 그 당시 진행되고 있던 논쟁에 의해 결정되기도 하였다. 루터는 이미 오래전부터 주석가로서, 설교가로서, 인기 있는 저술가로서, 그리고 성경 번역가로서 알려져 왔지만, 이러한 토론을 통해 교회의 교사로서의 모습을 확실하게 각인시켜 주었다.

6. 비텐베르크 합의(1536)

1530년대에 중부 독일과 남부 독일 사이에 나타났던 성만찬론에 대한 견해차가 점차 좁혀져서 일치에 가까워지게 되었다. 1531년 츠빙글리가 죽은 뒤로 남부 지역에서 루터의 영향은 점차 강해졌다. 그리고 마르틴 부처Martin Bucer의 중재 덕분에 루터는 1536년 남부 독일 개혁자들이 성만찬에 관해 작성한 비텐베르크 합의Wittenberger Konkordie에 동의했다. 그러나 여러 차이점들이 해결되지 않은 채 남아 있어서 완전한 연합은 성취되지 못했다.

다른 한편, 요한 아그리콜라Johann Agricola가 소위 율법 폐기론을 주장함으로써 종교개혁 내부의 논쟁은 한층 더 가열되었다. 이 논쟁 가운데서 칭의론, 율법과 복음의 이해와 같은 종교개혁의 핵심 주제들이 다루어졌다. 루터는 여러 번의 토론과 일련의 논문을 통해 아그리콜라에 대해 반대의 뜻을 표명했고, 자기 자신의 견해를 더 정확하게 표현하였다.

7. 일련의 종교 회담(1540-1541)

본래 1537년 5월 만투아Mantua에서 개최가 예정되었던 공의회는 계획대로 열리지 못했고, 1545년이 되어서야 트리엔트Trient에서 공의회가 개최되었다. 공의회가 지연되는 동안 황제는 다시 한 번 주도적으로 종교적인 문제를 해결하고자 했다. 1540-1541년 사이에 많은 주요 신학자들이 참여하는 일련의 종교 회담이 열렸다. 개신파 진영에서는 멜란히톤, 부처, 그리고 그 당시 스트라스부르에 머물고 있었던 칼뱅Jean Calvin이 참여하였으며, 루터는 이 회담에 참여하지 않았다. 로마 가톨릭 신학자인 그로퍼Johannes Gropper와 부처는 칭의론에 대해 합의하고, 소위 "레겐스부르크서"Regensburger Buch, 1541를 발표했는데, 루터는 이를 거부하였다. 그는 종교개혁의 관점이 이 합의서에서 적절하게 설명되지 못했다고 생각했다. 무엇보다도 루터는 나이가 들면서 점점 더 교황청에 대한 대단히 깊은 불신으로 가득 차게 되었다. 화체설 문제에 대해 일치를 볼 수 없었고, 또 칭의론에 관한 타협안 역시 로마가 승인하지 않는 한 쓸모없는 것이었다. 이러한 상황 가운데서 카를 5세는 그가 전에 한때 고려했던 계획, 즉 개신파 측을 무력으로 굴복시키고 가톨릭교회로 돌아오도록 만드는 방법을 실행에 옮기기 시작하였다.

1540년 개신파 측의 정치적 지도자인 헤센의 영주 필리프 백작이 뜻밖에 중혼을 하였다. 이 중혼 사건으로 황제는 자신의 목적을 달성할 좋은 기회를 갖게 되었다.[14] 실제로 필리프의 중혼으로 인해 독일 개신파는 정치적으로 쇠퇴하기 시작했다. 중혼은 사형에 해당하는 중죄였다. 이 문제가 공개적으로 알려졌을 때, 황제는 그를 소송 절차에 넘기지 않는 대신 그에게 정치적 중립을 지킬 것을 강요하였다. 그 결과 슈말칼덴 동맹은 결정적으로 약화되었고, 황제의 목적은 성공 가능성이 높아졌다. 어쨌든 루터는 슈말칼덴 전쟁[1546-1547]의 큰 비극을 살아서 겪지 않았다. 그는 황제가 오랫동안 군사적 행동을 준비하고 있었다는 것조차 알아채지 못했다. 그것을 알았더라면 루터는 저항권에 대한 그의 견해를 더 많이 수정했을지도 모른다.

8. 루터의 만년

루터의 만년(晩年)은 개신파 내부에서 일어난 많은 싸움과 논쟁에 의해 다시 그늘지게 되었다. 크고 작은 중요성을 지니고 의제에 오르는 다양한 문제들 외에도 루터는 정부 권력이 개신파 교회에 대해 너무 큰 영향력을 행사하는 것을 우려하였다. 개신파 주교들을— 우선 1541-1542년에 니콜라우스 암스도르프를 나움부르크[Naumburg] 의 주교로— 세우려고 했던 루터의 노력은 종교개혁 교회 안에도 주교구를 보존하려는 그의 의도뿐만 아니라, 개신파 교회 체제에 대한 그의 이해를 보여주는 것이었다. 그러나 그는 제후들이 점점 더 교회 조직을 통제하는 방향으로 진행되는 것을 막을 수 없었다.

루터는 개신파 교회와 아울러 독일 민족의 미래에 대해서 대단히 큰 염려를 가지고 있었다. 그는 이미 자신의 논문,『사랑하는 독일 민족에게 보내는 마르틴 루터 박사의 경고 *Warnung an seine lieben Deutschen*』[1531]에서 독일적인 어조의 묵시적 종말 사상을 드러냈다. 나이가 더 들어 감에 따라 루터의 염려와 두려움은 더욱 커졌다. 루터는 세상의 종말이 매우 가까웠다고 생각했다. 그러한 이유로 루터는 정부가 하나님의 심판을 지연시키기 위해 할 수 있는 모든 것을 해야 한다고 생각했다. 루터가 만년에 유대교 예배의 금지를 강하게 주장했던 것도 바로 이 묵시적 사상 때문이었다. 그 당시 많은 이들처럼 루터도 유대교 회당에서 일어나는 일들이 공공연한 신성모독이라고 생각했다. 그러한 신성모독은 금지되어야 하고, 그렇지 않으면 하나님의 즉각적인 심판을 불러들일 것이라고 생각했다.[15] 루터의 만년에 더할 나위 없이 심해진 교황청에 대한 공격도 이러한 배경에서 이해해야 한다. 그는 전혀 억제하지 않고 공격을 퍼부었다. 그러나 루터에 대한 로마 가톨릭 측의 공격도 결코 온화한 것이 아니었다. 루터의 이러한 공격적 성향을 병리학적으로 해명하려는 시도는 적당하지 않다. 루터의 논쟁 방식은 우선 그의 종교개혁 신학의 전체적인 맥락에서 보지 않으면 안 된다.[16]

Ⅱ. 루터의 생애에 대한 관점 및 질문의 개관

9. 루터의 죽음

루터는 오랫동안 건강 악화에 시달려 왔다. 1521년경에 그가 겪은 신체적, 감정적 긴장은 불면증을 유발하였는데, 그는 결코 이 증상을 극복하지 못했다. 대략 1525년부터 그는 주기적으로 재발하는 담석증으로 고통을 겪었으며, 1537년 2월 슈말칼덴에서는 이 담석증 때문에 거의 죽을 뻔하였다. 게다가 그는 고질적인 귓병을 앓았다. 또한 나이가 들면서 점차 협심증이 더해지기 시작했는데, 그것은 루터에게 극심한 고통을 주었고 결국 그의 죽음의 원인이 되었다. 그러나 이러한 여러 가지 질병에도 불구하고 루터의 창조적인 힘은 그의 전 생애 동안 무너지지 않았다. 이 사실 하나만으로도 루터의 질병을 근거로 그의 영적 시련을 설명하는 것은 옳지 않다는 것이 분명해진다. 오히려 루터는 그의 생애의 마지막 순간까지 왕성하게 활동하였다. 사망 직전에 그는 만스펠트 백작들 사이에서 벌어진 논쟁을 해결하기 위해 아이스레벤으로 여행을 하였다. 1546년 2월 18일, 아이스레벤에서 머무는 동안 루터는 죽음을 맞았다. 그의 시신은 비텐베르크의 성(城) 교회Schloßkirche에 묻혔다.

Ⅲ. 당대의 논쟁에서 루터의 역할

1장. 서론

1. 신학적, 교회적, 그리고 정치적 갈등

1517년 루터가 대중에게 처음으로 널리 알려진 이후 수십 년 동안 수많은 논쟁이 발생하였다. 루터는 이 논쟁들 대부분에 관여되었을 뿐만 아니라, 많은 논쟁이 그의 종교개혁 사상으로 인해 발생하였다. 이러한 교회적, 신학적인 논쟁이 이 시기에 일어난 모든 갈등의 원인이 되었다고 주장하는 것은 분명히 잘못이다. 그러나 그 논쟁 속에서 단지 서로 다른 경제적, 정치적 주장들만을 밝혀내려는 것도 마찬가지로 일방적인 것이다. 당시의 교회적, 신학적인 논쟁은 정치가들, 영주들, 그리고 경제적 집단들 사이의 이권을 둘러싼 갈등과 불가분의 관계를 가지고 있었다. 다양한 사건의 국면들이 어떤 계기로 인해 발생한 것인지 분명하게 분리해 내는 것은 종종 불가능한 일이다. 신학적, 종교적인 요소와 다른 동기들 사이를 구분하려는 시도 역시 종교의 본질을 왜곡하는 것이 될 수 있다. 종교는 진공 상태 속에 존재하는 것이 아니라, 항상 실제적인 삶의 문제들과 관련되어 있는 것이기 때문이다. 다만 16세기의 상황에서는 특별히 종교적인 문제가 중요한 요소로 전면에 부상한 것이다. 독일 역사상 그 어느 때도 이때만큼 종교적인 문제가 개개인뿐 아니라, 정치적인 결정에서 중요한 의미를 가진 적은 없었다. 이러한 이유로 루터는 1517년 이후의 모든 논쟁 가운데서 중심적인 역할을 하게 된 것이다.

또한 종교개혁 역사의 서술을 위해서 사용되는 많은 개념들은 대단히 복잡하고도 많은 문제점들을 가지고 있다는 것을 기억하는 것이 필요하다. 이는 먼저 종교개혁이라는 개념 자체에도 해당되는 것이다. 이 용어가 16세기에는 종종 구원사적 범주의 의미, 즉 억압적 교회의 지배하의 어두운 시대를 벗어나 복음에 근거한 새로운 구원의 시대가 시작되었다는 의미로 사용되었다. 그러나 오늘날의 역사학 및 교회사학에서는 과거 역사 중 어떤 특정한 시대를 의미하는 것으로 사용된다. 그러므로 같은 용어이지만 서로 다른 내용을 가지고 사용될 수 있는 것이다. 또한 종교개혁을 도입하였다고 말할 때, 원래 그것이 정확히 무엇을 의미하는 것인지가 명백하지 않다. 이는 당연히 로마 가톨릭의 종교개혁, 혹은 반(反)종교개혁과 같은 개념에도 해당된다. 16세기에는 그러한 용어들이 없어도 아무런 문제가 없었다. 따라서 이와 같은 개념들을 만들어 사용하는 데는 문제점과 어려움이 있다는 것을 인식하는 것이 중요하다. 또한 그러한 용어들이 그 당시 생각했던 의미로 사용되는 것인지, 아니면 나중에 드러나게 될 의미에 해당되는 것인지 늘 질문할 필요가 있다.[1]

2. 논쟁의 중심이 된 성경 이해

루터와 관련된 16세기의 논쟁들은 상당히 폭넓은 문제를 다루었다. 우선 교회 안의 악습들 때문에 논쟁이 시작되었고, 그것은 곧 교황과 교회의 권위에 대한 의문으로 발전해 나갔다. 점점 더 많은 문제들이 논쟁에 관련되는 것은 불가피한 일이었다. 그러나 근본적으로 볼 때 몇 개의 문제가 결국 논쟁의 초점이 되었다. 그리고 그 초점은 바로 성경의 권위와 성경의 이해와 관련된 것으로 드러난다. 루터와 로마 사이의 논쟁, 작센의 종교개혁 그룹들 사이의 논쟁, 그리고 루터와 츠빙글리 사이의 논쟁 역시 성경 이해가 문제의 초점이었다. 루터와 뮌처 사이의 논쟁도 마찬가지였다. 이 논쟁에는 매우 정치적인 이해관계들이 함께 얽혀 있었지만, 그 역시 결국 성경을 완전히 다른 방법으로 이해하는 두 편 간의 논쟁이었다. 논쟁의 양측은 근본적으로 서로 다른 관점에서, 그리고 서로 다른 방법으로 자기편이 성경의 권위에 근거하고 있다고 주장하였다.

성경에 대한 루터의 새로운 이해의 근본적인 요소들은 이미 그의 초기 강해 속에서 나타나고 있다. 루터는 인문주의자들처럼 그의 해석을 가능한 한 원문에 기초하고자 하였다. 그러나 성경의 본래적인 의미로 돌아가려는 루터의 집중적인 노력은 당시에는 그와 비슷한 예를 찾아볼 수 없는 것이었다. 루터에게 성경은 설교와 가르침의 가장 중요한 자료였을 뿐만 아니라, 하나님이 지금도 그분의 심판과 은혜의 말씀을 들려주시는 수단이었다. 성경을 이렇게 "메시지"Verkündigung로서뿐 아니라 "매개체"Medium로서 이해하는 점에서, 루터는 단순히 성경의 문자적인 내용을 강조하는 다른 모두로부터 구별된다. 하나님은 오늘도 여전히 성경이라는 매개체를 통해서 우리에게 말씀하신다는 루터의 믿음은 그에게 있어서 거의 예언자적인 권위의 근거가 되었다. 그는 성경의 지지를 받고 있다고 확신하였고, 그 믿음에 근거한 권위를 가지고 과감히 교황의 성직 계급주의에 반대할 수 있었다. 루터는 자신의 초기 강해에서 아직 성직 계급에 대한 비판에 이를 정도로 성경을 해석하지는 않았다. 그러나 이 초기 강해에서도 교회 내의 특정 운동들에 대한, 특별히 수도원주의에 대한 광범위한 비판이 나타나 있다. 루터는 특별히 "경건한 사람들"에게서 발견되는 불신앙과 자기 안전감Selbstsicherheit에 대해 분노를 느꼈다. 그의 초기 강해는 14세기에 위클리프가 교회에 대해서 급진적인 비판을 가한 것에 대해서는 언급하지 않는다. 위클리프는 교회와 국가의 결합뿐만 아니라, 교회의 세속화에 대해서도 비판했다. 15세기에 얀 후스는 이러한 비판을 조금 더 조심스러운 형태로 새롭게 제기하였다. 이들의 비판이 교회의 부패와 악습을 겨냥한 것이었다면, 루터의 비판은 영적인 성격을 가지고 있다는 점에서 상당히 독특한 것이었다.

2장. 면죄부 논쟁과 종교개혁으로의 발전

1. 면죄부 논쟁

루터에게 집중된, 그리고 실제로 그에 의해서 야기된 첫 번째 큰 논쟁은 면죄부[면벌부]에 관한 것이었다. 루터는 자신의 초기 강해에서 이미 면죄부 관행에 대해 산발적인 비판을 가했다. 또한 두 편의 설교에서 그는 면죄부의 위험에 대해 경고했다. 그중 하나는 아마도 1516년 10월 31일의 설교였을 것이다. 루터는 1517년에 아직 면죄부를 근본적으로 거부하지는 않았지만, 진정한 참회와 면죄부를 받으려는 욕망 사이에 모순이 있음을 보았다.

원래 면죄부[면벌부]란 무엇이었는가? 면죄부는 고해성사라는 성례[성사]의 맥락에서 이해되어야 한다. 고해성사는 죄인의 참회로부터 시작된다. 참회하는 마음을 가진 죄인은 사제에게 자신의 죄를 고백하고 사제로부터 사면의 선언을 듣는다. 마지막으로 사제는 고해자에게 일종의 보속을 수행하도록 요구한다. 이 보속은 사죄 뒤에도 남아 있는 형벌에 대해 치러야 하는 보상 행위이다. 보속에 대한 이러한 이해는 죄의 행위에는 죄책감뿐만 아니라 형벌도 따르는데, 그 형벌은 지상에서나 연옥에서 반드시 받아야 한다는 전제에 기초한 것이었다. 더욱 구체적으로 중세 전성기 및 후기에 고해성사의 맥락에서 면죄부에 관한 교리들이 발전되면서, 이와 관련하여 심판자로서의 하나님, 교회, 연옥, "교회의 보고(寶庫)"Schatz der Kirche와 같은 개념들이 함께 발전되었다. 교회의 보고란, 그리스도와 성자들의 "여분의" 공로로 구성되는 것인데, 교회는 그 보고로부터 다른 사람들에게 면죄를 제공할 수 있는 자원을 얻는다는 것이었다. 면죄부는 11세기에 처음으로 나타나기 시작하였다. 본래는 교회가 일시적으로 부과하는 형벌을 사면해 주기 위한 용도였다. 그러나 이후 면죄부는 연옥에서 받을 형벌까지 사면할 수 있게 되었고, 다시 "형벌과 죄책으로부터"a poena et culpa 사면의 효력을 지니게 되었다. 그리고 마침내 면죄부는 이미 죽은 가족을 대신해 그들을 연옥의 형벌로부터 해방시켜 줄 수 있는 것이 되었다.

이러한 모든 견해는 이미 13세기 신학에 의해 형성되고 설명되어 왔다. 전반적으로 관행이 신학에 선행하였다. 즉, 면죄부가 관행적으로 널리 유통된 뒤에 신학은 그에 대한 이론적 작업을 하였다. 신학은 일단 관행에 대한 비판이 있을 것을 염려해 일시적인 유보 단계를 거친 다음에 그에 상응하는 이론적 기초를 제공하였다. 많은 부분에서 면죄부에 대한 신학자들의 견해는 혼란스러웠다. 당시에는 면죄부에 대한 어떤 공식적인 교회의 가르침도 존재하지 않았다. 그 때문에 16세기 초 교회의 사목 활동 가운데서 그토록 중요한 역할을 했던 이 복잡한 관행에 대해서 충분한 설명이 없었다.

그 당시 교회의 재정에 있어서 면죄부 판매의 중요성은 아무리 강조해도 결코 지나치지 않을 것이다. 로마 교황청은 사치스러운 궁정 생활을 유지하기 위해서, 그리고 교황권이 관여된 수많은 전쟁 비용을 충당하기 위해서 늘 재정적인 압박을 받고 있었고, 따라서 면죄부는 교황청의 주요 수입원이었다. 11세기 말부터 시작된 십자군 전쟁은 면죄부 수입이 없었다면 재정적으로 뒷받침될 수가 없었다. 당시에는 은행이 없었기 때문에 십자군 전쟁을 치르기 위해 절실하게 필요한 자금을 제공받을 수 있는 곳이 없었다. 교회의 대금업 금지령은 자연히 은행이 생기는 것을 방해해 왔으며, 중세 후기가 되어서야 차츰 금지령이 풀리기 시작하였다. 중세 후기 이래로 교회 건축뿐만 아니라 더 큰 경제 계획들을 위한 재정 조달이 면죄부 발행을 통해 이루어졌다. 도로나 교량의 건설과 같은 큰 사업은 면죄부 이외에 다른 방법으로는 감당할 수가 없었다. 그 점에서 면죄부는 경건을 위한 본래적 의미와는 별도로 후대의 어음^{Anleihe}에 해당하는 기능을 가지고 있었다.

수많은 신자들에게 면죄부는 영원한 심판과 연옥의 위험으로부터 자신을 보호할 기회를 교회를 통해 얻는 방편이 되었다. 또한 구원을 열망하는 이들의 요구와 교황청의 재정적 필요가 맞아떨어져 "성물"(聖物)을 취급하는 사업이 생기게 되었다. 루터의 제후인 작센의 프리드리히 현공도 누구에게도 뒤지지 않는 경건한 면죄부 사업 후원자였다. 그는 1522년 자신의 개인적 대리인을 베네치아로 보내서 종교 유물들을 사 오게 했다. 1년에 한 번 그는 그 유물들을 전시하여 그것들을 경건한 마음으로 관람하는 이들은 연옥의 형벌을 감면받게 해주었다. 1518년에 이렇게 수집된 종교 유물들이 지닌 사면 효과의 총 가치는 12만 7,800년 동안 연옥에서 받아야 할 형벌을 감면할 수 있는 것이었다.

1517년 10월 31일, 루터가 그의 95개 논제에서 면죄부를 비판했을 때, 그는 [신자의 영혼을 돌보는] 목회자로서의 책임감을 가지고, 그리고 교회의 바른 가르침과 선포를 보존해야 하는 신학 박사로서의 의무감을 가지고 그렇게 한 것이었다. 당시에는 면죄부에 대한 가르침이 아직 교회의 교리로 확정되지 않았기 때문에, 루터는 면죄부와 관련된 문제들을 분명히 하기 위해서 매우 비판적인 질문을 제기하는 데 거리낌이 없었다. 물론 면죄부가 이미 널리 유행하고 있었고, 또 교황청이 재정적인 이유로 면죄부에 큰 관심을 가지고 있었다는 사실을 생각할 때, 루터가 이러한 방식으로 면죄부 관행을 공격한 것은 대단히 위험한 일이었다.

2. 95개 논제 게시의 역사성

실제로 루터가 1517년 10월 31일 95개 논제를 비텐베르크의 성 교회 문에 게시했는지에 관한 역사성의 문제가 논란이 되어 왔다. 루터의 이 95개 논제 게시가 수 세기 동안 개신교의 상징으로 경축되어 왔지만, 1961년 로마 가톨릭의 교회사가인 에르빈 이저로Erwin Iserloh 는 이는 역사적인 사실이 아니라는 주장을 제기하였다. 95개 논제가 교회 문에 게시되었다는 주장은 루터의 라틴어 전집 제2권에 붙인 멜란히톤의 서문에서 처음으로 언급되는데, 멜란히톤은 루터가 죽은 지 몇 달이 흐른 뒤에 그 글을 작성하였다. 멜란히톤은 1518년 8월이 되어서야 비텐베르크로 이사했으며, 여러 면에서 종교개혁 초기에 대해서는 잘 알지 못했다. 그러므로 멜란히톤은 95개 논제 게시에 관하여 잘못 알았을 가능성도 있다. 이저로는 추가적으로 루터가 1517년 10월 31일 교회 상급자들에게 두 편의 사적인 서신을 보냈다는 사실을 지적하는데, 이 또한 루터가 그때는 아직 대중 앞에 나서지 않았다는 사실을 가리킨다는 것이다.

95개 논제 게시의 역사성에 대한 상당히 폭넓은 토론이 있어 왔지만, 아직 일반적으로 동의할 만한 결론에는 도달하지 못했다. 이저로의 주장은 그렇게 설득력이 있는 것은 아니지만, 아무도 이 게시 사건의 역사성을 증명하는 데 성공하지 못했다. 이 문제는 사소하게 넘길 문제가 아닐 수 있다. 만약 이저로의 주장이 옳다면, 그 당시 고위 성직자들의 책임은 훨씬 더 커진다. 그들은 루터의 청원에 대해서 아무런 반응도 보이지 않았기 때문이다. 그렇기 때문에 루터는 그의 질문을 공개적으로 제기해야 할 필요를 느꼈을 수 있다. 또 그 반대의 경우, 만약 루터가 95개 논제를 교회 문에 붙인 것이 사실이었다면, 결과적으로 논쟁으로 발전된 그 사건에서 루터의 역할은 결정적인 의미를 갖게 되는 것이다.

3. 95개 논제

어떻게 루터의 95개 논제는 그토록 굉장한 반응을 불러일으킬 수 있었는가? 우리는 반드시 95개 논제의 내용 자체에서 그 이유를 찾을 필요가 없다. 루터가 1517년 9월 4일에 작성한 『스콜라 신학 반박문』의 논제들은 95개 논제보다 훨씬 더 급진적이었다. 이 논문을 통해서 루터는 아리스토텔레스 철학이 신학 전반에 끼친 영향을 비판했다. 이와는 대조적으로 95개 논제는 면죄부와 고해성사를 중점적으로 다루었다. 전에 그랬던 것처럼 루터는 면죄부의 모든 측면을 거부하지 않았고, 그 효력을 교회가 부과한 일시적인 형벌의 사면으로 제한하려고 했을 뿐이다. 아울러 그는 면죄부가 만들어 내는 그릇된 안전감에 대해서도 비판했다.

면죄부에 대한 루터의 비판은 사실상 온건한 것이었다. 그러나 그 비판의 배후에는 당시의 교회 전체를 뒤흔들 지각 변동을 예고하는 소리가 울리고 있었다. 루터보다 더 빨리 그 소리의 의미를 알아차린 이들도 있었다. 루터는 회개를 고해성사라는 성례[성사]의 맥락에서 이해하지 않고, 신약성경의 언어 용법에 따라 포괄적인 전환^{Umkehr}으로서의 "회개"로 이해하였다. 이러한 관점에서 성직에 대한 새로운 이해가 발전되었다. 사제는 단지 하나님에 의한 죄의 용서를 선언하는 한에서 죄책을 사면할 수 있는 것이다. 루터는 교회의 보고에 대한 교리도 공격했다. 그는 논제 제62항에서 "진정한 교회의 보고는 하나님의 영광과 은혜의 거룩한 복음이다"라고 주장했다. 루터는 95개 논제를 토론의 목적으로 준비한 것이기 때문에, 그것이 표명하는 의견에 대해 무조건적으로 동의할 것을 요구하지 않았다. 그럼에도 불구하고 95개 논제에 담겨 있는 의미는 훨씬 더 넓은 범위에 걸쳐 영향을 미치는 것이었다. 루터가 논제 제42-51항을 "그리스도인들에게……을 가르쳐야 한다"라는 말로 시작했을 때, 그 형식은 토론을 위한 논제의 기본적인 형식을 훨씬 넘어서는 것이었다.

그러므로 루터의 95개 논제를 중심으로 논쟁이 빠른 속도로 확장되었지만, 정작 면죄부 문제보다는 오히려 교회의 권위, 교황권, 복종, 성례전 교리에 관한 문제, 혹은 성경과 인간적인 가르침의 대립적 성격을 둘러싼 논쟁으로 초점이 바뀌어 갔다는 것은 놀라운 일이 아니다. 이 논쟁에서 로마 가톨릭을 방어하는 이들은 루터의 비판이 실제로 관심하는 것이 무엇인지 알지 못했고, 또한 그 배후에 있는 성경에 대한 루터의 견해도 이해할 수 없었다. 이해는커녕 테첼Johann Tetzel이나 에크Johann Eck와 같은 신학자들도 루터를 이단자로 만드는 일에 자신의 명예를 걸고 나섰다. 루터가 후스의 잘못된 가르침을 다시 반복하려고 한다는 의혹도 급속히 퍼져 나갔다. 후스가 콘스탄츠 공의회에서 이단으로 정죄되고 화형을 당했기 때문에, 루터 역시 화형의 위협을 받았다. 그러나 자신을 적대하는 자들이 제기하는 의혹에 대해 답변하는 과정에서 루터는 점차적으로 그의 언명을 발전시켰고, 자신의 비판과 그 신학적인 근거를 더욱 상세하게 전개·확장하였다.

95개 논제와 그에 대한 논의가 놀라울 만큼 신속하게 퍼져 나갈 수 있었던 것은 수십 년간 발전되어 온 인쇄 기술 덕분이었다. 이 인쇄 기술과 아울러 그 당시 독일에만 존재했던 특별한 정치적, 사회적, 정신적인 상황들도 95개 논제가 엄청난 반향을 일으키는 데 결정적인 요인이 되었다. 이처럼 강력한 대중적인 영향 때문에 루터를 후스처럼 간단하고 재빠르게 제거한다는 것은 불가능했다. 인쇄 기술은 중세의 단일화된 세계를 종식시키고 다원적인 근대를 발전시키는 데 상당히 중요한 역할을 하였다.

4. 하이델베르크 토론(1518)

1518년 4월, 루터는 하이델베르크에서 개최된 그의 교단 회의에서 공개 토론을 열고 자신의 논제들을 발표할 수 있는 기회를 얻게 되었다. 여기에서 루터는 그 당시 현안이 되었던 사항들을 논하지 않았다. 그는 토론을 위해 준비한 신학적, 철학적 논제들을 다루면서, 인간의 죄성, 하나님을 향한 인간의 의지의 부자유함, 인간의 협조 없이 일하시는 하나님의 은혜의 행동, 그리고 믿음에 관한 그의 근본적인 종교개혁 신학을 지금까지 볼 수 없었던 가장 날카로운 문장으로 표현했다. 루터는 "영광의 신학"*theologia gloriae*에 대비되는 "십자가의 신학"*theologia crucis*을 내세웠다.[2] 그 당시 스콜라주의의 입장을 대변했던 이들은 루터의 이 신랄한 평가가 분명 자신들을 정당하게 이해하지 못하는 것이라고 느꼈다. 역사적으로 판단해 볼 때, 스콜라주의를 설명하는 개념으로서 영광의 신학이라는 표현은 적절한 것으로 받아들일 수 없다. 그러나 루터는 이 개념을 통해 확실히 당시의 신학이 피하지 못한 명백한 협소함과 편파성에 대해 주의를 기울이게 했다. 최근에 이 하이델베르크 토론*Heidelberger Disputation*의 본문이 헬마르 융한스*Helmar Junghans*에 의해서 더 정확하게 편집되었다.[3]

5. 카예타누스의 심문(1518)

아우크스부르크 제국 의회는 1518년 가을에 개최되었다. 제국 의회 폐회 즈음에 작센의 선제후는 아우크스부르크에서 추기경 카예타누스*Jacobus Cajetanus, 1469-1534*가 루터를 심문하도록 주선하였다. 교황청은 황제 막시밀리안 1세의 후계자를 선출하는 선거에서 작센의 선제후의 지지가 필요했기 때문에, 마지못해 그의 계획에 동의할 수밖에 없었다. 선제후가 이 대학교수를 위해 그러한 중재를 하게 된 데는 여러 이유가 있었다. 물론 선제후는 루터가 로마에서는 공정한 재판을 받을 수 없으리라는 것을 염려하였지만, 다른 한편으로 최근에 그가 설립한 비텐베르크 대학교를 보호하기를 원했다. 이렇게 해서 1518년 늦가을에 루터의 사건은 이제 더 넓은 정치적 상황 속에서 다양한 이해들과 얽히게 되었다. 교황청의 입장에서 볼 때, 교황청은 루터를 이단으로 처단하는 일보다 정치적인 이익을 우선함으로써 종교개혁 운동을 초기에 진압할 수 있는 귀중한 기회를 잃어버렸다.

카예타누스는 루터의 심문을 위해 상당히 세심한 준비를 하였다. 그는 라틴어로 된 루터의 글을 몇 편 읽은 후 몇몇 항목에 대한 자신의 의견을 작성한 소위 "아우크스부르크 소책자"Augsburger Traktat를 준비하였다. 카예타누스는 직접적으로 루터를 이단시하지 않고, 그가 새로운 교리들을 전파하고 있다며 질책하였다. 그러나 그는 루터의 견해가 사실상 "하나의 새로운 교회"를 세울 위험을 안고 있다고 생각했다. 특별히 그는 성례전 그 자체가 아니라 성례전에 대한 믿음이 인간을 의롭게 한다는 루터의 주장을 반대하였다. 그렇게 될 때 구원 능력의 객관성이 문제가 될 수 있는 것이었다. 카예타누스는 교회는 어떤 경우에도 개인의 주관적 확신보다 객관적 중요성을 앞서 강조해야 한다고 생각하였다. 그 반면 루터는 구원의 확신이 없이는 기독교 신앙은 불가능하다고 생각했다.

1518년 10월의 심문에서 우선 카예타누스는 루터에게 단순히 그의 잘못된 가르침을 철회하도록 요구하였다. 루터가 무엇이 잘못되었는지 말해 달라고 요청했을 때, 카예타누스는 루터의 견해의 실질적인 내용에 관한 토론을 피할 수 없게 되었다. 결과적으로 그들은 교회의 보고에 관한 교리, 교황권, 성경과 성직의 관계, 그리고 성례전의 효력을 위한 신앙의 필요성 등에 관해서 토론하였다. 루터의 면죄부 비판은 카예타누스에게 이해할 수 없는 것은 아니었다. 그러나 그는 교황권에 대한 루터의 견해는 냉정하게 거부하였다. 그러나 그때 루터는 교황권 문제는 별로 중요하게 생각하지 않았으며, 단지 주변적인 것으로만 여겼을 뿐이다.

6. 공의회에 호소한 루터

아우크스부르크의 심문이 끝난 직후인 1518년 11월 28일, 루터는 공의회에서 심문을 받을 수 있도록 교황에게 호소했다. 루터의 호소는, 성령 안에서 합법적으로 모인 공의회는 거룩한 가톨릭교회를 대표하며, 신앙의 문제에서 교황보다 우월하다는 콘스탄츠와 바젤 공의회의 결정에 근거를 둔 것이었다. 이러한 이유로 루터는 자신이 공의회에 호소하는 것을 교황이 방해할 수 없을 것이라고 확신하였다.[4] 반대 주장들이 많기는 했지만 루터의 이러한 호소는 단지 16세기 초반에 아직 여력이 있었던 공의회 운동에 가담한다는 의미가 아니었다. 오히려 루터는 그때 이미 공의회도 하나님의 말씀의 권위 아래에 있다고 생각했다. 루터의 비판적인 태도가 급속도로 날카로워졌음을 보여주는 한 예는, 그가 1518년 말에 적그리스도가 로마 교황청을 다스리고 있다는 의혹을 표현하기 시작한 사실에서 볼 수 있다.[5]

7. 라이프치히 논쟁(1519)

루터와 로마 사이의 갈등은 1519년 7월에 있었던 라이프치히 논 쟁Leipziger Disputation 중에 또 다른 정점에 도달했다. 본래 이 논쟁은 에 크와 루터의 동료인 카를슈타트 사이의 토론으로 계획된 것이었지 만, 에크가 준비한 논제들은 처음부터 루터를 겨냥한 것이었다. 결 과적으로 양편의 수장이 라이프치히에서 충돌하게 되었다. 그들은 이후 수십 년에 걸친 논쟁들에서도 앞장서게 된다. 에크의 의도는 루터를 이단자로 규정하는 것이었고, 그 의도는 성공하였다. 루터는 공의회의 결정의 무오성을 거부하였고, 콘스탄츠 공의회에서 유죄 판결을 받은 후스의 가르침 중 많은 것이 복음적이라고 주장함으로 써 에크가 노린 이단성을 인정한 셈이 되었다.[6] 루터는 성경의 권위 와 교회의 권위 사이에 분명한 구분을 지었다. 루터는 율법적인 방 식으로 성경의 권위를 이해하지 않았다. 교회 안에서 구속력을 가질 수 있는 것은 오직 성경을 기초로 한 가르침뿐이다. 이러한 견해를 뒷받침하기 위해 루터는 제르송과 아우구스티누스를 인용하였지 만,[7] 그들의 입장을 적절하게 이해한 것은 아니었다.

8. 파문 위협 교서(1520)

루터와 로마 사이의 갈등은 교황이 루터에 대한 파문 위협 교서를 발표했을 때 잠정적인 결론에 도달하였다. 교황청의 정치적인 계산 때문에 루터의 재판은 계속 지연되었지만, 1520년 봄 이후부터는 재판 과정이 신속하게 진행되었다. 카예타누스와 에크가 여기에 참

III. 당대의 논쟁에서 루터의 역할

여하였다. 1519년 쾰른 대학교와 루뱅 대학교에서 루터의 주장에 대한 반박문을 발표한 적이 있었기 때문에, 이를 근거로 그 절차는 대단히 급속히 진행되었다. 1520년 6월 15일, 루터의 파문을 위협하는 교서, *Exsurge Domine*("주여 일어나소서")는 "이단적이고, 분노심을 자극하고, 잘못되고, 경건한 귀에 모욕적이고, 단순한 사람들을 그릇되게 인도하며, 그리고 가톨릭의 가르침에 위배되는" 루터의 주장을 41개 조항으로 분류해 정죄하였다. 이 교서가 정죄한 사항들은 그것이 원래 쓰인 문맥을 무시하고 해석되었기 때문에 부분적으로 이해할 수 없는 것도 있었다. 정죄의 근거도 제시되지 않았다. 교서의 제33조는 "이단자들을 화형에 처하는 것은 성령의 뜻에 위반되는 것이다"라는 루터의 진술을 정죄하였는데, 이는 곧 거짓 교사들을 불태우는 것은 성령의 뜻에 합당한 일이라는 것을 말하고자 함이었다. 루터는 교서가 발표된 뒤 60일 이내로 자신의 주장을 철회하도록 요구받았다. 그리고 만약 그렇게 하지 않을 경우, 그는 파문당하게 된다. 루터는 그 요구를 따르지 않았다. 오히려 그는 그 교서를 1520년 12월 10일 비텐베르크의 엘스터 문[Elstertor] 밖에서 교황의 법령집과 스콜라주의 신학 서적들과 함께 불태워 버렸다. 결국 루터의 최종적인 파문이 1521년 1월 3일 로마에서 교서, *Decet Romanum Pontificem*("로마 교황은 옳다")에 의해 선언되었다.

3장. 신학적 개혁

1. 종교개혁 주저

1520년에 루터는 "종교개혁 주저"die reformatorische Hauptschriften로 일컬어지는 세 편의 논문을 썼는데,『그리스도인 영지의 개혁에 관해 독일 그리스도인 귀족들에게 고함 An den christlichen Adel deutscher Nation von des christlichen Standes Besserung』,『교회의 바벨론 포로 De Captivitate Babylonica Ecclesiae Praeludium』, 그리고『그리스도인의 자유 Von der Freiheit eines Christenmenschen』가 그것이다. 1518년 이후 논쟁이 더욱 격렬해지고, 또한 성경의 빛에서 교회의 상황을 끊임없이 재고하면서 루터는 세상과 교회 안의 명백하고 다양한 부패의 현상들에 대한 더욱 날카로운 비판 의식을 갖게 되었다.『그리스도인 영지의 개혁에 관해 독일 그리스도인 귀족들에게 고함』을 통해 루터는 악습들을 제거하는 방법으로서, 세속 정부를 향해 도움을 요청하였다. 이는 후에 국가교회 체제로 발전되는, 그리고 또한 지방 제후들의 위치를 더욱 강화하는 과정의 첫걸음이 되었다. 그 당시 상황을 고려할 때, 교회 당국자들이 개혁을 포기한 이상 도움이 될 수 있는 것은 세속 제후들뿐이었다. 다른 해결책은 어느 것이든 혁명적인 대변동의 위험을 안고 있었다. 『교회의 바벨론 포로』에서 루터는 성례[성사]에 대한 중세 교리를 공격하며 오직 세례와 성만찬만이, 그리고 아마도 고해성사까지만 성례로 간주될 수 있다는 결론을 내렸다. 그리고 『그리스도인의 자유』에서는 그리스도인의 자유와 종의 신분을 동시에 강조하는 변증법적 형식을 사용하였으며, 이를 근거로 종교개혁 윤리의 요소들을 발전시켰다. 루터는 자유에 관한 이 논문을 교황 레오 10세에게 헌정하였고, 교황에게 논문을 보낼 때 상당히 긴 서신도 동봉하였다. 이는 카를 폰 밀티츠^{Karl von Miltitz}가 주도한 중재 노력의 결과였다. 루터가 교황에게 보낸 서신에서 겉보기에 존경을 표현한 것과 평상시 교황에 대한 비판적 입장 사이에는 모순이 있다고 생각할 수 있지만, 이러한 판단은 적절하지 않다. 루터가 정치적인 계산으로 그렇게 행동했다고 비난하는 것 역시 옳지 않다. 그 당시 루터에게 교황권 문제는 아직 완전히 닫혀 버린 것이 아니었다. 아마도 루터는 성공할지 모르는 밀티츠의 노력을 시작하기도 전에 망치는 일은 하지 말아야겠다는 심사였을 것이다. 교황과 자신 사이의 분쟁을 해결해 보려고 했던 루터의 시도는 결국 그가 파문당함으로써 아무런 의미도 없게 되었다. 실제로 이후 루터는 1520년 가을에 교황에게 보낸 서신에서 나타낸 것과 같은 타협적인 태도를 일부분이라도 다시는 보이지 않았다.

2. 『수도서원에 대한 판단』(1521)

루터와 로마 사이의 논쟁은 루터가 수도서원Mönchsgelübde에 대하여 비판하였을 때, 종결 단계에 이르게 된다. 루터는 1521년 가을에 저술한 『수도서원에 대한 판단 De votis monasticis iudicium』에서 자신의 기본적인 견해를 밝혔다. 그가 모든 경우의 수도서원을 거부한 것은 아니었다. 그러나 영원히 의무를 지켜야 하는 성격의 서원은 거부했다. 그 당시 상황에서 루터가 수도서원을 부분적으로 긍정하였다는 사실에는 아무도 관심을 기울이지 않았다. 그와 반대로 수많은 수도사와 수녀들이 루터의 글에서 양심에 거리낌이 없이 자신이 원하는 대로 수도원을 떠날 수 있는 근거를 찾았다. 실제로 그 당시 독일에 있었던 수도원 공동체들 중 상당수가 해체되었다. 수도서원에 대한 루터의 비판은 그가 세속적인 노동을 새롭게 평가한 것과 관련하여 이해해야 한다. 루터는 하나님이 주신 사명을 성취하는 것은 더 이상 수도사의 특별한 공적Werk이 아닌, "보통의" 일상적인 직업Beruf[소명]이라고 이해하였다.

3. 종교개혁 진영 내부의 분열(1521-1522)

로마와의 논쟁이 마지막 국면에 접어들면서 종교개혁 진영 자체 내에서 처음으로 견해차가 드러났다. 그 차이점들은 보름스 제국 의회 이후 루터가 개인적인 안전의 이유로 1521년 5월부터 1522년 3월까지 바르트부르크에 머물게 되었을 때 분명하게 나타나기 시작했다. 한편으로 루터가 일으킨 종교개혁 운동은 그 성패가 루터 개인에게 달려 있지 않다는 것이 분명해졌다. 즉, 그 운동은 루터가 지도자나 대표자로서 존재하지 않아도 계속되리라는 것이었다. 다른 한편, 특별히 비텐베르크에서 지도적인 역할을 맡은 다른 개혁자들 사이에 심각한 의견 차이가 있다는 사실이 드러났다. 전체적인 상황을 뒤돌아보면—이는 당시에는 완전히 간과된 것이지만—그 차이점들은 한편으로 고대 교회와 중세 교회의 다양한 전통들이 지속적인 영향을 끼쳐 왔다는 사실을, 또 한편으로는 여러 개혁자들이 종교개혁 신학의 본질을 서로 다르게 이해하고 있었다는 사실을 밝혀 주는 것이다. 그 전통들의 범위와 특징, 그리고 개혁자들이 신학의 중심 주제들을 새롭게 형성하기 위해 사용한 독특한 방법이 무엇이었는지에 대해서 오래전부터 집중적인 연구가 이루어져 왔다. 루터의 지지자와 협력자들 중에서 어떤 이들은 신학적으로 그를 반대하는 적대자가 되었지만, 그들도 예외 없이 루터에게 결정적인 영향을 받았다. 전반적으로 루터는 이들에게 있어서 하나의 "촉매제" 역할을 하였다. 그러나 오늘날의 연구 결과에 따르면 루터의 친구들이나 협력자들이 각자의 독립성을 가지고 있었다는 사실을 부인하기가 어렵다. 그러므로 만약 우리가 종교개혁 운동을 정당하게 이해하고자 한다면, 그것이 처음부터 다원적인 운동이었음을 인정하지 않으면 안 된다. 처음 발을 내디딘 사람으로서의 공로는 루터에게 돌아가지만, 애초에 그의 추종자들 중에는 그와 다른 전통과 전제들을 가지고 있는 이들이 많이 있었다.

그 차이점이 가장 분명하게 드러나는 주제들은, 우선 구약성경의 율법이 그리스도인에게 구속력을 갖고 있는가 하는 문제, 율법의 해석에서 성령의 의미, 그리고 개혁 요구들의 종류와 범위에 관한 문제 등이었다. 후에 종교개혁 진영 내부에서 일어난 논쟁들을 살펴보면, 대부분 율법과 성령에 관한 문제와 관련되어 있다는 것을 알 수 있다.

4. 비텐베르크 개혁자들

1521년 여름에 수도서원의 효력 문제가 심각하게 토론되고 있을 때, 카를슈타트는 수도서원이 구속력이 있다고 주장했다. 그러나 서원의 파기는 내면적으로 불순종하면서 서원을 지키는 것보다는 가벼운 죄라고 선언하였다. 1521년 가을부터는 오직 빵만 분배되는 미사를 지속해야 하는지에 대해, 그리고 십계명의 형상 금지 명령이 교회로부터 성상을 제거해야 함을 의미하는 것인지에 대해 논쟁이 벌어졌다. 1518년 이후 비텐베르크로 이주한 멜란히톤은 1521년 당시 24세에 불과했다. 그는 이런 문제들에 대해서 자신보다 훨씬 나이가 많은 카를슈타트처럼 어떤 명백한 결론을 내릴 수 없었다. 그런데 1521년 12월 말경, 소위 츠비카우 예언자들^{Zwickauer Propheten}이 라고 하는 무리가 나타나서 열광적이고 묵시적인 주장을 내세우며 불안을 야기하였다.

몇 번의 혼란스럽고, 심지어 반란적인 사건들이 일어난 뒤에, 비텐베르크 시의회는 카를슈타트의 지도 아래서 1522년 1월 24일 대중 질서에 대한 새로운 법을 도입하였다. 그 법은 모든 탁발을 금지시키고, 교회의 모든 성상을 제거하도록 요구하였다. 그리고 각 교회는 오직 세 개의 제단만을 갖출 수 있었다. 새로운 예배 의식문도 도입되었다. 처음에 선제후령 작센 정부는 종교적인 문제에 개입하는 것이 적절하지 못하다고 생각하여 중립을 유지했다. 그러나 정부는 이 새로운 법으로 인해 일어나는 소동에 대해서 적지 않게 염려하였다.

4장. 정부와 무질서

1. 자유와 질서에 대한 루터의 견해

여러 면에서 루터가 개혁에 대해 품고 있던 생각은 카를슈타트의 생각과 그렇게 거리가 먼 것이 아니었다. 1521년 12월 초에 비텐베르크를 비밀리에 방문했을 때, 루터는 몇 가지 개혁 조치들에 대해 감명을 받았다. 그러나 그는 이에 동반된 혼란에 대해서는 좋지 않게 생각했다. 특별히 그는 정부의 협조 없이 시행되는 개혁은 원하지 않았다. "그러면 질서는 어떻게 되는가? 적절한 질서는 배려되지 않은 채, 이웃을 불쾌하게 만드는 방식으로 제멋대로 일이 처리되었다. 만일 여러분이 먼저 진지한 기도 가운데 하나님을 부르고, 또 당국의 도움을 얻었다면, 누구나 그것이 하나님으로부터 온 것이라고 확신할 수 있었을 것이다."[8] 몇 년 전부터 발전되어 온 루터의 이러한 입장은 1522년 이후 다른 개혁자들과의 논쟁에서 가장 핵심적인 쟁점이 되었다. 루터는 자유와 질서의 관계를 급진적인 비텐베르크 개혁자들과는 다르게 보았다. 루터에게 무엇보다도 중요한 것은 양심을 바르게 인도하는 일과 복음의 자유였다. 이를 고려해서 변화를 너무 서두르지 않도록 해야 한다. 그렇지 않으면 변화에 대한 요구 자체가 율법적으로 이해될 수 있다. 루터는 믿음이 연약한 이들을 배려해서 변화는 점진적으로 추진되어야 한다고 생각했다. 이에 반해 카를슈타트는 연약한 이들을 배려한다면, 오히려 그들을 위해서라도 성상이 그들을 그릇된 경건으로 인도하지 못하도록 막아 주어야 한다고 생각했다. 덧붙여서 그는 복음의 자유가 "행위로 결실을 맺지 못한다면" 그 자유는 더 이상 존재할 수 없는 것이라고 주장했다. 카를슈타트가 새롭게 이해한 복음은 반드시 필요한 열매를 맺어야 하는 것이었다.

2. 정부, 율법과 복음, 문자와 영에 대한 이해의 발전

1521-1522년 겨울에 겪은 불화는 많은 점에서 루터의 신학을 발전시키는 계기가 되었다. 특별히 정부, 율법, 그리고 성령의 활동에 대한 이해의 측면에서 그의 신학은 더욱 발전하였다. 초기에 루터는 율법을 우선적으로 바울적인 의미에서 해석하였다. 이제 그는 율법이 세속적인 영역에서도 효력이 있음을 강조하게 되었고, 율법의 "신학적 용법"*usus theologicus*과 "정치적 용법"*usus politicus legis* 사이를 구별하였다. 율법의 신학적 용법은 사람들로 하여금 죄를 깨닫게 하는 것이다. 율법의 정치적 용법은 외적인 질서를 위한 것이다. 율법의 신학적 용법 가운데서 "믿음의 의"*iustitia fidei*가 발생한다. 정치적 용법은 사람들을 "시민적 의"*iustitia civilis*로 인도하는 것이다. 동시에 루터는 이제 칭의에 대한 종교개혁적 이해와 밀접하게 관련된 율법과 복

음의 변증법적 관계를 보다 더 날카롭게 형식화하게 되었다. 성령의 교리에 관해서 루터는 문자와 영의 상관성을 강조했다. 성령은 성경의 문자를 이용한다. 역으로 성경은 성령의 조명을 통해 비로소 그 본래의 의미가 드러난다.

비텐베르크 개혁자들과의 논쟁 가운데서 루터는 그의 초기 관점을 더 분명하게 발전시키며, 자신의 견해가 잘못 해석되는 것을 방지하였다. 그는 어떤 새로운 이론을 주창한 것이 아니라, 그의 초기 교훈을 더 정확한 형태로 진술한 것이었다. 율법과 복음의 주제는 이미 루터의 첫 번째 시편 강해에 나타나 있다. 그 강해에서 이미 루터는 때때로 심판과 복음이라는 개념을 명시적으로 사용하였다.

저항권과 정부에 관한 문제는 1521년 말에 이미 상당히 뜨거운 논란의 대상이 되었으며, 그 후 농민전쟁 때까지 수년 동안, 그리고 그 이후에도 계속해서 중요한 문제로 다루어졌다. 루터는 자신이 소요와 폭동을 거부한다는 입장을 이미 1520년 7월 비텐베르크 시민들과 학생들 사이에 충돌이 발생했을 때 분명하게 밝혔다. 루터는 한 대중 집회에 참석한 뒤인 1520년 7월 14일 슈팔라틴^{Georg Spalatin} 에게 쓴 서신에서, "마귀가 그 집회에서 사회를 보고 있었다"[9]고 말했다. 루터는 일어나 그 집회를 떠났고, 그다음 주일에 소요와 폭동에 반대하는 설교를 했다.

1521년 12월 초에 비텐베르크로 돌아와서 며칠간 머무르기 위해 바르트부르크를 떠났을 때, 루터는 도중에 여러 번 반란 계획에 대해 전해 들었다. 이에 대해서 그는 곧 『폭동과 반란에 대해 모든 그리스도인들에게 드리는 마르틴 루터의 진지한 권고 *Eine treue Vermahnung zu allen Christen, sich zu hüten vor Aufruhr und Empörung*』[1522]라는 글을 썼다. 이 글에서 루터는 한편으로는 "적그리스도" 교황에 대한 극단적인 비판을 옹호하며, 교황의 악행은 하나님의 진노를 통해 심판받을 것이라는 기대를 표명하였다. 다른 한편으로 루터는, 하나님은 반란을 금지하신다고 주장하였다. 세속 정부와 귀족들은 각기 자신의 영토 안에서 "이에 대해 적절한 조치를 취해야" 한다. "질서 유지를 위한 권력 행사는 반란으로 간주될 수 없다."[10]

3. 『세속적 권위: 어디까지 복종해야 하는가』(1523)

얼마 지나지 않아, 1522년 말에 완전히 새로운 상황이 전개되었다. 공작령 작센과 바이에른 및 그 밖의 지역에서 "폭군들"이 루터의 신약성경 번역본을 모두 압수하도록 명령하였다. 이제 루터는 반란의 문제가 아니라 세속적 권위의 한계의 문제에 대해 생각하게 되었다. 루터는 『세속적 권위: 어디까지 복종해야 하는가 *Von weltlicher Obrigkeit, wie weit man ihr Gehorsam schuldig sei*』[1523]라는 논문에서 이 문제를 다루었다. 이 논문을 쓰는 과정에서 루터는 일련의 개념을 새롭게 발전시켰는데, 사람들은 그것을 단순하게 구조화하여 대체로 "두 왕국론" *Zwei-Reiche-Lehre* 이라고 부른다. 루터는 이 논문을 쓰게 된 구체적인 동기 때문만이 아니라, 세속 제후들이 일반적으로 자신의 권력을 남용하여 가난한 민중을 착취하는 것을 목격하고서 하나님이 그들을 제거하기를 원하신다고 말하게 된다.[11] 민중에 대한 제후들의 착취와 학대가 한계를 넘어섰다고 루터는 느꼈다. 그들에게는 정의도, 신실도, 진리도 찾아볼 수가 없었다. 세속적 권위에 대해 논하면서 루터는 세상일에 관해 주어진 권력과 인간의 영혼에 관계되는 권력을 구분했다. 영혼을 좌우할 수 있는 권력은 오직 하나님에게만 속해 있는 것이다.

루터는 두 왕국론이라는 개념을 분명하게 사용하지는 않았지만, 세속적 권위에 대한 글에서 모든 사람은 두 영역에 속해 있다고 말했다. 한편으로는 하나님의 왕국에 속해 있다. 즉, 모든 진실한 신자는 그리스도 안에, 그리스도의 통치 아래에서 존재한다. 이들에게는 세상의 검이나 세상의 정의가 필요 없다. 만약 세상에 오직 참 그리스도인들만 있다면 세속적 권위는 필요하지 않을 것이다. 자발적으로 옳은 일을 행하는 그들에게는 어떤 교육도 필요하지 않을 것이다. "이렇게 모든 그리스도인은 성령과 신앙에 의해 본성을 형성하게 되어서, 그들은 항상 옳은 일을 행하고, 모든 법을 배운 자보다도 더 법을 잘 지킨다. 그들에게는 결코 어떤 법이나 규칙도 필요하지 않다."[12] 그러나 루터는 아무도 본성적으로는 이 하나님의 왕국에 속해 있지 않다는 것을 인식한다. 또 다른 한편으로 율법 아래에 있는 모든 사람, 즉 그리스도인이 아닌 모든 이들은 이 세상의 왕국에 속해 있다.

> "진실한 신자는 거의 없다. 기독교적인 삶을 살아가는 사람, 악에 저항할 필요 없이 스스로 아무런 악도 행하지 않는 사람은 더욱 적다. 그 때문에 하나님은 사람들에게 기독교 국가와 하나님의 왕국 외에 또 다른 통치를 허락하신 것이다. 그분은 사람들을 검에 종속시켜서 그들이 악을 원할지라도 악을 행할 수 없도록 하셨으며, 만일 그들이 악을 행하였다면 언제나 두려움을 가지고, 벌을 피하지 못하도록 하셨다. 사나운 야생 짐승처럼 물어뜯거나 찢을

수 없도록, 아무리 그렇게 하고 싶어도 그리하지 못하도록 그들을 사슬과 줄로 묶어 놓는 것과 마찬가지이다."[13]

루터는 두 왕국에 대해 말한 것처럼, 같은 논문에서 하나님의 두 정부/통치에 대해서도 언급하고 있다. "이러한 이유로 하나님은 두 정부/통치를 제정하셨다. 즉, 그리스도 아래에서 성령을 통해 그리스도인과 경건한 자들을 만드는 영적 통치와, 비그리스도인과 악한 자들을 억제하여 그들로 하여금 외적으로 조용한 평화를 유지하도록 만드는 세속적 통치가 그것이다."[14] 왕국과 정부라는 두 개념 모두 하나님이 정하신 질서와 제도를 말하고 있는데, 두 정부/통치라는 용어가 두 왕국보다 그 본래의 뜻을 더 잘 표현하고 있다. 그리고 왕국과 정부는 서로 귀속되어 있는 용어인 동시에 서로 차이점을 가지고 있다는 점도 인식해야만 한다. 이 세상은 복음으로 통치할 수 없다. 세속법과 검은 복음에 의해서 폐지되는 것이 아니라, 복음 안에서 한계를 갖는 새로운 과제를 발견한다. 그 때문에 복음은 세속 정부의 사명이 무엇이며, 그 한계가 무엇인지를 보여주는 것이다. 다른 한편으로 세속 정부는 외적인 질서와 평화를 보장하지만, 그렇게 함으로써 복음 선포를 위해 필요한 조건들을 제공하는 것이다. 이러한 기본적인 사상을 통해 루터는 두 가지 권력에 대한 옛 주제를 독창적으로 재정립하고, 그것을 그의 종교개혁 신학에 정확하게 상응하도록 재형성하였다. 동시에 그는 전에 때에 따라 표명했던 자신의 견해들을 요약하고 명료화하였다. 그러나 루터는 모든 상황에 도식적으로 적용할 수 있는 어떤 교리를 구상할 의도는 갖고 있지 않았다. 그와 반대로, 비록 두 왕국과 두 정부/통치를 구분하는 그의 입장은 평생 유지되었지만, 그 구분을 사용할 때는 주어져 있는 구체적인 상황을 항상 고려하였다. 루터는 세속적 영역을 단순히 세속 권력에게 내어 주고 포기한 것이 아니었다. 그는 계속해서 정치적인 발전 및 결정에 대해 충고와 경고를 하는 방식으로 항상 정치에 참여하였다.

4. 농민전쟁에 관한 루터의 저술

세속 권력에 대한 루터의 기본적인 사상은 특별히 농민전쟁에 관한 그의 저술들 가운데 잘 나타나 있다. 농민들의 요구와 반란에 대해서 루터가 취한 입장을 어떻게 판단하든 간에, 루터는 그 당시 무엇보다도 두 왕국의 혼동을 피하는 일에 우선적으로 관심하였다는 사실을 고려해야만 한다. 그는 이 위험이 농민들이 취한 입장 속에 본래부터 존재하고 있었다고 보았다. 1525년 2월 말 슈바벤에서 작성된 "농민들의 12개 조항"에 답변하면서, 루터는 4월 후반에 『평화의 권고, 슈바벤 농민들의 12개 조항에 대한 답변 *Ermahnung zum Frieden auf die zwölf Artikel der Bauernschaft in Schwaben*』이라는 글을 썼다. 이 글에서 루터는 양 진영의 양심에 호소하였다. 그는 영주들과 제후들에게는 그들의 억압 정책 자체가 근본적으로 반란의 원인이 되었다고 질책하였다. 그리고 농민들에 대해서는 부분적으로 그들의 요구를 이해하는 입장을 보였지만, 그들이 스스로 법을 세우고 그렇게 함으로써 자신들의 일에 스스로 재판관이 되려고 했다고 비난하였다. 그들은 또한 스스로 그리스도인 도당 혹은 연합이라고 주장함으로써 그리스도인이라는 이름을 세속적인 목적으로 오용하였다. 마지막으로 그들은 신적인 정의를 주장하면서 하나님의 이름을 망령되게 입에 올리고, 결국 십계명의 제2계명을 범하였다. 루터는 그리스도를 통한 구원과 이 세상에서의 부자유는 서로 양립할 수 있는 것임을 강조했다.

『강도와 살인자 농민 무리에 반대하여 *Wider die räuberischen und mörderischen Rotten der Bauern*』라는 글에서 루터는 대단히 냉혹하게도 가능한 모든 수단을 동원해 반란을 진압할 것을 제후들에게 권고한다. 이 글은 1523년 루터가 세속적 권위에 대해서 쓴 논문을 배경으로 하여 읽어야 한다. 또한 루터의 이 글의 내용과 그것이 미친 영향을 바로 판단하기 위해서는 농민전쟁의 복잡한 발생 역사와 함께 이것을 책으로 출판하는 과정에 관련된 이야기에 주목할 필요가 있다. 아마도 농민전쟁에 대한 루터의 최종적인 발언은 평화와 화해의 권고였을 것이라고 추정하는 것은 충분히 타당한 일이다.[15]

농민전쟁 중 루터의 역할에 대해 논할 때, 단지 그의 동기만을 근거로 이를 평가하는 것은 분명히 적절하지 못한 일이다. 그의 적대자들, 즉 농민들과 토마스 뮌처, 그리고 제후들의 동기도 함께 고려해야 한다. 그리고 그들이 각각의 동기로 인해 취한 행동과 그 결과도 함께 볼 필요가 있다. 당사자들의 상이한 출발점, 경우에 따른 그들의 목적 및 상황 판단, 아울러 상호 간의 "적개심" 등을 주의 깊게 연구하는 것은 정치적, 기독교적, 윤리적 사고를 키우는 데 있어서, 그리고 그러한 결정이 얼마나 복잡한 과정에 의한 것이었는지를 배우는 데 있어서 좋은 자료가 될 것이다. 여기에 덧붙여서 농민들의 반란을 유발한 경제적인 전제와 조건들, 신분과 계급에 따라 지방 제후들이 농민전쟁에 대해 취한 다양한 입장과 태도 역시 고려되어야 한다. 마지막으로 농민전쟁의 종교적인 요소들과 또한 일부 천년왕국 및 유토피아적인 동기를 반란의 다른 원인과의 상호 관련성 속에서 바르게 평가하는 것도 필요하다. 농민전쟁에서 종교적이며 종교개혁적인 요소들이 다른 동기보다 더 중요한 의미를 갖는다는 견해도 있다. 이때 농민전쟁은 "신앙의 혁명"으로 간주될 수 있다.[16]

어떤 경우에도 우리는 농민전쟁과 관련된 다양한 인물들에 대한 이해를 단지 자기 옹호적인 변증이나 혹은 상대방에 대한 반박의 관점에서 결정할 수 없다는 사실을 받아들여야 할 것이다. 우리가 그러한 관점에서 그들을 해석하려고 한다면, 우리는 그 당시 논쟁의 당사자들의 주장을 왜곡시켜서, 그들의 논쟁을 일방적으로 오늘날 우리의 논쟁으로 전환시키는 위험을 안게 될 것이다. 동시에 농민전쟁 중에 루터가 취했던 입장을 평가할 때, 우리는 당연히 그 전쟁이 후대에 폭넓게 미친 영향을 간과할 수 없다. 그러나 우리는 여기에서 다시 광범위한 영역에 걸쳐 일어난 발전에 대해 개개인들이 취한 입장의 중요성을 지나치게 높게 평가하는 것도 피해야 할 것이다.

5. 토마스 뮌처

그 당시 루터의 적대자들 중에서 토마스 뮌처$^{Thomas\ Müntzer}$는 여러 측면에서 특별히 중요한 인물이다. 루터에 대한 하나의 가능한 대안으로서 뮌처 신학의 발전 및 그의 종교개혁 활동, 루터와의 관계의 발전, 그리고 마지막으로 두 사람이 후대에 미친 영향의 역사 등이 중요한 의미를 갖는다. 그중 루터와 뮌처의 영향사에 대한 연구는 제2차 세계대전 이후 수십 년간 놀랄 만한 발전을 이루었다.

그동안 뮌처 신학의 발전과 그의 개혁자로서의 활동, 그리고 농민전쟁의 적극적인 참여에 대해서 보다 많은 연구가 이루어져 왔고, 그 결과로 특정한 세부 주제들과 일반적인 결론 전체에 있어서 1945년까지 유지되어 왔던 뮌처 이해를 상당히 수정하게 되었다. 그럼에도 불구하고 오늘날까지도 많은 중요한 문제들이 여전히 해결되지 않은 채 남아 있다. 우리는 아직도 어떤 전통이 뮌처에게 영향을 주었는지에 대해 결정적인 대답을 제시하지 못하고 있다. 루터에게 결정적인 영향을 준 것에 대해서도 아직 많은 것을 알지 못하지만, 뮌처의 경우에는 더욱 그렇다. 뮌처가 독일 신비주의로부터 대단히 중요한 자극을 받았다는 것은 확실하다고 볼 수 있다. 뮌처가 타보르파의 사상의 영향을 받았다는 것도 상세한 부분까지 증명하기는 어렵지만 가능한 일이다. 또한 우리는 초기 뮌처에게 스콜라주의가 어느 정도 영향을 주었는지에 대해서도 완전하게 알 수 없다. 예전에 종종 제기되었던 주장, 즉 뮌처가 루터에 의해 결정적인 영향을 받았다는 견해는 더 이상 유지되기 어렵다. 오히려 뮌처는 종교개혁이 동질적이지 않은, 다양하고 이질적인 운동이었다는 사실을 그 누구보다도 분명하게 보여준 사람이었다. 그는 루터에게 잠시 큰 희망을 걸기도 했지만 곧 실망했다. 그는 1521년 말에 이미 그의 본질적인 기본 사상을 형성했고, 1525년 때 이른 죽음을 당할 때까지 그 사상을 고수하였다. 또한 뮌처가 1521-1522년의 시기에 비텐베르크 개혁자들로부터 아무런 영향도 받지 않았다는 것을 주목할 필요가 있다. 그에게는 1520-1521년 츠비카우에서 사회 개혁적인 집단과 관계를 맺게 된 것이 더 중요한 일이었을 것이다.

루터와 뮌처의 관계는 1519년부터 시작되었는데, 처음에는 서로를 존중했지만 점차 조심스럽게 거리를 두었으며, 그리고 점점 격렬한 논쟁 속으로 빠져들더니 결국에는 더할 수 없이 과격하게 서로를 증오하는 사이가 되었다. 뮌처에게 있어서 루터와 비판적인 거리를 두게 되는 과정은 후에 자신의 신학을 발전시키는 데 본질적인 요인 중의 하나가 되었다. 뮌처가 루터로부터 아무런 영향도 받지 않았다 하더라도, 루터에 대한 그의 비판이 자신의 신학을 형성하는 데 다른 어떤 요소보다 더 중요하게 작용하였다는 것은 사실이다. 그 반대도 역시 사실이다. 즉, 뮌처는 "열광주의"Schäwarmertums가 필연적으로 어떻게 끝나게 되는지 보여주는 좋은 예라고 루터는 생각하였다. 루터에게 뮌처는 복음을 왜곡시키고, 율법과 복음의 종교개혁적 구분을 폐기하고, 새로운 형태의 영적 율법주의를 선포하고, 정부의 권위를 거부하며 반란을 일으키고, 그렇게 함으로써 모든 세상의 질서와 공공의 평화를 위협하는 자였다. 루터는 뮌처와 대립하면서 자신의 신학의 중요한 주제와 관점들, 특별히 율법과 복음 및 세속적 권위의 교리에 관한 자신의 입장을 더욱 발전시키고, 보다 정확하게 표현할 수 있었다. 루터는 1521년 출판한 『마리아 찬가 Magnificat』에서 아직 심령주의Spritualismus의 경향을 보이고 있다. 물론 그때의 사상도 급진적인 심령주의와는 구분되는 것이었다. 하지만 뮌처와의 대결 이후 루터는 더 이상 심령주의적인 표현을 사용하지 않았다. 아무튼 이러한 점에서 뮌처와의 충돌은 루터로 하여금 그의 사상을 더욱 확고하게 할 뿐 아니라, 더 엄격한 의미로 규정하게 만들었다.

우리는 초기 개신교 예배의 발전 과정에서 뮌처가 갖는 중요성을 간과해서는 안 된다. 이미 1523년에 뮌처는 루터보다도 더 일찍

라틴어 미사 의식문을 독일어로 번역하였고, 그 과정에서 그는 종교 개혁 신학에 부합하지 않는 부분들을 빼 버렸다. 또한 그는 성무일도 Stundengebet 로부터 평일 예배 의식문을 만들었으며, 새로운 예배 정식서(定式書)Agende를 간행하였다. 그 밖에도 그는 잘 알려진 몇 편의 라틴어 찬송을 번역함으로써 개신교 예배를 위한 회중 찬송의 기초를 놓았다. "뮌처는 사실상 개신교 예배와 개신교 회중 찬송의 아버지이다."[17] 이와 관련하여 우리는 대답하기 쉽지 않은 질문을 제기할 수 있을 것이다. 즉, 뮌처의 예배 의식 개혁과 그 당시 그가 분명히 가지고 있었던 첨예한 사회 혁명 사상 사이에는 어떤 관련이 있는가? 루터의 예배 의식 개혁에 관한 한, 뮌처의 선례는 분명히 루터로 하여금 예배를 재형성하고 개신파 찬송을 마련하도록 자극하였다.

마지막으로, 루터와 뮌처의 대립은 그 이후의 역사에 미친 영향에 있어서 루터와 관련된 그 어떤 충돌보다도 중요한 의미를 지니고 있으며, 특별히 이와 관련하여 제2차 세계대전 이후 수십 년 동안 많은 연구가 이루어져 왔다. 수 세기 동안 뮌처는 루터의 그늘에 가려져 있었다. 오랫동안 일반적으로 받아들여져 왔던 뮌처에 대한 부정적인 이미지는 상당 부분 루터와 멜란히톤, 그리고 다른 루터의 지지자들에 의해서 그려진 것이었다. 이 이미지에서 뮌처는 모든 세상의 질서를 파괴하고 복음을 왜곡시킨 자로 나타난다. 정치적 목적을 위해 자신들을 뮌처와 연관시키고 그를 그들의 사상적 선조로 만든 것은 19세기 공산주의자들이었다. 그 결과, 영광스럽게 묘사된 뮌처의 이미지가 공산주의 사상에서 오랫동안 지배적인 자리를 차지하였다. 1970년 이후에야 비(非)마르크스주의자들뿐 아니라 마르크스주의자들도 점차 중립적이고 편견 없는 뮌처 연구를 발전시키게 되었다. 아울러 우리는 뮌처의 이미지를 올바로 수정하려는 모든 시도들 가운데서 루터가 일방적인 비판을 받은 것은 아니었는지, 그리고 본질적인 점에서 뮌처의 위치가 바르게 묘사되었는지 질문할 필요가 있다. 또한 동유럽에서 공산주의 체제가 무너졌다고 해서 루터와 뮌처의 충돌이 갖는 중요성과 그에 관한 연구의 긴박성이 사라졌다고 생각해서는 안 된다. 오히려 루터와 뮌처 사이의 대결에 관한 여전히 많은 연구 과제들이 남아 있다.

6. 『군인도 구원받을 수 있는가』(1526)

『군인도 구원받을 수 있는가 *Ob Kriegsleute auch in seligem Stande sein können*』라는 루터의 논문은 1526년 농민전쟁과 관련하여 작성되었다. 여기에서 루터는 반란의 문제를 직접적으로 다루고 있기는 하지만, 원래 이 논문은 폰 크람von Kram이라는 대령의 질문에 대한 답변으로 쓴 것이다. 폰 크람은 루터에게 기독교 신앙을 가지고 군인이 전쟁을 수행하는 것이 가능한 일인지를 물었다. 이 질문에 답하면서 루터는 자신의 정치적 견해나 전쟁 윤리를 설명하는 것에 우선적인 관심을 두지 않았다. 오히려 그는 목회자로서 한 신자의 질문에 답하기를 원했고, 그 의도를 이렇게 표현하였다. "이 글을 쓰는 것은 연약하고 두려움에 떨고 있는, 그리고 의심으로 가득 차 있는 양심들에게 최선의 충고를 해주기 위해서, 그리고 양심에 거리낌이 없는 이들에게도 보다 더 좋은 교훈을 주기 위해서입니다."[18] 로마와 논쟁할 때처럼, 그리고 어떤 특별한 개혁 프로그램을 꺼리는 그의 일반적인 태도에서 볼 수 있는 것처럼 루터는 우선 그의 독자의 양심을 지도하는 일에 관심을 가졌다. 루터는 더 이상 양심이 교회의 결정에 종속되어 있지 않다고 보았다. 따라서 자신의 양심에 위배되는 행동은 더 이상 하지 않아도 된다. 다른 한편으로 루터는 양심이 근본적으로 성경의 권위 아래 있다고 보았다. 루터는 결코 양심의 자율성에 대해서 말하지 않는다. 우리가 선한 양심을 가지고 하나님 앞에서 자유롭게 할 수 있는 일은 무엇이고, 또한 할 수 없는 일은 무엇인지를 질문하는 것이 실제로 루터에게 중심적인 문제였다. 루터는 우리가 하나님 앞에서 거리낌이 없는 선한 양심을 가지고 행동할 때 최선을 다할 수 있고, 또 정당한 목적을 추구하는 노력을 기울일 수 있다고 확신하였다. "선한 양심이 있는 곳에 더 큰 용기와 담대한 마음이 있습니다. 담대한 마음과 용기가 있는 곳에서 주먹은 더욱 강해집니다."[19] 그러나 루터는 이와 같은 양심과 행동의 관계에 대한 이해로부터 선한 양심으로 행동하는 자는 성공할 것이라는 정치적 계산을 하지 않는다.

그 대령의 질문에 대답하기 위하여 루터는 직무와 사람, 일과 그 일을 행하는 사람 사이를 구분하였다. 직무 자체는 하나님에 의해서 주어진 것이다. 재판관의 직무나 사형 집행관의 직무도 마찬가지이다. 결혼 관계도 역시 그 자체는 선한 것이다. 그러나 어떤 직무나 신분을 가진 사람이 행한 행동이 선한 것인가, 혹은 악한 것인가 하는 질문은 전혀 다른 문제이다. 루터는 그 질문을 이렇게 정의하였다.

"우리는 믿음으로 하나님 앞에서 의롭다고 인정받는 것인데, 그 믿음과 군인이 되어 전쟁에 나가서 군사법이 우리에게 요구하는 대로 적들을 찌르고 죽이고 훔치고 불태우는 일이 어떻게 서로 조화될 수 있는가? 그러한 일은 죄이고, 불의가 아닌가? 그것은 우리로 하여금 하나님 앞에서 양심에 가책을 느끼도록 하는 일이 아닌가? 그리스도인은 오직 선한 일을 행하고 사랑하고 살인하지 않고 다른 누구에게도 해를 끼치지 말아야 하지 않는가?"[20]

"군인의 직무"에 관한 한, 루터는 당시의 전통적인 입장을 취하였다. 로마서 13장과 베드로전서 2장에 따르면 검의 직무는 악한 행동을 하고 경건한 이들을 방해하는 자들을 징벌하기 위해서 하나님이 제정하신 것이다. "전쟁과 교수형이 하나님에 의해 제정된 것임이 강력하고도 충분히 증거되고 있기 때문에, 전쟁을 수행하는 것은 바른 일입니다. 전쟁이 이와 다른 것이라면 무엇으로 불의와 악을 징벌할 수 있습니까?"[21] 하나님이 이 직무를 만드셨기 때문에, 결국 전쟁의 공포를 통해 사람들에게 그토록 끔찍한 형벌을 내리시는 분은 하나님 자신인 것이다. 군인은 하나님이 사용하시는 수단과 도구일 뿐이다. 만약에 전쟁에서 검을 사용하는 것이 불의한 일이라고 주장하는 사람이 있다면, 그는 평화로운 시기에 악한 행동을 하는 자에게 벌을 주는 것도 불의하다고 주장해야만 한다. 그러나 만약에 검의 직무로서 행한 전자의 일이 옳고 정의로운 것이라면, 후자도 역시 옳고 정의로운 것이어야 한다.

따라서 루터가 특별한 관심을 요구했던 그 질문은 개인의 윤리 문제였다. 그 질문을 루터 자신의 용어로 표현하자면, "우리는 이 직무를 어떻게 적절히 사용할 수 있는가?"라는 것이다. 루터는 그리스도인은 싸워서는 안 된다는 명령을 받은 사실을 지적하는 것으로 이 질문에 대한 대답을 시작한다. 그러나 이것을 넘어서서 전쟁을 몇 가지 유형으로 구분하는 것이 필요하다. 우선 동등한 이들 사이의 전쟁이 있다. 즉, 어느 편도 상대편에게 진실할 것을 맹세하지 않았고, 혹은 한편이 다른 한편에게 종속되어 있지 않은 이들 사이의 전쟁이다. 둘째로, 지배자가 피지배자에 대해 일으키는 전쟁이 있을 수 있다. 셋째로, 피지배자가 지배자에게 대항하여 일으키는 전쟁이 있을 수 있다.[22] 세 번째 가능성에 관하여, 루터는 피지배자는 로마서 13장에 따라 복종해야 하는 권위에 대항하여 결코 전쟁을 일으킬 수 없다고 주장했다. 복수는 하나님에게 속한 것이고, 누구도 자신의 일에 대해 스스로 재판관의 자리에 앉을 수 없다. 루터는 정부를 전복하려는 어떠한 시도에 대해서도 경고했다. "미친 군중은……일이 어떻게 개선될 수 있는가에 관심을 갖기보다는 단지 바꾸려는 것 자체에만 관심을 갖는다."[23] 그러나 통치자의 경우, 구체적으로 말해 특히 황제는 반란이 일어났을 때, 제후들에게 맞서 전쟁을 일으킬 수 있다. 동등한 이들 사이의 전쟁에 관한 한, 단지 방어적인 전쟁만이 허락된다. 루터는 침략적인 전쟁은 절대로 인정하지 않았다. "누구든 전쟁을 시작하는 자가 잘못이다. 그리고 검을 먼저 뺀 자가 패배하고, 결국 벌을 받는 것이 당연한 일이다."[24]

피지배자의 경우, 그들은 권력층을 지원하기 위해 자신의 생명과 재산을 바쳐서 군 복무의 부름에 응답해야 할 의무를 가지고 있다. 특별히 귀족과 토후들은 정부에 복종할 의무를 가지고 있다. 여기에서 정부란, 제후들이나 보다 큰 영지를 다스리는 영주들을 의미한다. 어떤 경우에도 자신의 부를 축적하기 위해 전쟁 임무를 수행해서는 안 된다. 오히려 군인은 오직 책임감과 의무감으로 그 어려운 임무를 수행해야 한다. 그러나 군인이 섬기는 주인이 불의를 행하고 있는 경우는 어떻게 해야 하는가? 루터는 만약 그것이 확실하다면, 우리는 사람보다 하나님을 두려워해야 하고, 자신의 양심에 거리끼는 전쟁에 참여해서는 안 된다고 대답한다. 그러나 만약 주인의 불의함이 확실하지 않은 것이라면, 우리는 염려하지 말고 앞으로 나아가 싸워야 한다. 그러한 경우 우리는 하나님 앞에서 양심에 거리낌을 가질 필요가 없다.

7. 터키에 관한 루터의 저술

루터는 후에 터키와의 전쟁이나 저항권 문제에 대해 쓴 글에서도 목회적 지도의 관점에서 양심의 문제를 다루는 접근 방식을 적용한다. 터키와의 전쟁과 관련하여 루터는 서구 세계를 공격으로부터 보호하는 노력의 정당성과 필요성을 무제한적으로 긍정하였다. 그러나 그 당시 사람들이 일반적으로 갖고 있었던 십자군 사상에 대해서는 반대했다. 터키와의 전쟁은 기독교 세계^{Christenheit}를 방어하는 일이 아니다. 그것은 순전히 세속적인 일이다. 루터에 따르면 황제는 십자군 사상을 내세워 자신을 교회의 수호자나 신앙의 방어자로서 주장할 권리를 갖고 있지 않다. 기독교 세계는 그 스스로를 위해 오직 성령의 검을 가지고, 다시 말해 오직 하나님의 말씀과 기도를 가지고 싸울 뿐이다.

8. 저항권에 대한 루터의 이해

1530년 아우크스부르크 제국 의회에서 보름스 칙령을 실행에 옮길 것을 결의함으로써 저항권 문제가 긴박한 주제로 떠올랐을 때에도, 루터는 근본적으로 그 문제 역시 목회적 지도와 양심의 관점에서 보는 입장을 유지하였다. 『군인도 구원받을 수 있는가』에서 발전시킨 전제들을 근거로 루터는 개신파 제후들은 황제에게 저항할 권리가 없다고 보았다. 그러나 루터는 황제의 그러한 공권력 사용은 정당한 것이 아니라는 법률가들의 판단이 있자, 방어 동맹의 결성에 반대하는 입장을 단념하였다. 1531년 2월, 개신파 진영은 슈말칼덴 동맹을 조직하였다. 그러나 루터는 그가 표명한 수많은 정치적 견해들 가운데 어디에서도 그 동맹을 명백하게 긍정한 적이 없었다. 근본적으로 그는 자신의 기존 입장, 곧 수동적 저항권을 주장하는 입장을 유지하였다.

그러므로 세속 정부의 권위와 두 왕국론에 관한 한, 루터는 1523년에 이미 표명한 그의 기본적인 입장에서 벗어나는 다른 견해를 발전시키지 않은 것이다. 그러나 이러한 루터의 견해를 역사적으로 분류하고 평가할 때, 우리는 그때 대안이 될 수도 있었던 다른 견해들을 고려해 보아야 한다. 그리고 이후의 사상의 발전에 따른 견해들, 특히 오늘날의 권력 이해와 비교해 보는 일은 루터의 견해의 정당성과 한계를 분명하게 파악하는 데 도움을 줄 것이다.

5장. 루터와 인문주의

1. 에라스뮈스와의 논쟁(1524-1525)

1517-1520년이 루터와 로마의 관계가 깨진 시기였다면, 이어지는 1521-1525년은 카를슈타트, 뮌처, 그리고 농민들과 같은 급진적인 종교개혁 그룹들과의 관계가 단절된 시기였다. 그리고 1524-1525년에 루터는 인문주의자들의 정신적 지도자인 에라스뮈스와 서로 갈라서게 된다. 비록 멜란히톤과 다른 많은 개혁자들이 인문주의 사상을 계속 견지하고 있었기 때문에 그 관계가 완전히 단절된 것은 아니라 하더라도, 이러한 관계 악화는 양쪽 모두에게 고통스러운 것이었다.

당시에 이 단절은 원래 루터와 에라스뮈스 두 사람 사이에서 일어난 일이었다. 그러나 그들은 두 운동의 가장 중요한 대표자였다. 두 사람의 대립은 양편 추종자들 모두에게 광범위한 영향을 끼쳤다. 이 과정에서 우리는 인문주의가 몇 개의 단순한 표어로 묘사될 수 없는, 아마도 종교개혁보다 훨씬 더 다양한 그룹들로 구성된 다면적인 운동이었다는 사실을 기억하는 것이 중요하다. 우선 지리적인 차이가 있었다. 예를 들어, 이탈리아, 프랑스, 영국, 네덜란드, 그리고 독일 인문주의자들 사이에는 지리적인 특성으로 인한 차이점들이 있었다. 폴란드와 스칸디나비아반도, 특히 덴마크와 같은 나라들도 그들 특유의 인문주의를 발전시켰다. 인문주의의 시기적인 차이도 역시 중요하다. 초기 인문주의는 대학 안에서 나타났고, 일반적으로 스콜라주의에 반대하지 않았다. 16세기부터 시작된 전성기의 인문주의는 교회 안의 수많은 악습들뿐 아니라, 스콜라주의적인 형태의 교육도 점차로 비난하게 되었다. 거기에다가 각기 나름의 특징을 가지고 있었던 "친목회"Sodalität라는 인문주의의 작은 그룹들 사이에도 많은 차이점들이 있었다. 특별히 종교개혁과 관련하여 중요한 의미를 갖는 그룹은 소위 성경적 인문주의Bibelhumanismus로 일컬어지는 이들이었다. 그들은 성경과 교회 교부들의 가치를 높이 평가하였다는 점에서 근본적으로 종교개혁과 연결되어 있다.

에라스뮈스에 대한 연구들은 그에 대한 완전히 일치된 이미지를 제시하지 않는다. 최근의 연구는 그의 저술이 지닌 신학적인 특징을 더욱 강하게 부각시킨다. 에라스뮈스의 신학적인 측면은 그가 그리스어 신약성경을 비롯해 몇몇 교회 교부들에 대한 책을 출판했고, 또한 성경 주석을 저술했다는 사실에서 분명히 드러난다. 동시에 그 시대의 온갖 우매와 부패에 대한 에라스뮈스의 풍자적이고, 때로는 상당히 날카로운 비판 역시 간과되어서는 안 된다. 에라스뮈스의 마음은 과연 어디에 있었는가? 그리스와 로마 고전의 순수한 근원으로 되돌아가면 와해되어 가는 기독교 세계의 내적, 외적 갱신을 가져다줄 수 있다고 희망했을 때, 그의 마음은 거기에 있었는가? 아니면 풍자를 통해 교황과 교황청을 비난했을 때, 거기에 있었는가? 아니면 그리스도의 산상수훈에 대한 단순한 경건을 강조했을 때, 거기에 있었는가? 에라스뮈스는 결국 회의론자였는가? 아니면 그 당시 기준으로 볼 때 경건한 그리스도인이었는가? 우리는 이러한 혹은 이와 비슷한 질문들에 대해 분명한 대답을 얻을 수 없다.

2. 인문주의와 종교개혁

인문주의와 종교개혁, 두 이름은 모두 후대에 붙여진 것이다. 이 두 운동에는 공통점이 많았다. 둘 다 스콜라주의를 비판했다는 점 이외에, 비록 성경에 대한 서로 다른 이해를 가지고 있었지만 둘은 함께 성경적인 원칙을 주장하였다. 인문주의자들이 그리스어 신약성경을 편집하는 수고를 하지 않았다면, 루터는 그리스어 신약성경을 가질 수 없었을 것이다. 비텐베르크 대학교에서 일어난 아우구스티누스 르네상스는 종교개혁에 대하여 매우 중요한 의미를 갖는다. 그러나 인문주의자들에 의해 새로 출간된 아우구스티누스의 저술들이 없었다면, 아우구스티누스의 사상에 대한 새로운 통찰을 얻는다는 것은 상상도 할 수 없는 일이었다. 그리고 마지막으로 언급하지만 결코 그 의미가 작지 않은 것으로, 인문주의 운동은 고대 언어들, 즉 고대 라틴어뿐만 아니라 히브리어와 그리스어에 대한 새로운 지식의 축적을 가져왔고, 종교개혁은 이러한 언어 지식을 토대로 세워질 수 있었다는 사실이다.

두 운동이 공유하고 있었던 이러한 많은 요소들 때문에 인문주의와 종교개혁은 얼마 동안 서로 협력할 수 있었다. 초기에 에라스뮈스는 루터에 대해서 공감을 갖지 않았던 것이 아니다. 그러나 에라스뮈스는 매우 일찍부터 루터와 관련된 논쟁들의 어조가 점점 더 날카로워지고 시끄러워지는 상황을 좋지 않게 여겼다. 충돌이 점점 더 격렬해지면서 상황은 점차로 에라스뮈스에게 어려워져 갔다. 그의 학생들과 지지자들 중 다수가 이미 종교개혁에 참여하고 있었다. 에라스뮈스는 개혁자들과 교황청 모두로부터 인정을 받지 못하는 위험에 처하게 되었다. 마침내 그는 많은 제후들과 교황청의 압력에 굴복하여 루터를 반대하기로 결정하였다. 루터와 근본적으로 불일치하는 점이 많았기 때문에 에라스뮈스에게 이러한 결정은 어려운 일이 아니었다.

루터는 이미 1516년에 쓴 한 서신에서 에라스뮈스를 비판한 적이 있었다. 에라스뮈스는 바울의 "자기 의"(自己義) 혹은 "행위의인" 개념을 단순히 의식적(儀式的) 행위로만 해석했다는 것이다. 또한 루터는 에라스뮈스의 죄 이해는 펠라기우스를 반대했던 아우구스티누스의 입장과 일치하지 않는다고 주장했다.[25] 루터는 에라스뮈스에 대해 칭찬한 적도 많았고, 후에 나온 그의 저술들을 높이 평가하기도 했다. 에라스뮈스 자신도 압력이 없었다면 루터와의 논쟁을 시작하고 싶지 않았을 것이다. 그는 루터와의 논쟁에서 교황권, 공의회의 권위, 신앙과 칭의, 혹은 성례전 교리와 같이 그 당시 일반적으로 논쟁의 대상이 되었던 주제들을 택하지 않는다. 그는 자유의지 문제에 초점을 맞추었다. 이것은 에라스뮈스가 루터의 다른 적대자들보다 더 분명하게 논쟁의 핵심을 파악하고 있었다는 것을 증명하는 것이었다. 또한 에라스뮈스가 자유의지 문제에서 루터가 반대한 로마 가톨릭의 입장을 성실하게 옹호할 수 있었다는 것도 사실이다.

에라스뮈스가 보기에 영원한 구원과 관련된 문제에서 자유의지를 부인한 루터의 사상은 어찌 되었든 인간의 책임에 대한 설명을 어렵게 만드는 것이었다. 만약 인간이 아무런 개인적 책임을 가지고 있지 않다면, 인간을 교육하려고 노력할 이유가 없을 것이라고 에라스뮈스는 생각했다.

3. 에라스뮈스의 논문,『자유의지에 대하여』(1524)

에라스뮈스는 그의 논문,『자유의지에 대하여 De libero arbitrio diatribe』에서 자유의지를 "인간 스스로 영원한 구원으로 인도하는 것들에 다가갈 수 있거나, 혹은 그것들로부터 멀어질 수 있는 인간의 의지의 능력"[26]이라고 이해했다. 에라스뮈스는 성경과, 고대나 당대의 교회 교부들 가운데 의지의 자유와 관련한 다양한 의견들이 있다는 것을 알고 있었다. 그러나 에라스뮈스는 의지의 자유를 부인하는 루터의 견해는 불신앙을 막기 위한 모든 울타리를 없애고, 오히려 불신앙을 위한 입구를 터놓고 문을 열어 놓는 것이라고 주장하였다. 하나님이 모든 활동의 일차적 원인으로 작용하시고 오직 이차적 원인들을 통해서만 어떤 결과를 성취하시는 것인가, 아니면 하나님이 홀로 모든 것을 행하시는가라는 질문에는 열린 자세를 취했지만, 에라스뮈스 자신은 하나님이 발생하는 모든 일의 첫 번째 원인이고, 인간 의지의 행동은 구원을 성취하는 두 번째 원인이라는 입장을 표명하였다. 그 외에 에라스뮈스는 확실한 신학적 단언들[assertiones]을 선호하는 루터의 열정을 거부하고 회의주의적인 입장을 택했다. "사실상 나는 확실한 '단언들'을 그리 좋아하지 않는다. 나는 내가 이해하든 이해하지 못하든 간에 성경의 권위와 교회 법령의 권위는 침해할 수 없는 것이라고 여기며, 기꺼이 나의 개인적 감정을 그 권위에 굴복시킬 것이지만, 그 권위에 의해 허락이 된다면 나는 언제라도 기꺼이 회의론자의 입장을 취하고자 할 것이다."[27]

확실히 에라스뮈스는 바울에 근거한 루터의 종교개혁 신학을 이해하는 데 관심을 두지 않았다. 그리고 자유의지에 대한 논문에 나타나 있는 그의 진술들은 그가 관례적으로 자유의지 문제에 대해서 말해 왔던 것보다 열등하기까지 하다. 자신의 주장을 공격한 루터에 대한 응답으로 저술한 『방어 *Hyperaspistes*』에서 에라스뮈스는 자신의 회의론에 대한 비판을 약화시키기 위해 다음과 같이 말했다. "나는 성경의 분명한 의미와 교회의 분명한 결정에 대해서는 어떠한 회의주의도 허락하지 않을 것이다."[28]

4. 루터의 논문, 『노예의지에 대하여』(1525)

루터는 자신의 논문, 『노예의지에 대하여 *De servo arbitrio*』를 통해 에라스뮈스의 공격에 대응하면서, 이 인문주의의 지도자를 사정없이 공격했다. 여기에서 루터는 근본적으로 에라스뮈스가 다룬 세 가지 주제, 즉 신학적 단언들을 확고히 해야 할 필연성과 구원과 관련된 의지의 자유 혹은 부자유 상태의 문제, 그리고 마지막으로 감추어진 하나님과 계시된 하나님 사이의 구분과 관련된 신론에 대해서 다루었다.

첫 번째 주제에 대해 루터는 신학적 문제에서 분명한 단언이 요구되는 것은 신앙의 내적인 필연성이라고 주장했다. 루터는 에라스뮈스에 반대하며 성경은 근본적인 문제들에 대해서 명백한 대답을 준다고 강조했다. 예수의 무덤의 봉인이 뜯겨지고 그 무덤 입구의 돌이 굴러간 이후, 즉 그리스도의 성육신의 가장 깊은 신비와 하나님의 삼위일체의 본성이 계시된 이후 성경은 중심적인 문제에 대해서 절대로 불분명하지 않다. "성경으로부터 그리스도를 끄집어내 보라. 그러면 그 속에 무엇이 남아 있겠는가?"[29]

두 번째 주제로 노예의지를 다루면서 루터는 똑같은 강도로 에라스뮈스를 반박하였다. 그는 인간은 단지 인간 아래에 있는 것들과의 관계에서만 자유하고, 그 위에 있는 것들과의 관계에서는 자유하지 못하다고 주장했다. 이와 다르게 판단하는 사람은 하나님이 하나님이신 것을 부정하는 것이다. 이전에도 아우구스티누스와 다른 많은 이들이 인간의 의지는 하나님의 은혜에 도달하기 위해 주도적인 것은 아무것도 할 수 없다고 주장했었다. 그러나 루터의 주장에는 이전의 전통을 완전히 초월하는 새로운 것이 있었다. 즉, 그는 노예의지를 타락이 아니라 인간의 피조성으로부터 끌어냈다. 노예의지는 피조된 인간 본성 자체에 내재하고 있는 것이다. 제한된 인간의 의지는 무한한 하나님의 의지와의 관계 안에서 자유로울 수가 없다. 때때로 루터는 인간 아래 종속된 세상사에 대해서도 인간은 선택의 자유를 가지고 있지 않으며, 그 때문에 세상 안에서의 행동조차도 하나님의 직접적인 지도를 받고 있다는 입장에 근접하기까지 하였다. 또한 루터는 두 종류의 필연성, 곧 "무조건적인 필연성"*necessitas consequentis*과 "조건적인 필연성"*necessitas consequentiae* 사이를 구별하는 스콜라주의적인 구분을 사용하였다. 이러한 구분은 한편으로는 하나님은 모든 것의 원인이라는 견해, 그리고 다른 한편으로는 하나님이 원인이 되어 발생한 것들 중 하나가 인간의 자유의지라는 견해를 모두 보존하기 위한 것이었다. 그러나 루터는 실제로 이 스콜라주의적인 구분을 바르게 이용한 것이 아니었다.[30] 그 밖에도 루터는 결정주의의 위험을 피하려고 했다. 의지의 자유와 부자유 문제에 대해 논할 때 전통적으로 제시되어 왔던 가룟 유다의 예에 대하여, 루터는 유다가 필연적으로 예수의 배반자가 되었다고 주장했다. 그러나 유다는 그런 식으로 행동하도록 강요받았던 것이 아니며, 그의 행동은 그의 의지에 따른 것이었다고 루터는 말한다.[31]

세 번째 주제에 대해 루터는 이전에 다양하게 표명했던 사상을 더욱 발전시키면서, "계시된 하나님"*Deus revelatus*과 "감추어진 하나님"*Deus absconditus* 사이를 구분하였다. 여기에서 우리는 루터의 이 구분이 조직신학적 사유에 근거한 것이 아니라, 문제의 성경 구절인 에스겔 18장 23절("내가 어찌 악인이 죽는 것을 조금인들 기뻐하랴")을 해석하면서 그러한 구분을 적용하였다는 것에 주목해야 한다. 에라스뮈스는 이 구절을 인간이 제한적인 자유의지를 갖고 있다는 자신의 주장을 뒷받침하기 위해 인용하였다. 이에 대하여 루터는 성경 해석의 입장에서 자신의 구분을 제시한다. 루터에 따르면, 에스겔은 이 구절에서 그분의 섭리에 따라 모든 것을 주관하시는 감추어진, 두려운 하나님의 의지에 대해 말하는 것이 아니라, 우리에게 선포되고 베풀어진 하나님의 자비에 대해 말하고 있다는 것이다. 루터는 이 구분을 대단히 엄격하게 적용하여, 신의 개념 자체를 분리시키는 정도까지 나가는 인상을 준다. "선포된 하나님으로서 그분이 관심하는 것은 이것, 즉 죄와 죽음이 제거되어야 하고 우리가 구원받아야 한다는 것이다.······그러나 그의 영광 속에 감추어진 하나님은 죽음을 슬퍼하지도 없애지도 않으시며, 삶과 죽음과 모든 것 안에서 모든 것을 주관하시는 분이다. 그러므로 그곳에서 하나님은 그분의 말씀에 자신을 구속시키지 않으시고 모든 일에 대해 자신을 자유하게 하신다."[32] 그러나 루터는 복음 가운데서 선포된 하나님과 감추어진 하나님의 구분이 하나님의 말씀과 하나님 자신 사이를 구별하는 것처럼 곡해되는 것을 피하려고 한다. 그래서 그는 계속해서 다음과 같이 말한다. "하나님께서 행하시는 일들 가운데는 그분의 말씀을 통해 우리에게 드러내지 않으시고 하시는 것이 많이 있다. 또한 하나님께서 뜻하시는 일들 가운데는 그분의 말씀을 통해 그 뜻하신 바를 우리에게 드러내지 않으시는 것이 많이 있다."[33] 결론적으로 루터는 숨겨진 하나님의 의지에 대해 관심을 갖기보다는 "성육하신 하나님"*Deus incarnatus*, 혹은 십자가에 달리신 그리스도를 붙잡아야 한다고 강조한다.

5. 『노예의지에 대하여』의 해석

에라스뮈스에 반대하는 루터의 논문은 다양한 의미로 해석되어 왔다. 그중 다음과 같은 요소들이 가장 중요하다. 즉, 1) 특별히 신플라톤주의와 신비주의적 전통 속에서 볼 수 있는 입장, 즉 하나님은 탐구될 수 없는 감추어진 분이라는 전통적 사상과 루터의 입장 간의 비교, 2) 스콜라주의, 특히 후기 스콜라주의의 "하나님의 절대적 능력"*potentia Dei absoluta*과 "하나님의 제한된 능력"*potentia Dei ordinata* 사이의 구분과 루터의 구분(계시된 하나님과 감추어진 하나님)의 관계, 3) 스콜라주의의 전성기와 후기에 나타나는 필연성에 대한 다양한 견해

Ⅲ. 당대의 논쟁에서 루터의 역할

와 그에 대한 루터의 비판, 그리고 루터 자신이 사용한 필연성 개념과의 비교, 4) 마지막으로, 그러나 결코 덜 중요하지 않은 요소는, 루터의 『노예의지에 대하여』는 인간의 본질에 대한 르네상스의 이해를 배경으로 읽어야 한다는 해석학적 전제이다. 이에 관해 자유의지 문제가 15세기 말과 16세기 초 이탈리아에서 광범위하게 논의되었고, 이것을 루터와 에라스뮈스 모두 잘 알고 있었다는 사실을 기억하는 것이 중요하다. 그리고 에라스뮈스가 그의 논문, 『자유의지에 대하여』에서 전개한 인간론은 이탈리아 르네상스의 인간론보다 부분적으로는 뒤처지는 것이었다. 이것은 최소한 라우렌티우스 발라Laurentius Valla와 에라스뮈스를 비교해 보면 알 수 있다. 다른 한편, 에라스뮈스는 무엇보다도 윤리적 요구에, 혹은 공관복음서에서 볼 수 있는 제자도에 관심을 가지고 있었다는 것을 고려할 필요가 있다. 에라스뮈스는 그의 인간론에서 교육학적 동기로부터 사람들에게 용기를 주고 제자도를 받아들일 수 있도록 독려하고자 했다.

　　마지막으로, 철학적 문제와 신학적 문제를 구별할 필요가 있다. 즉, 결정론과 비결정론 개념을 다루는 철학과 하나님과의 관계에서 인간의 자유와 부자유 문제를 다루는 신학의 분야를 구별하는 것이 필요하다. 이 두 영역의 문제는 각각의 전혀 다른 관점에서 제기된 것이기 때문에 근본적으로 서로 구분되어야 하는 것이다. 어떤 경우에도 신학은 우선적으로 성경 해석의 문제들, 그리고 가령 로마서 5장과 7장, 또한 9-11장과 같은 성경 본문에서 이끌어 낼 수 있는 결론들에 관심을 두고 있어야 한다.

　　그러나 루터의 『노예의지에 대하여』는 전통 및 그 시대의 사상과의 관계에서뿐만 아니라, 루터 자신의 의도와 관련해서도 대단히

논쟁의 여지가 많은 글이다. 이에 대한 많은 해석들이 있지만, 우리
는 루터가 근본적으로 주장하고자 했던 것은 신앙의 확실성^{Gewißheit}
이었음을 기억할 필요가 있다. 루터의 기본 입장은 어떤 특정한 하
나님 상(像)을 제시하려는 것이 아니었다. 또한 인간에게 일종의 자
유가 주어져 있다는 것을 인정해야 한다는 에라스뮈스의 기본 전제
를 반박하려는 것도 아니었다. 루터의 논문 전체를 정당하게 이해하
고자 할 때, 우리는 해석의 근본적인 단초를 그 논의의 정점을 이루
고 있는 결론 부분에서 찾을 수 있을 것이다.

> "만약에 하나님께서 모든 것을 미리 아시고 예정하시며, 그의 예
> 지에 있어서 실수도 없고, 그의 예정에 있어서 방해를 받지도 않
> 으시며, 또한 그가 의도하시는 것 외에는 아무것도 발생하지 않는
> 다는 사실을 우리가 믿는다면, 이성 자체는 인간이나 천사나, 어
> 떤 피조물에게도 자유의지가 있을 수 없다는 사실을 인정해야만
> 할 것이다. 마찬가지로 항상 음모를 꾸미며 모든 힘을 동원하여
> 그리스도의 왕국에 대항하여 싸우는 마귀가 세상을 지배하고 있
> 고, 그리고 인간이 성령의 거룩한 능력에 사로잡히지 않는 한 마
> 귀는 그의 포로인 인간을 풀어 주지 않을 것임을 믿는다면, 다시
> 자유의지는 존재할 수 없다는 것이 자명해진다. 그러나 그리스도
> 가 그의 피로 인간을 구속하셨다는 것을 우리가 믿는다면, 우리는
> 전체 인간이 타락했다는 것을 고백할 수밖에 없다. 그렇지 않다면
> 우리는 그리스도를 불필요한 분으로 만들거나, 혹은 인간의 가장
> 낮은 부분만 구속하시는 분으로 만드는 것인데, 그것은 불경이요
> 신성모독이다."[34]

Ⅲ. 당대의 논쟁에서 루터의 역할

저술 활동을 통해 서로를 공격한 결과로서, 루터와 에라스뮈스 사이에 발생한 개인적인 단절은 회복될 수 없었다. 그러나 일반적인 측면에서 인문주의와 종교개혁의 관계는 그렇지 않았다. 이 두 운동은 원래 공통점을 많이 지녔기 때문에 서로 협력적인 관계를 맺을 수 있었을 뿐만 아니라, 또한 근본적으로 그 관계를 계속 유지할 수 있었다. 비록 처음에 루터와 가까웠던 많은 인문주의자들이 종교개혁에 등을 돌리기는 했지만, 양자의 관계가 계속 유지되었던 것은 사실이다. 종교개혁의 영향권 내에서의 교육 체제는 계속 고대 언어와 성경 해석에 대한 연구를 장려하였다. 인문주의가 종교개혁 지역에서 활발하게 활동하며, 실제적으로 큰 효과를 거둘 수 있게 된 것에 대해 우리는 특히 멜란히톤의 공을 인정해야 할 것이다. 에라스뮈스에 대한 루터의 날카로운 반대 입장은 루터주의 안으로 완전하게 받아들여지지 않았다. 루터교 신앙고백서들, 특별히 아우크스부르크 신앙고백서와 변증서에서 자유의지 문제는 훨씬 더 조심스럽고 온화한 방법으로 다루어졌다. 그리고 루터 자신도 그의 입장이 종교개혁의 규범적 입장이 되어야 한다고 주장하지 않았다. 루터는 때때로 그의 후기 진술에서 『노예의지에 대하여』의 많은 부분에서 암시되는 것보다, 예정 교리를 그리스도론에 훨씬 더 긴밀하고 더 논리적으로 연계시켜 전개하기를 원했다는 것을 분명히 하고 있다. 그리고 그 글에서 루터가 제시한 "감추어진 하나님"과 "계시된 하나님" 사이의 날카로운 구분은 그의 후기 저작 속에서는 단지 산발적으로만 반복된다. 그러나 루터는 에라스뮈스와의 논쟁에서 취했던 그의 입장을 근본적으로 바꾸지는 않았다.

6장. 성만찬 논쟁

1. 성만찬 논쟁(1524-1529)

성만찬 논쟁은 농민전쟁 때, 그리고 루터가 에라스뮈스와의 논쟁에 휘말려 있을 동안에 시작되었다. 이 논쟁은 일차적으로 1524년부터 1529년까지 이어졌지만, 그 이후에도 때때로 그 불씨가 다시금 타오르곤 했다. 성만찬 논쟁이 16세기 개신파 진영 내부에서 일어난 가장 중요한 논쟁이었다는 것에는 이견이 없다. 루터와 츠빙글리는 성만찬에 대해 서로 다른 교리를 가지고 있었기 때문에, 두 사람은 갈라서게 되었다. 그리고 루터가 죽은 뒤에 이 교리는 칼뱅파와 루터파 신학자들 사이의 논쟁점이 되었고, 결국 양편은 서로를 향해 이단이라고 부르게 되었다. 결과적으로 이 논쟁으로 인해 종교개혁의 주요 노선들이 하나의 공동의 교회를 이루지 못하게 된다.

성만찬 논쟁이 종교개혁에 대하여 지대한 의미를 갖게 된 것을 우리는 화체설Wandlungslehre이라는 중세의 교리를 배경으로 이해해야만 한다. 아울러 교회 역사 초기부터 성만찬[혹은 감사의 만찬]Eucharistie

이 기독교 예배의 중심이었다는 사실도 기억해야 한다. 1520년부터 루터는 화체설 교리를 거부하고, 성만찬에서 빵은 성별된 후에도 여전히 빵으로 남는다고 가르쳤다. 그러나 루터는 그의 전 생애 동안, 중세 신학자들에 뒤지지 않는 열정으로 그리스도의 살과 피가 성별된 요소들 가운데 현존한다고 가르쳤다. 성만찬 의식을 거행할 때 루터파 개혁자들이 따르는 예배 의식, 특히 성별^{Konsekration}에 대한 이해와 성별된 빵과 포도주를 취급하는 방식은 루터파의 성례전적 경건이 중세의 경건과 얼마나 가까운 것인지를 잘 보여준다. 그것은 특별히 성별된 요소들을 숭배^{Anbetung}하는 행위에 대한 입장에 잘 나타나 있는데, 루터는 성체 숭배를 거부하지 않고 오히려 어떤 한계 내에서 분명히 긍정하였다.

2. 루터의 성만찬론의 발전

루터의 성만찬론은 확실히 상당한 변화의 과정을 거쳤다. 그의 성만찬론의 첫 번째 형태는 1518-1519년에 기록된 설교들에서 나타난다. 루터는 이 시기에 작성한 많은 문서들을 설교라고 부르고 있다. 그러나 이 문서들은 실제로 회중에게 선포된 설교가 아닌, 신학적인 소책자, 논문 등이었다. 루터는 이 설교를 통해 세례, 성만찬, 고해성사 등의 주제들을 다루었다. 성례[성사]를 이렇게 세 가지로 제한한 것은 이미 중세 전성기 이래로 받아들여 왔던 칠성사를 간접적으로 거부하고 있음을 보여주는 것이다. 모든 성례를 다루면서 루터는 상징^{Zeichen}, 의미^{Bedeutung}, 그리고 신앙^{Glaube} 사이를 구분했다. 루터에게 성례전의 상징은 아우구스티누스의 이해와 같은 외적인 상징이며,

후에 츠빙글리가 주장한 것과 같은 의미의 상징이 아니었다. 루터의 사상 가운데 중세의 성례전 교리와 구별되는 새로운 점은, 신앙을 성례를 정의하는 데 중요한 하나의 요소로 보았다는 사실이다. 성만찬에 관해서 루터는 그 당시 아직 화체설 교리를 지지하고 있었다. 그러나 그의 사상의 중심에 위치한 것은 교제^{Gemeinschaft}였다. 성만찬은 우리를 그리스도와의, 그리고 모든 신자들과의 교제로 인도하고 그렇게 함으로써 구원을 가져다주는 것이다.

우리는 1520년 루터의 성만찬론이 그다음 단계로 발전하는 것을 발견할 수 있다. 『새로운 계약, 곧 거룩한 미사에 관한 설교 *Ein Sermon vom Neuen Testament, das ist von der hl. Messe*』와 『교회의 바벨론 포로』 등의 논문에서 루터는 성만찬을 더 이상 성례에 대한 일반적인 정의가 아닌, "제정의 말씀"에 근거하여 해석하였다. 성만찬론에서 제정의 말씀을 중심에 두는 것은 후기 루터에게서도 계속 유지된다. 그리고 나중에 루터에 반대하는 사람들도 역시 제정의 말씀을 자신들의 성만찬론의 중심에 놓는데, 이것은 명백히 루터의 영향을 반영하는 것이다. 1520년 제정의 말씀에 대한 루터의 해석은 약속 혹은 확언, 신앙, 유언(遺言)^{Testament}이라는 기본 개념들에 의해 결정된다.

1523년부터 루터에게 중심점이 된 실재, 즉 성체 가운데 그리스도의 살과 피가 실재한다는 사상을 루터는 결코 거부한 적이 없었다. 이는 1523년에 쓴 그의 논문, 『성체 숭배에 관하여 *Von Anbeten des hl. Leichnams Christi*』에 처음으로 나타난다. 여기에서 그는 제한을 두고 성체 숭배를 인정하였다. 그러나 그는 단순한 외적 숭배를 거부하였으며, 성체 숭배를 목적으로 하는 성체 보관소나 성체를 들고 거리를 행진하는 성체 행렬 관습도 반대했다. 그러므로 루터는 모든 외적인 것으로부터 자유로운 영적 숭배를 옹호한 것이었다. 이 문제에 관한 자신의 입장을 정립하면서 루터는 보헤미아의 후스파의 교리와 네덜란드 인문주의자 호니우스Cornelius Honius의 견해를 참고하였다. 후스파는 그리스도는 성체 안에 단지 영적으로만 존재한다고 생각했는데, 그들은 이를 "다른 하나의 존재"라는 의미로 이해했다. 미심쩍은 부분이 있었지만, 루터는 후스의 성만찬론을 받아들일 만한 가르침이라고 여겼다. 그러나 루터는 제정의 말씀의 "이것은……이다"est를 "이것은……을 상징한다"significat로 해석한 호니우스의 견해는 거부했다. 또한 루터는 비텐베르크 대학교의 신학부 동료 교수인 카를슈타트의 성만찬론도 일찍부터 의심스럽게 생각했으며, 이로 인해 곧 성만찬 논쟁이 일어나게 되었다. 루터는 나중에 발생한 츠빙글리와의 논쟁은 본래 카를슈타트와 겪었던 갈등의 일종의 변형에 불과하다고 생각했다. 그러나 루터가 츠빙글리의 성만찬론을 카를슈타트의 것과 동일시한 것은 이 취리히 종교개혁 지도자의 가르침을 정당하게 취급한 것이 아니었다.

3. 카를슈타트의 성만찬론

카를슈타트의 심령주의적 기독교 이해는 이미 1521-1522년 비텐베르크 폭동 기간 중 그의 역할에서 드러난다. 이러한 특징은 그의 성만찬론에서도 그대로 나타난다. 1524년 카를슈타트는 여러 저술들을 통해서 성만찬의 외적인 의식(儀式)은 신앙을 창조할 능력을 가지지 못한다는 견해를 피력했다. 성만찬 의식은 단지 그리스도의 죽음을 선포하는 것이며, 회중 앞에서의 고백과 증언에 불과하다.

제정의 말씀을 평이하게 해석하면, 그리스도의 살과 피가 성체 안에 현존한다는 것은 전적으로 불가능하다. 빵과 포도주는 "그리스도를 기억하는 가운데서"im Gedächtnis Christi 사용되어야 할 것이다. 그러므로 성만찬 의식에서 결정적인 요소는 근본적으로 수찬자의 마음으로부터 나오는 것이다. 이 때문에 성만찬에 참여하기 전에 수찬자는 구원의 확신을 가져야만 한다. 그리스도의 살을 영적으로 먹는 것이 필요하다. 육적으로 먹는 것은 쓸데없는 일이다(요 6:63 참조).

4. 카를슈타트에 대한 루터의 비판

루터는 카를슈타트가 단지 실재를 거부했기 때문만이 아니라, 성만찬이 은혜의 수단임을 거부했기 때문에 그의 성만찬론에 반대했다. 루터는 그러한 거부가 새로운 형태의 "행위의인"을 가르치는 것이라고 생각했다. 루터는 그의 논문, 『천상의 예언자들에 반대하여 Wider die himmlischen Propheten, von den Bildern und Sakrament』[1525]에서 실재 교리뿐만 아니라 은혜의 선행성(先行性), 즉 은혜가 먼저 주어져 있음을 강조했다. 그는 모든 사람이 모든 죄를 단번에 용서받는 사죄와 성례를 통해 매번 분배되는 사죄를 구별할 것을 주장했다. 사죄는 단번에 이루어진 영원한 것이지만, 그 분배는 항상 반복되는 것이다. 루터에게 그리스도의 살과 피의 실재는 이러한 맥락에서 더욱 중요한 의미를 갖게 된다. 실재에 대한 논의는 이제 십자가에 달리시고 높임을 받으신 그리스도의 현존에 대한 논의가 되었다.

루터가 실재를 더욱더 강조하게 된 반면, 츠빙글리는 정확히 그 반대 방향으로 가고 있었다. 츠빙글리는 1523년 봄에 그가 쓴 『결어 Schlußreden』에서 볼 수 있는 것처럼 비록 성만찬의 영적 의미를 강조하는 입장을 보이기는 하지만, 초기에는 실재설을 비판하지 않았다. 그는 성만찬의 중심에 유언을 두는 루터의 견해를 받아들이기까지 하였다. 그러나 덧붙여서 그는 성만찬이 하나님과 그의 백성 사이의 연합의 상징Zeichen des Bundes이라는 견해를 강조하였다.

인문주의자 호니우스의 영향을 받은 츠빙글리는 1524년부터 제정의 말씀의 "이것은……이다"est를 "이것은……을 상징한다"significat 로 해석하였다. 또한 츠빙글리는 조심스럽게 거리를 두기는 했지만, 근본적으로는 성만찬의 영적 의미를 강조하는 카를슈타트의 입장을 채택하였다. 츠빙글리와 카를슈타트는 둘 다 공관복음서와 고린도전서 11장의 제정의 말씀이 아닌, 요한복음 6장을 근거로 성만찬론을 발전시켰다. 그 결과, 츠빙글리는 성만찬을 그리스도를 기억하고 그를 믿는 신앙을 고백하는 교회의 행위로 이해하였다. 그러나 츠빙글리는 이 기억을 단순히 과거의 기억으로서가 아니라 하나의 "기념"commemoratio 행위로서, "즉 그리스도의 죽음과 피로 말미암아 자신들이 아버지와 화해되었다는 사실을 굳게 믿는 이들이 그리스도의 생명을 주는 죽음을 선포하는 기념 행위"[35]로서 이해하였다.

성만찬 논쟁을 시작한 것은 츠빙글리였다. 그는 1525년 봄에 루터에게 도전하는 논문을 출판하였다. 츠빙글리는 자신의 입장을 카를슈타트의 성만찬론에 근거해 설명함으로써, 루터에 의해

"심령주의" 혹은 "열광주의"라는 의혹을 받았고, 이것이 논쟁을 어렵게 만드는 요인이 되었다. 저술을 통해 전개된 이 논쟁은 주로 1525-1529년 사이에 일어났다. 루터와 츠빙글리 외에도 수많은 다른 신학자들이 양편에 가담해 폭넓은 다양한 관점을 제시하였다. 그중에서 가장 두드러진 인물은 스트라스부르의 마르틴 부처와 바젤의 요하네스 외콜람파디우스Johannes Ökolampad였다. 성만찬 논쟁이 절정에 달했던 이 5년 동안에는 다른 논쟁들, 심지어 전체 종교개혁 진영과 로마 가톨릭의 대결까지도 뒷전으로 밀려나 있었다.

6. 성만찬 논쟁의 추가적인 쟁점

성만찬 논쟁은 성만찬 그 자체의 이해와 관련되었을 뿐만 아니라, 그 교리와 관계가 있는 다른 다양한 신학적인 문제들, 특별히 그리스도론과 관련되었다. 그리고 성경과 신앙에 관계된 일반적인 문제들 역시 논쟁점이 되었다. 이 논쟁의 범위와 강도는 후에 종교개혁 진영 내부에서 발생한 그 어떤 논쟁보다도 더 크고 강한 것이었다.

이 논쟁에 대한 연구는 루터 신학과 관련된 많은 주제들을 이해하는 데 있어서 특별히 중요하다. 루터의 입장과 주장의 독특성은 오직 그 논쟁의 맥락에서만, 즉 그의 적대자들의 관점을 고려할 때에만 분명히 밝혀질 수 있다. 특별히 성만찬 논쟁 중 루터가 다룬 다음과 같은 문제들이 그의 중요한 관점을 나타내고 있다.

1) **소위 종교개혁의 성경적 원칙**: 초기 강해에서 루터는 성경을 심판과 복음의 관점에서 해석했고, 그 후에는 율법과 복음의 관점에서 해석했다. 로마와의 논쟁에서 그는 교회의 권위에 반대하며, 그

리스도의 권위를 주장했다. 성경을 기초로 그는 신앙과 교리의 중심적인 요소들을 새롭게 표현했다. 그러나 성만찬 논쟁에서 루터는 제정의 말씀의 문자적인 의미를 강조했다. 그렇다고 해서 루터가 일종의 성경주의Biblizismus에 빠졌다는 것은 아니다. 그러나 루터는 문자와 영의 관계를 새로운 빛에서 보게 되었다. 다른 한편, 츠빙글리도 루터와는 다른 자신의 해석학을 발전시켰다.

2) **그리스도론**: 하나님은 오직 이 땅에 오신 그리스도 안에서만 발견되실 수 있으며, 또한 땅의 그리스도는 높이 들려지신 주님과 동일시되어야 한다는 것을 루터는 강조했다. 그러나 루터는 츠빙글리에게 반대하면서 하나님의 숨어 계심과 계시의 역설을 이전보다 더욱 날카롭게 지적하였다.

3) **편재론**: 츠빙글리와의 논쟁 과정에서 루터는 그리스도론에서 하나의 특별한 교리를 발전시켰는데, 그것이 편재론Ubiquitätslehre이다. 성체 가운데 그리스도의 살과 피가 실재로서 현존한다는 것을 설명하기 위하여 루터는 후기 스콜라주의 표상들을 이용하고 더욱 발전시켰다. 그것은 승천 이후 그리스도의 인성은 그분의 위격과 신성의 연합에 의해 편재한다는 가르침이다. 루터는 그리스도가 하나님의 우편에 앉아 계신다고 할 때, 그 우편을 하늘의 어떤 국한된 장소로 해석하는 전통적인 사상을 거부했다. 하나님과 마찬가지로 그리스도는 어떤 특정 장소에 계신 것이 아니라, 어디에서나 현존하시고, 어디에서나 활동하신다. 그러나 우리의 구원을 위하여 그분은 오직 이 땅에 오신 그리스도로서, 십자가에 달리신 그리스도로서 현존하시는 것이다. 이 교리에 관해 다음과 같은 물음들이 제기된다. 루터가 스콜라주의의 편재론을 수용하고 더 발전시킨 것과 교회 전통에

대한 그의 비판적인 입장은 어떻게 서로 조화될 수 있는가? 여기에서 주의해야 할 점은 그리스도의 편재에 대한 루터의 가르침은 자연과학적인 근거가 아니라 신학적인 근거에서 발전된 것임을 기억해야 한다는 것이다.

4) **성만찬이 신체에 미치는 영향**: 카를슈타트와 츠빙글리는 둘 다 성만찬의 효과를 오직 영적으로 이해했다. 츠빙글리와 논쟁하면서 루터는 간혹 수찬자의 신체에 미치는 영향에 대해 언급했다. 그 견해를 뒷받침하기 위해 루터는 고대의 "신성화"(神性化) 표상을 이용하기까지 했다. 루터의 이러한 견해는 어떤 의미를 갖는가? 그것은 신앙을 강조하는 루터의 종교개혁 정신과 모순되지 않는가?

5) **구원 선물의 객관성**: 루터의 초기 강해를 보면 그는 거의 실존적인 방법으로 성경을 해석하였다는 인상을 받는다. 이러한 실존적인 해석 방법은 중세의 도덕적, 신앙적^{tropologisch} 해석, 즉 성경 본문을 일상의 삶에 적용하기 위해 신앙적이고 도덕적으로 해석하는 방식과 접촉점을 갖고 있다. 그러나 성만찬 논쟁에서 루터는 구원 선물의 객관성을 확고하게 주장하였다. 구원 선물의 객관성에 대한 강조는 루터 신학 해석 방법론에 있어서 매우 중요한 문제를 제기한다. 우리는 보통 어느 시점의 루터의 신학을 이해하고자 할 때, 그 당시 그의 저술을 읽어 보면 될 것으로 생각한다. 그러나 성만찬 논쟁에서 루터가 구원 선물의 객관성, 즉 구원 선물이 먼저 주어져 있다는 것을 강조한 방식을 살펴보면, 우리는 루터가 이전에 글로 표현하지 않은 어떤 신학적 전제들이 있음을 발견할 수 있다. 이전에 그 전제들은 논쟁의 주제가 아니었기 때문에 루터로서는 그것들을 명백하게 진술할 필요가 없었던 것이다. 그렇다면 루터는 이외의 또

다른 신학적 전제들, 즉 그가 표명하지 않았지만 이미 전제하고 있었던, 또한 그의 신학을 해석하기 위해 우리가 고려해야 할 다른 사상들을 가지고 있었는가 하는 의문이 제기된다. 그러한 전제들은 무엇이었으며 루터의 신학에 있어서 얼마나 중요했는가?

7. 마르부르크 회담(1529)

성만찬 논쟁은 1529년 10월 1-4일에 열린 마르부르크 회담에서 일단 종결 단계에 이르게 된다. 이 회담은 16세기에는 신학과 정치가 매우 밀접한 상호 관계 속에 있었다는 사실을 다시 한 번 증명해 주는 것이다. 이 회담은 헤센의 영주 필리프 백작의 주도로 열리게 되었다. 필리프는 몇 해 전 이미 이러한 회담을 계획하고 추진하려고 했지만, 루터의 거부로 인해 성사시키지 못했다. 그러나 1529년에 개최된 두 번째 슈파이어 제국 의회 이후 개신파 측의 정치적인 상황이 어려워지면서 방어 동맹의 필요성을 더 이상 거부할 수 없게 되었고, 결과적으로 개신파의 연합을 위한 시도가 더욱 탄력을 받게 되었다. 비텐베르크 사람들은 남부 독일의 개신파뿐만 아니라, 스위스와의 동맹을 성사시키기 위해서는 최소한 신학적인 합의가 필요하다고 생각했다. 종교개혁 내부의 성만찬 논쟁이 시작된 이후 대립을 극복하기 위한 노력이 여기저기에서 시도되었지만 모두 실패로 돌아갔다. 1526년 스트라스부르에서 시도된 화해의 노력도 아무런 성과를 거두지 못했다.

만약에 정치적인 압력이 없었다면 마르부르크 회담은 열리지 않았을 것이라고 말할 수 있다. 그러나 그 당시 신학적인 논쟁이 단지 정세(政勢)에 의해서만 결정되었다고 결론짓는 것은 잘못이다. 마르부르크 회담의 최종 결과가 이것을 잘 말해 준다. 개신파의 연합이 필요한 모든 정치적인 이유에도 불구하고, 마르부르크 회담은 서로가 상당히 근접하기는 했지만, 결국 연합을 위한 토대를 만들지 못했다. 그 결과 광범위한 동맹을 결성하고자 했던 필리프의 계획은 실현되지 못했다. 1531년에 형성된 슈말칼덴 동맹에는 단지 아우크스부르크 신앙고백서에 서명한 영주들만이 가담하였다. 신앙고백과 정치적인 동맹 사이의 이러한 밀접한 관계는 이후에야 비로소 느슨해진다. 슈말칼덴 전쟁 이후 작센의 모리츠 공작은 독일 개신파를 구하고 제후들의 자유를 확보하기 위해 프랑스의 왕과 동맹을 맺었고, 그 동맹은 결정적으로 카를 5세를 패배시켰다. 백 년 후에 발생한 "30년 전쟁" 때 하나의 신앙고백을 기초로 정치적인 동맹이 형성되는 원칙은 완전히 깨진다. 그러나 이 후기 시대에도 신앙고백의 문제가 정치적인 동맹의 형성에 있어서 계속해서 고유한 역할을 하였다는 사실을 무시해서는 안 된다.

7장. 루터의 후기 논쟁

열광주의자들, 에라스뮈스, 그리고 츠빙글리와 벌였던 주요 논쟁들 외에 종교개혁 역사에서 루터와 그의 적대자들 모두에게 크고 중요한 영향을 준 논쟁이 많이 있었다. 근본적으로 루터는 그의 전 생애에 걸쳐 모든 종류의 논쟁을 끝없이 겪어야 했다. 1517년 이후 루터는 사실상 휴지기라고 부를 만한 기간을 더 이상 갖지 못했다. 루터에게는 로마와의 갈등이 가장 중요한 의미를 지니는 것이었지만, 후기 논쟁이 진행되는 과정에서 종교개혁 내부에서 일어난 논쟁이 점차 중요한 위치를 차지하게 된다. 이 후기 논쟁 가운데 중요한 몇 가지를 살펴보는 것이 필요하다.

1527년에 처음 시작된 율법 폐기론 논쟁은 1537년에 다시 더욱 날카로운 형태로 일어난다. 이 논쟁은 루터의 학생이었으며, 후에 그의 동료가 된 요한 아그리콜라가 루터의 율법 교리를 독특한 방식으로 가르쳤기 때문에 발생하였다. 이 논쟁은 율법과 복음에 관한 것으로서 종교개혁 신학의 핵심을 다루는 것이었기 때문에 매우 격렬하게 전개되었다. 그리고 이 논쟁으로 인해 종교개혁 운동의 다양성이 다시 한 번 드러나게 되었다. 1534-1535년 재세례파가 뮌스터에서 자신들의 왕국을 세웠을 때, 종교개혁은 다시 비난의 대상이 되었다. 사람들은 뮌스터에서 발생한 폭력 사태의 책임을 종교개혁에 돌렸다. 로마 가톨릭 영주들과 함께 개신파 영주들도 재세례파 왕국을 타도하는 데 가담했지만, 종교개혁을 향한 비난은 가라앉지 않았다. 뮌스터 사건의 결과로 루터와 다른 개혁자들은 재세례파를 반대하는 입장을 더욱 굳히게 되었고, 재세례파와 심령주의자들에 대한 관용은 기대할 수 없는 것이 되었다.

1540-1541년 사이에 로마 가톨릭과 개신파는 보름스와 레겐스부르크에서 일련의 종교 회담을 갖게 된다. 이 회담에서 수많은 의견서와 성명서 및 비망록, 그리고 비평들이 나왔다. 때로 합의가 이루어지는 것처럼 보이기도 했다. 그러나 루터는 하나의 공통된 입장을 찾으려는 시도에 대해서 대단히 회의적이었다. 그의 이러한 자세와 로마 교황청의 비타협적인 태도는 거의 성공적으로 보였던 그 시도들을 무의미하게 만드는 요인이 되었다. 양편 모두 상대편에 대해 최소한의 신뢰도 갖지 못했다. 이러한 신뢰의 결핍이 결국 실패의 원인이 되었다. 심지어 양편이 대단히 중요한 논쟁점들에 대해 공동 진술서를 만들 수 있었을 때에도 상대편에 대한 불신은 없어지지 않았고, 상대편이 공동 진술서를 자기편에게 이롭게, 그리고 상대편에게는 불리하게 해석할 것이라고 생각했다.

8장. 헤센의 필리프 백작의 중혼

여러 논쟁이 벌어지고 있는 중에 하나의 특별한 문제가 발생했다. 1540년 3월, 헤센의 영주 필리프 백작이 중혼(重婚)을 한 것이다. 이 중혼으로 인하여 슈말칼덴 동맹이 붕괴되기 시작한다. 루터를 포함한 여러 개혁자들이 의구심을 갖지 않은 것은 아니지만, 그럼에도 불구하고 그의 중혼 계획에 동의하였다. 필리프는 일찍이 작센의 크리스티나Christine von Sachsen와 결혼하였다. 귀족들 간의 결혼이 일반적으로 그러하듯이, 필리프는 그 결혼 생활에 충실할 수 없다고 느꼈다. 부인의 동의하에 그는 1540년 3월 마르가레테 폰 데어 잘레Margarete von der Saale라는 한 궁녀와 두 번째 결혼을 하였다. 결혼 전인 1539년 12월, 그는 루터와 멜란히톤에게 면담 고해성사를 통해 조언을 구했고, 그들로부터 동의를 받았다. 이 중혼을 비밀에 부치기 위해 만전을 기했지만 곧 외부에 알려지게 되었다. 그때 루터는 필리프에게 모든 것을 부인하라고 충고했지만 아무 소용이 없었다. 필리프의 추문은 점점 더 큰 문제가 되었다. 중혼은 사형에 해당되는 범죄이기 때문에 그는 개인적으로 위험에 빠졌다. 그러나 카를 5세는 이를 자신의 정치적인 목적을 달성하기 위한 기회로 이용하였다. 그는 필리프에게 압력을 가하여, 1541년 6월 13일 황제에게 대항하는 정책을 포기한다는 별도의 합의를 그로부터 받아 냈다. 그 대가로 카를 5세는 중혼으로 필리프를 고발하지 않을 것을 약속했다. 물론 황제와 개신파 전체의 전쟁이 발생하게 된다면 상황은 달라질 수밖에 없었다.[36]

개신파의 정치 지도자인 필리프가 자신의 추문으로 마비되어 아무것도 할 수 없게 됨으로써 슈말칼덴 동맹의 전성기는 끝나고, 새로운 영지들을 향한 종교개혁의 진출도 멈추게 되었다. 필리프를 무력화하는 데 성공한 카를 5세는 몇 년 후 슈말칼덴 전쟁에서 개신파 영주들을 패배시킬 수 있었다. 이 승리로 황제는 "잠정 조치"Interim, 1548를 개신파 측에 강요할 수 있었고, 그에 따라 종교개혁 교회 체제는 심각하게 위축되었다. 필리프의 중혼이 초래한 이 엄청난 결과에 대해 누구보다 필리프 자신이 책임을 져야 하지만, 고해신부로서 필리프에게 조언했던 루터도 일부 책임을 면할 수 없게 되었다. 그러나 고해신부로서 루터의 조언은 편견 없이 평가되어야 한다. 예를 들어, 그 당시 사람들이 일반적으로 중혼을 어떻게 받아들이고 있었는가 하는 역사적 배경을 먼저 이해할 필요가 있다. 또한 우리는 필리프가 대단히 중요한 문제들에 관해서는 루터에게 정확한 정보를 주지 않았고, 그 때문에 루터는 부분적으로 잘못된 전제를 근거로 삼았다는 점을 고려해야 한다. 또한 흥미로운 것은 이미 루터는 이전에[1520] 의혹이 있는 경우 이혼보다 중혼이 낫다는 의견을 말한 적이 있었다는 사실이다.[37] 헨리 8세와 그의 첫 번째 아내인 아라곤의 카타리나의 결혼이 취소될 수 있는 것인지에 대해 긴 논쟁이 벌어졌을 때, 로마 교황청도 한때 중혼의 가능성을 고려한 적이 있었다. 이는 당시에 중혼이 금지되어 있었지만, 그것은 어려운 상황에 대한 하나의 가능한 임시적 해결책이 될 수 있었다는 것을 분명히 보여준다. 마지막으로, 루터는 이 문제를 법률가나 정치가가 아니라 목회자의 관점에서 보았다는 사실을 주목해야만 한다. 그러나 이러한 모든 사실에도 불구하고 그 특별한 면담은 재앙을 가져왔다.

종교개혁의 발전에 있어서 특별한 결과를 초래한 이러한 사건들과 이에 대한 루터의 관여를 다룰 때, 우리는 루터가 다양한 논쟁 가운데서 전문적인 견해를 구하는 이들을 위해 조언자로서 폭넓은 활동을 하였다는 사실을 간단하게나마 언급할 필요가 있다. 루터는 예를 들어, 1543년 울리히 공작의 뷔르템베르크 재탈환 사건, 1542년 부르첸Wurzen 수도원의 재산을 둘러싼 선제후 요한 프리드리히와 그의 사촌 모리츠의 갈등, 그리고 1542-1545년 사이에 브라운슈바이크에 대항하여 일어난 군사 행동과 같은 문제들에 깊숙이 관여하였다. 그리고 루터가 만스펠트 백작들 사이의 불화를 해결하고자 애쓰는 와중에 그의 생애를 마치게 된 것도 우연한 일이 아니었다. 루터는 전 생애를 통하여 이처럼 모든 종류의 문제를 떠안고 살았다. 이러한 문제들을 해결하기 위해 노력하는 가운데 루터는 항상 신학자로서의 역할을 하였다는 사실을 주목하는 것이 중요하다. 루터는 그의 신학 속에서, 혹은 그의 신학을 실제로 삶에 적용하는 데 있어서 어떤 영역도 "자율적인"eigengesetzlich[그 고유한 법칙에 따른] 영역으로 인정하지 않았다. 그러나 동시에 그는 특정 성경 구절들을 이용하여 문제를 해결하는 방식을 추구하지도 않았다.

9장. 국가교회의 성립과 루터의 역할

새로운 교회의 체제의 발전에 있어서, 특별히 세속 정부의 역할과 관련해서 루터가 미친 영향은 매우 중요한 것이다. 그러므로 이 영역에서 루터의 역할에 대해 특별히 관심을 기울일 필요가 있다. 루터의 다른 활동 영역과 마찬가지로 여기에서 루터의 행위를 정확히 이해하기 위해서는 대단히 다양한 요소들을 고려할 필요가 있다. 루터가 국가교회die landesherrliche Kirche[국가 지배적인 교회] 체제의 성립에 결정적인 역할을 했다는 것은 의심의 여지가 없다. 그러나 루터가 실제로 의도한 것이 무엇이었는지에 대해서는 더 논의가 필요하다.

개신파 지역 안의 교회들이 지방 정부의 지원으로 설립되었다는 사실을 정당하게 이해하기 위해 우리는 중세 후기에 이미 교회가 국가교회 형태로 세워지는 경향이 나타났음을 기억하는 것이 필요하다. 16세기에는 개신파 제후들뿐만 아니라 로마 가톨릭 제후들도 자신의 영지 안에 있는 교회들에 대해서 거의 동일한 영향력을 행사하고 있었다. 그러므로 개신파 국가교회의 발생은 그 당시 독립적인 지방 국가의 형성이라는 훨씬 더 넓은 과정의 한 부분으로 보아야 한다. 이러한 발전은 국가가 절대적인 권력을 갖게 되면서 잠정적인 정점에 도달하였다. 그러나 이러한 폭넓은 역사적 추세를 인식한다고 해서 그 과정에 영향을 미친 인물들의 중요성을 감소시킬 수는 없다.

여기에서 고려해야 할 또 하나의 측면은 그리스도의 몸이라는 의미의 영적인 교회와 외적인 제도로서 교회의 기본적인 관계, 다른 말로 하면 성령과 법의 관계에 대한 문제이다. 로마 가톨릭 지역에서는 이 둘의 관계를 종종 무비판적으로 받아들였다. 그러나 개신파는 항상 성령과 법, 혹은 보이는 교회와 보이지 않는 교회를 비교하고 양자를 서로 상반되는 것으로 대비시키는 경향을 보였다. 특별히 교회를 그리스도의 몸으로서 보이지 않는 것으로 생각한 루돌프 좀Rudolf Sohm, 1841-1917은, 교회법은 교회의 본질과 충돌한다고 주장하였다. 개신교 교회법에 대한 최근의 연구는 성령과 법을 극단적으로 대비시키는 이러한 주장을 포기하고, 보이는 교회와 보이지 않는 교회를 결합하는 개념을 선호한다. 이 문제에 대해서 어떤 입장을 취하는가에 따라 국가교회 체제에 대한 견해가 결정될 것이다.

두 번째 측면과 밀접하게 관련된 세 번째 측면은 교회론에 초점을 맞춘다. 우리가 어떤 교회론의 관점에서 보느냐에 따라 16세기의 발전 상황은 각기 다르게 평가되는 것이다. 최근의 연구는 초기의 연구가 보이는 교회와 보이지 않는 교회의 구분에 있어서 루터와 종교개혁을 잘못 해석했다는 것을 밝혀 주었다. 오늘날 우리는 대체로 교회가 보이지 않는 것이라고 말하지 않지만, 교회의 참된 본질은 감추어져 있다고 말한다. 그러나 동시에 교회는 여전히 성례전이나 복음의 선포와 같은 어떤 "표지들"을 통해 인식되는 것이라고 말한다. 루터는 교회의 영적인 특징을 끊임없이 강조하였지만, 동시에 그는 항상 교회를 육체적이고 구체적인 존재로 묘사하였다. 이러한 점에서 루터의 교회론은 그의 성육신 이해와 평행을 이루고 있다.

국가교회 형태의 교회 체제를 이해하는 데 본질적인 요소로서, 네 번째 측면은 국가 권위의 개념에 관련된 것이다. 영적인 권력과 세속적인 권력은 위급한 시기에 서로를 대신할 수 있고, 필요할 경우 상대방의 책임을 맡을 수 있다는 것이 중세의 일반적인 생각이고 또 관습이었다. 그러나 종교개혁 지역에서 로마 가톨릭의 성직 계급이 개혁 정책의 도입을 저지하였을 때, 세속 정부를 제외하고는 교회 체제의 변화를 위한 책임을 맡을 수 있는 주체가 없었다. 당시에는 신자들이 스스로 주도적으로 행동한다는 것은 생각할 수도 없는 일이었다. 신자들은 그렇게 할 준비가 되어 있지 않았을 뿐 아니라, 영적인 권력과 세속적인 권력은 밀접한 관계를 갖고 있다고 생각했기 때문에 적극적으로 행동해야 할 이유가 없었다. 토마스 뮌처도 처음에는 그의 이상주의적 개혁을 위해 정부의 지지를 얻으려고 시도했었지만, 정부가 거절하자 비로소 권력이 민중에게 속한 것이라고 주장하기 시작했다.

정부의 협력이 필요하다는 것은 누구도 부인하지 않았지만, 그 권위를 이해하는 관점과 방식에는 차이가 있었다. 정부의 권위를 어떻게 이해하느냐에 따라 종교개혁에서 정부와 제후들이 담당한 역할에 대한 견해도 결정될 것이다. 정부의 권위에 대한 루터의 이해가 중요한 것은 이러한 관련성 때문이다.

루터는 일찍이 [종교개혁 이전인 1516년 로마서 강해에서] 세속 권력자들이 교회 고위층보다 일을 훨씬 더 잘하는 것 같다고 말한 적이 있다. "만약 성직자가 다루어야 할 세속적인 용무들도 세속 권력의 관할 아래 둔다면 아마 더 안전할 것이다."[38] 루터는 그의 논문, 『기독교 영지의 개혁에 관하여 독일 그리스도인 귀족들에게 고함』[1520]에서 정부 당국을 향해 세속적 영역뿐만 아니라 교회의 영역에서도 필요한 개혁 조치들을 수행해 줄 것을 호소하였다. 교회 자체로서는 가장 절실하게 필요한 개혁조차 추진할 힘이 없었다. 그러나 "모든 세례 받은 자들의 보편 사제직"[만인사제직]을 근거로 정부 관리들이 그 공백을 메울 수 있다. 동시에 루터는 세속 권력자들을 향해 그릇된 자기 확신을 갖지 않아야 한다고 분명히 경고하고 있다. 그리고 그는 이 논문에서 자신의 특별한 제안들을 규범적인 것이 아닌, 단지 수행 가능한 개선 조치의 예로 간주하였다.

보름스 제국 의회 이후 루터에게 있어서 정부의 역할은 더욱 중요한 것이 되었다. 위에서 언급한 대로[39] 비텐베르크 폭동 기간에 정부의 역할의 중요성은 분명해졌으며, 루터는 이를 농민전쟁을 겪으면서 더욱 깊이 느끼게 되었다. 또한 루터는 이 농민전쟁을 통해 복음의 이름으로, 그리고 종교개혁의 이름으로 어떤 종류의 사상들이 주장될 수 있는지를 깨닫게 되었다. 이러한 상황에서 개신파 교회의 구조를 어떻게 세울 것인가 하는 과제가 루터에게 더욱더 중요한 것이 되었다. 개혁자들은 작센의 교회들을 시찰함으로써 이 과제를 수행하기 시작했다. 그들은 특별히 교구민을 보호하고, 목사들의 가르침과 품행을 검사하고, 그리고 악습들을 바로잡는 일에 관심하였다. 주교들은 교황청에 충성하고 있었기 때문에 오직 세속 정부만이 교회 시찰을 명령할 권위를 가지고 있었다.

1526년 슈파이어 제국 의회는 제국에 속한 모든 영주는 각자 자신의 행동에 대해 하나님과 황제 앞에 스스로 책임지는 방식으로 보름스 칙령에 응답해야 한다고 결론을 내렸다. 원래 그 법령이 의미하는 바는 보름스 칙령의 실행을 제국에 속한 영주들 개개인의 재량에 맡긴다는 것이었다. 그러나 개신파 영주들은 이 법령이 영주의 재량에 따라 자유롭게 개혁을 추진하고, 종교개혁 운동을 받아들일 수 있도록 허용하는 것이라고 재빠르게 해석하였다. 실제로 후에 아우크스부르크 종교 평화 협약Augsburger Religionsfrieden, 1555에서 이러한 방식의 합의가 이루어진다.

1525년에 루터는 이미 선제후에게 교회 시찰을 허락해 줄 것을 요청하였다. 루터 이전에도 이러한 요구는 있었다. 슈파이어 제국 의회 이후에 작센의 선제후 불변공 요한Johann der Beständige은 이러한 요구를 수락하였고, 선제후령 작센에 있는 교회와 학교들을 대상으로 하는 시찰이 1527-1530년 사이에 수행되었다. 그 시찰의 결과로 종교개혁 운동은 세속 정부의 비호를 받으며 국가교회의 형태를 취하게 되었다. 이러한 과정에서 탄생한 개신파 국가교회 체제는 결과적으로 예상보다 훨씬 오랫동안 지속되었다. 수많은 변형을 겪어 왔지만 1918년까지 독일 개신교의 외적인 형태는 국가가 교회와 긴밀한 협력 관계를 맺고, 교회의 외적인 용무들을 관리해 주는 체제를 유지해 왔다. 그러나 사실상 국가는 교회의 교리와 가르침에 대해서도 폭넓은 영향력을 행사하였다. 독일의 종교개혁이 세속 권력의 도움으로 국가교회를 발전시켰다는 사실은 루터파의 기본적인 신앙고백 문서인 아우크스부르크 신앙고백서에 개신파 신학자들이 아닌, 제국의 영주들이 서명했다는 사실에서도 잘 드러난다. 아우크스부르크 제국 의회에서 신학자들은 어떤 "법적 권한을 행사할 수 있는"geschäftsfähig 이들이 아니었다. 그들은 단지 자신들의 제후의 조언자로서 참여했을 뿐이었다. 그 때문에 독일 종교개혁의 신앙고백 문서를 형성한 전체 과정은 궁극적으로 특정한 신학적 경향을 따르고 있었던 여러 세속 권력의 대표자들에 의해 결정된 것이었다.

선제후령 작센의 교회와 학교들에 대한 시찰이 이루어졌을 때, 루터가 정부에 어떤 역할을 기대하였는가 하는 문제는 오래전부터 학자들 사이에서 논쟁거리가 되어 왔다. 분명히 루터뿐 아니라 당시의 관련자들 중 누구도 1525-1526년에 있었던 결정이 후에 얼마나 지속적인 영향을 미치게 될 것인지 미리 알았으리라고 우리는 기대할 수 없다. 그 당시 역사적 상황 속에서 사람들은 교회 개혁을 더 이상 지체할 수 없다는 절실한 필요성을 느꼈을 것이다. 우리는 그때 이러한 결정을 내렸던 이들에게 그 결정이 이후의 역사에 미친 모든 영향에 대해서까지 책임을 물을 수는 없다. 이러한 결정을 적절하게 이해하기 위해서 우리는 그 당시 상황이 어떠했는지, 또 그 상황에서 그들이 의도한 것이 무엇이었는지를 물어야 한다. 또한 그 결정은 그 당시 사람들이 정부와 교회에 대해 가지고 있었던 이해를 전제로 이루어진 것이기 때문에, 따라서 그러한 전제에 근거하여 그 결정을 평가해야만 할 것이다.

그 당시 루터의 의도뿐만 아니라 작센의 선제후 요한의 의도에 대해서도 단서를 제공해 주는 중요한 두 개의 문서가 1527년에 만들어졌다. 1527년 6월 16일, 『시찰자들을 위한 선제후의 지침과 훈령 Instruction und befelch dorauf die visitatores abgefertiget sein』이 나왔다. 그리고 1527년 여름에는 멜란히톤이 『선제후령 작센에 있는 교구 목사 시찰자들을 위한 지침서 Unterricht der Visitatoren an die Pfarrherrn im

Kurfürstentum zu Sachsen』라는 또 다른 문서의 초안을 작성하였는데, 루터는 이 본문을 몇 군데 수정하고 자신의 서문을 덧붙여 1528년에 발간하였다. 두 문서 사이에는 아주 분명한 차이점이 있다. 루터는 종교개혁을 수행할 수 있는 주체가 없었기 때문에 도움을 얻기 위하여 정부에 의지한 반면, 선제후는 군주로서 지시를 내렸다. 시찰자들의 "힘과 권한"Macht und Gewalt은 선제후로부터 받은 것이었다. 그는 시찰자들이 자신에게 예속된 관리들처럼 행동하기를 기대하였다. 선제후의 훈령에는 영적인 권위와 세속적인 권위 사이에 분명한 구분이 없었다. 여기에서 우리는 후에 국가교회 체제의 기원이 될 발전이 이미 시작되고 있음을 볼 수 있다.[40]

이에 반해 선제후의 훈령 이후에 나온 루터의 지침서 서문을 보면, 루터는 시찰을 주교의 책무와 같은 것으로 이해하였다. 루터가 교회 정치에서 주교 제도 형태를 보존하기를 원했다는 것은 명백하다. 루터는 다음과 같이 말했다.

"복음이 다시 한 번 그 영광의 자리로 회복된 지금 참된 주교의 직무와 시찰 제도가 다시 확립되는 일이 시급하다. 그 때문에 우리는 그 일이 이루어지기를 원한다. 그러나 우리 중 누구도 이것을 행하도록 소명을 받거나 명령을 받았다는 느낌을 갖지 못했다. 또한 성 베드로는 만일 하나님의 뜻이라는 확신을 갖지 못하는 한, 기독교 안에 어떤 새로운 것을 창작하기를 원하지 않았기 때문에, 누구도 그 일을 감히 수행하려고 나서지 못했다. 우리는 확실한 것을 따르기를 원하고, 또 (모든 그리스도인의 공동의 의무인) 사랑의 직무에 의해 인도함을 받기를 원한다.……그러므로 우리는 (세상의 통치자로서 그러한 책임에 매이지 않으시는) 우리의 자비로우신 군주 전하께 그리스도인의 사랑으로, 그리고 복음을 위하시는 하나님의 뜻에 의하여, 또한 자비로우신 군주 전하의 영토 내의 파괴된 그리스도인들의 안녕을 위하여, 그 일을 행하도록 몇 명의 적절한 사람들을 부르시고 임명해 주시기를 호소하였다."[41]

선제후는 단지 형제 그리스도인으로서 행동해야 한다. 그는 "영적으로 통치할" 권한을 갖고 있지 않다. 그러나 그는 "세상의 통치자로서 불화, 소요, 반란 등이 그의 백성 가운데서 일어나지 않도록 관리할 의무를 가지고 있다. 콘스탄티누스 황제도 주교들을 니케아로 소집했었다. 왜냐하면 아리우스가 제국 내의 그리스도인들 가운데 일으켜 놓은 불화를 더 이상 용납할 수 없었고, 또 그리스도인들이 가르침과 신앙에 있어서 통일성을 유지하기를 원했기 때문이다."[42]

선제후의 훈령과 루터의 지침서 서문 사이에 나타나는 강조점의 차이를 어떻게 평가할 것인가? 루터는 실제로 선제후의 훈령의 기본적인 논조에 항의하였는가? 아니면 그는 그 결과가 어떻게 될지를 완전히 깨닫지 못하고 조용하게 그것을 수정한 것인가? 아니면 그 후 루터가 종교개혁의 과정에서 발생한 많은 과제들을 성취하기 위해 정부와 협력한 것을 감안할 때, 두 문서 사이에는 언급할 만한 큰 차이가 없는 것일까? 비록 양자 사이의 차이는 대단히 작은 것이라고 결론을 내릴지라도, 루터가 교회 정치에서 주교 제도 형태를 보존하고자 했다는 사실은 의심의 여지가 없다. 그러나 당시에는 루터의 이러한 의도를 관철시키는 것이 불가능했고, 제후들이 주도하는 국가교회 체제로의 발전은 피할 수 없는 것이었다. 그리고 루터가 잠정적으로 협조할 수밖에 없었던 상황에서 발생한 결과는 예상보다 훨씬 더 오랜 수명을 이어 갔다.

앞서 살펴본 여러 측면들 이외에 대학교수로서 루터의 위치도 그의 입장을 이해하는 데 중요한 요소가 될 수 있다. 쿠룸비데[H.-W. Krumwiede]는 대학교가 선제후로부터 독립되어 있었다는 사실에 주목하였다. 물론 그 독립성은 시간이 지남에 따라 점차 상실되어 갔다. 그러나 비록 루터가 로마 가톨릭으로부터 파문당하고 보름스 제국 의회에서 법외자로 선언된 이후, 한 시민으로서는 선제후의 보호에 전적으로 의지하고 있었지만, 대학교수로서의 그는 선제후와의 관계에서 독립성을 유지할 수 있었다.[43] 그러나 루터가 취한 태도의 가장 중요한 동기가 되는 요인들은 그의 신학 속에서 찾아야 할 것이다.

10장. 루터의 논쟁 어조

1. 루터의 거친 논조

우리는 루터와 관련된 논쟁이 얼마나 다양했고, 또 얼마나 오랫동안 계속되었으며, 그 투쟁이 얼마나 날카로운 대립 속에서 벌어졌는가 하는 점을 간과해서는 안 된다. 16세기 당시에 논쟁의 참여자들의 거친 논조는 일반적인 관행이었으며, 루터만의 독특한 특징이 아니었다. 중세 후기의 논쟁도 그러한 거친 논조는 결코 다른 시대에 뒤지지 않았다. 그러나 루터가 그의 언어의 조잡성과 난폭성에서 동시대인 대부분을 훨씬 능가하였다는 것도 사실이다. 루터의 거칠고 난폭한 말투는 그의 『탁상 담화 *Tischreden*』에서 볼 수 있는 대로, 그가 식탁에 앉아 대화할 때도 마찬가지였다. 그러나 이러한 특징은 특별히 그의 저술 속에 두드러지게 나타난다. 루터는 논쟁이 길어질수록 더욱더 상대를 비하하는 태도를 보였다. 루터의 초기 강해 가운데는 거친 표현들이 드물게 나타나지만, 드문 경우라 하더라도 그는 신앙을 왜곡시킨 자들에 대해서는 대단히 날카로운 비판을 가하였다. 예를 들어, 루터는 로마서 강해 라틴어 본문에서 인간이 본성적으로 하나님을 완전하게 사랑할 능력을 갖고 있다고 주장하는 신학자들을 비난하였는데, 그는 그들을 "돼지 같은 신학자들"Sautheologen이라고 표현하였다.[44] 그러나 실제로 강연을 할 때에는 그러한 표현을 사용하지 않았다.[45]

면죄부 논쟁이 시작되면서 모든 진영의 논조는 더욱 거칠어졌지만, 루터의 경우는 특별히 더욱 그러하였다. 밀티츠가 시도한 것과 같은 종종 화해를 위한 노력들이 서로에게 숨 돌릴 기회를 주기도 했지만, 루터가 파문당하고 법외자로 선언되자 논쟁적인 어조는 댐이 무너지듯 걷잡을 수 없이 거칠어졌다. 1520년 말 이후 교황청에 대한 루터의 공격에는 배려나 억제를 전혀 찾아볼 수가 없다. 곧 새로운 논쟁들이 종교개혁 진영 내부에서 일어나게 되었는데, 이 논쟁들도 로마와의 논쟁처럼 거칠게 진행되었다. 카를슈타트와 상대하든, 뮌처와 상대하든, 혹은 츠빙글리와 상대하든 간에, 비록 표현의 선택에 있어서 차이가 있지만 루터의 논조는 항상 거칠었다. 그의 적대자들도 같은 방식으로 응수했다. 우리는 이러한 예를 뮌처가 루터를 반대하여 쓴 그의 마지막 글에서 볼 수 있는데, 그 제목은 다음과 같다. 『성경을 도둑질하여 가엾은 기독교 세계를 끔찍스럽게 짓밟고 더럽힌, 정신 나간 비텐베르크 출신의 연한 살코기 조각에 반대하며, 크게 자극을 받아 쓴 방어와 답변 *Hochverursachte Schutzrede und Antwort wider das geistlose, sanftlebende Fleisch zu Wittenberg, welches mit verkehrter Weise durch den Diebstahl der Hl. Schrift die erbärmliche{=erbarmungswürdige} Christenheit also ganz jämmerlich besudelt hat』.*

이처럼 논쟁의 언어는 때때로 조잡하고 외설적이기까지 했다.

뛰어난 동물학적 지식을 드러내며 상대편을 동물 이름에 빗대어 비난하는 것은 비교적 점잖은 것이었다. 심한 경우에는 상대편을 마귀에게 사로잡힌 자라고 묘사하기도 했다. 이러한 언어들을 단지 문학적 표현 방식으로만 이해하면 문제의 핵심을 놓치게 된다. 루터가 복음의 순수성을 "첨가물"*additamentum*로 훼손한 교황을 적그리스도로 본 것처럼, 많은 사람들이 실제로 스스로를 단지 인간 적대자들과 상대하는 것이 아니라 마귀와 싸우고 있다고 생각했다. 마귀가 순수한 교리에, 그리고 사회와 교회의 질서에 혼란을 가져오기 위해 상대편을 이용하고 있다고 그들은 생각했다. 또한 이 마귀의 표상을 나타내기 위해 신약성경의 많은 구절들을 인용할 수 있었으므로, 결과적으로 이러한 견해들은 종교개혁의 성경적 원칙에 의해 확인되기만 하면 되는 것이었다. 그 당시 넓게 퍼져 있었던 묵시적인 사상도 이에 부합되는 것이었다. 묵시적 세계상에서 유래한 전통적인 이미지들을 상황에 따라 적대자가 된 이들에게 적용하는 것은 정당한 일처럼 여겨졌다. 근본적으로 이 점에서 논쟁에 관여된 어떤 진영도 서로에게 뒤지지 않았다. 단지 상대편에 대한 공격의 단계적인 차이점만 나타날 뿐이었다.

루터의 거친 말투는 20세기 초 수십 년 동안 특별히 로마 가톨릭에 의해서 집중적인 비판의 대상이 되었다. 그러나 최근에는 이 문제에 대한 논의가 훨씬 잠잠해졌다. 이는 16세기의 논쟁 방식에 대한 이해가 점차 깊어졌기 때문이라고 말할 수도 있지만, 더 넓은 범위에서 루터에 대한 관심과 연구가 쇠퇴하고 있는 현상과 관련이 있다고 보는 것이 더 그럴듯한 판단일 것이다. 또한 오늘날 우리 시대의 공적인 논쟁 가운데서도 격렬한 표현들이 증가하고 있다는 경험이 16세기의 논쟁에 대한 우리의 판단을 변화시켰을 수도 있다. 그러나 16세기의 특별히 거친 논쟁 어조는 간단히 말해 그 시대의 특징에 속하는 것이다. 그리고 그 당시 논쟁과 관련된 다양한 인물들 개개인의 표현 방식을 연구하고자 하는 이들에게는 여전히 넓은 연구 영역이 열려 있다.

2. 『한스 보르스트 반박문』(1541)의 루터의 논조

루터의 『한스 보르스트 반박문 Wider Hans Worst』은 그의 논쟁 방식을 보여주는 하나의 좋은 예이다. 이 글은 브라운슈바이크볼펜뷔텔의 하인리히Heinrich von Braunschweig-Wolfenbüttel 공작을 반박하기 위해 쓴 논문이다. 1538년 봄, 하인리히 공작과 두 명의 지도적인 개신파 제후, 즉 작센의 선제후 프리드리히와 헤센의 영주 필리프 사이에 공개적인 적대 관계가 발생하였다. 대단히 열띤 문서 논쟁이 이에 뒤따랐고, 처음에 루터는 침묵을 지키고 있었다. 그런데 1540년 말에 하인리히의 의뢰로 작성된 새로운 문서가 개신파를 완고하고, 변절한, 그리고 불경스러운 이단으로 묘사했다. 게다가 루터가 그의 제후를 "광대"Hans Wurst [우둔한 사람을 빗대어 말하는 표현. 루터의 글에는 "Hans Worst"로 표기된다]라고 불렀다는 거짓 주장이 나왔다. "우리[하인리히 공작]는 루터가 그의 친애하는 경건한 '광대'라고 부른 저 작센 사람에게 우리를 반대하는 글을 쓸 어떤 명분도 준 적이 없다."[46]

이에 대응하여 루터는 『한스 보르스트 반박문』을 썼다. 그 첫 문장은 이렇게 시작한다.

"볼펜뷔텔의 폰 브룬스비히는 이제 또다시 중상하는 글을 출판하여 그 속에서 그의 부스럼으로 덮인 더러운 머리를 나의 인자하신 군주 작센의 선제후께 문질러 댔다. 그는 두 번 나를 공격했고 괴롭혔다. 첫 번째로 그는 내가 나의 인자하신 군주를 광대라고 불렀다고 썼다. 두 번째로 그는 내가 지금 가장 앞서 대변하고 있다고 고백하는 우리 신앙의 참된 본질을 공격하였다. 그는 지금 욕을 하고, 하나님을 모독하고, 비명을 지르고, 버둥거리고, 고함을 치고, 그리고 으르렁거리고 있다. 만약에 사람들이 그가 말하는 것을 실제로 듣는다면 그들은 그를 마치 (복음서에 나오는) 군대 마귀에 들린 자처럼 붙잡고 묶기 위해 사슬과 방망이를 가지고 모여들 것이다. 나는 이 비열한 자에게 한 마디도 대답할 가치가 없다고 생각하지만, 그럼에도 불구하고 나는 그가 혼자가 아닌 까닭에 우리 사람들에게 무엇인가 말하고자 한다."[47]

덧붙여서 루터는 자신을 반대하는 글들은 그의 심장뿐만 아니라, 그의 무릎과 발목을 강하게 하는 데 도움을 준다면서 이렇게 말한다. "나는 나와 같이 가련하고 불쌍한 사람을 통해 하나님께서 저 지옥 같고 세속적인 제후들을 완고하게 하시고 화를 돋우셔서, 그들이 자신들의 심술로 스스로를 파멸시키고 조각조각 찢어 버리도록 하신 것을 볼 때, 나는 믿음과 주님이 가르쳐 주신 기도의 그늘 아래 앉아서 마귀들과 그 졸개들이 참을 수 없는 분노 가운데서 엉엉 울고 몸부림치는 모습을 보고 웃으며, 머리끝에서 발끝까지 즐거움으로 흥분하게 된다."[48] 루터는 이러한 문서 논쟁을 통해 스스로가 새로워지고 강해지고 행복하게 되는 것을 느꼈다. 그는 이전에도 이미 보다 온순한 형태로 표현하기는 했지만, 같은 말을 한 적이 있었다. 예를 들어, 1521년 보름스에서 그는 그리스도가 자신을 일컬어 평화를 주려고 온 것이 아니라, 검을 주려고 왔다고 말씀하셨기 때문에, 자신을 통해 논쟁이 발생하게 된 것을 기쁘게 생각한다고 말했다.[49]

하인리히를 "한스 보르스트"라는 칭호로 부른 것은 비교적 온화한 표현이었다. 이어서 그 공작은 "뻔뻔스러운 거짓말쟁이"[50]라고 비난당하는 것을 감수해야 했다. 또한 루터는 단숨에 "마귀와 그의 광대"라는 말을 반복한다.[51] 그는 특별히 강렬한 표현으로 다음과 같이 말한다. "야비한 노랭이, 멍청이, 볼펜뷔텔의 바보 중의 바보, 모든 당나귀보다 더 멍청한, 히힝 하고 소리를 내며 사람들을 심판하고 이단자라고 부르는 당나귀!"[52] 그리고 루터는 하인리히가 로마교회를 지지하였기 때문에, 그 기회를 이용해 로마를 향해서도 강렬한 공격을 퍼부었다. 그는 교황, 교황청, 그리고 로마교회 전체를 "매춘부" 혹은 "마귀의 매춘부"라고 불렀다. 루터는 그러한 표현들, 혹은 비슷한 표현들을 예언적이고 묵시적인 표상들과 연결시켰다.[53] 루터는 개신파 사람들이 "전에 지옥의 매춘부, 교황이 새로 만든 교회 뒤에 갇혀 있었다"는 사실을 유감으로 생각했다.[54] 또한 루터는 교황의 교회를 "거대한 용의 머리"[55] 또는 "마귀의 교회"로 묘사하였다.[56] 그는 하인리히뿐만 아니라 교황까지도 "당나귀"라고 불렀다.[57] 그리고 때때로 로마교회도 서슴없이 "매음굴" 혹은 "마귀의 교회"라고 불렀다.[58] 하인리히에 대한 공격과 로마에 대한 공격을 연결하여, "로마의 교황 하인츠"라고 부르기도 했다.[59] 루터는 이전에도 종종 법령들, 즉 교황청의 판결을 "더러운 오물"로 표현하였다. 루터의 이러한 거친 표현들과 아울러 옛 적인 에크를 "암퇘지 박사"로, 그리고 모든 교황 숭배자들을 "바보 같은 당나귀들"로 묘사한 것을 볼 때, 우리는 그의 언어 구사 방식이 어떠했는지 쉽게 떠올릴 수 있다. 또한 루터는 자기 자신을 늑대에 대비되는 양에 비유하는 등의 은유적인 표현을 사용하기도 했다.[60]

이처럼 날카롭고 비유적인 논쟁 방식은 마땅히 삽화가 요구되었다. 사실 루터는 몇 년 후 과격한 언어로 쓴 그의 저술, 『마귀가 세운 로마 교황권을 반박하여 *Wider das Papsttum zu Rom, vom Teufel gestiftet*』[1545]에 넣을 삽화를 위해 루카스 크라나흐[Lukas Cranach]에게 도움을 청하는 데 주저하지 않았다. 몇몇 특정 사건들에 대해 루터가 취한 입장을 제외하고는 이 저술은 교황권을 향한 루터의 가장 거친 공격을 담고 있다. 루터는 교황이 기독교 세계의 머리라는 주장을 반대하였다. 또한 그는 "제국 이양론"*translatio imperii*, 즉 교황이 로마제국의 권위를 독일에게 주었다는 주장을 다시 한 번 공격하였다.[61] 루터는 이미 1520년, 『기독교 영지의 개혁에 관하여 독일 그리스도인 귀족들에게 고함』에서 그 이론을 반박한 적이 있었다.[62] 루터는 교황권에 관한 모든 주장을 거부하였으며, 세례성사에서 마귀를 거부할 때 그것은 곧 교황권을 거부하는 것이라고 주장하였다. 교황에게 반대하는 수십 년 동안 루터의 공격은 삽화를 통해서 가장 강렬하게 표현되었다. 루터 자신이 삽화의 내용에 대한 설명을 써넣기도 하였다. 그러한 삽화들 중 일부는 외설적이기까지 하며,[63] 모두 교황권에 대해 상상할 수 없을 정도의 깊은 증오를 표현하고 있다. 그러한 증오는 의심할 바 없이 그 당시 사람들을 지배하던 감정이었고, 그 때문에 그 삽화들은 사람들의 마음속 가장 밑바닥에 있는 본능을 자극하였을 것이다. 루터는 라틴어 표제에 독일어로 쓴 설명을 삽화에 붙여 넣기도 했으며, 그 기본적인 내용은 교황과 그의 추기경들을 목매달아야 한다는 것이었다.

3. 유대인에 관한 루터의 저술

16세기의 시대적 문제들과 관련된 논쟁 가운데서 유대인에 대한 루터의 태도는 하나의 어두운 부분을 이루고 있다. 당시에는 일반적으로 유대인에 대한 반감이 심했고, 그것이 루터의 태도에도 큰 영향을 주었으리라는 것은 분명하다. 그러나 이러한 루터의 태도와 관련된 문제들은 보다 깊은 차원의 논의를 필요로 한다. 여기에는 신학, 개종, 그 당시 만연했던 편견들, 그리고 타 종교의 배척과 같은 문제들이 관련되어 있다. 특별히 우리는 루터가 처음에는 유대인에 대해서 훨씬 개방적인 태도를 가지고 있었다는 점에 주목할 필요가 있다. 그러나 생애 후반에 루터는 유대인을 격렬하게 공격하였고, 이러한 그의 행위는 히틀러 시대의 유력한 국가사회주의자들에 의해 이용되기까지 하였다. 그들은 루터를 자신들의 반셈주의Antisemitismus[반유대주의]와 유대인 박해를 뒷받침해 주는 후원자로 삼았다.[64] 1523년 루터는 『예수는 유대인으로 태어났다 *Daß Jesus Christus ein geborener Jude sei*』라는 저술을 출판하였다. 이 책에서 루터는 유대인에 대해 상당히 개방적인 태도를 보여주고 있다. 이것을 보면 심지어 유대인과 그리스도인의 관계에 있어서 새로운 시대에 접어들었다고 생각하게 된다. 그러나 루터의 후기 저술은 이와는 대조적으로 유대인을 사회로부터 격리할 것을 진지하게 제안하고 있다.

유대인에 관한 루터의 저술을 평가할 때 우리는 그 구체적인 상황뿐만 아니라, 그 당시 유대인과 그리스도인의 관계에 대한 일반적인 배경을 고려하지 않으면 안 된다. 또한 유대인에 대한 루터의 태도는 "인종적인" 문제가 아니라, 신앙적인 차이에 초점이 맞추어져 있었다는 사실을 기억해야만 한다. 그럼에도 불구하고 루터가 초기에 농민전쟁에서 그러했던 것처럼, 유대인에 대해서 지나치게 과격한 말을 많이 하였다는 것은 의심의 여지가 없다. 그렇게 함으로써 비록 의도한 것이 아니었다 할지라도, 루터 자신의 말이 자기들의 목적을 정당화하고자 그를 활용하려는 세력들에 대한 승인으로 받아들여질 수 있는 여지를 남겨 놓았다.[65]

4. 루터의 성격에 대한 이해

루터의 논쟁 어조에 대해서 묵과할 수 없는 것처럼, 또한 우리는 루터가 그러한 과격한 저술의 저자에게서는 결코 기대할 수 없을 부드러운 감정과 정서를 가진 사람이었음을 강조하지 않을 수 없다. 한 아내의 남편이자 아이들의 아버지로서, 친구와 동료로서, 그리고 자신의 제후들과의 관계에서 루터는 그 누구도 따라가기 어려울 만큼 따뜻한 감성과 배려심을 보여주었다. 이러한 성격은 음악을 소중히 여긴 그의 성향에도 상응하는 것이다. 루터는 자신의 집에서뿐만 아니라 개신파 교회에서도 음악이 중요한 역할을 한다는 것을 강조하였다. 루터는 음악이 그의 영적 시련을 위해 도움이 되었다고 생각하였다. 음악은 악령을 몰아내고 믿음을 강화시켜 준다. 또한 우리는 목회자로서 루터가 얼마나 친절하고 지혜롭게 행동했는지를 살펴보아야 한다. 그러나 루터는 특별한 요구를 가지고 그를 만나는 개개인을 대할 때, 그가 쉽게 양보하는 사람이라는 그릇된 생각을 그들로 하여금 갖게 하지 않도록 조심했으며, 때때로 그 자체로 유효하다고 여겨지던 규범들을 무시하기도 하였다. 그러한 예는 비록 분명 문제의 소지가 많은 결정이 되긴 하였지만 필리프의 중혼에 대해 루터가 취했던 행동에서 볼 수 있다.

물론 루터의 거친 성격에만 초점을 맞추는 것이 일방적이 될 수 있는 것처럼, 예술가적이고 심미적인, 그리고 "긍정적인" 측면에서만 그의 성격을 묘사하는 것도 일방적인 일이 될 것이다. 우리는 이미 루터의 영적 시련이 정상적인 범위를 벗어난 것임을 살펴보았다. 물론 그렇다고 해서 그의 영적 시련을 단순히 병적으로만 보는 것은 잘못된 일이지만, 루터의 성격은 그의 영적 시련의 경우와 마찬가지로 평범함의 한계를 넘어서는 매우 다양한 방법으로 표현된다. 그러므로 루터를 정당하게 이해하고자 한다면, 우리는 그의 성격의 엄청난 다양성을 인정할 수 있는 열린 태도를 가져야 하고, 또한 어떤 특별한 영역도 무시하지 않도록 해야 한다. 그를 영웅으로 만드려는 맹목적인 시도는 단순히 그를 거부하거나 폄하하는 것과 마찬가지로 문제가 있는 것이다.

11장. 루터의 사명 의식

1. 루터의 자기 이해

자신이 담당한 역사적인 사명에 대한 루터의 자기 이해는 그의 논쟁 방식의 분석과 관련이 있을 뿐만 아니라, 그 주제 자체로서도 대단히 중요한 것이다. 루터의 자기 이해는 확실히 그의 행동을 이해하는 데 큰 도움이 될 수 있다.

    루터는 자신의 삶과 일에 대해서 자주 이야기했다. 그의 말은 교언영색이나 자화자찬과는 거리가 먼, 놀라울 만큼 자유로움으로 가득 차 있었다. 루터는 자신은 결코 자발적으로, 혹은 미리 준비된 계획을 가지고 대중 앞에 나서게 된 것이 아니었다고 반복해서 강조하곤 했다. 그와는 반대로 하나님이 그로 하여금 그러한 과제를 수행하도록 강요하셨다. 구약성경에 나오는 수많은 예언자들처럼, 루터도 *rapi*(문자적으로 "감동에 이끌려")에 의해 말하게 된 것이었다. 말하자면, 그는 특별한 재능이나 공로 때문에 하나님으로부터 소명을 받은 것이 아니었다. 그 때문에 자기 자신이 중요한 것이 아니다. 1519년

10월 3일, 슈타우피츠에게 보낸 편지에서 루터는 하나님은 "많은 마르틴들"을 세우실 수 있다고 말했다.[66] 루터는 비텐베르크에 머무는 동안 계속 그러한 태도를 유지하고 있었다. 그는 그의 추종자들이 스스로를 루터파Lutheraner로 부르는 것에 대해 거듭 반대했다.

"첫째로 나는 사람들이 나의 이름을 사용하지 않기를 요구한다. 그들은 스스로를 루터파라고 부를 것이 아니라, 그리스도인이라고 불러야 한다. 루터가 무엇인가? 무엇보다도 그 가르침은 내 것이 아니다. 나는 어느 누구를 위해서도 십자가에 달리지 않았다. 고린도전서 3장에서 성 바울은 사람들이 스스로를 베드로파나 바울파라고 부르는 것을 허락하지 않았고, 오직 그리스도인이라고 부르는 것만을 허락했다. 그런데 어떻게 지독하게 악취가 나는 구더기 사료와 같은 내가 그리스도의 자녀들을 나의 가련한 이름으로 부르도록 할 수 있겠는가? 사랑하는 친구들아, 그렇게 할 수는 없다. 모든 당파의 이름을 폐지하고, 우리 자신을 그리스도인이라고 부르자. 우리는 그분의 가르침을 붙잡고 그분을 따르는 것이다. 교황파는 당연히 당파의 이름을 가질 수 있다. 왜냐하면 그들은 그리스도의 교훈과 이름에 만족하지 못하고, 교황파가 되기를 원하기 때문이다. 그들이 교황파가 되도록 내버려 두자. 교황이 그들의 주인이기 때문이다. 나는 어느 누구의 주인도 아니고 또 주인이 되기를 원하지도 않는다. 나는 보편적인 교회와 함께, 우리의 유일한 주인이신 그리스도의 보편적인 교훈을 붙들고 있다."[67]

1522년에 루터는 이 문제에 대해서 다소 부드럽게 표현한다. "만약 당신이 루터의 가르침은 복음에 따른 것이고 교황은 그렇지 않다는 것을 확신한다면, 당신은 루터를 완전히 버려서는 안 된다. 당신이 어쨌든 그리스도의 가르침이라고 인정한 루터의 가르침도 함께 버리게 될지 모르기 때문이다. 당신은 오히려 이렇게 말해야 한다. 루터가 악당이든 성자이든 나는 상관하지 않는다. 그의 가르침은 그의 것이 아니라 그리스도의 것이다."[68]

2. 종교개혁자 루터?

우리가 찾을 수 있는 어떤 기록에서도 루터는 단 한 번도 자신을 교회의 개혁자로 주장한 적이 없었다. 개혁에 대한 자신의 이해 자체 때문에 그는 그러한 주장을 할 수 없었다. 루터가 등장하기 전에 이미 종교개혁은 요구되었으며, 그 개혁의 시대를 기대하는 다양한 견해들이 존재하고 있었다. 대단히 상이한 기원과 목적을 가진 정치적이고 교회적인 모든 운동들이 "개혁"이라는 슬로건을 사용하는 데 있어서는 일치하였다. 루터에 관한 한, 그는 자신이 교회의 개혁을 일으켰다고 주장하지 않았다. 이는 루터의 겸양 때문이 아니라, 그가 개혁에 대하여 일반적인 이해와는 다른 이해를 가지고 있었기 때문이다.

루터가 개혁이라는 단어를 사용한 가장 이른 시기의 저술들 속에서도 그에게 중요한 것은 순수한 복음을 선포하는 것, 인간적 교리를 포기하는 것, 그리고 바른 신앙을 가르치는 것이었음이 분명하게 드러난다. 개혁은 결국 인간에 의한 것이 아니라, 하나님에 의해서 성취되는 것이었다. 소위 종교개혁의 성경적 원칙이라고 부르는 것도 이러한 이해와 밀접한 관련이 있다. 그러나 근본적으로 이 "원칙"은 종교개혁을 위한 조건들을 창조하는 역할을 하는 것이고, 그 자체로서 종교개혁과 동일시될 수는 없는 것이었다.

루터는 이러한 의미에서 교황청이 개혁에 대해 열린 태도를 갖지 못하는 데에는 두 가지 이유가 있다고 생각했다. 먼저 인간적 전통이 로마 안에 너무 견고하게 확립되어 있어서 하나님의 말씀은 그 밑에 덮여 버렸고, 그래서 더 이상 순수한 말씀으로 들리지 않게 되었다. 둘째로, 교회 지도자들이 회개하려고 하지 않기 때문에 회심이 이루어지지 않는다. 루터는 그들이 교회의 외적인 권력의 위상에만 관심을 가지고 있다고 생각했다.

3. 신학 박사

루터가 그의 전 생애 동안 자신의 행동을 정당화하기 위해 의지했던 유일한 공직은 신학 박사였다. 루터는 면죄부 논쟁 초기에 쓴 글에서도 자신은 교황의 사도적 권위에 의해서 신학의 교사로 임명되었다고 언급했다. 그러므로 그는 그 당시 모든 대학과 교회 전체가 공개적으로 해오던 관습에 따라 면죄부 문제뿐만 아니라, 그보다 훨씬 더 중요한 형벌의 감면권과 죄의 사면권에 관해서도 공개적으로 토론할 수 있는 권리를 가지고 있다고 말했다.[69] 후에 루터는 이에 대해 더욱 날카로운 방식으로 다음과 같이 말하였다.

"그러나 나 루터 박사는 이 일에 소명을 받고, 내 자신의 의도가 아니라 복종함으로 박사가 되었다. 그때 나는 이 직무를 수락하며, 성경을 신실하고 순수하게 가르치고 설교할 것을 나의 가장 사랑하는 성경을 두고 맹세해야 했다. 내가 이렇게 가르침에 전념하고 있을 때, 교황권은 나의 길을 가로막고 나의 일을 방해하고자 했다. 그런 일이 어떻게 진행되어 왔는지 모든 사람에게 명백하게 드러났다. 그리고 그런 일은 앞으로 여전히 더 심해질 것이다. 그러나 교황권은 나를 방해하지 못할 것이다. 하나님의 이름과 소명 안에서 나는 사자와 독사 위를 걸어갈 것이며, 그리고 나의 발로 사자와 독사를 짓밟을 것이다."[70]

루터는 성경 교수로서 자신이 교회의 가르침과 설교에 대해 책임을 맡고 있다고 굳게 확신하였다. 어떤 사람도, 심지어 교회의 권위까지도 이러한 그의 책임을 방해할 수 없다.

그래서 루터는 자신의 일차적인 과제는 성경을 해석하는 것이라고 생각했다. 이것이 교수로서 자신이 해야 할 첫 번째 의무였다. 우리는 루터가 대학교수였고, 그리고 독일의 종교개혁은 같은 시기에 진행된 대학의 개혁과 밀접한 관계가 있었다는 사실을 잊어서는 안 된다. 대체로 대학의 개혁은 그 근본적인 원리가 궁극적으로는 로마가톨릭 대학 안에서도 효과를 나타내고 있었다는 점에서 교회의 개혁보다 더 성공적이었다. 이와는 대조적으로 교회의 개혁은 교회 안에 분열을 가져왔다.

이러한 자기 이해 때문에 특별히 1520년에 루터는 개혁을 위한 특정한 제안들을 내놓기도 하였다. 그러나 루터는 종교개혁을 일련의 개별적인 개혁 프로그램의 도입과 동일시하지 않았다. 하지만 루터는 특정한 변화를 통해 교회가 권력에 대한 주장을 포기하고 하나님의 말씀만을 신뢰하는 일이 모범적으로 드러나기를 기대하였다. 물론 우리는 이러한 루터의 근본적인 입장은 하나의 한계를 가지고 있었다는 사실을 인정해야만 한다. 로마가 루터와 종교개혁을 원칙적으로 거부하는 한, "복음"에 호소하는 것은 강력한 무기였다. 그러나 16세기에 로마 가톨릭과 개신파 사이의 대화가 상대적으로 심각해지거나, 그리고 종교개혁의 관점에서 볼 때 변화되어야 할 사항들을 더 정확하게 표현하는 것이 필요한 경우에는 단지 복음에 호소하는 것만으로 불충분했다. 1530년 아우크스부르크에서, 그리고 1540년과 1541년 보름스와 레겐스부르크에서 열린 종교 회담에서 바로 이와 같은 어려운 상황에 직면해야 했던 사람은 멜란히톤이었다. 어찌 되었든 복음에 호소하는 일은 교회와 신학과 관련된 많은 실제적 질문들에 대해서 토론하며 대답을 구하는 과제를 회피할 수 없는 것이었다. 로마 가톨릭과 개신파의 대치가 거의 영구적으로 지속되면서, 개신파의 이러한 현저한 약점은 겉으로 드러나지 않을 수 있었다. 그러나 오늘날 에큐메니즘 시대에 들어서면서 개신교인들은 비로소 그들을 기다리고 있었던 과제에 주목하게 되었다.

어찌 되었든 루터는 근본적으로 자신이 한 것은 아무것도 없다는 생각을 유지하였다. "나는 단지 하나님의 말씀을 가르치고, 선포하고, 그리고 기록했을 뿐이다. 그 이외에는 아무것도 하지 않았다. 그리고 내가 잠을 자는 동안에, 또한 나의 친구 필리프와 암스도르프와 비텐베르크 맥주를 마시는 동안에, 말씀은 어떤 제후나 황제보다도 더 강력한 힘으로 교황권에 타격을 주었다. 나는 아무것도 하지 않았고, 말씀이 모든 것을 하였다. 나는 아무것도 하지 않았다. 나는 단지 말씀이 그 일을 하도록 했을 뿐이다."[71] 하나님의 말씀이 홀

　　　　　　　　　Ⅲ. 당대의 논쟁에서 루터의 역할

로 일한다는 원칙만으로 충분하지 않은 상황을 인정할 수밖에 없는 경우에도 루터의 이러한 근본 입장은 유지되었다. 루터의 자기 이해의 독특성은 그가 항상 자기 자신이 아닌, 오직 그가 대변하는 것에 관심의 초점을 맞추었다는 사실에 있다.

그러나 이러한 의미에서 루터는 그의 역사적인 소명에 대해서 대단히 발전된 의식을 가지고 있었다. 자기 자신이 어떤 가치가 있는 사람이든 그렇지 않든 간에, 그는 성경에 보존되어 있는 대로의 복음의 진실, 자신의 영적 시련 가운데서 그에게 새로운 빛을 비추어 주고 흔들리지 않는 확신을 준 그 복음의 진실을 부패한 교회에 대항해서 대변해야 하는 사명을 받았다. 이러한 면에서 루터는 스스로를 사도들로부터 시작하여 후스와 같은 순교자들에 이르기까지 긴 줄을 이루고 있는 복음의 증인 중의 한 사람으로 생각했다. 오랫동안 루터는 자신도 순교를 당할 것이라고 생각하고, 내적으로 준비를 하고 있었다. 기꺼이 순교하겠다는 이러한 태도가 바로 루터에게 세속적 권위와 교회의 권위 모두에 대항할 수 있는 놀라운 용기를 준 것이었다. 로마, "열광주의자들", 농민들, 뮌처, 에라스뮈스, 혹은 츠빙글리와 같은 다양한 적대자들과 논쟁을 벌일 때 보여주었던 루터의 엄청난 확신감은 그의 성격에서 나온 것이 아니라, 성경에 근거한 종교개혁적 자기 이해에서 비롯된 것으로 이해해야 한다.

루터의 자기 이해는 그의 95개 논제 안에서 가장 분명하게 표현된다. 서문에서 루터는 다음과 같이 말한다. "진리에 대한 사랑과 진리를 조명하려는 의지에서 다음과 같은 논제들을 문학과 거룩한 신학의 석사이며, 정규 신학 교수인 신부 마르틴 루터의 사회로 비텐베르크에서 토론하고자 한다. 그러므로 직접 참여할 수 없어 구두로 우리와 토론하지 못하는 모든 사람에게 문서를 통해 토론하기를 요청한다. 우리 주 예수 그리스도의 이름으로 아멘."[72] 루터는 수많은 다른 논제들 가운데서는, 특별히 하이델베르크 토론이나 라이프치히 논쟁 때에도 이와 달리 그리스도의 이름으로 말한다고 주장하지 않았다. 그는 그리스도의 이름으로 말하지 않았다. "열광주의자들"에게 대항할 때도 역시 그리스도의 이름으로 말한다는 주장을 하지 않았다. 면죄부에 관한 95개의 논제는 이러한 면에서 루터의 전체 문헌 중에서 특별히 두드러지는 것이다.

비록 루터는 그가 대변하는 사건의 훨씬 뒤편에 자신의 자리를 두었지만, 그는 당시의 수많은 역사적인 변화들의 본질 및 의미와 그 시대의 문제들을 인식하고 그것들을 분명하게 밝힐 수 있는 능력을 가지고 있었다. 이러한 면에서 동시대인 중 루터와 견줄 수 있는 사람은 없었다. 이렇게 놀라운 통찰은 결코 그의 예민한 직감에서 나온 것이 아니었다. 루터는 문제를 가장 깊은 차원에서 철저하게 탐구할 수 있었고, 그러므로 문제의 영적 차원을 명료하게 파악하는 비상한 능력을 보였다. 루터는 매사에 늘 이러한 능력을 보여주었는데, 그렇다고 그는 단순화의 오류에 빠지지 않았다. 이러한 루터의 심층적 분석 능력의 예를 우리는 비텐베르크 대학교의 개혁과 관련해서나, 혹은 로마나 열광주의자들과 관련된 중대한 신학적 문제들을 다룰 때 그가 취한 입장에서 볼 수 있다. 농민전쟁 때 루터는 정부의 과제, 복종과 반란, 그리고 세속적인 목적을 위한 복음의 오용 문제 등이 중요한 관련 주제라고 파악하고, 그것을 어느 누구보다도 명백하게 밝혔다. 터키와의 전쟁이나 독일의 미래에 대한 그의 분석은 그 당시 상황에서는 때로 예언적인 성격을 보이기도 했다. 문제를 깊이 파악할 수 있는 루터의 능력에 관한 분명한 하나의 예를 1530년 아우크스부르크 제국 의회 기간에 있었던 일에서 찾아볼 수 있다. 그 회의에서 화해를 위한 긴장된 노력이 최고조에 달했을 때, 루터는 유스투스 요나스Justus Jonas에게 서신을 보내 자신의 의견을 표명하였다. 사제의 결혼이나 성만찬에서 일반 신자에게도 포도주를 분배하는 것 등의 문제들은 비교적 쉽게 타협을 이룰 수 있지만, 교리와 관련된 문제들은 어려울 것이다. 그러나 루터는 정치적인 연합을 위해서 교리적인 불일치는 수용해야 할 것이라고 말했다.[73] 여기에서 루터는 25년 후 아우크스부르크 종교 평화 협약에서 실현될 일을 앞서 제안한 셈이었다. 그때 실제로 교리적 상호 이해에 도달하려는 시도들은 모두 실패로 끝나기 때문이다.

루터는 모든 사건의 우연성에 대해서 깊은 의식을 갖고 있었다. 어떤 사건과 그것의 발전은 미리 예견될 수 있는 것이 아니다. 그 반대로 항상 우리의 모든 합리적인 예견을 배반하는 놀라움들이 있다. 그리고 역사는 균열과 단절들, 측량할 수 없는 심연들로 가득 차 있다. 루터에게 역사는 하나님의 계시가 아닌, 하나님의 은폐이다. 정확하게 이 이유로 복음을 선포하는 것이 더욱 중요하다. 왜냐하면 복음 안에서 하나님은 사람들에게 그분의 뜻을 나타내 보이시고, 동시에 이 세상 사건의 가면 아래에서 숨어 일하시는 그분의 손을 믿을 수 있는 능력을 주시기 때문이다. 그러므로 바르게 이해하자면, 이처럼 사건의 "헤아릴 수 없음"에 대한 인식이 루터의 사명 의식을 강화하는 역할을 하였다. 복음을 더욱 크게 선포하는 일만이 희망 없는 이 세상에서 사람들에게 무언가 붙잡을 수 있는 것을 제공한다.

이러한 루터의 특별한 사명 이해, 그리고 다양한 상황의 참된 본질을 날카롭게 파악할 수 있는 그의 능력으로 인해, 그의 말은 독일 어권에서 누구도 그와 견줄 수 없을 정도로 큰 영향력을 발휘하였다. 흔히 언급되는 그의 창조적인 언어 능력은 이러한 맥락에서 보아야만 한다. 그의 재능은 단지 언어와 그 가능성을 다루는 비범한 구사력에 그치는 것이 아니었다. 비록 그 점에서도 루터는 대단히 큰 업적을 남겼지만, 그의 언어 능력은 사람이나 사건의 깊은 바닥을 드러낸다는 점에서 독창성을 갖는다. 이러한 재능으로 인해 루터의 말은 더할 나위 없는 직설적인 성격과 정확성을 보여주었다. 죽어 가는 사람을 위로할 때나, 일상적인 정치 문제에 대해 충고할 때나, 신학적인 논쟁에서 자신의 견해를 표명할 때나, 아니면 개신파 교회를 위해 찬송가를 작곡할 때나 루터는 다른 이들은 단지 짐작만 하는 것을 바로 표현할 수 있었다. 소란스러웠던 종교개혁 초기에 루터는 단순히 민중의 대변자로만 보였을지 모르지만, 결코 그는 그러한 대변자에 그치지 않는, 사람들에게 성경의 전권(全權)을 가지고 말하는 자였다.

Ⅳ. 루터의 저작

1장. 서론

1. 자신의 저술에 대한 루터의 평가

엄청난 양의 글을 써낸 루터가 저술가로서의 긍지를 전혀 보이지 않았다는 사실은 놀라운 것이다. 그는 반복해서 자신의 저술을 신랄하게 비판하였다. 루터는 자신의 독일어 저술의 비텐베르크 전집 제1권 서문[1539]에서 다음과 같이 말했다. "나는 나의 모든 책이 감추어지고 버려지는 것을 볼 수 있다면 참으로 기뻐할 것이다."[1] 때때로 한두 권을 이러한 혹평에서 제외시켰지만, 근본적으로 자신의 문학적 작업을 낮게 평가하는 그의 태도는 변하지 않았다. 그의 이러한 태도는 겸손을 가장한 것이 아니었다. 루터는 자신의 저술을 그의 적대자들의 것과 비교해서 가치 있게 평가할 수 있었고, 다른 성경 번역들이 자신의 번역을 의존하고 있다는 것도 강조할 수 있었다. 그러나 루터는 그의 저술이 하나님의 말씀인 성경 뒤로 완전히 물러나기를 원했다. 위에서 언급한 서문에서 루터가 작가들을 다음과 같이 풍자적이고 우습게 묘사한 것은 이러한 의미에서 이해될 수 있을 것이다.

"만일 당신이 당신 자신의 작은 책이나 당신이 가르치거나 쓴 것을 가지고 그것을 아름답고 훌륭하게 만들었다고 우쭐해하고 싶다면, 혹은 누군가가 당신을 다른 사람들 앞에서 칭송할 때 크게 기뻐한다면, 혹은 당신이 칭송받기를 원했지만 칭송받지 못했을 때 기분이 나빠져 하던 일을 하지 않는다면, 친애하는 형제여, 만일 당신이 그런 부류의 사람이라면, 그때마다 당신 자신의 귀를 잡아 보라. 당신이 그 귀를 제대로 잡는다면, 당신의 귀는 크고 긴, 그리고 털이 덥수룩한 망아지 귀라는 것을 알게 될 것이다. 그때 돈을 아끼지 말고 그 귀를 황금 종으로 장식하라. 사람들이 당신이 어디를 가든 그 종소리를 듣고 당신에게 손가락질하면서 이렇게 말할 것이다. '보라! 저기 아주 훌륭한 책을 쓸 줄도 알고 설교도 잘 할 줄 아는 똑똑한 짐승이 간다.'"[2]

지금까지 루터의 문학적 작업의 중요한 측면들이 충분히 연구되지 않았다는 것은 이상한 일이다. 그의 개별적인 저술들이나 저술군을 통해서 그의 신학 사상을 다루고, 또 그의 성경 번역과 그것이 독일 언어사에서 갖는 의의를 다루는 연구는 많이 있었다. 브레히트의 연구에서[3] 이에 관해 몇 가지 참고 사항이 될 만한 것을 볼 수 있기는 하지만, 루터가 사용한 문학 유형과 표현 방식에 대해서는 아직까지 충분한 연구가 이루어지지 않았다. 또한 루터의 저술을 문학사의 맥락에서 살펴보는 것도 충분히 시도되지 않았다. 이러한 연구 계획들은 오직 독어독문학자들과 신학자들이 협력함으로써 실행할 수 있다는 것은 자명하다. 보른캄은 저술가로서의 루터에 대해 대단히 훌륭한 윤곽을 제시해 주었고, 이는 아직도 가치 있는 것이지만, 보다 광범위하고 상세한 연구는 브레히트의 저서, 『저술가로서의 루터 *Luther als Schriftsteller*』에서 볼 수 있다.

2. 문학 유형의 독특성

보른캄은 루터의 문학 유형의 특성을 연구한 그의 저서에서 특히 루터의 대단한 유머와 상상력, 그의 적대자들에 대한 조소와 자신에 대한 풍자, 그리고 자신의 저술에 대한 긍지의 결핍 등에 주목하였다. 보른캄은 또한 루터가 이러한 점들에서 동시대 인문주의자들과 전혀 달랐다고 지적한다. 실제로 루터는 그의 글에서 그 당시 인문주의자들 사이에서는 일반적이었던 표현 방식이나 문학 유형을 사용하지 않았다. 이는 그의 독일어 저술뿐만 아니라 라틴어 저술에서도 마찬가지였다. 그러나 동시에 루터는 1518년 이후 잠시 당시의 인문주의적 방식에 상당히 근접하기도 했다. 보른캄은 루터의 표현 방식의 독특성에 주목하였는데, 특히 그의 언어의 리듬과 음색, 모음 유희, 불완전 운각, 두운법, 적절하고 의미 있게 연상시키는 능력, 그리고 풍부한 상상력 등에 주의를 기울였다. 보른캄은 루터의 모든 문학적 산물 가운데서 무엇보다도 성경 해석자로서의 루터를 보아야 한다고 주장했다. "루터는 성경으로부터 전에 듣지 못했던 것들을 끄집어냈고, 성경은 루터로부터 전에 듣지 못했던 것들을 끄집어냈다."[4] 그 밖에도 수많은 논쟁 가운데서 때때로 루터는 한편으로는 그의 반대자들을 직접적으로 겨냥하기도 했지만, 항상 성경을 논쟁의 "제3의 파트너"[5]로 삼아 개입시켰다. 루터는 논쟁에서 성경을 사용함으로써 그의 통찰을 가장 예리하게 발전시킬 수 있었다. 예를

Ⅳ. 루터의 저작

들어, 감추어진 하나님과 계시된 하나님 사이의 구분은 에라스뮈스와의 논쟁이 원인이 되어 발전된 것이다. 브레히트는 보른캄의 연구 결과를 수용하고 많은 면에서 더욱 진척시켰다. 무엇보다 표현 방식의 관점에서 일련의 루터의 저술을 연구하였다.

물론 루터의 문학적 산물을 그 당시 독일어로 쓰인 다른 저술들과 폭넓게 비교하는 일 또한 필요할 것이다. 루터가 찬사, 연설, 또는 대화와 같은 인문주의적 산문 형식들을 사용하지 않았다는 것은 눈에 띄는 점이지만, 루터의 저술을 카를슈타트, 뮌처, 츠빙글리 등의 저술들 및 수많은 소책자들과 비교해 볼 때 두드러지는 차이는 발견되지 않는다. 루터는 종교개혁 진영 내에서 자신만의 특별한 위치를 차지하고 있었지만, 16세기 초에 발전되고 있었던 전반적인 종교개혁은 인문주의와는 대체로 매우 다른 것이었다.

3. 두 개의 언어

루터가 두 개의 언어, 즉 라틴어와 독일어를 구사할 수 있었다는 것에 주목할 필요가 있다. 두 개의 언어로 말하고 글을 쓸 수 있는 능력은 그 자체로 특별한 것은 아니었다. 대부분의 종교개혁자들, 예를 들어 부겐하겐, 츠빙글리, 부처, 브렌츠, 그리고 다른 많은 이들도 두 개의 언어를 구사하였다. 그리고 이러한 사람들이 학문적 저술의 일차적 언어로 대학 강의나 토론에서 보통 사용하는 라틴어를 택했다는 것은 자명한 일이다. 그러나 더 넓은 범위의 대중을 위해서는 주로 독일어를 사용하였다. 루터의 언어 능력이 라틴어 저술보다 독일어 저술에서 더 잘 드러났다는 것은 의심의 여지가 없다. 이것은 라틴어가 독일어보다 더 오래되고, 그래서 발전 가능성이 적었기 때문이 아니라, 대부분의 대중과 마찬가지로 루터도 독일어로 말하며 살고 느끼고 생각했기 때문이다. 그럼에도 불구하고 두 개의 언어로 된 루터의 저술 작업은 통일성의 관점에서 평가될 필요가 있다. 그의 독일어 저술과 라틴어 저술은 다양한 방식으로 서로 연관되어 있다. 그의 초기 강해는 물론 라틴어로 쓰였고, 그 때문에 그 당시 루터의 지적인 활동에 대해 어떤 통찰을 얻으려면 우리는 이 라틴어 강해를 볼 수밖에 없다. 로마와의 논쟁이 시작되었을 때 처음에 루터는 거의 라틴어로 저술 작업을 하였다. 그러나 동시에 루터는 처음으로 독일어 저술을 내놓기 시작했다. 학자들을 대상으로 하는 라틴어 저술은 보다 개방적이고 날카롭다. 그 반면 얼마 후에 같은 주제를 독일어로 저술할 때 루터는 종종 더 부드러운 표현들을 사용하였다.

4. 저술의 상황성

루터의 각 저술의 의도와 구조에 대해서 연구하려면, 루터의 라틴어 저술과 독일어 저술을 상호 간의 관련성 가운데서 평가해야 한다. 분명히 루터의 대부분의 저술은 구체적인 계기로 인해 쓰여진 것으로서 상황적인 성격을 지니고 있다. 루터는 미리 계획을 하고 개요를 세운 뒤에 저술 작업을 한 경우가 거의 없었다. 그러나 그의 학술적인 강연은 상당히 중요한 의미를 갖는 예외적인 경우이다. 이러한 강연에서는 해석 대상인 성경 본문의 선택이 중요성을 지닌다. 그는 "칭의에 대하여" *De iustificatione*라는 논문을 계획했지만, 결국 쓰지 못했다. 그럼에도 불구하고 그의 라틴어 저술 중 몇몇은 독일어 저술보다 훨씬 더 조직적이고 일관성을 가지고 있다. 예를 들어, 『교회의 바벨론 포로』[1520]에서 루터는 성례전 교리에 대해 체계적으로 설명하고 있다. 1521년 가을에 수도서원 논쟁과 관련하여 그가 쓴 논문, 『수도서원에 대한 판단』에서는 대단히 주의 깊게 기술된 체계적인 구성을 볼 수 있다. 이처럼 명료하고 조직적인 글의 구성은 루터의 다른 저술들에서는 볼 수 없다. 그의 독일어 저술뿐만 아니라, 그의 라틴어 저술도 대부분 엄격한 조직화를 추구하지 않았다. 그렇다고 루터가 단순히 반대자들의 주장을 따라가며, 사안별로 반박하는 방식을 추구한 것도 아니다. 오히려 대체로 그는 처음에 자신이 적절하다고 생각하는 대로 논의를 진행시키고 나서, 자신의 입장에서 상대편의 반대 주장을 다루었다. 『노예의지에 대하여』[1525]가 그 대표적인 예이다. 그 과정에서 루터가 그의 반대자들의 견해를 얼마나 정당하게 다루었는지는 때로 대답하기가 어렵다. 단지 루터의 거친 논쟁 어조를 강조하거나, 루터가 늘 다른 출발점에서 시작했다는 말로 이 질문에 답변하는 것은 적절하지 않다. 그 답변은 루터가 표현하려고 했던 그 주제 자체를 근거로 결정되어야 한다.

루터가 거의 항상 특정한 상황에서 매우 분명한 목적을 가지고 글을 썼다는 사실은 그의 전체 사상을 이해하는 데 상당히 중요한 것이다. 한편으로 루터의 사상은 특정한 논쟁의 상황 속에서 전개되는 그의 주장의 노선을 조심스럽게 추적할 때에만 올바로 파악될 수 있다. 그러나 다른 한편으로 루터는 깊이 있는 하나의 전체적인 관점에서 저술 작업을 하였다. 때때로 루터는 조직적인 신학자가 아니라는 평을 듣지만, 그러한 평가는 옳지 않다. 비록 루터는 "신학대전"을 쓰지 않았지만, 대단히 높은 차원의 조직적인 사상가였다.

루터의 라틴어 저술과 독일어 저술 사이에는 중요한 차이점이 있는데, 라틴어 저술이 독일어 저술보다 그가 어떤 전통에 서 있었으며, 또 그 전통에 대해 어떤 태도를 취했는지 더 분명하게 보여준다는 점에서 그렇다. 이 문제는 특별히 전통과의 관계가 분명하게 드러나지 않는 초기 루터와 관련해서 볼 때 복잡한 것이다. 루터가 어떤 전통들을 알고 있었고 또 어떤 전통들에 결정적인 영향을 받았는지에 대해서 많은 것이 밝혀졌지만, 아직 여러 면에서 논란의 여지가 있다. 장소 색인이 실려 있는 루터 전집 바이마르판 제62권[1986]과 인명 및 인용문 색인이 실려 있는 제63권[1987]의 출간에 따라 루터와 관련된 전통들에 대한 연구가 더욱 진척되었다. 물론 이러한 연구는 단지 색인서에만 의존할 수 없다. 왜냐하면 분명하게 언급되지 않았지만 중요한 여러 전통들의 영향이 루터에게서 빈번하게 발견되고, 또한 어떤 전통은 변형 과정을 거쳐 수용되기도 했기 때문이다. 이는 특별히 초기 강해에 있어서 사실이다. 특히 그러한 경우에는 어떤 전통들이 수용되었고, 또 그것들이 어떻게 변형되었는지 정확하게 서술하는 것이 필요하다.

루터에게 중요한 영향을 미친 전통들과 관련하여 다음과 같은 문제들이 논의되어 왔다. 무엇보다 루터가 에르푸르트에서 오컴주의적 신학과 철학을 교육받았다는 것에는 누구도 반론을 제기하지 않는다. 그러나 여기에서는 오컴주의 자체와 구별되는 에르푸르트적인 오컴주의의 독특성이 무엇인지 고려해야 한다. 또한 아무리 늦어도 대략 1509년 이후 초기 루터에게 아우구스티누스가 현저한 영향을 주었다는 것도 확실하다. 그러나 루터는 어떻게 비상한 집중력을 가지고 아우구스티누스의 저술에 몰입하게 되었는가? 그의 수도원의 선배 수도사들이 그 동기를 주었는가? 아니면 그 스스로 주도적으로 아우구스티누스의 연구에 몰두한 것인가? 더 나아가, 루터는 단지 오컴주의적인 관점에서 아우구스티누스를 읽었는가? 아니면 비록 많은 점에서 아우구스티누스를 오컴에게 접근시켰지만, 1509년 이후에 확실하게 "진정한" 아우구스티누스를 알게 된 것인가? 아우구스티누스를 수용하는 데 있어서 인문주의와 신비주의 전통은 루터에게 어떤 의미를 갖는가? 루터에게 영향을 미친 중요한 전통들에 대한 이러한 질문들과 그 밖의 더 많은 질문들은 앞으로 보다 깊은 관심을 요구한다.

이에 덧붙여서 루터의 저술은, 비록 그 방식이 다양하기는 하지만, 대부분 개요가 잘 구성된 체계를 갖추고 있다는 점에 주목하는 것이 중요하다. 예를 들어, 루터가 초기에 저술한 『95개 논제 해설 *Resolutiones disputationum de indulgentiarum virtute*』[1518]을 보면, 루터는 때로 장황한 스콜라주의적 논증 방식을 여전히 사용하고 있다는 것을 알 수 있다. 이는 특히 루터가 그 당시 권위를 가지고 있었던 다양한 주제들을 다룰 때 잘 나타난다. 그러나 루터는 그의 결정적인 주장들을 항상 성경으로부터 이끌어 냈고, 이러한 면에서 그의 주장은 이미 그 시대의 형식을 깨뜨리는 것이었다. 이후로 루터는 일련의 독일어 저술에서 그가 다루는 문제들을 연속적으로 번호를 매겨 분류하였다. 이것이 루터의 "토론 방식"을 반영하는 것인지, 혹은 단순히 논제에 번호를 매기는 평범한 관습을 따른 것인지, 아니면 그의 사상을 단순한 형태로 분류하기 위한 것인지 여부는 논란의 여지가 있다. 루터는 그의 후기 저술에서 때때로 내용에 대한 대략적인 개요나 목차를 만들기도 하였다. 곧 개최될 예정인 공의회에서 개신파의 입장을 밝힐 것을 요청받고 루터가 작성한『슈말칼덴 조항』[1537]이나,『공의회와 교회에 관하여 *Von den Konziliis und Kirchen*』[1539] 등의 논문이 그 예이다. 그러한 개괄적인 분류는 통상적인 것이었지만, 그렇다고 루터는 이를 엄격하게 따르지는 않았다.『수도서원에 대한 판단』을 쓴 이후, 루터가 그 글만큼 주의 깊게 조직적인 저술을 하지 못한 이유는 그가 맡은 일의 부담이 엄청나게 늘어났기 때문이었을 것이다. 로마와의 논쟁이 정점에 이르게 된 이후에 루터는 자신의 글을 조직적으로 구성하는 데 필요한 여유를 갖지 못했다. 유일한 예외로, 바르트부르크에 머물 때 루터는 여유 시간을 가질 수 있었는데, 그러나 그때에도 그는 다른 이유들로 마음이 자유롭지 못했다. 루터는 대학교수, 설교자, 목회자, "개혁자", 조언자, 그리고 신자의 영혼을 돌보는 자[Seelsorger]로서 그에게 주어진 책임들을 동시에 감당해야 했고, 또한 그 일을 위해 대단히 광범위한 서신들을 작성해야 했다. 그 때문에 저술할 시간은 모자랐고, 장황하게 말하는 경향이 더욱 강화되었다.

5. 주석 방법의 변화

루터의 강해 형식은 전통적인 형식들과 비교해 볼 때 대단히 중요한 변화를 보여주고 있다. 형식은 논증하고자 하는 대상을 인식하는 데 중대한 영향을 미친다. 초기에 루터는 이전의 주석가들과 마찬가지로 짧은 방주—행간 방주와 여백 방주로 구별될 수 있는—를 써넣는 방식으로, 그리고 보다 상세한 해석을 제시하는 방식으로 강해를 하였다. 1519년 루터는 그의 두 번째 시편 강해가 시작된 이후, 이러한 장황한 방법의 주석을 포기하고 언어학적 주석과 신학적 해석을 통합시키는 방식을 따르는데, 이는 전통적인 주석 방법과의 관계 단절을 의미하는 것이다. 이러한 변화의 계기는 성경에 대한 루터의 새로운 이해, 특별히 문자와 영의 상호 관계에 대한 새로운 이해에 있다. 이 새로운 주석 방법은 성경 본문뿐만 아니라 세속 문헌들을 해석할 때에도 보편적으로 사용되었는데, 이는 단순히 그 방법이 보다 더 적절하였기 때문이다.

6. 루터와 수사학의 관계

아직까지 충분히 연구되지 않은 주제 중의 하나가 루터와 수사학의 관계이다. 루터 당시의 인문주의자들이 고전적인 수사학을 연구하고 연습하고 있었기 때문에, 루터 역시 위대한 수사학자들에 의해 전수된 연설의 다양한 형식과 요소들에 익숙했다는 것은 분명하다. 넴바흐[U. Nembach]는 루터의 설교에서 퀸틸리아누스[6] 수사학이 나타나는 것을 증명하는 연구를 하였다. 그러나 동시에 루터는 퀸틸리아누스를 비판하기도 했다. 그의 강해를 비롯해 적지 않은 글에서 루터는 확실히 특정한 수사학적 요소들을 취하여 의식적으로 사용하고 있다. 다른 연구자들은 이 주제의 연구를 그 이상으로 진척시키는 데 기여하였다. 물론 루터와 수사학의 관계는 보다 더 넓은 맥락에서 연구되어야 한다. 넴바흐의 연구가 밝힌 것처럼 루터와 퀸틸리아누스 사이에 나타나는 수많은 유사점들은 루터가 퀸틸리아누스를 잘 알고 있었다는 사실을 말해 준다. 그러나 키케로와 아리스토텔레스에 대한 루터의 관계도 더 해명되어야 할 것이다. 더 나아가 루터와 수사학의 관계는 루터의 사상의 역사적 근원이 무엇인가라는 특별한 물음과 관련된 것으로서 이에 대해 더 많은 연구가 요청되고 있다. 고대의 화법과 표현 방식의 수용 및 변형에 대한 연구만큼이나 루터의 신학과 수사학의 관계가 실제적으로 어떠한 것인지를 묻는 일도 역시 중요하다. 지난 수십 년간 루터의 해석학과 문법에 대한 연구가 집중적으로 이루어져 왔지만, 이 특별한 질문에 답변하는 데 유용한 연구는 아직까지 없다. 처음으로 도크호른Kl. Dockhorn이 그 시도로서 특정 본문들에 대한 중요한 연구를 수행했지만, 아직 더 많은 연구가 필요하다. 루터에게 있어서 신학과 수사학을 서로 상반되는 것으로 일반화하는 것이나, 양자의 독립성을 성급하게 주장하는 것은 모두 도움이 되지 않는다. 루터가 수사학을 수용하거나 비판한 것은 그렇게 단순한 방식으로 다루기에는 훨씬 더 복잡한 문제이다.

7. 루터의 저작의 문학 유형

우리는 루터의 라틴어 저술과 독일어 저술 가운데서 비록 항상 순수한 형태로 나타나지는 않지만, 수많은 문학 유형들이 사용되고 있다는 것을 확인할 수 있다. 아래의 유형 분류는 일관되게 각 저술의 "삶의 자리"Sitz im Leben와 일차적인 저술 의도에 근거하여 시도된 것이다. 이 분류는 완전한 것이라고 주장될 수 없다. 다만 루터의 저작의 문학 유형들을 잠정적으로 정의해 보려는 시도일 뿐이다.

1) **성경 강해와 주석**Vorlesungen und Kommentare zu biblischen Büchern: 루터는 학문적인 작업으로서 대단히 많은 성경 강해를 제공하였는데, 주로

구약성경의 책들을 많이 해석하였다. 몇몇 책은 여러 번에 걸쳐 해석한다. 이러한 강해들 중 일부는 루터 자신의 강의 원고 형태로, 일부는 그의 구술을 받아쓴 필기 노트 형태로 보존되었다. 그중 다수는 루터 자신에 의해 출판되었고, 다른 어떤 것은 그의 학생들이나 친구들에 의해 편집되었다. 1530년 이후에 나온 후기 강해의 경우, 루터 자신의 해석과 다른 이들에 의해 편집된 부분이 비교되는 곳에서 때로 다소 심각한 수정들이 발견된다. 이는 루터가 아니라 편집자들의 신학에서 기인한 것이라는 점을 고려할 필요가 있다. 이러한 전승의 문제는 단지 창세기 강해[1535-1545]뿐만 아니라, 갈라디아서 강해[1531-1535]와 다소 후기의 다른 강해들에서도 발견할 수 있다. 그러므로 확실한 본문을 인용하기 위해서는 이전보다 훨씬 더 각별한 주의를 필요로 한다. 그동안 수행된 수많은 연구에서 루터 자신의 원고와 그의 구술 기록, 혹은 편집된 부분들 사이를 구별하지 않고 분별 없이 인용한 것은 방법론적인 면에서 절대 용인될 수 없는 일이다.

2) **성경 해석**Schriften zur Bibelauslegung: 이 범주와 앞의 범주 간의 경계선은 분명하지 않다. 루터의 성경 해석 중 다수는 그의 다양한 "설교 강해들"Postillen이나 시편 118편의 해석인 『아름다운 고백 *Das schöne Confitemini*』 등과 같이 본래 출판을 목적으로, 또한 그의 강해를 듣는 학생들이 아닌 다른 대중 독자에게 읽히기 위해 저술된 것이었다.

3) **학문적인 토론**Akademische Disputationen: 토론은 중세 후기 대학교에서 대단히 중요한 역할을 하였다. 1516년 이후 루터 자신도 수많은 토론을 가졌다. 로마와의 논쟁이나 종교개혁 내부에서 일어난 후기 논쟁 과정에서 많은 중요한 결론들이 토론을 거쳐서 만들어졌다. 이와 관련해 중요한 루터의 저술은 일찍이 1517년 9월 4일에 발표

된 『스콜라 신학 반박문 *Disputation gegen die scholastische Theologie*』이다. 그리고 특별히 중요한 것은 1517년 가을에 면죄부 문제를 토론 형식으로 제기하기로 한 루터의 결정이다. 이미 이 초기부터 토론 방식은 중세 후기와 비교해 볼 때 완전히 다른 기능을 갖게 되었다. 토론은 신앙의 근본 문제들에 관하여 공개적인 논쟁을 가능하게 했고, 갈등의 본질을 분명하게 드러냈으며, 결정으로 안내하는 역할을 하였다. 때로 도시에 종교개혁을 도입하는 과정에서 토론은 매우 중요한 역할을 하였다. 루터는 토론이 학생들을 위해서도 매우 가치 있는 교육 방법의 하나라고 여겼으며, 이러한 루터의 입장은 그의 후기 토론에서 더욱 분명하게 드러난다.[7]

다른 한편, 루터가 참여했던 초기 토론의 본문들을 복구하는 것도 매우 중요한 일이다. 그 본문들은 초기 토론과 관련된 많은 문제들을 조명해 주고 있기 때문이다.[8]

4) **묵상집**Meditative Betrachtungen: 이것 또한 대부분 성경 해석 자료들이지만, 전체적으로 묵상적인 성격이 강하다. 『7편의 참회 시편 강해 *Die sieben Bußpsalmen*』[1517], 『마리아 찬가 *Magnificat*』[1521] 등이 여기에 속한다.

5) **설교**Sermone: 많은 설교문이 실제 설교의 산물이지만, 여기에서 말하는 범주의 설교는 그 당시 실제적으로 문제가 된 교회적, 신학적 주제들을 다루고 있는 보통 짧은, 때로는 긴 논문이다. 예를 들면, 『면죄부와 은혜에 관한 설교 *Ein Sermon von Ablaß und Gnade*』[1518], 『참회의 성례에 관한 설교 *Ein Sermon vom Sakrament der Buße*』[1519], 『거룩하시고 진실하신 그리스도의 몸의 성례와 형제애에 관한 설교 *Ein Sermon vom hochwürdigen Sakrament des hl. wahren Leichnams Christi und von*

den Bruderschaften』[1519], 『새로운 계약, 곧 거룩한 미사에 관한 설교 *Ein Sermon vom Neuen Testament, das ist von der hl. Messe*』[1520] 등이 여기에 속한다. 후기 루터는 어떤 특별한 목적의 저술을 위해 "설교"라는 제목을 잘 사용하지 않았다. 이 후기에 "설교"라는 제목이 붙여진 글은 대부분 실제 회중 설교의 원고를 인쇄한 것이다(아래 16번과 비교).

6) **논문**Abhandlungen: 이 범주는 다른 저술들, 특별히 토론집이나 다양한 논쟁집과 밀접한 관련이 있다. 그러나 대부분의 논문들은 흔히 논쟁적인 성격을 가진다. 예를 들면, 『95개 논제 해설 *Resolutiones disputationum de indulgentiarum virtute*』[1518], 루터가 에크와의 라이프치히 논쟁을 준비하며 작성한 교황권에 대한 논문, 『교황의 권력에 대한 13번 제안에 관한 루터파의 결의문 *Resolutio Lutheriana super propositione sua decima tertia de potestate papae*』[1519], 그리고 『수도서원에 대한 판단 *De votis monasticis iudicium*』[1521] 등이 그것이다. 논쟁적인 성격은 상대적으로 약하지만, 『그리스도의 거룩한 몸의 성례 경모 *Von Anbeten des Sakraments des hl. Leichnams Christi*』[1523]와 같은 성만찬에 대한 논문과 『번역과 성자들의 중보에 관한 루터 박사의 공개편지 *Ein Sendbrief D. M. Luthers. Vom Dolmetschen und Fürbitte der Heiligen*』[1530] 등도 이 범주에 포함시킬 수 있을 것이다.

7) **논박문**Streitschriften: 이 범주에는 특별히 매우 많은 루터의 저술이 포함되는데, 예를 들면, 『에크의 단검표들을 반대하는 루터의 별표들 *Asterisci Lutheri adversus Obeliscos Eckii*』[1518], 『교황의 권력에 관한 실베스테르 프리에리아스의 대담에 대한 응답 *Ad dialogum Silvestri Prieratis de potestate papae responsio*』[1518], 『교회의 바벨론 포로 *De Captivitate Babylonica Ecclesiae Praeludium*』[1520], 『새로운 에크의 교서와 거짓말에 대

하여 *Von den neuen Eckischen Bullen und Lügen*[1520], 『로마의 교서에 의해 부당하게 정죄된 마르틴 루터 박사의 모든 조항들 *Assertio omnium articulornm M. Lutheri per bullam Leonis X. novissimam damnatorum*』[1520], 『실베스테르 프리에리아스를 옹호하는 우리의 훌륭한 교사 암브로시우스 카타리누스의 책에 대한 루터의 응답 *Ad librum eximii magistri nostri Mag. Ambrosii Catharini, defensoris Silv. Prieratis acerrimi, responsio M. Lutheri*』[1521], 『라토무스 반박문: 루뱅 대학교의 선동적 궤변론자들을 대변하는 라토무스의 주장에 대한 반박 *Rationis Latomianae pro incendiariis Lovaniensis scholae sophistis redditae, Lutheriana confutatio*』[1521], 『천상의 예언자들에 반대하여 *Wider die himmlischen Propheten, von den Bildern und Sakrament*』[1525], 『노예의지에 대하여 *De servo arbitrio*』[1525], 『마귀가 세운 로마 교황권을 반박하여 *Wider das Papsttum zu Rom, vom Teufel gestiftet*』[1545], 또한 성만찬 논쟁 기간 동안 쓰인 대부분의 저술이다.

8) **예배에 관한 저술**Schriften zum Gottesdienst: 이 범주에서 가장 중요한 저술은, 『비텐베르크 교회를 위한 미사 및 성만찬 의식서 *Formula missae et communionis pro ecclesia*』[1523], 『독일어 미사 및 예배 의식서 *Deutsche Messe und Ordnung Gottesdiensts*』[1526], 『참 그리스도인 주교 성별 의식서 *Exempel, einen rechten christlichen Bischof zu weihen*』[1542] 등이다. 조금 더 넓은 의미에서, 세례, 성만찬, 참회, 고해와 사죄, 약혼과 결혼 등에 관한 루터의 수많은 저술과 그의 기도서 및 찬송가(아래 17번 참조) 등도 여기에 포함시킬 수 있다.

9) **소책자와 표제글**Flug- und Programmschriften: 여기에서 다시 한 번 루터의 다른 저술과의 분명한 경계를 정하기가 어렵다. 이 범주에 속하는 가장 중요한 저술은, 『기독교 영지의 개혁에 관하여 독일 그리

스도인 귀족들에게 고함 *An den christlichen Adel deutscher Nation von des christlichen Standes Besserung*』[1520], 『그리스도인의 자유 *Von der Freiheit eines Christenmenschen*』[1520], 『회중이 교리를 판단하고 교사들을 소명, 임명, 혹은 파면할 수 있는 권리를 가지고 있음은 성경이 확증하는 것이다 *Daß eine christliche Versammlung oder Gemeine Recht und Macht habe, alle Lehre zu urteilen und Lehrer zu berufen, ein- und abzusetzen. Grund und Ursach aus der Schrift*』[1523], 『뮐하우젠의 영예롭고 현명한 시장, 시의회와 전체 시민에게 보내는 편지 *Ein Sendbrief an die ehrsamen und weisen Herren Bürgermeister, Rat und ganze Gemeinde der Stadt Mühlhausen*』[1524], 『열광주의적 영에 반대하여 스트라스부르에 있는 그리스도인들에게 보내는 편지 *Ein Brief an die Christen zu Straßburg wider den Schwärmergeist*』[1524], 『기독교 학교를 건립하고 운영하는 독일 내 모든 도시의 시의회 의원들에게 *An die Ratsherren aller Städte deutsches Landes, daß sie christliche Schulen aufrichten und halten sollen*』[1524] 등이다. 농민전쟁에 관한 저술인, 『평화의 권고, 슈바벤 농민들의 12개 조항에 대한 답변 *Ermahnung zum Frieden auf die zwölf Artikel der Bauernschaft in Schwaben*』[1525], 『강도와 살인자 농민 무리에 반대하여 *Wider die räuberischen und mörderischen Rotten der Bauern*』[1525], 『농민들을 반대하는 가혹한 책에 관한 공개편지 *Ein Sendbrief von dem harten Büchlein wider die Bauern*』[1525]도 이 범주에 포함시킬 수 있다. 『군인도 구원받을 수 있는가 *Ob Kriegsleute auch in seligem Stande sein können*』[1526]도 마찬가지이다.

10) **교리적인 저술**[Lehrschriften]: 여기에서도 다시 분명한 경계를 정하는 것이 쉽지 않다. 예로 들 수 있는 저술은, 『대교리문답 *Der Große Katechismus*』[1529], 『일반 목사들과 설교자들을 위한 소교리문답 *Der*

kleine Katechismus für die gemeinen Pfarrherrn und Prediger』[1530],『슈말칼덴 조항 *Die Schmalkaldischen Artikeln*』[1537] 등이다.

11) **위로를 위한 저술**Trostschriften: 이는 넓은 의미에서 목회적인 저술이지만, 좁은 의미에서는 종종 개인들에게 준 위로의 메시지이다. 예를 들면,『심한 영적 시련을 겪고 있는 사람을 위한 위로 *Tröstung für eine Person in hohen Anfechtungen*』[1521],『죽음을 준비하는 사람을 위한 위로 *Tröstung, was bei einem sterbenden Menschen zu handeln sei*』[1522],『설교자 게오르크 {빙클러}의 죽음에 대해 할레의 그리스도인들을 위한 위로 *Tröstung an die Christen zu Halle über Herrn Georgen {Winkler}, ihres Predigers Tod*』[1527],『유산한 여인들을 위한 위로 *Ein Trost den Weibern, welchen es ungerade gegangen ist beim Kindergebären*』[1542],『경건한 사람 마르틴 루터가 하나님의 섭리에 대하여 쓸데없는 생각으로 짐을 지고 있는 니더작센의 저명한 사람에게 쓴, 위로를 받기 위해 읽거나 듣기 좋은 아름다운 기독교적 위로의 편지 *Ein schöner christlicher Trostbrief des gottseligen Mannes M. Lutheri, an eine hohe und namhafte Person in Niedersachsen, geschrieben, die……mit überflüssigen Gedanken von der Vorsehung Gottes beladen gewesen, sehr tröstlich zu lesen und zu hören*』약1550 등이 여기에 속한다.

12) **유대인에 관한 저술**Judenschriften: 루터는 반복해서 유대인에 관한 글을 썼다. 대표적으로『예수는 유대인으로 태어났다 *Daß Jesus Christus ein geborener Jude sei*』[1523],『유대인 왕국과 세계 종말에 관한 설교 *Ein Sermon von des jüdischen Reichs und der Welt Ende*』[1525],『유대인과 그들의 거짓말에 대하여 *Von den Juden und ihren Lügen*』[1543],『신명문자(神名文字)와 그리스도의 혈통에 관하여 *Vom Schem Hamphoras und vom Geschlecht Christi*』[1543] 등이 있다.

13) **터키에 관한 저술** Türkenschriften: 루터는 터키의 위협이 증가하는 것에 대해서 자신의 의견을 반복적으로 피력했다. 대표적으로 『터키와의 전쟁에 관하여 *Vom Kriege wider die Türken*』[1529], 『터키에 대항하는 군대 설교 *Eine Heerpredigt wider den Türken*』[1529], 『터키에 대항하는 기도를 위한 권고 *Vermahnung zum Gebet wider den Türken*』[1541] 등이 있다.

14) **비망록, 충고, 의견** Bedenken, Ratschläge, Gutachten: 루터는 종종 비텐베르크의 다른 신학자들과 함께 종교개혁, 공공질서, 또한 특정한 개별적 문제와 관련된 중요한 질문들에 대하여 자신의 견해를 표명하였다. 예를 들면, 『제후가 신앙을 수호하고 신민을 보호하기 위해 황제나 다른 제후들의 박해에 대항하여 전쟁을 해도 되는지에 대한 루터(와 다른 사람들)의 조언 *Bedenken(Ratschlag) Luthers (und einiger anderer) ob ein Fürst seine Untertanen wider des Kaisers oder anderer Fürsten Verfolgung um des Glaubens willen mit Krieg schützen möge*』[1523], 『성만찬에 관한 부처의 제안에 대한 루터의 생각 *Bedenken Luthers auf Bucers Vergleichsvorschläge in betreff des heiligen Abendmahls*』[1531], 『브레멘 대성당의 의식에 관해 시의회가 보낸 질문에 대한 비텐베르크 신학자들(루터, 부겐하겐, 요나스, 멜란히톤)의 조언과 충고 *Der Theologen zu Wittenberg(Luther, Bugenhagen, Jonas, Melanchthon) Ratschlag und Bedenken über die Frage des Rates über die Zeremonien in der Domkirche zu Bremen*』[1533], 『세속 정부가 재세례파에게 육체적 형벌을 가해야 하는지에 대한 몇 사람의 염려(루터, 크루치거, 부겐하겐, 멜란히톤이 헤센의 필리프에게) *Daß weltliche Oberkeit den Widertäufern mit leiblicher Strafe zu wehren schuldig sei, etlicher Bedenken(Luther, Cruciger, Bugenhagen, Melanchthon an Philipp von Hessen)*』[1536], 그리고 헤센의 필리프의 중혼 계획에 대한 충고[1540] 등이 있다.

15) **여백 방주**Randbemerkungen: 루터는 그의 많은 저술에 여백 방주를 써넣었다. 그중 일부는 루터 자신이 사용하기 위한 것이었고, 어떤 것은 출판을 위한 것이었다. 초기에 아우구스티누스와 페트루스 롬바르두스의 몇몇 저서에 써넣은 여백 방주1509/1510는 특히 중요하다. 이 방주는 후에 종교개혁자가 되는 루터의 시초에 관하여 몇 가지 중요한 정보를 전달해 주기 때문이다. 때로 루터는 그의 적대자들의 저서에 여백 방주를 써넣어 재출판하기도 했다. 예를 들면,『루터와 로마의 교리에 대한 두 주교의 교서, 첫째는 경건한 주교들의 교서, 둘째는 교황 신봉자 주교들의 교서 *Duae episcopales bullae, prior pii posterior papistici pontificis, super doctrina Lutherana et Romana*』1524,『헤르만 랍: 교황주의 신학과 교리의 예 *Hermann Rab: Exemplum theologiae et doctrinae papisticae*』1531 등이 있다.

16) **설교**Predigten: 루터는 그가 질병이나 다른 어떤 일로 방해받았던 때를 제외하고는 정규적으로 설교를 하였다. 그러나 이러한 설교문들은 루터가 직접 작성한 원고이거나 그의 감독 아래 출판된 것이 아니라, 그의 설교를 받아쓴 청중에 의해 보존된 것이다(위 5번과 비교).

17) **찬송가와 기도문**Geistliche Lieder und Gebete: 루터는 수많은 찬송가와 기도문을 썼다. 이는 모두 루터의 종교개혁 신학을 표현하고 있고, 또 개신파 교회 조직의 형성과 밀접하게 관련되어 있다. 주목할 점은 루터가 사순절 찬송가는 한 곡도 쓰지 않은 반면, 부활절 찬송가는 썼다는 사실이다. 몇몇 기도문은 특정한 개인이나 특정한 상황을 위해 쓰였는데, 예를 들면,「군인을 위한 기도」1526,「흑사병에 대한 기도」1534,「터키를 반대하는 기도」1541,「축귀 의식을 위한 기도」1545 등이 있다.

18) **시**Dichtungen: 루터는 많은 독일어 시와 라틴어 시를 썼다. 그

중 다수가 신학적이며, 그가 관여했던 논쟁들과 관련이 있다. 예를 들면, 「이제 우리는 교황을 내쫓는다 Nun treiben wir den Papst hinaus」, 「시편 128편의 또 다른 운(韻)이 있는 시행 해석: 나의 사랑하는 그리스도인이여, 하나님 앞에서 원하는 것이 무엇인가? Eine andere Auslegung des 128. Psalms in Versweise gestellet: Willst du vor Gott, mein lieber Christ」, 「모든 종교의 적, 그리스도의 독특한 원수 에라스뮈스 Erasmus hostis omnium religionum et inimicus singularis Christi」[1533] 등이 있다. 전혀 다른 내용의 시도 있다. 예를 들면, 고인이 된 선제후 불변공 요한의 초상화에 써넣은 운문시, 「나의 사랑하는 형제의 마지막 이후 Nach meines lieben Bruders End」[1532], 그리고 제후들의 궁정 생활을 묘사한 「스스로를 받아들이고 말을 잘하는 자 Wer sich nimbt an, Unds redlein kann」 등이 있다.

19) **서신**[Briefe]: 루터가 작성한 굉장히 광범위한 서신은 모든 부류의 사람들을 대상으로 하며, 또 매우 다양한 종류의 문제들을 다루고 있다. 자신의 아내와 자녀들에게, 그들의 크고 작은 걱정거리들에 대해 깊은 관심을 표현하며 쓴 사적인 서신 외에 교황, 주교들, 그리고 제후들(특히 개신파 통치자들)에게 쓴 서신이 있다. 또한 루터는 다른 개혁자들 및 성직자들이나 시의회 의원과 같은 이들과도 대단히 폭넓게 서신 왕래를 하였다.

20) **성경 번역**[Bibelübersetzung]: 대학교수로서 정규적인 활동과 종교개혁 운동으로 인해 맡게 된 과제들 외에 성경 번역은 루터에게 있어서 분명 세 번째로 중요한 과제였다. 루터는 바르트부르크에 머물고 있었던 1521년에 신약성경을 번역했다. 구약성경의 번역은 단계적으로 진행되어 1534년에 성경 전체의 번역이 완결되었다. 번

역 작업 과정에서 루터는 다른 이들에게 도움을 받았다. 특별히 멜란히톤은 마카베오서를 번역하였다. 루터는 항상 번역의 개선을 위해 노력하였다. 예를 들면, 첫 번째 신약성경의 번역은 1522년 9월에 출판되었고(그 때문에 "9월 성경"이라고 부른다), 두 번째 판본은 1522년 12월에 나왔는데("12월 성경"), 이 두 번째 판본은 이미 수백여 곳을 수정하였다. 1531년부터 루터는 학자들로 구성된 성경개정위원회Bibelrevisionskommission를 만들었으며, 그 위원회는 시편의 최종적인 독일어 번역을 완성하였다. 유사한 위원회들이 활발히 활동하여 1534년 첫 번째로 성경 전체를 출판하게 되었고, 또한 1539-1541년 사이에 그 성경을 포괄적으로 개정하는 작업을 이어 갔다. 신약성경의 개정은 1544년 가을에 시작되었지만 곧 중지되었다. 성경 번역의 개정을 위한 위원회들의 회의록은[9] 그들의 세심한 작업에 관한 좋은 정보를 제공해 준다.

21) **탁상 담화**Tischreden: 이는 루터가 식탁에서 매우 다양한 종류의 질문들, 주로 신학과 교회와 관련된 문제들에 대해서 밝힌 견해를 기록한 것이다. 루터 자신은 이 자료들을 읽지 않았고, 출판을 허가하지도 않았다. 이러한 면에서 탁상 담화의 자료로서의 가치는 제한적이다. 또한 탁상 담화는 말로 전달된 것을 글로 옮긴 것인데, 이것을 루터의 "저술"의 하나로 볼 수 있는지 물을 수 있다. 물론 말로 된 표현과 글로 된 표현 사이의 경계는 때로 유동적일 수 있다. 아울러 탁상 담화는 루터의 저술과 매우 밀접한 관계를 갖고 있기 때문에, 이것을 그의 다양한 문학 유형 가운데 하나로 포함시킬 수 있을 것이다. 중요한 한 예는 1541년 6월 10일이나 11일에 화체설에 대해 언급한 루터의 탁상 담화 기록인데, 그때 루터가 한 말은 1541년

6월 12일 안할트의 제후 게오르크^{Georg von Anhalt}를 위해 글로 옮겨졌다.[10] 이 탁상 담화는 화체설 교리에 대한 루터의 비판을 이해하는 데 특별히 중요한 것이다.

22) **다른 저자들의 저술에 서문을 붙인 편집본**^{Editionen von Werken anderer mit Vorreden}: 루터는 다른 저자들의 저술을 다수 재출판하였다. 이는 그 저술들의 내용이 가치가 있다고 생각했기 때문이며, 그들과 논쟁하는 것이 목적이 아니었다. 오히려 루터는 다른 사람들로부터 지지를 얻기를 원했다. 1516년에 루터는 『독일 신학 *Theologia deutsch*』을 "옛사람과 새사람 사이의 바른 구별과 이해에 대한 영적으로 고귀한 작은 책 Ein geistlich edles Büchlein vom rechten Unterschied und Verstand, was der alte und neue Mensch sei"이라는 서문을 붙여 출판하였다. 그때는 완전하지 않은 본문을 실었지만, 1518년에 완전한 편집본이 나왔다. 이외에도 루터는 종종 다른 저자들을 위하여 서문을 썼다.[11]

23) **잡기**(雜記)^{Verschiedenes}: 그 밖에 어떤 특별한 유형으로 분류하기 어려운, 매우 독특한 일련의 저술이 있다. 1541년에 처음 출판되었으며, 1545년에 많은 부분이 수정된 『세상의 기한 계산 *Supputatio annorum mundi*』은 원래 루터 자신이 사용하기 위해 만든 연대표를 싣고 있다. 루터는 성경의 역사를 하나의 개관 형식으로 파악하고자 했다. 이를 위해 그는 수학자 카리온^{Johannes Carion}이 만든 "세계 연대기"^{Weltchronik}를 사용했는데, 그 작업은 멜란히톤의 도움으로 1532년 비텐베르크에서 출판되었다. 비록 이 『세상의 기한 계산』은 루터 자신의 연구물은 아니었다 할지라도, 루터의 역사의식을 잘 보여주고 있다. 동시에 이 책은 루터의 묵시적인 사상을 드러낸다. 루터는 온 세상의 종말이 언제 도래할지 알고 싶어 했다. 그는 세상이 6천 년

동안 지속될 것이라는 당시의 전통적인 사상을 따르고 있었다. 이처럼 연대기 유형의 책은 그의 묵시적인 저술과 연결되어 있다.

또 다른 예로 루터는 역사적인 민요 형식의 담시곡(譚詩曲)Ballde을 한 편 썼는데, 「여기에서 새로운 노래가 시작될 것이다 Ein neues Lied wir heben an」[1523]가 그것이다. 이 곡을 쓰게 된 동기는 브뤼셀Brüssel 시장에서 개신파로서는 첫 번째로 순교한 두 사람 때문이다. 따라서 이 노래는 종교개혁 자체와 밀접한 관련이 있으며, 신앙의 증인으로서 그리스도인의 책임을 강조하고, 순교자들의 신실하고 용기 있는 신앙고백을 칭송한다. 그 이후 루터는 민요 형식의 곡을 쓰지 않았다. 그러나 그의 몇몇 찬송가는 민요의 특징을 보이고 있다. 「사랑하는 그리스도인들이여, 이제 즐거워합시다 Nun freut euch lieben Christen gmein」[1523]와 「예언자 이사야에게 이것이 이루어졌다 Jesaja dem Propheten das geschah」[1526]가 그 예이다.

지금까지 언급한 문학 유형들 외에 전단 혹은 팸플릿Flugblatt 같은 글도 있다. 이러한 유형은 루터의 생애 가운데 상당히 다양한 상황들로부터 나온 것이다. 초기에 볼 수 있는 한 예가 「야콥 호흐스트라텐을 반박하는 전단 Scheda adversus Iacobum Hochstraten」[1519. 7. 13]이다.[12] 이 전단은 루터가 라이프치히 논쟁 이후, 악명 높은 이단 사냥꾼인 호흐스트라텐Jacob van Hoogstraaten의 공격에 대응해 쓴 것이다. 호흐스트라텐은 루터가 교황과 관련해 준비한 라이프치히 논쟁의 마지막 논제는 교회에 해악을 끼치는 것이라며 루터를 비난하였다. 루터는 "하나님께서 자신을 대항하도록 새로 세우신" 이 적에게 반격하였다. 이 전단은 내용적으로 성경의 권위와 이단에 관한 문제를 다루고 있다. 루터는 여기에서 호흐스트라텐을 이단으로 정죄하면서 그에게 응수한다.

　전혀 다른 종류의 전단의 예는 루터가 탐식하고 매춘부를 가까이하는 학생들에게 내린 훈계인 「베이컨[뱃살]과 매춘부의 학생들에 대한 경고 *Wider die Speck- und Huren-Studenten*」[1543.5.13]이다.[13] 이 짧은 훈계에서 루터는 부정한 성행위가 가져올 위험스러운 결과에 대해서 경고하며, 십계명의 제6계명을 지켜야 한다고 강조했다. 비텐베르크에는 하나님의 말씀과 도덕, 그리고 계율을 가르치는 기독교 교회와 학교가 있다. 그러므로 "매춘부를 찾는 사람들"은 비텐베르크에서는 할 일이 없으니 다른 곳으로 이사를 가야 한다. 이 분명한 훈계에서 우리는 또한 정부의 과제 및 영적인 권위와 세속적인 권위의 관계에 대한 그의 견해를 엿볼 수 있다.

　루터의 저술 가운데서 그 밖의 다른 유형들도 찾을 수 있다는 것은 분명하다. 그가 사용한 문학 유형에 대한 더 많은 연구가 이루어지면 도움이 될 것이다. 그러나 루터의 저술은 순수한 형태의 문학 유형들로 분류하기가 어렵다는 것 또한 분명한 사실이다. 논문 유형은 흔히 논쟁적인 요소들을 포함하고 있다. 그 반면 루터의 논쟁적인 저술은 다른 문학 유형에서 전형적으로 나타나는 요소들을 포함하기도 한다. 내용이 형식을 깨뜨리는 경우도 흔하게 나타난다. 리카르다 후흐[Richarda Huch]는 다음과 같이 옳게 말하였다. "루터가 시인과 구별되는 점은, 그는 절대로 의도적으로 형식에 관심을 갖지 않았다는 것이다. 그에게 중요한 것은 진리이지 아름다움이 아니었다."[14]

8. 진리를 묻는 중심적 입장: "사도적" 성격을 지닌 루터의 저술

교황권에 의해서 수많은 방법으로 왜곡되어 온 복음의 본래적인 의미를 회복시키고 있다는 루터의 자의식과 함께 항상 기독교 진리를 벗어나지 않으려는 그의 중심적인 입장은 그의 많은 저술을 사도의 서간문과 같은 성격을 갖도록 만들었다. 이러한 성격은 그 당시 문헌 가운데서 전혀 새로운 것이 아니며, 다수의 소책자 안에서 발견할 수 있는 것이었다. 루터의 저술은 형식과 내용에서 이러한 성격을 그대로 표현하고 있다. 루터는 많은 경우 그의 글을 "예수"의 이름으로 시작하였으며,[15] 때때로 그의 도입 문장과 종결 문장은 바울서신을 생각하게 만들었다. 루터는 『폭동과 반란에 대해 모든 그리스도인들에게 드리는 마르틴 루터의 진지한 권고 *Eine treue Vermahnung zu allen Christen, sich zu hüten vor Aufruhr und Empörung*』[1522]를 이렇게 시작하고 있다. "이 글을 읽거나 듣는 모든 그리스도인들에게 하나님의 크신 은혜와 평화가 함께하기를 빕니다. 지금까지 교황과 그의 추종자들에게 눌려 있었던 기독교 진리의 빛이 하나님의 은혜에 의해서 오늘 다시 비치기 시작했습니다. 그들의 온갖 해악과 추잡스러운 사기와 모든 종류의 악행과 독재는 공개적으로 밝혀져 수치를 당해야 합니다."[16] 그리고 다음과 같은 말로 글을 맺는다. "하나님께서 우리에게 모든 것을 허락하셔서, 우리가 배운 대로 살고 말씀을 실행에 옮길 수 있도록 해주셨습니다. 우리 가운데 많은 자들이 '주여, 주여' 하며 주님을 부르고 그분의 가르침을 찬미하지만, 그대로 따르고 행동하지 않습니다. 지금으로서는 이제 반란을 일으키고 남을 공격하는 일을 삼가도록 권고하는 말로 충분할 것입니다. 우리는 스스로 하나님의 거룩한 말씀을 더럽히는 자들이 되지 말아야 합니다. 아멘."[17] 또한 작센의 선제후 요한에게 헌정한 서신인 『세속적 권위: 어디까지 복종해야 하는가 *Von weltlicher Obrigkeit, wie weit man ihr Gehorsam schuldig sei*』[1523]는 "그리스도 안에서 은혜와 평강이 함께하기를 빕니다"[18]라는 말로 시작되고 있다. 이러한 특징은 『공동 기금 규례 *Ordnung eines gemeinen Kastens*』[1523]의 서문에서 더 분명하고 정확하게 표현되고 있다.

"설교자 마르틴 루터가 그리스도 안에서 나의 사랑하는 선생들이며 형제들인 라이츠니히[Leysnick [Leiznig]]의 모든 그리스도인들에게. 아버지 하나님과 우리 주 예수 그리스도로부터 오는 은혜와 평강이 함께하기를 바랍니다. 사랑하는 선생들과 형제들이여, 자비로우신 아버지께서 복음의 능력으로 여러분과 다른 이들을 복음의 교제로 불러 주셨고, 그의 아들 예수 그리스도의 빛을 여러분의 마음속에 비추어 주셨습니다. 그리고 이러한 그리스도에 대한 지식의 부요함이 여러분 안에서 강하게 살아 움직임으로써 여러분은 새로운 예배 의식을 만들었고, 사도들의 예를 따라 공동 기금을 마련하였습니다. 나는 당신들의 이 규례가 인쇄되어 하나님의 자비로우심 가운데서 그것이 다른 많은 교회들이 따를 수 있는 공적인 모범이 되기를 바랍니다. 그때 바울이 고린도 교회 교인들이 다른 많은 형제들을 격려한 일에 대해서 그들을 자랑스럽게 여긴 것처럼, 우리도 당신들을 자랑스럽게 여길 것입니다. 그러나 여러분이 하는 일이 하나님으로부터 온 것이라면, 필히 강한 반대를 만나게 될 것이라는 사실을 기대하고 또 그로 인해 위로받기를 원합니다. 마귀는 결코 쉬지 않으며, 그에게는 휴일이 없기 때문입니다."[19]

초기 기독교를 회복시켰다는 루터의 자의식이 이보다 더 강하게 표현될 수는 없을 것이다. 바울서신에서 이와 비슷한 진술들을 찾는 것은 어렵지 않다.

9. 『죽음의 준비에 관한 설교』(1519)

루터는 신약성경의 서간문 형식을 사용하지 않고도 놀라울 정도의 권위를 가지고 말할 수 있었다. 이러한 모습은 그의 초기 강해에서도 이미 발견되는데, 특히 로마서 강해에서, 무엇보다도 그것의 도입 부분에서 두드러지게 나타난다. 면죄부 논쟁 가운데서 이러한 권위는 더욱더 강하게 나타난다. 그러나 이 권위는 단지 로마와의 논쟁 과정뿐만 아니라, 루터가 목회자로서의 역할을 할 때에도 나타난다. 예를 들어, 『죽음의 준비에 관한 설교 Sermon von der Bereitung zum Sterben』에서 그러한 경우를 볼 수 있다. 내용과 형식 면에서 이 글은 그 당시 유행하던 "죽음의 기술"이라는 문학 유형에 속한다. 그러므로 이러한 유형의 다른 저술과의 비교는 루터를 이해하는 데 특별한 도움이 될 수 있다.[20] 루터는 죽음을 앞둔 이들이 하나님을 전적으로 신뢰하며 영적인 준비를 하고 세상을 떠날 수 있도록 돕는 목회자의 입장에서 확실한 권위를 가지고 말했다. 이러한 권위 의식은 단지 그의 종교개혁적 신앙 이해뿐만이 아니라, 그의 사도적 소명 의식으로부터 나온 것이었다. 그러므로 그는 다른 이들과 비교할 수 없는 권위를 가지고 말할 수 있었다.

> "당신은 죽음을 죽음 그 자체로 보거나, 혹은 당신 안이나 당신의 본성 안에 있는 죽음으로 보아서는 안 됩니다. 또한 하나님의 진노에 의해 죽음을 당한 이들 안에서나, 죽음에 의해 정복된 이들 안에서 죽음을 보아서도 안 됩니다. 만일 그렇게 한다면 당신은 그들과 함께 잃어버림을 당하고 패배하게 되는 것입니다. 당신의 시선과 당신의 마음의 생각과 당신의 모든 감각은 반드시 이러한 그림에서 벗어나야 합니다. 그리고 죽음을 오직 하나님의 은혜 가운데서 죽은 이들, 죽음을 극복한 이들, 그리고 특별히 그리스도와 그의 모든 성도 가운데서 볼 수 있는 죽음으로 보아야만 합니다. 그러한 그림 속에서 발견되는 죽음은 더 이상 무섭거나 두려운 것이 아닙니다. 이제 죽음은 생명 가운데서 경멸할 수 있는 것이 되고, 이미 죽고 말살되고 극복된 것으로 여겨질 것입니다."[21]

이 글의 마지막 부분에서 루터는 다음과 같이 쓰고 있다. "당신이 죽음을 기꺼이 받아들이고, 그것을 두려움 없이 극복하도록 설득하기 위해 하나님께서 당신에게 더 이상 무엇을 하셔야겠습니까? 하나님은 그리스도 안에서 당신에게 생명의 그림, 은혜의 그림, 구원의 그림을 보여주셔서 당신이 더 이상 죄의 그림, 죽음의 그림, 지옥의 그림으로 인해 두려워하지 않도록 하셨습니다. 게다가 하나님은 당신의 죄와 죽음과 지옥을 그의 가장 사랑하는 아들에게 지우시고, 그래서 그것들을 물리치셨으며, 이제는 그것들이 당신에게 아무런 해를 끼칠 수 없도록 하셨습니다. 그리고 그분은 당신에게 다가오는 죄와 죽음과 지옥의 시험을 그의 아들에게 돌리시며, 당신에게 그 시험 가운데서 어떻게 당신 자신을 보존하고, 또 어떻게 그 시험을 해가 없고 짊어질 만한 것으로 만들 수 있는지 가르쳐 주십니다."[22] 그리고 그는 또 이렇게 말한다. "결국 당신은 하나님이 하나님 되시도록 해야만 하고, 또 하나님은 당신보다 당신에 대해서 더 많이 알고 계시다는 사실을 인정해야만 할 것입니다."[23]

10. 루터의 "전권" 의식

루터는 글에서뿐만 아니라 말을 할 때에도 전례를 찾기 어려운 권위를 가지고 말하였다. 가장 대표적인 예는 1522년 3월 5일 작센의 선제후 프리드리히 현공에게 보낸 서신에서 볼 수 있다. 그 당시 루터는 선제후의 분명한 지시를 어기고 바르트부르크에서 비텐베르크로 여행하는 중이었다. 그 서신에서 그는 이렇게 말했다.

> "존경하는 전하께서 아시든 모르시든, 모르신다면 지금 알려 드리는 것입니다만, 나는 복음을 사람으로부터가 아니라 하늘로부터, 오직 우리 주 예수 그리스도로를 통해서만 받았습니다. 그 때문에 나는 자랑스럽게 나 자신을 그리스도의 종이요, 복음의 전도자로 부를 수 있습니다. (그리고 또 앞으로도 계속 그렇게 부를 것입니다.) 내가 이 서신을 드리는 것은 내가 선제후 전하보다 더 높은 분의 보호를 받으며 비텐베르크로 가고 있음을 전하께서 아시기를 바라기 때문입니다. 또한 나는 전하께 나의 보호를 요청할 생각도 없습니다. 참으로 나는 전하께서 나를 보호하실 수 있는 것보

다 전하를 더 잘 보호할 수 있을 것이라고 생각합니다. 전하께서 나를 보호하실 수 있고 또 그러시리라고 생각했다면 나는 떠나지 않았을 것입니다. 검은 이런 일에 도움이 되어서도 안 되고 또 되지도 않습니다. 하나님만이 그 일을 하실 수 있습니다. 그분께서는 인간의 염려와 노력을 필요로 하지 않으십니다. 그러므로 가장 잘 믿는 사람이 가장 잘 보호할 수 있습니다. 나는 전하께서 아직 믿음이 약하시다는 느낌을 갖고 있기 때문에, 전하께서 나를 보호하시고 나를 구원하실 수 있는 분이라고 결코 생각지 않습니다."[24]

교황과 교회 고위 당국자들에게 대항하여 루터가 그토록 날카롭게 공격할 수 있었던 것은 바로 이러한 그의 사도적 권위 의식 및 목회적 책임 의식과 관련해서 보아야 할 것이다.

2장. 성경 번역

1. 루터의 성경 번역에 대한 선행 연구

루터의 문학적 생산력과 신학적 해석력, 그리고 "사도적 소명 의식"이 통합되어 이루어진 그의 업적은 성경 번역에서 가장 분명하게 드러난다. 이 사역을 위해 그가 들인 노력과 시간, 그리고 특별히 그 영향력의 측면에서 볼 때 성경 번역은 그의 문학적 업적 중 가장 위대한 것이다. 성경 번역을 통해서 루터는 문학적 언어뿐만 아니라, 일반 언어에 있어서도 수 세기에 걸쳐 오늘날 20세기에 이르기까지 상당한 영향을 미쳤다. 그러나 대다수의 일반인에게서 성경 지식이 상당히 쇠퇴하고 있는 오늘날, 그 영향은 종착점에 다다른 것 같다. 성경이 읽혀지는 곳에서, 심지어 예배에서조차 루터의 번역본은 더 이상 널리 사용되지 않고 있다. 그러나 여전히 그의 성경 번역이 미친 영향에 대한 연구는 루터의 영향사 연구 분야에서 다른 어떤 영역보다도 중요한 의미를 가지고 있다. 물론 루터의 성경 번역의 중대성은 이미 오랫동안 인정되어 왔고, 수많은 학자들에 의해 수많은 방법들을 통해서 연구되어 왔다. 그러나 우리는 이 연구가 아직 완성되었다고 말할 수 없다. 아직도 많은 특정 과제들이 남아 있고, 일부 영역에서의 연구는 이제 막 시작하는 단계에 있다. 그리고 이전에 내려진 결론들을 더 이상 그대로 받아들일 수도 없다.

발터[W. Walther]의 연구서, 『중세의 독일어 성경 번역 *Die deutsche Bibelübersetzung des Mittelalters*』[3 Bde., 1889-1892]과 『루터의 독일어 성경 *Luthers deutsche Bibel*』[1917]은 최근의 모든 연구를 위한 기본적인 문헌이 되었다. 발터는 루터의 성경 번역과 이전의 다른 독일어 번역본들을 비교하였다. 그는 루터의 진정한 목적은 성경이 증거하는 자비하신 하나님의 뜻을 표현하는 것이었다고 본다. 그러나 그 과정에서 루터는 대단히 조심스럽게 작업하였으며, 그의 의도를 뒷받침하기 위해 개별적인 구절들을 일방적으로 재해석하지 않았다. 종교개혁 이전의 성경 번역에 대한 발터의 연구는 후대 연구의 지속적인 동인이 되었다. 그러나 발터는 그의 연구를 충분히 발전시키지 못했다. 발터는 이후의 많은 학자들처럼 루터의 성경 번역을 고찰하기 위해 개별적인 예들을 선택하였을 뿐이며, 더 넓은 복잡한 국면들에 대해서는 조직적인 연구를 수행하지 못했다.

그 후 수십 년간 이루어진 연구들 중에서 뢰테[G. Roethe]의 연구는 괄목할 만한 것이다. 뢰데는 루터가 그의 성경 번역 이전에 나온 옛 독일어 번역본들, 특별히 『차이너 성경 *Zainerbibel*』[Augsburg, 1475]을 참조하여 번역했다는 사실을 증명하고자 했다. 그는 루터가 옛 번역본들의 어휘와 구문을 조직적으로 현대화했다고 주장하면서도, 루터의 번역은 독립적이고 창조적인 것이라고 판단하였다. 특별히 루터의 번역은 간결성과 보다 깊이 있는 단순성, 그리고 감각적인 힘을 가지고 있다는 점에서 특징적이며, 그 때문에 루터의 성경은 곧 독일 언어사의 고전적인 작품이 되었다. 성경은 루터 안에서 새롭게 되었고, 그의 영혼으로부터 다시 태어난 것이다.

루터의 번역과 이전의 독일어 번역본들의 관계에 있어서, 폴머 H. Vollmer는 옛 번역본들의 평가 절하 경향에 대해 적절한 경고를 하고 있다. 폴머는 다양한 연구를 통해 성경과 독일 문화의 상호 관계를 새롭게 조명하였다. 근본적으로 루터 이전에 일종의 "독일어 불가타 성경" 같은 것이 있었다는 것이다. 그러나 폴머는 이 가치 있는 명제의 생산성 및 타당성을 입증하기 위한 더 상세한 연구를 진행시키지 못했다.

보른캄은 그의 간략한 연구, 『루터의 신약성경 번역 양식 *Die Vorlagen zu Luthers Übersetzung des Neuen Testaments*』[1947]을 통하여, 성경 원문, 『불가타 성경 *Vulgata*』, 그리고 특히 에라스뮈스가 편집한 신약성경에 대한 루터의 번역의 관계를 해명하려고 했다. 보른캄은 루터가 그중 어느 것도 선호하지 않았으며, 특별히 『차이너 성경』을 사용하지도 않았다는 결론을 내렸다. 루터의 번역과 이전의 독일어 번역본들의 유사점은 옛 번역본들이 루터의 기억 속에 생생하게 남아 있었다는 사실에 기인하며, 그 때문에 양자 간의 문학적 의존 관계를 말할 근거가 못 된다는 것이다. 보른캄은 앞으로의 연구 과제로서, "광범위한 번역 양식의 비교와 루터 이전의 성경 번역들에 대한 편견 없는 평가의 과제"[25]를 제시했다.

1960년대와 1970년대에, 특히 블룸 H. Bluhm은 많은 논문을 통해 루터의 성경 번역에 대한 연구를 수행하였다. 특별히 그의 저서, 『마르틴 루터: 창조적 번역자 *Martin Luther: Creative Translator*』[1965]에서 블룸은, 루터는 "성경 본문의 공동 저자"였다고 표현한다. 그의 종교개혁 신학을 통하여, 그의 언어 능력을 통하여, 그리고 성경 본문이 증언하는 것에 다시 생명을 불어넣는 그의 능력을 통하여, 또 그렇게 함으로써 그 진리를 그 스스로 경험하는 능력을 통하여, 루터는 어떤 의미에서 성경 본문을 두 번째로, 곧 독일어로 창조한 것이다. 때때로 루터의 번역이 성경 원문보다 더 훌륭할 때도 있다. 그것은 루터의 번역이 그의 깊은 종교적 경험에 근거하고 있기 때문이다. 그러므로 루터는 성경의 정신으로부터 독일인을 위한 성경을 새롭게 창조한 것이다. 블룸은 주로 바울서신에 대한 루터의 번역을 고찰함으로써 이러한 견해를 입증하려고 했다.

루터의 번역 방법을 그의 성경 해석학과 관련시켜 평가하려는 시도가 래더[S. Raeder]에 의해 이루어졌다. 그는 주로 루터의 논문, 『번역에 대한 공개편지』[1530]에 근거하여 루터의 번역 작업이 세 가지 기본적인 원리, 즉 "문자로부터의 자유", "문자에 대한 충실[Bindung]", 그리고 "본문 자체와 그 의미를 가장 분명하게 나타내는 표현"을 전제하고 있었다고 설명한다. 더 나아가 몇몇 선별된 예들을 근거로 래더는 루터 자신이 어떻게 이 세 가지 원리를 적용시켰는가를 보여주었다. 이 주목할 만한 연구의 결과로 우리는 이제 루터의 성경에서 언어학적인 해석과 신학적인 해석이 하나의 통일체를 이루고 있음을 볼 수 있게 되었다. 루터의 "해석하는 번역"[interpretierendes Übersetzen]은 단지 단어의 재생을 넘어서서 문자에 매이지 않는 놀라울 정도의 자유를 가지고 본문의 의미와 본질적인 내용을 자기 자신의 언어로 다시 표현하고 있다.

사실상 루터의 성경 번역에 대한 평가는 그의 해석학을 적절하게 고려할 때에만 비로소 정당한 것이 될 수 있다. 결과적으로 그의 성경 번역에 대한 연구는 단순해지는 것이 아니라, 오히려 더욱 어려운 것이 된다. 그러나 그렇게 함으로써 이 분야의 연구는 더욱 확고한 토대 위에 놓일 것이다.

또한 루터의 성경 번역에 대한 정확한 연구는 그의 번역 본문과 그가 그 당시 사용할 수 있었던 자료들을 가능한 한 철저하게 비교할 때에만 가능하다. 또한 우리는 루터의 성경 외에도 특정한 성경 구절들에 대한 그의 다른 번역 및 주석들에 관심을 기울여야 한다. 루터는 때때로 자신의 번역본과 다르게 성경 구절들을 번역하여 사용했다. 이러한 예들을 통해서 우리는 루터가 성경을 인용할 때 항상 자신의 번역본만을 사용한 것은 아니었다는 사실에 주목할 필요가 있다. 오히려 그는 흔히 자신의 기억을 통해 성경 구절들을 인용하거나 새롭게 번역하였다. 루터는 자신의 독일어 성경뿐만 아니라, 성경 원문과 『불가타 성경』에 놀라울 정도로 익숙했기 때문에 기억을 통한 인용이 가능했다. 루터 자신의 번역본과 다르게 나타나는 그의 성경 인용에 대한 연구는 그의 번역 작업을 보다 명백한 빛에서 볼 수 있도록 도움을 준다.

루터가 접근이 가능했던 자료들에 관한 한, 가급적이면 완전하게 옛 성경 번역들과 루터의 번역을 비교하는 일이 중요하다는 것은 다시 강조할 필요가 없다. 루터는 개인적으로 많은 옛 번역본들을 잘 알고 있었다. 또한 옛 교회력에 따른 발췌 성경 구절들Perikopen이 실려 있는 예배서Plenar도 중요한 것이다. 당연히 이 예배서가 고가의 성경전서보다 더 널리 알려져 있었다. 루터가 옛 번역본들에 실제로 얼마나 의존했는가를 확인하는 것은 불가능하다. 그러나 다른 번역

238   Ⅳ. 루터의 저작

들과 언어적으로, 그리고 내용적으로 유사한 부분들에 대해 연구하는 일은 루터의 번역에 대한 보다 상세한 설명을 제공할 것이다. 적어도 그 당시 언어 능력의 수준은 이러한 비교를 통해서만 보다 더 정확하게 파악될 수가 있다.

이에 덧붙여서 루터의 전체 저작 가운데서 루터가 개별적인 성경 구절들이나 교회력에 따른 성경 구절들을 신학적으로 어떻게 해석하였는가를 보는 것이 그의 성경 번역을 평가하는 데 대단히 중요하다. 그렇게 할 때에만 우리는 루터의 성경 번역의 신학적 근거가 무엇이었는지를 정확하게 결정할 수 있을 것이다. 우리는 또한 루터가 글을 쓰고 있었던 그 시대의 상황을 고려하지 않으면 안 된다. 성경 본문을 거의 직접적으로 "적용"해야 하는 당시의 특정한 상황들에 의해 루터의 번역이 영향을 받았으리라는 것은 충분히 짐작할 수 있는 일이다. 이렇게 시대 상황의 영향하에서 번역된 소수의 성경 구절들은 대단히 중요한 의미를 갖는다. 그것들은 하나님의 말씀을 그 자신의 역사적 상황에 적합한 것으로 만드려는 루터의 번역 의도를 보여주기 때문이다. 요점만 간추려서 말한다면, 한때 성경 저자들을 통해 그리스어와 히브리어로 말씀하셨던 하나님은 이제 루터의 번역을 통해 독일어로 같은 말씀을 전해 주시는 것이다.

만약 우리가 루터의 성경 번역의 독특성을 이해하기 위해 이러한 다양한 국면들을 고려하기를 원한다면, 우리는 단순히 개별적인 구절들을 그 맥락으로부터 끄집어낼 것이 아니라, 본문의 보다 넓은 맥락에서 그것들을 보아야 할 것이다. 이러한 연구 방법에 있어서 지금까지 불과 몇 차례의 시도만 있었을 뿐이며, 이와 관련된 지속적인 연구가 시급하게 요구된다.

2. 루터와 근대 표준 독일어의 발전

문학적 언어로서 근대 표준 독일어^{Neuhochdeutsch}[고지(高地) 독일어]의
형성과 발전에 루터가 얼마나 기여했는가라는 물음에 대하여 많은
연구가 또한 필요하다. 특별히 옛 성경 번역들과 루터의 번역을 주
의 깊게 비교하는 일은 많은 면에서 새로운 도움을 줄 것이다. 특별
히 현재 준비되고 있는 루터 전집의 색인서는 우리에게 루터의 독
일어 용법에 대한 완전한 형태의 개관을 제공할 것이며, 또한 많은
어휘의 역사와 의미에 관해서 놀라운 점들을 제시해 줄 것이다. 그
러나 분명 독일 언어사에서 루터가 차지하는 위치에 대한 전체적인
그림은 아마도 그러한 연구에 의해서도 근본적으로는 크게 변하지
않을 것이다.

예전의 문헌들은 루터가 근대 표준 독일어를 창시한 인물이라
고 주장했으며, 아직도 그러한 주장이 있다. 루터의 성경 번역이 독
일의 문학적 언어를 통합시키고 일원화했다는 것이다. 그러나 지난
수십 년간의 연구 결과로 이러한 입장을 유지하는 것은 더 이상 불
가능하게 되었다. 근대 표준 독일어의 발전 과정은 오랜 시간에 걸
쳐 대단히 복잡하게 진행되었다. 그러나 오늘날 우리가 가지고 있는
지식에만 근거하여도, 루터가 독일 언어사에서 대단히 중요한 역할
을 하였다는 것은 의심할 여지가 없다. 여기에서 우리는 구어(口語)
와 관련된 루터의 중요성과 문어(文語)와 관련된 루터의 중요성을
구별하는 것이 필요하다. 그러나 물론 이 둘은 서로 밀접한 관계를
가지고 있다.

실제로 근대 표준 독일어는 14세기부터 발전되기 시작했다. 이

IV. 루터의 저작

와 관련하여 그 당시 동·중부 독일 지방들이 중요한 역할을 하였다. 어떤 의미에서 14세기에 이미 일종의 어휘집^{Wortschatz}이 만들어져 있었고, 루터는 그것을 이용하였다. 그는 또한 이미 14세기에 형성되고 있었던 문법 구조를 이용하였다. 이러한 언어의 발전에서 독일 신비주의는 특별한 영향을 끼쳤다. 신비주의자들은 독일어를 내면화하여 그들의 깊은 개인적 체험을 표현하는 데 사용하였다. 신비주의는 단어의 의미를 변화시켰을 뿐만 아니라, 새로운 단어들을 만들어 내기도 하였다. 이미 중세 후기에 발생한 이러한 독일어의 변화가 없었다면, 루터는 그가 실제로 사용한 방법으로 그의 통찰과 체험들을 표현하기가 어려웠을 것이다. 그러나 루터는 앞서 발전되어 온 것을 매우 급격하게 촉진시키고 또 확장시키는 역할을 하였다.

그러나 16세기에는 여전히 라틴어가 교육받은 사람들을 위한 언어였다. 1520년경 출판된 책의 대략 90퍼센트가 라틴어로 쓰였다. 이후 독일어 저술의 비율은 서서히 증가하였고, 17세기 후반에 와서야 라틴어 저술을 넘어섰다. 이처럼 독일어 저술의 끊임없는 증가의 과정은 루터와 관계없이 일어난 일이었다. 그러나 그 과정은 확실히 루터에 의해서, 특별히 그의 성경 번역에 의해서 현저하게 빠른 속도로 진행되었다.

물론 가장 중요한 영향을 미친 것은 인쇄 기술의 발명이었다. 이 인쇄 기술이 없었다면 루터는 신학자로서, 그리고 개혁자로서 그에게 쏟아진 엄청난 대중적 호응을 경험하지 못했을 것이다. 또한 만약에 인쇄 기술이 그때까지 발명되지 않았더라면 독일 언어에 대한 그의 공헌은 그 범위가 훨씬 더 제한되었을 것이다. 게다가 그 당시 경제적 영역과 정치적 영역이 발전함에 따라 라틴어와 함께 독일어를 사용하는 것이 필요하게 되었다. 이러한 필요에 따라 소위 공식 언어Kanzleisprache가 군주가 다스리는 여러 지역들을 중심으로 발전되었다. 이 과정은 루터가 태어나기 전부터 시작되었으며, 루터가 없이도 이러한 발전은 의심할 바 없이 그대로 계속되었을 것이다. 루터 자신이 작센의 공식 언어를 사용했다. 이미 루터의 생애 동안 그의 독일어는 마이센 지방의 언어Meißnisch라고 여겨졌다. 그의 철자법에서 잘 나타나듯이 루터가 자신에게 친숙한 작센 언어를 사용했다는 것은 분명하다. 이 작센의 공식 언어는 북부 독일과 남부 독일이 서로 소통할 수 있는 적합한 매개로서 작용하였고, 이러한 면에서 루터는 상당히 좋은 조건을 가지고 있었다.

그러나 이러한 사실들은 근대 표준 독일어의 발전에 있어서 루터의 대단히 중요한 공헌을 어떤 면에서도 감소시키지 못한다. 루터가 없이도 독일어의 발전은 계속되었을 것이지만, 그는 그 발전을 촉진시켰을 뿐만 아니라, 무엇보다도 그의 성경 번역을 통해서 그 발전에 본질적인 기여를 하였다. 그가 만들어 낸 많은 단어들이 독일 언어의 일부가 되었고, 다른 단어들도 루터에 의해 근본적으로 새로운 의미를 갖게 되었다. 루터는 일반인이 이해할 수 있는 독일어를 쓰기 위하여 "사람들의 입을 주목하였다." 그러나 루터 자신의 독일어는 그 당시 통상적인 독일어는 아니었다. 루터는 교육받은 사람들과 교육받지 않은 사람들 모두에게 말할 수 있었다. 이는 이미 그의 첫 번째 신약성경 번역에 분명하게 드러나 있으며, 구약성경의 여러 책들이 번역되는 과정에서 되풀이하여 나타났다. 루터의 성경은 즉시에 그 당시 모든 성경 번역본들을 압도하고 가장 보편적으로 사용하는 번역본이 되었다. 한 권에 1.5굴덴Gulden이라는 적지 않은 가격에도 불구하고, 9월 성경은 단기간에 3천 권 정도가 팔렸다. 1522-1533년 사이에 루터의 신약성경 번역은 85판이 인쇄되었다. 1534년에 성경전서가 출판된 이후 50년 동안 비텐베르크의 출판업자 한스 루프트Hans Lufft는 성경을 10만 권가량 판매하였다.

3. 루터에 의해 번역되고 해석된 "하나님의 말씀"

루터의 성경 번역은 가장 높은 문학적 수준과 가장 깊이 있는 종교성으로 인해 엄청난 성공을 이루었다. 루터의 사상이 처음으로 일반인에게 널리 퍼지게 된 것은 실제로 성경 번역 때문이었다. 16세기가 시작될 무렵, 독일 인구의 3-4퍼센트가 글을 읽을 수 있었다. 자연히 식자들은 시골보다는 도시에 더 많이 살고 있었고, 지적 생활에 참여할 수 있는 이들 중 상당수는 루터가 번역한 성경을 가지고 있었다. 성경은 모든 책들 가운데 가장 중요한 책으로 간주되었기 때문에, 사람들은 루터의 언어와 해석을 통해 하나님의 말씀을 듣고 읽게 되었다. 때때로 루터는 독일인의 예언자로 간주되는 일도 있었지만, 모든 독일인이 그를 하나님의 말씀의 선포자로 보았다는 것은 확실하다. 근대 표준 독일어의 발전에 있어서 루터의 공헌은 의심할 바 없이 성경을 가장 중요한 대중적인 책으로 만들었다는 데 있고, 이러한 성경의 역할은 여러 세기 동안 계속되었다. 루터가 없었다면 근대 표준 독일어가 이와 같은 방식으로 종교적인 특성을 지니고 발전되지 못했을 것이다.

4. 16세기 초의 다른 성경 번역본들

16세기에는 저지(低地) 독일어$^{Niederdeutsch\ 26}$가 여전히 북부 독일에서 폭넓게 사용되고 있었기 때문에, 루터의 성경 번역은 그 일부가 나오 자마자 곧 저지 독일어로 다시 쓰였다. 저지 독일어 번역본들은 물론 다양한 다른 지방의 방언으로 된 번역본들도 명백히 루터의 성경과 종교개혁 정신에 의해 결정적인 영향을 받았다. 결과적으로 루터는 그러한 번역본들을 통해 간접적으로 그들에게 말할 수 있었다. 더욱이 루터의 성경 번역은 저지 독일어가 문학적 언어^{Schriftsprache}로 발전하는 것을 막는 역할을 하였다. 심지어 독일어를 사용하는 스위스 지방에서조차 루터의 성경은—비록 그 안으로 알레만어$^{Allemannisch\ 27}$의 특징을 가진 많은 단어와 숙어들이 들어오기는 했지만—『취리히 성경 *Zürcher Bibel*』과 더불어 큰 영향력을 가지고 있었다. 루터의 성경 번역은 스위스의 근대 표준 독일어의 발전에도 영향을 끼쳤다.

근대 표준 독일어의 발전에 있어서 루터의 성경의 강력한 영향력과 그 중대한 의미는 "옛 신앙"을 유지하고 있는 지역의 성경 번역자들조차 빈번하게 루터의 번역본을 이용하였다는 사실에서도 잘 나타난다. 예를 들어, 히에로니무스 엠저$^{Hieronymus\ Emser,\ 1478-1527}$는 루터의 가장 열렬한 적대자 중 한 사람이었는데, 그는 많은 이들의 요청에 따라 신약성경을 번역·출판하고 작센의 게오르크 공작에게 서문을 작성하도록 헌정하였다. 그러나 그의 번역은 루터의 번역본을 폭넓게 이용하였으며, 더구나 요한계시록 본문에는 루카스 크라나흐가 루터의 성경을 위해 그린 삽화들을 그대로 넣었다. 결과적으로 아이러니하게도 로마 가톨릭 측인 엠저의 번역은 로마를 요한계시록의 "바벨론"으로 묘사하게 되었다. 또한 엠저는 평민들에게 성경 읽기에 대하여 경고하는 후기를 추가해 넣었다. 후에 디텐베르거와 에크가 엠저의 번역을 개정하였지만, 여전히 루터의 신약성경의 영향을 분명하게 드러내고 있었다. 이렇게 루터는 로마 가톨릭의 성경 번역을 통해서까지도 그의 영향력을 행사하였다.

5. 성경 번역의 개정 작업

루터는 반복해서 그의 성경 번역을 개정했다. 1531년 이후부터는 성경의 개정을 위한 하나의 위원회가 형성되어 활동하였다.[28] 루터는 자신이 직접 수정한 것을 이 위원회에 제출하여 검토하도록 하였다. 이 위원회에서 루터의 번역은 성경 원문과 『불가타 성경』, 그리고 여러 다른 해석들과 비교되었다. 이 위원회는 가장 적당한 독일어 표현을 찾는 일에도 관심을 기울였다. 여러 번에 걸쳐 루터의 본문이 근본적으로 바뀌기도 하였다. 루터는 자신의 전 생애를 통해 여러 성경 구절들에 대해서 그 참된 의미를 항상 재고하였고, 그 과정에서 때때로 본래 자신의 번역과는 아주 근본적으로 다른 결론에 도달하기도 하였다. 이러한 개정 작업 중 특별히 재미있는 하나의 예를 우리는 루터의 시편 90편 강해[1534-1535]에서 발견할 수 있다. 1524년 처음 출판되었을 때의 번역과 그 이후의 번역에서 루터는 히브리어 "마온"מעון을 "피난처"Zuflucht로 번역했다(시 90:1 참조). 1524년에 번역된 의미에 따르면, "주여, 주는 대대로 우리의 피난처가 되셨습니다"이다. 그러나 1531년과 1545년에 출판된 시편 90편 강해에서 루터는 "되다"라는 단어를 제거하였다. 그래서 "주여, 주는 대대로 우리의 피난처이십니다"[29]라고 옮겨진다. 이에 대하여 루터는 다음과 같이 말했다. "'마온이신 주님'은 '피난처'*refugium* 보다는 '거처'*habitaculum*를 뜻하는 것이고, 이것이 우리에게 가장 큰 위로가 된다."[30] 이렇게 함으로써 루터는 자신의 번역보다 히브리어 본문에 더 가깝게 번역된 『불가타 성경』으로 돌아간 것이었다. 여기에서 루터가 '피난처' 대신에 '거처'라는 말을 사용했다는 것은 신학적으로 상당히 중요한 의미를 갖는다. 즉, 루터가 강조하는 것은, 성경은 대체로 인간이 하나님이 거하시는 성전이라고 말하지만, 이 시편 구절은 하나님이 우리가 거하는 거처가 되신다고 말한다는 점이다. 그러므로 이 시편 구절에 따르면, 하나님은 옛 계약에 속한 경건한 이들이 안식을 취하고 있는 우리의 거처가 되신다.[31]

6. 개신파의 독일과 로마 가톨릭의 독일 간의 언어적 간격

비록 루터의 성경 번역이 독일 전역에서 사용되는 언어의 발전은 물론 로마 가톨릭 지역에까지 간접적으로 영향을 주었지만, 다른 한편으로 개신파 영지에서 사용되는 언어와 로마 가톨릭 영지에서 사용되는 언어의 간격을 더 넓히는 결과를 낳기도 했다. 교육받은 사람들을 위한 언어인 라틴어는 개신파 영지보다 로마 가톨릭으로 남아 있는 영지에서 더 오랫동안 사용되었다. 16세기 후반부터 시작된 예수회의 뛰어난 교육 사업은 원래 종교개혁 진영에 속한 학교와 대학들이 차지하고 있었던 우위를 점하게 되었다. 그러나 라틴어의 사용을 강조한 예수회의 교육 사업은 실제로 독일 국민언어의 발전을 지연시켰고, 이로 인해 독일어는 프랑스어나 영어보다 늦게 국민언어로 발전되었다. 이처럼 라틴어의 보다 강한 영향 이외에 독일어 어휘의 발전의 측면에서도 종교개혁 지역과 로마 가톨릭 지역 사이에 차이가 나타나는 것을 볼 수 있다. 많은 중요한 경우, 종교개혁이 새로운 의미를 부여한 단어들은 널리 사용되지 못했다. 특별히 그러한 하나의 예를 "소명"Beruf이라는 단어의 사용에서 찾아볼 수 있다. 이 단어에 대한 새로운 이해가 널리 퍼지게 된 것은 독일 신비주의자들에 의해서였다. 그러나 확실히 루터는 이 소명을 세속적인 의미로 사용할 수 있도록 신학적인 기초를 제공하고, 수도사나 성직자의 신분이 다른 세속적인 직업[소명]들보다 우월하다는 견해를 극복할 수 있었던 첫 번째 사람이다. 이러한 소명의 이해는 종교개혁을 통해서 대단히 광범위하게 퍼졌고, 언어적인 측면에서도 우세하였다. 그러나 로마 가톨릭 영지에서 "소명"은 중세기와 마찬가지로 계속해서 교단에 입회하기 위한 부름을 의미하는 말로 사용되었다. 결과적으로 로마 가톨릭의 "두 단계의 윤리"die Zwei-Stufen-Ethik는 오랫동안 그대로 남게 되었다.

3장. 연구 방법을 위한 제안

1. 루터 읽기를 위한 제안

루터를 읽기 위한 가장 좋은 방법은 무엇인가? 루터에 관해서 거의 아는 것이 없는 사람은 어떤 책으로 시작하는 것이 좋을까? 어떻게 루터를 보다 깊이 이해할 수 있을까? 물론 루터에 대한 관심 분야가 매우 다양하기 때문에 모든 사람을 만족시킬 수 있는 하나의 제안이 있을 수 없다. 그러나 그럼에도 불구하고 우리 모두가 고려해 볼 수 있는 기본적인 규칙들이 있다.

2. 루터 전집·선집의 이용

우리가 학문적으로 적절한 루터 연구를 수행하려면, 개별적인 저술들의 특별 선집은 별개로 하고, 학문적인 루터 전집, 곧 바이마르판 WA, 클레멘판CI, 그리고 연구판StA을 이용해야 한다. 물론 그 외에 다른 선집도 사용할 수 있다. 특별히 현대 독일어로 편집된 뮌헨판Mü

과 루터 도이치^{LD}, 혹은 칼베르판^{Calwer Ausgabe} 및 그 밖의 선집은 초보자가 루터의 본문을 독일어로 읽는 데 도움을 줄 수 있다. 그러나 이러한 선집은 학문적인 전집을 대신할 수 없다. 철자법과 음색^{Klangfarbe}이 다를 뿐만 아니라, 주해 자료집(인용, 자료, 참조, 포괄적인 서론 등)도 차이가 나기 때문이다. 루터의 라틴어 저술의 역본은 대부분의 학생들에게 확실히 도움을 줄 수 있지만, 전문적인 연구를 위해서는 라틴어 원문을 사용해야 할 것이다.

3. 역사적 상황에 대한 이해

루터 연구를 위해 필요 불가결한 전제는 그의 생애는 물론 그 당시 역사적 상황에 대한 기본적인 지식이 있어야 한다는 것이다. 그 때문에 우리는 16세기의 정치적, 사회적 상황과 또한 교회적, 신학적, 정신적 상황에 대한 지식을 갖추어야 한다. 구체적으로 교황청의 상황, 유럽 정치에서 교황의 교회 국가의 역할, 제국에 대한 교황청의 재정적 갈취, 성례전적 경건, 구원에 대한 질문의 성격, 그 당시 팽배했던 미신들, 사회적 계급과 신분의 성격, 그리고 여타의 사회적 관계들에 대해서 알아야 한다. 특별히 종교개혁 초기와 루터의 초기 저술을 이해하는 데 있어서, 우리는 중세 후기 대학교의 기능과 역할 및 학문적 논쟁의 영역에서 비판적인 질문을 제기할 수 있었던 대학교의 특별한 권리에 대해 고려할 필요가 있다.

4. 루터 신학의 중심 주제에 대한 이해

우리는 루터와 관련하여 특별히 어떤 하나의 주제에만 관심이 있는 경우에도 종교개혁 신학의 중심적인 주제들에 대해 상당한 주의를 기울일 필요가 있다. 예를 들면, 우리는 루터와 정부의 관계, 농민전쟁 중 그의 행동, 법과 규정들에 대한 그의 견해, 혹은 다른 특정한 질문들에 초점을 맞출 수가 있다. 그러나 당연히 그러한 방식으로는 루터 신학 전체에 대해서 알 수 없다. 루터는 그의 전반적인 활동 가운데서 무엇보다 우선적으로 성경을 그 진정한 의미에 따라 표현하는 것에 관심을 가졌다. 그 때문에 우리는 어떤 하나의 개별적인 문제에 대해 연구하더라도, 그것을 전체 루터의 신학에 있어서 중심적인 주제와 관련시켜야 한다. 예를 들어, 농민들의 반란에 관한 루터의 진술을 정당하게 평가하려면, 루터는 이를 정치적 판단의 문제로 보지 않았으며, 어떻게 하는 것이 성경에 복종하는 것인지, 또 선한 양심에 따라 무엇을 할 수 있고 무엇을 할 수 없는지에 대해 관심을 가지고 있었다는 것을 이해해야 한다. 혹은 법과 질서에 대한 루터의 견해도 율법과 복음에 대한 그의 이해 및 인간 본성에 대한 그의 교리와 관련해서 보아야 한다.

이러한 루터 신학의 중심 주제의 원칙은 종종 그의 칭의론의 중심적인 성격과 관련하여 표현되어 왔다. 즉, 루터의 사상 가운데 어떤 것도 그의 칭의론과의 관련성 속에서 이해하지 않으면 안 된다는 것이다. 그러나 이처럼 루터를 그의 신학의 중심으로부터 해석해야 한다고 말할 때, 그것은 우리가 그의 신학적 입장을 무비판적으로 수용해야 함을 의미하는 것은 아니다. 우리는 루터 자신이 평가

받기를 원했던 기준들 그 자체를 고려하여 루터를 평가해야 한다. 물론 여기에서 비판적인 질문들이 배제되어서는 안 된다. 그러므로 루터의 사상에 바로 접근하기 위해 그의 저술 중에서 한 가지 유형만을 근거로 삼아서는 안 되며, 적어도 두 가지 유형 이상을 함께 보아야 한다. 예를 들어, 루터와 로마 사이의 논쟁에 대해 연구하고 있다면, 『마리아 찬가』[1521]와 같은 묵상적인 성경 해석들도 연구해야 한다. 마찬가지로 정부의 권위를 강조하는 루터에 대해 연구한다면, 교회 당국과 세속 당국에 대항하는 그의 실제적인 입장을 함께 고려해야 한다. 만약 중세의 성례전 교리와 실행에 대한 루터의 비판을 연구한다면, 또한 루터 자신의 성례전 교리와 그의 성례전적 경건을 고려해야만 한다. 루터의 저작 전체는 거의 모든 문장마다 루터의 독특성을 드러내고 있다. 그러나 동시에 우리는 우리가 증명할 수 있다고 생각하는 그의 모든 사고 과정에 대해 동일한 반대 검증을 해야 한다.

중요한 충고를 하나 덧붙인다. 앞에서 설명한 관련성을 제대로 고려하는 것만큼 중요한 점은, 우리는 무엇보다도 루터의 진술을 그것이 쓰여진 맥락을 무시하고 인용하지 않도록 주의해야 한다는 것이다. 루터의 거의 모든 글은 정확히 어떤 구체적인 상황에서 쓰였고, 또한 각 글은 특정한 주제에 관심을 가지고 있기 때문에, 각각의 개별적인 본문에 대한 정밀한 분석이 대단히 중요한 것이다. 많은 연구들이 절대적으로 필요한 이러한 원칙에 거의 주의를 기울이지 않았기 때문에, 루터에게 낯선 조직적인 체계를 강제한 셈이 되었다.

신학도라면 일련의 루터의 저술에 대한 정확한 지식을 갖추는 것이 필요하다. 이 목적을 위해 가장 가치 있는 것으로 클레멘판의 첫 네 권에 포함된 저술들을 추천하고 싶다. 라틴어 저술의 경우 뮌헨판의 역본을 참고할 수 있다. 신학도는 1520년 루터의 "종교개혁 3대 논문"(소위 종교개혁 주저), 『그리스도인 영지의 개혁에 관해 독일 그리스도인 귀족들에게 고함』, 『교회의 바벨론 포로』, 그리고 『그리스도인의 자유』를 아는 것만으로는 부족하다. 물론 이 세 논문은 만인사제직 교리, 성례전에 대한 종교개혁적 이해, 자유에 대한 이해 등을 담고 있어서 특별히 중요한 것이다. 위 논문들 외에 『노예의지에 대하여』[1525]가 루터 연구에서 매우 중요하다. 또한 신학도는 루터의 95개 논제, 1519-1520년의 설교, 『마리아 찬가』[1521], 그리고 『슈말칼덴 조항』[1537]도 종교개혁 신학에 대한 분명한 개관을 얻기 위해 필수적으로 읽어야 한다. 덧붙여서 루터의 초기 강해도 확실하게 공부할 필요가 있다. 클레멘판 제5권이 이 초기 강해를 선별하여 실었고, 로마서 강해의 역본은 뮌헨판 보충판[Mü Erg] 제2권에 있다.

종교학 전공자는 적어도 종교개혁 3대 논문과 『슈말칼덴 조항』, 그리고 정치 윤리를 다룬 루터의 저술을 읽어야 한다. 다음의 루터의 저작에 대한 소개는 기본적으로 클레멘판에 근거해 선별한 것이다.

4장. 연대순으로 보는 루터의 저작

1. 여백 방주(1509-1510)

루터의 초기 저술을 연구하기 위해서는 먼저 1517-1520년 사이에 발전된 그의 종교개혁 신학에 대한 개관이 필요하다. 1509-1510년에 루터가 아우구스티누스와 롬바르두스의 저서에 써넣은 여백 방주[32]는 특별한 관심이 요구된다. 루터가 개인적으로 사용할 목적으로 처음 달아 놓은 이 상세한 신학적 논평과 주석들은 아우구스티누스와 롬바르두스의 본문의 맥락에서만 이해될 수 있는 것이다. 동시에 독자는 여기에서 볼 수 있는 루터의 개념들이 1517년 이후 어떤 변화를 보이고 있는지 이해할 수 있어야 한다. 이 여백 방주는 종종 너무 간단해서 그 의미를 해석하기가 매우 어려운 경우도 있다.

2. 초기 강해(1513-1517/18)

1513-1517/18년의 강해를 선별해 실은 클레멘판 제5권은 매우 잘 정선된 선집이다. 연구판 제1권은 첫 번째 시편 강해[1513-1515]와 로마서 강해[1515/1516] 중에서 선별한 것을 수록하고 있다. 물론 이러한 강해들을 연구하는 것은 쉽지 않다. 특별히 첫 번째 시편 강해의 연구가 어렵다. 이 연구를 위해서는 주석 전통에 대한 얼마간의 지식이 필요하며, 특히 바이마르판 제55권의 개정판[첫 번째 시편 강해 수록]은 그러한 지식을 요구한다. 중요한 점은 루터의 개별적인 진술들을 그 맥락에서 분리하여 취급해서는 안 된다는 것이다. 어떤 경우에도 루터를 일방적으로 해석하지 않기 위해 보다 넓은 본문의 맥락에서의 읽기를 시도해야 한다. 로마서 강해[1515/1516], 갈라디아서 강해[1516-1517], 그리고 히브리서 강해[1517-1518]는 첫 번째 시편 강해보다 연구하기가 훨씬 쉽다. 매 순간 루터의 신학은 더욱더 분명하고 예리한 윤곽을 형성해 나갔는데, 그러한 발전은 죄, 은혜, 의, 신앙, 그리고 선행과 같은 중심적 주제들을 토대로 쉽게 찾아볼 수 있다. 하이델베르크 토론의 논제[33]는 루터의 "십자가의 신학"을 "영광의 신학"과 대비시켜 명료하게 정의하고 있다. 이러한 대비는 은혜와 선택에 대한 루터의 다소 투박한 서술과 함께 그의 초기 강해에서 볼 수 있는 그의 신학 작업의 결론을 이루고 있다. 비록 하이델베르크 토론은 면죄부 논쟁이 진행 중이던 1518년 4월에 열렸지만, 그 논제에서는 그 당시 중요했던 사안들은 뒤편으로 물러나 있고, 신학적인 중심 주제들이 전면에 나오고 있다.

3. 면죄부 논쟁에 관한 저술(1517-1518)

면죄부 논쟁과 관련된 루터의 저술은 그의 초기 강해에 대한 충분한 지식을 가지고 있을 때 완전하게 이해할 수 있다. 그러나 여전히 초보자에게는 면죄부 논쟁으로부터 연구를 시작하는 것이 방법론적인 면에서 쉽고 효과적일 수 있다. 루터의 95개 논제를 이해하기 위해서는 먼저 면죄부의 역사에 대해 알고 있어야 한다. 특히 마인츠의 알브레히트 대주교의 면죄부 지침[34]을 살펴볼 필요가 있다. 루터의 『면죄부와 은혜에 대한 설교 *Ein Sermon von Ablaß und Gnade*』[1518]를 95개 논제와 비교해 보는 것은 상당히 유익한 일이다. 이 두 문헌을 비교함으로써 95개 논제를 다룬 루터의 라틴어 저술과 독일어 저술이 서로 어떻게 관련되는지, 그리고 95개 논제의 라틴어 본문에서 제기된 면죄부에 관한 비판적 질문들이 독일어 본문에서 그대로 다시 나타나고 있는지, 혹은 그 질문들 중에서 생략된 것은 어느 것이며, 그 이유는 무엇인지에 대해 연구해 볼 수 있다. 1517-1518년 겨울, 루터는 『면죄부의 가치와 관련된 논쟁에 대한 해설 *Resolutiones disputationum de indulgentiarum virtute*』[1518]이라는 논문을 준비했는데, 이는 루터의 첫 번째 종교개혁적 저술이라고 부르기에 적절한 것이다. 이 논문의 중요성은 단순히 95개 논제를 매 항목마다 어설프게 설명하는 외적인 형식에 있는 것이 아니라 그 내용에 있다. 즉, 여기에 나타나는 은혜, 성례전, 신앙, 칭의, 그리고 교회의 권위에 대한 루터의 새로운 이해는 95개 논제에서 볼 수 있는 것보다 더 명료하고 예리해졌다. 이 논문을 읽을 때 우리가 고려해야 하는 것은 이미 그 당시 루터가 이단자라는 비난을 받고 있었다는 사실이다. 또한 "결론

제15장"[35]이라는 제목을 붙인 한 단락은 특별히 루터 자신의 영적 시련의 측면에서 볼 때 중요한 의미를 갖고 있다. 덧붙여서 이 『면죄부의 가치와 관련된 논쟁에 대한 해설』은 루터가 아직 교황의 권위를 로마서 13장에 따라 인정하고 있지만, 이제 그 권위가 하나님에 의한 것이 아닌, 교회에 의해 승인된 오직 인간적 권위라는 분명한 이해를 가지고 있음을 보여준다. 그러므로 루터는 이 논문을 작성할 때쯤 당시의 교회에 대한 이해에 있어서 대단히 중요한 변화를 경험했다고 볼 수 있다.[36] 면죄부 논쟁에 관한 루터의 저술을 연구할 때, 우리는 어떤 주제들이 면죄부 문제와 관련해 중요한 의미를 가지는지, 그리고 점차 부각된 주제들은 어떤 것이었는지 관찰할 필요가 있다.

4. 설교(1519-1520)

1519-1520년의 설교는 루터의 저술 가운데서 특별하게 분류될 수 있는 유형으로서, 이는 특히 고해성사, 세례, 성만찬 등과 같은 주제들을 다룬 일종의 논문이다. 더 나아가 루터는 이러한 유형의 글을 통해 "죽음을 위한 준비"에 도움을 제공하기도 했으며, 파문, 선행, 미사 등도 다루었다. 이러한 글은 논쟁을 위한 것이 아닌 독자를 교육하려는 의도로 쓰였으며, 동시에 신학적 지식을 갖춘 사람과 교육받은 일반 신자에게 읽히려는 목적을 가지고 있다. 여기에서 우리는 성만찬론을 더 발전시키면서도 그것을 대단히 이해하기 쉬운 방법으로 제시하는 루터의 노련함을 관찰할 수 있다. 루터가 고해성사, 세례, 그리고 성만찬에 대해서만 논하였다는 사실은 다른 네 개

의 성례[성사]는 이미 루터의 사고 뒤편으로 물러나 있었다는 것을 말해 준다. 그러나 루터가 처음으로 다른 네 개의 성례, 곧 견진성사, 혼인성사, 성품성사, 그리고 병자성사를 성례로 인정하지 않은 것은 『교회의 바벨론 포로』에서였다. 그때 성례의 본질에 대한 루터의 이해는 당시에만 특정적이었던, 다시 말해 스콜라주의적 교리와 자신의 후기 견해와도 구별되는 특별한 성격을 가진 것이었음을 주목할 필요가 있다. 성례의 은사, 특별히 성만찬의 은사에 관해서 루터는 이때 자신의 고유한 견해를 표명하였지만, 곧 그 견해를 스스로 수정하였다. 이러한 괄목할 만한 발전은 『새로운 계약, 곧 거룩한 미사에 관한 설교』[1520]에서 그 예를 찾아볼 수 있는데, 루터는 여기에서 성례전을 다루면서 그것의 일반적인 정의가 아닌, 그리스도의 제정의 말씀에 기초한다. 대체로 이러한 설교들은 그 당시 논쟁으로부터 한 걸음 물러서서, 보다 넓은 범위의 대중을 위해 종교개혁의 관점에서 기본적인 신학적 질문들을 다루고 있음을 보여준다.

5. 『로마 교황권에 관하여』(1520)

『로마 교황권에 관하여, 라이프치히에 사는 가장 유명한 로마주의자를 반대하며 *Von dem Papsttum zu Rom wider den hochberühmten Romanisten zu Leipzig*』[1520]는 루터와 로마 간의 논쟁을 이해하는 데 있어서, 그리고 그 내용 자체로서도 대단히 중요한 저술이다. 여기에서 루터는 처음으로 교황권과 관련된 쟁점들을 독일어로 논하였다. 이 글을 독일어로 저술한 것은 독일어를 사용하는 사람들 앞에서 논쟁을 주도하기 위한 것이 아니었다. 루터는 라이프치히의 프란체스코회 수도

사인 아우구스티누스 폰 알펠트^{Augustin von Alfeld}가 자신을 공격하는 책을 독일어로 낸 것에 대응하고자 했던 것이다. 알펠트의 책은 본래 『사도적 교황권에 관하여 *Super apostolica sede*』라는 제목 아래 라틴어로 출판되었다. 그러나 루터는 알펠트가 그 책의 독일어 개정판을 낸 후에 비로소 그의 공격에 응답하였다. 이는 1517년의 사건 직후 루터의 적대자들이 생각보다 심하게 루터를 공격하였고, 그 때문에 루터도 그가 원했던 것보다 더 강하게 대응할 수밖에 없었다는 사실을 말해 준다. 후기 루터의 논쟁적인 저술과 비교해 볼 때, 이 책의 어조는 대단히 온건한 것이다. 그 내용은 루터가 이미 말했던 바, 특별히 1519년 라이프치히 논쟁에서 표명한 교회론과 교회 내에서의 교황의 위치에 대한 당시의 견해를 확장시킨 것이었다. 그때 루터는 그 문제들을 그렇게 심도 있게 다루지는 않았다. 그러나 이제 루터는, 기독교 세계는 지상에서 그리스도를 믿는 모든 이들의 회중, 혹은 성령 안에서의 모임이라는 사상을 표명하였다. 또한 그는 영적인 기독교 세계와 육적인 실재로서의 기독교 세계의 구별이 필요하다고 주장하였다. 오직 영적인 기독교 세계만이 참된 교회이다. 이 참된 교회는 여기 지상에서 머리를 갖고 있지 않으며, 오직 하늘에 계신 그리스도만이 교회의 머리가 되신다. 우리는 이러한 진술들 가운데서 마치 루터가 보이지 않는 교회를 가리키고 있는 것처럼 해석하지 않도록 조심해야 한다. 비록 루터의 많은 개념들이 그런 방향을 가리키고 있는 것처럼 보일지라도, 그것들은 항상 논쟁의 영역 안에서 해석되어야만 한다. 즉, 그 논쟁 자체가 루터로 하여금 대단히 날카로운 표현을 사용하도록 강요한 것이었다. 그러므로 만약 우리가 이 저술에 나오는 루터의 진술들을 일방적으로 해석하는 오류를 피

         Ⅳ. 루터의 저작

하려면, 우리는 교회에 관해 다룬 루터의 다른 많은 저술을 함께 고려해서 해석해야 한다.

6. 『그리스도인 영지의 개혁에 관해 독일 그리스도인 귀족들에게 고함』(1520)

1520년에 루터는 『그리스도인 영지의 개혁에 관해 독일 그리스도인 귀족들에게 고함』을 출판하였다. 이 논문은 제국 의회에서 영주들이 황제에게 개혁을 요구하는 "그라바미나"*Gravamina*를 제출하던 관습과 당시의 개혁 논의를 배경으로 읽어야 한다. 루터는 이전이나 이후에 개혁을 위한 제안을 이렇게 많이, 혹은 이렇게 세부적으로 내놓은 적이 없었다. 물론 루터에게 개혁은 우선적으로 교회에 관한 것이지만, 그는 정치 및 사회 생활과 대학의 개혁 문제도 다루었다. 그러나 이 논문의 가장 중요한 점은 개혁을 위한 제안의 내용에 있지 않고, 그 신학적 기초에 있다. 즉, 루터는 더 이상 영적인 지위가 세속적인 지위보다 더 우월하다는 중세적인 사상을 받아들이지 않고, 세속 정부에게 교회와 사회의 개혁을 주도하도록 주문한 것이다. 루터는 "모든 세례 받은 자들은 다 사제"라는 교리를 주장하였다. 물론 누구나 다 사제나 주교의 직무를 수행할 수 있는 것은 아니다. 우리는 루터가 만인사제직 교리에서 사제직과 목회직을 구별한 것을 기억해야 한다. 이 구별은 독일어보다 라틴어로 더 잘 표현된다. 세례 받은 자들은 모두 "사제들"*sacerdotes*이다. 그러나 오직 목사들만이 "목회자들"*ministri*이다. 이러한 새로운 신학적 접근으로 인해 루터는 세속적인 권위와 영적인 권위는 비상시에 서로 상대를 대신할 수 있다는 중세의 견해에 중대한 변화를 가져왔다. 그러나 아직 루터는 필요한 경우 성직자가 아니지만 권력을 가진 자는 교회를 도와야 한다고 생각했다. 그 외에 이 저술은 로마에 대한 루터의 날카로운 비판으로 인해 세계 역사에 광범위한 영향을 미치게 되었다.

루터는 교황권이 개혁을 위한 모든 시도를 방해하며, 다음과 같은 세 개의 벽을 쌓았다고 설명한다. 즉, 1) 영적인 권위가 세속적인 권위보다 우월하다는 주장, 2) 오직 교황만이 성경의 마지막 해석자라는 주장, 그리고 3) 교황은 공의회보다 우월하다는 주장이 그것이다. 그 결과, 이때까지 성경의 권위나 공의회의 권위를 교황의 권위보다 앞세우지 못했다. 그리고 일반 신자는 아무것도 할 수 없었다. 그러므로 만인사제직 교리는 로마교회의 주장의 오만함과 취약함을 고발하는 역할을 한 것이다. 그리고 그렇게 함으로써 세속적인 권위를 교회의 권위로부터 해방시키고, 자신의 적절한 책임을 다할 수 있도록 만든 것이었다. 이 논문에서, 그리고 후에 정부에 관해 쓴 그의 다른 저술에서 루터는 교회의 영적인 권위에 대항하며 독립성을 주장하는 세속 정부를 지지하였다. 물론 로마를 반대한다는 점에서 루터를 지지하는 사람들 가운데는 그의 신학에 동의하지 않는 이들도 많이 있었다.

7. 『교회의 바벨론 포로』(1520)

그리스도인 귀족들에게 보낸 논문은 외부적인 개혁에 관한 것이었다. 같은 해인 1520년, 루터는 신학적 개혁, 특별히 성례전 교리와 관련해서 요구되는 개혁을 다루는 논문, 『교회의 바벨론 포로』를 저

IV. 루터의 저작

술하였다. 이 논문에서 루터는 로마 교황청이 칠성사 교리를 만들어 사용하면서 이를 교황권의 근거로 삼았다고 비난하였다. 루터의 이러한 비판은 역사적으로 지지를 받기 어려운 것이지만, 교황 제도 자체를 논쟁의 중심적인 문제로 다루었다는 점에서 상징적 의미를 갖는다. 가장 중요한 것은 성만찬론에 대한 루터의 비판이다. 그리스도인 귀족들에게 보낸 논문에서 "벽"으로 묘사한 것에 상응하는 것으로서, 여기에서 루터는 "포로"의 이미지를 사용하였다. 즉, 다음과 같은 것들을 통해 로마 교황권은 교회를 포로로 만들어 감금하였다.

1) **성만찬 때 평신도에게 포도주를 분배하지 않는 것**: 그러나 루터가 이것을 로마교회의 독재로 본 것은 정당한 평가가 아니었다.

2) **화체설 교리**: 루터는 이 교리를 "인간이 고안해 낸 것"이라고 보았지만, 실제로 화체설은 성례전 안에 그리스도가 임재하시는 방식의 신비를 이론화한 것이었다.

3) **미사를 선행과 희생 제사로 보는 견해**: 루터에 따르면, 이 세 번째 "감금", 즉 미사를 희생 제사로 여기는 교리가 가장 심각한 것이다. 이 교리에 대한 루터의 공격과 그의 입장을 이해하기 위해서는 가령 토마스 아퀴나스의 스콜라주의적 미사 교리와 비교하는 것으로 그쳐서는 안 된다. 우리는 그 당시 유행하던, 완전히 그릇된 희생 제사 신학과 미사와 관련된 거의 마술적인 신앙을 염두에 두고 루터의 비판을 해석해야 한다.[37]

다른 성례[성사]들에 대한 루터의 비판은 미사에 대한 그의 비판적인 분석보다 근본적으로 덜 날카롭다. 그러나 성례의 숫자를 일곱에서 둘 혹은 셋으로 줄인 그 자체로 충분히 날카로운 것이었다. 루터는 그 당시 고해성사를 성례로 여겨야 하는지 아직 확신하지 못했다.

8. 『그리스도인의 자유』(1520)

이 논문은 1520년 가을에 루터와 로마 사이의 화해를 주도적으로 중재하였던 카를 폰 밀티츠의 제안에 응답하여 쓴 것이다. 루터가 이 논문의 서문을 통해 교황 레오 10세에게 부친 공개편지는 그것이 쓰이게 된 배경을 이해해야 한다. 루터는 이 논문이 그리스도인의 삶의 전부를 포함하고 있다고 말했다. 루터는 다음과 같은 이중 명제로 시작한다. "그리스도인은 모든 것으로부터 자유로운 주인이며, 누구에게도 종속되지 않는다. 그리스도인은 기꺼이 모든 것의 종이 된 자이며, 모두에게 종속되어 있다."[38] 이 이중 명제는 바울의 자유 이해에 대한 가장 성공적이고 적절한 표현일 것이다. 루터는 후에 이 자유 이해를 근거로 더욱 깊은 확신을 가지고, 농민들이 "육적인" 자유를 요구한다고 비난하였다. 동시에 루터는 이 논문에서 칭의론과 종교개혁 윤리를 연결시켰다. 이 주제에 대한 더 깊은 연구를 원하는 독자는 1520-1521년 시기의 루터의 자유 이해와 멜란히톤이 자신의 저서, 『신학 총론 *Loci communes*』[1521]에서 발전시킨 자유 이해를 비교해 보는 것이 유익할 것이다. 더 나아가 카를슈타트의 자유 이해, 그리고 1521-1522년 비텐베르크 소요 때 종교개혁자들이 표명하였던 자유에 대한 그들의 견해를 연구하는 것도 도움이 될 것이다.

9. 『마리아 찬가』(1521)

성모 마리아의 찬가를 해석한 루터의 『마리아 찬가』는 그의 성경 해석 중에서도 진주와 같은 것이다. 루터는 처음에 비텐베르크에서 1520년 11월부터 1521년 3월까지 이 저술에 착수하였지만, 보름스 여행으로 잠시 작업이 중단되었다가 바르트부르크 체류 기간 중인 1521년 5월 말과 6월 초 사이에 마감하였다. 그러나 이 묵상적인 성경 해석 안에서 우리는 그 당시 루터가 겪었던 외적인 혼란과 내적인 긴장의 흔적을 찾아볼 수 없다. 루터는 종종 이렇게 완전히 다른 성격의 과제들을 동시에 수행하는 능력을 보여주었는데, 그러한 저술들이 같은 시기에 한 저자로부터 나왔다는 것을 믿기가 어려울 정도이다. 이는 루터의 감정적, 지적인 폭이 얼마나 넓었는가를 잘 보여주고 있다. 루터가 일하는 방식을 관찰할 수 있는 하나의 방법은, 가령 어느 한 달을 정해 그 한 달 동안 루터가 한 일의 목록을 작성하고, 그가 그 기간에 다룬 과제들과 주제들이 얼마나 다양한 것인지, 그리고 그것들 간의 상호 관계가 어떤 것인지 살펴보는 것이다. 이때 우리는 동시에 루터가 늘 매우 광범위한 성격의 서신들을 작성하고 있었다는 사실을 간과해서는 안 된다. 내용적인 측면에서 볼 때 『마리아 찬가』는 동정녀 마리아에 대한 루터의 견해, 그리고 루터의 역사 이해를 공부하는 데 특별히 중요한 저술이다.

10. 『수도서원에 대한 판단』(1521)

이 논문은 루터가 비텐베르크에 있을 때인 1521년 11월, 3주간의 짧은 기간 동안 저술했다. 이전에도 종종 루터는 수도서원에 관해 자신의 의견을 표명하였다. 루터는 이 논문을 그의 수도원 입회를 못마땅하게 여겼던 아버지에게 헌정하였다. 이러한 측면에서 이 논문은 부분적으로 수도사였던 자신의 과거와 씨름하는 루터의 모습을 보여준다. 그러나 수도서원에 관한 신학적 물음이 그 논의에 중심에 있고, 자신의 자전적 이야기들은 간혹 주변에서 나타날 뿐이다. 루터가 수년 동안 여전히 수도사 복장을 하고 있었다는 사실은 자신의 과거에 대한 그의 입장이 어떠했는지 설명해 주고 있다. 수도서원에 관한 다섯 가지 질문을 엄격한 구조 안에서 다루는 이 논문은 루터의 사유와 논증 방식의 탁월성을 보여주고 있다. 루터는 여기서 대단히 제한된 의미로 여전히 수도서원을 인정하고 있다.[39] 이 논문은 초기에 루터와 로마 간의 갈등 국면에서 벌어진 마지막 주요 논쟁에 대해서 다루고 있다. 루터는 교황권과 성례전 교리 문제로 로마와의 관계가 끊어진 뒤에, 그 당시 널리 받아들여지고 있었던 "두 단계의 윤리", 즉 일반 신자를 위한 윤리와 수도사나 수녀를 위한 윤리의 구분을 극복하였다. 이 글을 적절하게 평가하기 위해서는 단지 수도원주의 신학을 다루는 것으로 그쳐서는 안 된다. 그 시대를 살았던 사람들의 서원에 대한 실제적인 이해, 그리고 특별히 그 당시 도시에서 수도원이 차지했던 사회적인 위치를 함께 고려해야 한다. 수도원은 세금과 법적인 측면에서 상당한 특권을 누리고 있었다. 그 특권은 원래 교육의 목적으로 주어진 것이었는데, 시간이 지남에 따라 그 합법성을 잃어버리게 되었고, 이로 인해 거의 모든 곳에서 갈등이 발생했다. 곳곳에서 일어난 종교개혁 운동은 이러한 갈등을 배경으로 이해할 필요가 있다.

11. 『폭동와 반란에 대해 모든 그리스도인들에게 드리는 마르틴 루터의 진지한 권고』(1522)

루터의 비텐베르크 정착 이후, 비텐베르크뿐만 아니라 다른 곳에서도 폭동과 권위에 대한 복종의 문제가 더욱 큰 중요성을 지니게 되었다. 멀리서는 이미 농민전쟁이 선포되었다. 루터는 이 문제를 여러 글을 통해 다루었다. 『폭동과 반란에 대해 모든 그리스도인들에게 드리는 마르틴 루터의 진지한 권고』는 루터가 1521년 12월 4-9일 바르트부르크에서 비텐베르크로 비밀리에 여행하는 도중에 받은 인상을 바탕으로 쓴 것이다. 여행 중에 그는 가까운 시일에 사제들을 살해하려는 모의가 이루어지고 있다는 소문을 들었다. 루터는 그 소문을 믿지 않았지만, 폭동과 반란에 관한 자신의 분명한 입장을 밝히는 것이 필요하다고 느꼈다.

12. 『세속적 권위: 어디까지 복종해야 하는가』(1523)

특별한 이유로 인해, 특히 작센의 게오르크 공작이 루터의 신약성경을 모두 압수하라는 명령을 내림에 따라 권위에 관한 문제가 발생했다.[40] 여기에 대응하여 루터는 소위 두 왕국론, 혹은 두 정부/통치론을 발전시켰다. 우리는 이 이론을 너무 엄격하게 조직신학화해서는 안 된다. 그 주장은 당시의 구체적인 삶의 자리 가운데서 이해되어야 한다. 특별히 중요한 것은 이 논문의 본래적인 주제가 권력의 제한에 관한 것이었고, 그러므로 복종에 대한 요구의 한계를 다루고 있다는 사실이다.

13. 『공동 예배 의식에 관하여』(1523)

새로운 개신파 예배 의식에 대한 필요성이 제기되었을 때, 루터는 1523년에 먼저 간략한 『공동 예배 의식에 관하여 *Von Ordnung Gottesdiensts in der Gemeine*』를, 그리고 곧이어 역시 예배 의식 및 순서에 대한 보다 상세한 설명이 담겨 있는 『비텐베르크 교회를 위한 미사 및 성만찬 의식서』[1523]를 발표하였다. 여기에서 동시대의 개신파 예배 개혁들, 또한 토마스 뮌처의 예배 개혁과 비교해 보는 것은 가치 있는 일이다. 예배 의식에 관한 한, 루터는 보수적이었다.

14. 『기독교 학교를 건립하고 운영하는 독일 내 모든 도시의 시의회 의원들에게』(1524)

이 글은 1524년에 출판되었으며, 종교개혁 운동이 교육 정책에 미친 영향을 잘 보여주고 있다. 루터는 다음과 같은 확신을 피력하였다. "언어가 없이는 우리는 복음을 보존하지 못할 것이다."

15. 『상업과 고리대금에 대하여』(1524)

『상업과 고리대금에 대하여 *Von Kaufshandlung und Wucher*』는 사회적, 정치적인 영역에 관한 루터의 관심을 보여주는 논문이다. 그러나 이 논문이나 다른 저술에 근거하여 루터를 "국민경제학자"[Nationalökonom 41] 로 간주하는 것은 지나친 일이다. 루터의 출발점은 분명하다. 즉, 복음이 빛으로 나왔기 때문에 많은 어둠의 일들, 특별히 탐욕을 정죄하고 멀리해야 한다. 이와 관련하여 루터가 많은 악습들을 비판한 것에 주목할 필요가 있다. 그 당시 많은 지적 그룹들이 경제에 대한 상세한 지식을 갖추고 있었지만, 루터의 비판은 그러한 지식에 근거한 것이 아니었다. 경제에 대한 루터의 태도는 대체로 보수적이었다.[42]

16. 농민전쟁(1525)에 관한 저술

1525년 봄에 농민전쟁이 일어나자 루터는 이에 관한 여러 글을 썼다. 예를 들면, 『평화의 권고, 슈바벤 농민들의 12개 조항에 대한 답변』, 『강도와 살인자 농민 무리에 반대하여』, 루터의 서문 및 추기[43]와 함께 출판된 『칭찬할 만한 슈바벤 동맹과 보덴제와 알고이의 두 농민군 사이의 조약 *Vertrag zwischen dem löblichen Bund zu Schwaben und zweyen Hauffen und Versammlung der Bauern am Bodensee und Allgäu*』(소위 바인가르트너 조약 Weingartner Vertrag), 『농민들을 반대하는 가혹한 책에 관한 공개편지』 등이 있다.[44] 농민전쟁에 관한 루터의 저술은 다양한 관점에서 연구할 수 있을 것이다. 즉, 반란의 발전 과정 및 여전히 규명하기가 어려운 그 성격의 관점이나 농민들의 특별한 요구에 미친 루터의 영향력의 관점, 그리고 종교개혁과 농민전쟁 간의 상호 작용의 관점에서 연구할 수 있다. 지방 국가의 확립과 그 확립에 루터가 어떤 식으로 공헌했고, 또 결국에는 농민들도 그것에 어떻게 기여하게 되었는가를 연구할 수도 있고, 또한 루터의 정치 윤리의 관점에서, 혹은 루터의 저술이 농민전쟁에 미친 영향력의 관점에서 연구해 볼 수도 있다. 어느 접근 방법을 택하든 우리는 성급하게 어떤 경향이나 사태를 비방하고 선입견을 갖는 것을 피해야 할 것이다.

17. 『노예의지에 대하여』(1525)

이 『노예의지에 대하여』는 많은 면에서 루터의 저술 중 가장 해석하기가 어려운 것이다.[45] 이는 단지 루터의 내적인 사고 과정이나 그의 주장의 출발점 및 목표 등과 같은 문제들에 관하여 논쟁이 매우 치열하기 때문만이 아니라, 이 논문을 항상 에라스뮈스와의 논쟁과 관련시켜서 읽어야 한다는 점에서 그렇다. 그러나 에라스뮈스의 『자유의지에 대하여』[1524]는 그 내용이 평소 그가 자유의지와 하나님 개념에 대해 표명해 왔던 것에도 미치지 못하는 수준이었다.[46] 무엇보다 먼저 우리는 이 글을 주의 깊게 읽고, 루터의 주장에 대한 우리 자신의 그림을 스스로 그려 볼 필요가 있다. 이때 우리는 필연성과 강제성, 의지의 자유와 의지의 속박, 그리고 감추어진 하나님과 계시된 하나님의 관계 등과 같은 주제들에 특별한 주의를 기울여야 한다. 옛 신학적 전통들, 특히 아우구스티누스, 아퀴나스, 오컴, 비엘 등의 사상, 혹은 르네상스 시대에 지배적이었던 사조들과 비교해 보는 일은 초보자에게 쉽지 않지만, 가치가 있는 공부가 될 것이다. 예를 들어, 루터의 견해를 멜란히톤의 『신학 총론』 초판과 마지막 판에 나타나는 견해, 혹은 동시대 다른 신학자들의 견해와 비교해 볼 때, 우리는 이러한 주제들에 대한 종교개혁자들의 사상의 폭이 상당히 넓었다는 것을 알 수 있다. 어찌 되었든 루터파 신앙고백은 『노예의지에 대하여』에 나타난 루터의 "첨예한 입장"Spitzensätze을 채택하지 않았다. 그리고 루터 자신이 후에 예정론의 문제를 더욱더 그리스도론적인 관점에서 해석하였는데, 이는 그가 자신의 초기 사상을 상당히 수정하였다는 것을 의미한다.

『그리스도의 성만찬에 관한 고백 *Vom Abendmahl Christi. Bekenntnis*』은 츠빙글리와의 논쟁에서 제시된 성만찬에 관한 루터의 마지막 주요 설명이다. 우리는 이 논문을 읽을 때 성만찬과 관련하여 루터의 사상이 츠빙글리와는 다르게 발전되었다는 것과 함께 그 이전의 논쟁의 맥락을 고려해야만 한다. 또한 논증의 다양한 방법에 대한 정확한 지식, 특별히 루터와 츠빙글리가 요한복음 6장 63절("육은 무익하니라")에 나오는 "육"을 해석하는 방법이 서로 달랐다는 사실을 정확히 아는 것이 중요하다. 이 둘은 서로 다른 각자의 해석학을 제시한다. 루터와 츠빙글리는 "······이다"*est*의 해석뿐만 아니라, "그 반석은 곧 그리스도시라"(고전 10:4)와 같은 다른 성경 구절들을 해석할 때에도 서로 차이를 드러내고 있다. 또한 성만찬에서 무분별한 수찬자에게 미치는 신체적인 영향에 대한 두 사람의 견해차, 루터가 발전시킨 편재론, 이 편재론과 후기 스콜라주의의 관계, 그리고 루터와 츠빙글리의 논쟁에서 그 교리가 갖는 위치와 의미 등도 함께 연구되어야 한다. 비교 연구의 대상에 칼뱅의 사상을 포함시키는 것도 역시 가치가 있는 일이다. 또한 성별되었지만 분배되지 않는 빵과 포도주를 다루는 방식에 대해 여러 교리들이 어떤 식으로 영향을 주었는가를 연구하는 것도 특별히 흥미로운 일이다. 성만찬과 고해성사, 그리고 성만찬과 예배 의식에 관한 여러 규정의 관계에 대해서도 그와 비슷한 연구를 할 수 있다. 이러한 연구들을 통해 우리는 성만찬에서 주어지는 은사에 대한 다양한 이해를 비교해 볼 수 있다. 마지막으로 이 논문 끝부분에 나오는 루터의 개인적인 신앙고백은 대단히 중요하다.[47] 이 신앙고백은 아우크스부르크 신앙고백서를 포함하여 개신파 신앙고백 문서의 발전에 대단히 큰 영향을 미쳤다. 그리고 이 신앙고백은 루터가 어떻게 초대 교회의 교리들을 수용하여 그의 구원론적인 초점에 연결시키는지 잘 보여주고 있다.

19. 『대교리문답』(1529)

『대교리문답』은 선제후령 작센에서 시행된 교회와 학교들에 대한 시찰에 루터가 직접 참여했던 경험에 근거하여 쓴 것으로서, 루터의 저작 중에서 기본적인 교리 문제들에 대한 가장 포괄적인 개관을 담고 있다. 루터는 교의학서를 저술한 적이 없지만, 어떤 의미에서 『대교리문답』은 그것을 대신하는 성격을 가지고 있다고 말할 수 있다. 더 자세한 연구를 위해서는 이전의 교리문답들과 비교하거나,[48] 또한 종교개혁 초기에 루터가 쓴 교리문답 격의 저술들과 비교해 보는 것이 필요하다. 또한 『대교리문답』과 『노예의지에 대하여』에서 각각 나오는 신론에 관한 진술을 서로 비교하거나, 『대교리문답』의 중요한 신학적 질문들이 루터의 다른 저술에서 어떻게 동일하게 제기되고 논의되는지 비교해 보는 것도 가치가 있는 일이다. 이러한 연구는 그 당시 논쟁적인 상황이 어떤 특정한 견해의 형성에 얼마나 영향을 미쳤는지를 명확히 밝혀 줄 것이다. 그러나 『대교리문답』에서 루터가 표명하는 견해들은 대부분 그러한 논쟁적인 상황에 의해 영향을 받지 않은 것이었다.

20. 『아우크스부르크 제국 의회에 모인
모든 성직자들을 향한 권고』(1530)

루터는 이 글을 통해 1530년 개최된 아우크스부르크 제국 의회에서 중요한 공헌을 하였다. 그는 수신자를 개신파로 국한하지 않고, "아우크스부르크 제국 의회에 모인 모든 성직자들"[49]을 포괄하고자 했다. 그 이전의 루터의 저술과 비교해 볼 때, 여기에 나타난 그의 어조는 훨씬 덜 논쟁적이다. 그 대신 루터는 성직자들의 양심에 호소하며, 그들에게 "이 제국 의회를 통해 크고 많은 선한 일을 성취할 수 있도록"[50] 가능한 한 최선을 다해 달라고 간청하였다. 아무런 성과 없이 회의가 끝난다면, 사람들은 인내심을 잃고 절망하게 될 것이다. 루터는 자신이 이 글을 모든 성직자들에게 보내는 이유가 단지 그러한 절박감을 느끼기 때문이라고 말한다. 또한 이 글은 그 당시 루터의 정치적인 입장을 이해하는 데 중요한 자료이다. 덧붙여서 루터는 아우크스부르크 신앙고백서에서 언급되지 않은, 면죄부 문제를 포함한 일련의 개별적인 질문을 다루었다. 루터가 저술을 통하여 아우크스부르크 제국 의회에 관여한 것에 대해 충분한 지식을 얻기 위해서는 그 기간 동안 그가 작성한 많은 서신들도 함께 고려해야만 한다.[51]

21. 『번역에 대한 공개편지』(1530)

『번역에 대한 공개편지』는 루터의 성경 번역 작업에 대한 개관적인 이해를 얻게 해주며, 또한 멜란히톤이나 아우로갈루스와 같은 다른 학자들의 조력에 대한 언급도 볼 수 있다. 그 외에도 이 간략한 저술은 루터의 해석학을 이해하는 데 매우 중요한 의미를 갖는다. 이 "공개편지"가 다루는 성경 구절들이 바이마르판의 루터 성경$^{WA\ DB}$에서 어떻게 나타나고 있는지를 탐구하고, 이를 다른 여러 독일어 성경 번역들의 문언(文言)과 비교해 보는 것은 가치 있는 일이다. 이처럼 성경 번역본들을 비교 연구함으로써, 우리는 루터가 어떻게 그의 번역을 개선하기 위해 끊임없이 노력했는지를 이해할 수 있을 것이다.

22. 『사랑하는 독일 민족에게 보내는 마르틴 루터 박사의 경고』(1531)

루터의 이 "경고"는 아우크스부르크 제국 의회 이후에 전개된 위협적인 상황에 대한 대응으로서 1530년 10월에 저술한 것이다. 이 글의 의도는 "마음이 약한 자들"을 격려하려는 것이었다. 여기에서 루터는 『아우크스부르크 제국 의회에 모인 모든 성직자들을 향한 권고』에서보다 훨씬 더 날카롭게 교황주의자들을 비판하였다. 아우크스부르크 제국 의회의 결과로 관계 개선에 대한 모든 희망이 사라지고 말았다. 루터는 이제 황제가 개신파를 상대로 전쟁을 일으킬 것이라고 염려하게 된다. 루터는 그 전쟁은 복음에 대항하는 전쟁이 될 것이고, 그러므로 결국에는 하나님에게 대항하는 전쟁이 될 것이라고 생각했다. 이 글은 특별히 하나의 국가로서 독일에 대해 루터가 어떤 생각을 가지고 있었는지를 보여준다는 점에서 중요한 의미를 지닌다. 독일 국민운동에서 루터가 어떤 역할을 하였는지를 알기 위해서는 이 글과 이전에 저술한 『그리스도인 영지의 개혁에 관해 독일 그리스도인 귀족들에게 고함』[1520]을 비교해 볼 필요가 있다.

23. 『슈말칼덴 조항』(1537)

교황 바오로 3세가 1537년 오순절 만투아에서의 공의회 소집령을
내렸을 때인 1536년 12월, 루터는 『슈말칼덴 조항』을 저술하였다.
개신파 영주들은 이 회의를 위해서 집중적인 준비를 했다. 루터는
이 글을 작센의 선제후의 요구에 따라 썼지만, 동시에 이를 통해 자
신의 개인적인 입장을 표명하였다. 글의 윤곽은 선제후의 제안을 고
려해 잡은 것이지만, 루터는 독자적으로 먼저 공동의 합의에 근거한
조항들, 예수 그리스도의 직무와 사역에 영향을 미치는 조항들, 그
리고 "교육받은 사람들, 합리적인 사람들, 혹은 우리 가운데 속한 사
람들과 함께 토론할 수 있는"[52] 조항들 사이를 구별했다. 논쟁적인
어조에도 불구하고, 이 『슈말칼덴 조항』은 앞서 언급한 구분에 따라
교리를 논한다는 점에서 지속적인 토론 신학Kontroverstheologie의 의미
를 갖고 있다. 특히 여기에 나오는 성만찬에 대한 루터의 상세한 진
술과 1536년의 비텐베르크 합의를 비교 연구해 보는 것은 중요한
일이다.

24. 『공의회와 교회에 관하여』(1539)

『공의회와 교회에 관하여』는 아쉽게도 클레멘판에는 포함되어 있지
않지만, 연구판과 뮌헨판 보충판 제7권에 수록되어 있다. 이 저술은
루터의 교회론과 고대 교회의 전통 및 공의회의 결정들에 대한 그의
견해를 이해하는 데 특별히 중요한 자료이다.

25. 『한스 보르스트 반박문』(1541)

이 글은 앞에서 언급한 『공의회와 교회에 관하여』와 마찬가지로 루터의 교회론을 이해하는 데 중요한 자료이다. 또한 이 글은 브라운슈바이크볼펜뷔텔의 하인리히 공작과 작센의 선제후 요한 프리드리히, 그리고 헤센의 영주 필리프 사이에 일어난 갈등에 대한 루터의 입장을 이해하는 데 중요하다. 『공의회와 교회에 관하여』에서 표명한 바와 같이, 루터는 여기에서 자신들의 교회만이 참된 교회라는 로마 가톨릭의 주장을 반박하며, 지금에 이르기까지 육적, 가시적인 존재die leiblich-sichtbare Existenz로서의 교회를 나타내는 "교회의 표지들"을 다룬다. 또한 이 글은 나이가 들수록 한없이 거칠어져 가는 루터의 논조를 정확히 보여주고 있다.[53]

26. 라틴어 전집 제1권의 서문(1545)

루터의 라틴어 전집 제1권의 서문은 종교개혁의 시작과 종교개혁 신학의 발견에 대한 루터 자신의 자전적인 회고를 담고 있기 때문에 대단히 중요한 것이다. 이 글에 나타나는 루터의 "자기 증언"은 오랫동안 종교개혁 신학의 발견 시기 및 내용에 관한 논의에서 중심점이 되어 왔다. 그 일자에 대한 루터의 언급은 상당히 다양하게 해석되어 왔다. 그럼에도 불구하고 이 본문은 여전히 종교개혁 신학의 돌파 문제와 관련하여, 특별히 루터가 새로 얻은 인식의 내용과 관련하여 가장 중요한 자료이다. 루터의 이 자기 증언과 모순되는 해석들은 모두 상당히 의심스러운 것으로 남을 것이다. 어찌 되었든 종교개혁 초기에 일어난 사건들 전체를 보는 루터의 입장은 매우 흥미로운 것이다. 그 사건들의 중심에 서 있었던 인물 그 자신이 사후(事後)에 회고한 것이기 때문이다. 그러나 이 자기 증언은 직접적인 의미에서 "일차적 자료"Quelle가 될 수 없으며, 단지 이차적 자료로 사용될 수밖에 없다.

27. 후기의 학문적 토론

아쉽게도 클레멘판은 루터의 중요한 저술들, 즉 후기의 토론에 관한 저술들 중에서 중요한 부분을 생략했다. 그 반면 연구판은 제5권[1992]에 몇 개의 토론 본문을 실었는데, 이 본문들은 바이마르판보다 더 잘 편집되었다. 완전한 형태의 토론 본문은 바이마르판 제39권(I-II)으로 출판되었다. 이 후기의 학문적 토론은 루터의 후기 강해에서 볼 수 있는 것보다도 더 치열한, 신학을 위한 그의 학문적 노력을 잘 드러내고 있다. 이러한 토론들을 통해 교리의 순수성에 대한 루터의 관심이 특별히 명료하게 나타난다. 토론의 주제는 신론, 그리스도론, 인간론 등이었다. 특별히 중요한 것은 율법 폐기론에 관한 논쟁이다. 루터는 그 논쟁을 통해 요한 아그리콜라의 의견에 날카롭게 반대하며, 그의 율법과 복음의 교리를 제시했다. 그리고 다양한 다른 해석들에 반대하며 그 의미를 분명히 정의하였다. 그러나 루터는 그가 죽은 지 얼마 되지 않아 시작된 율법의 세 번째 용법에 관한 논쟁을 앞서 막을 수 없었고, 율법의 세 번째 용법의 교리를 그 자신에게로 잘못 돌리는 것도 막을 수 없었다.[54] 율법과 복음에 대한 루터의 이해는 그의 다른 어떤 저술보다도 이러한 논쟁들에 근거함으로써 더욱 포괄적으로 연구될 수 있다. 그러나 루터가 어떻게 율법과 복음의 구분을 실제적으로 그의 설교와 전문적인 면담 등에 적용했는지에 대해 주의를 기울이는 것은 당연히 필요한 일이다. 인간론에 관해서 루터는 "인간에 관하여"*De homine*라는 제하의 토론을 통해 특별히 깊은 논의를 진행하였다.[55]

V. 루터 신학 연구 입문

이 5부는 루터 신학의 주요 주제들에 대한 개관이 아니다. 이러한 주제들을 더 연구하기 원하는 독자에게는 나의 다른 책, 『역사적 발전과 체계적 연관 속에서 본 루터의 신학』1995을 참고할 것을 권한다.[1] 내가 여기에서 의도하는 바는 루터 신학의 연구에 임할 때 고려해야 할 중요한 사항들을 설명하는 것이다.

1장. 루터 신학 서술 방법론

1. 루터의 독창성의 의미

우선 신학자로서 루터의 자기 이해를 고려할 때, 우리는 루터 신학을 논한다는 것이 어떤 정당성을 갖고 있는지, 혹은 어떤 목적을 위해 유익한 것인지 물을 필요가 있다. 위에서 살펴본 대로[2] 루터는 자신이 어느 누구의 주인도 되고 싶지 않았기 때문에, 사람들이 그의 이름을 따라 자신들을 지칭하는 것을 원하지 않았다. 루터는 자신이 신학에서 어떤 독창적인 것을 세웠다거나, 그에 앞선 신학자들을 뛰어넘는 새로운 조직신학적 방법을 창조했다고 주장하지도 않았다. 오히려 루터는 자신이 대부분의 고대 교회 및 중세기 신학자들, 그리고 동방정교회의 모든 신학자들과 폭넓게 일치하고 있다고 주장하였다. 자신의 고유한 방법론을 가지고 신앙의 중심적인 문제나 신학과 철학의 관계 문제를 다루려는 시도는 전형적으로 현대적인 것이다. 이러한 학문적인 주장은 정통주의 신학을 비판한 레싱[Gotthold Ephraim Lessing] 이후, 특별히 슐라이어마허[Friedrich Schleiermacher] 이후에 두드러지게 나타나는 현상이다. 물론 루터가 어떤 독창성도 주장하지 않았다는 사실은 실제로 자신의 고유한 신학을 전개하지 않았음을 의미하는 것이 아니다. 초대 교회와 중세 교회의 신학자들에게도 같은 말을 할 수 있을 것이다. 예를 들어, 아우구스티누스, 캔터베리의 안셀무스, 또는 페트루스 아벨라르두스[피에르 아벨라르Pierre Abélard]와 같은 신학자들은 신학적 방법론에 있어서 일종의 새로운 시작을 대표하는 사람들이다. 사실 다른 신학적 혹은 철학적 학파들을 비판하고 대결한다는 것은 곧 독립적인 신학을 발전시키고자 한다는 것을 의미한다. 루터는 그 이전 사람들 중 누구보다도 강하고 철저하게 당시의 전통적인 신학을 비판하였고, 그러한 점에서 그가 자신의 독립적인 신학을 발전시키려고 의도했다는 것은 의심의 여지가 없다. 그러나 루터는 자신의 신학적 사고를 더 발전시키거나 변형시키려는 목적을 가지지 않았다. 성경 안에 주어져 있는, 그리고 모든 부패에도 불구하고 항상 존재하고 있었던 참된 교리로 돌아가려는 것이 그의 목적이었다. 그러므로 루터는 현대의 많은 신학자들에게서 볼 수 있는 것처럼, 자연과학과 철학이 던지는 새로운 질문과 지식들에 직면하여, 폭풍에도 흔들리지 않는 굳건한 새 요새를 세우려고 하지 않았다. 루터의 신학은 그러한 변증적인 신학과는 거리가 멀었다. 사실 16세기에는 그러한 종류의 신학을 필요로 하지 않았다. 루터에게 중요했던 것은 항상 알려져 있었지만, 많은 이유들, 특히 교회의 죄과로 인해 묻혀 버린 기독교 신앙의 진리를 다시 드러내고 그것을 모든 이들에게 알리는 것이었다.

그러므로 루터의 신학을 평가할 때 우리는 전통에 충실한 동시에, 성경 연구를 근거로 중심적인 교리를 근본적으로 회복시키려고 했던 루터의 노력을 현대 신학자들을 모델로 하여 볼 것이 아니라, 16세기 초의 역사적인 맥락 가운데서 보아야 한다. 직접적으로 표현하면, 루터의 신학은 교회의 전통적인 중심 교리에 충실하다는 바로 그 점에서 비교할 수 없는 독창성을 가지고 있었던 것이다. 그러나 그 충실함은 루터가 스콜라주의 신학에서 보았던 전통의 왜곡에 대한 비판적인 반대를 통해 가능한 것이었다.

2. 루터와 고대 교회의 교리

최근의 연구는 루터가 고대 교회의 교리를 충분히 수용하였다는 것을 의심의 여지없이 받아들인다. 그러나 이 사실은 루터의 신학을 평가하는 데 늘 충분히 고려되지 않는다. 고대 교회의 교리란, 삼위일체와 그리스도에 관한 교리, 특별히 처음 네 차례의 보편 공의회, 곧 325년의 니케아 공의회, 381년의 콘스탄티노플 공의회, 431년의 에베소 공의회, 그리고 451년의 칼케돈 공의회에서 결정된 것을 말한다. 다른 의미에서 그리스도론이 더 상세하게 발전된 6-8세기의 교리적 결정들도 여기에 포함된다.

그러나 루터는 고대 교회의 교리적 결정들을 아우구스티누스의 해석 전통 가운데서 배우고 수용하였다는 사실을 염두에 두어야 한다. 이 아우구스티누스적 해석은 특별히 삼위일체론에서 중요한 의미를 갖는다. 왜냐하면 아우구스티누스는 공의회 교부들보다 더 하나님의 세 "위격"의 통일성을 강조하였고, 그렇게 함으로써 성령이 성부와 성자 하나님과 동등하다는 것을 강조했기 때문이다. 전반적으로 말해, 삼위일체론에 관한 동방 교회와 서방 교회의 차이점은 종교개혁 시대의 신학적 논의에서 어떤 특별한 역할을 하지 않았다. 이미 다른 논쟁적 문제들이 많이 있었기 때문이다. 그리스도론에 관한 한, 아우구스티누스의 해석이 서방 전통에서 중요한 역할을 했는데, 그것은 교리적 발전의 측면에서가 아니라, 그가 그리스도론 자체를 "비하의 그리스도"*Christus humilis* 사상과 결합시켰다는 의미에서 그러하였다.

루터의 신학에서 고대 교회의 교리가 중요한 의미를 가지고 있었다는 증거는 상당히 많다. 몇 가지 예를 들어 보면, 우선 『노예의지에 대하여』에서 루터는 이렇게 말했다. "예수의 무덤의 봉인이 뜯겨지고, 돌이 그 무덤 입구에서 굴려 옮겨졌을 때, 그리고 최고의 비밀이 계시되었을 때 성경 안에 숨겨진 숭고한 아름다움이 어떻게 감추어진 채로 남아 있을 수 있는가? 즉, 하나님의 아들 그리스도가 인간이 되셨다. 하나님은 세 분이며, 한 분이다. 그리스도가 우리를 위해 고통당하셨고 영원히 통치하실 것이다."[3] 또한 『그리스도의 성만찬에 관한 고백』[1528]의 마지막 부분에서 루터는 자신의 신앙고백을 자유로운 방식으로 표현하면서, 고대 교회 공의회가 결정한 삼위일체론과 그리스도론을 모두 수용하고 있다.[4] 혹은 『일반 목사들과 설교자들을 위한 소교리문답』에서 사도신조 제2항을 해설하면서 루터는 두 본성의 교리*die-Zwei-Naturen-Lehre*를 사도적인 것으로 설명하고 있다. 물론 그 교리는 사도들에게서 비롯된 것이 아니라, 후에 칼케돈 신조 가운데서 발전된 것이다. 후기의 토론에서도 루터는 삼위일체론과 그리스도론에 관한 다양한 문제를 다루고 있다.[5] 공의회의 권위와 관련하여 근본적으로 중요한 가치를 갖는 자료는 루터가 그의 논문, 『공의회와 교회에 관하여』[1539]에서 언급한 내용이다.[6]

고대 교회의 교리가 루터에게 갖는 중요성을 평가하는 데 있어서 다양한 질문이 제기되어 왔지만, 이에 대해 지금까지 제시된 답변들은 서로 일치점을 찾지 못하고 있다.

먼저, 고대 교회의 교리의 비중을 어떻게 평가해야 할 것인가? 한편으로 그 교리들에 관해 루터와 로마 사이에서 아무런 논쟁도 일어나지 않았는데, 그렇다면 의심할 바 없이 전제되어 있는 이러한 일종의 공동의 합의는 다른 영역에서의 첨예한 논쟁에 어떤 영향도 미치지 않았는가? 아마도 오늘날 새로운 에큐메니컬 대화에서 일컬어지는 대로, 그 "근본적 합의"는 그 자체로 당시의 논쟁들을 어떤 면에서 제한하고 축소시키는 역할을 할 수 있었으리라고 생각할 수도 있다. 그러나 비록 그 합의가 의심의 여지없이 존재했다 할지라도 그러한 역할을 해내지 못했다. 삼위일체론과 그리스도론에 관하여 서로 동의하고 있다는 공동의 의식은 16세기의 상황에 대해 전체적으로 아무런 영향도 주지 못했다.

그다음에 고대 교회의 교리가 루터에게 얼마나 중요한 관련성을 가지고 있었는지, 그리고 그 자신의 신학을 발전시키는 데 어떤 영향을 미쳤는지 물을 수 있다. 고대 교회의 교리는 논란의 여지가 없는 근본적 토대였지만, 루터 자신의 신학과 여러 다양한 논쟁 가운데서 형성된 그의 견해들에 큰 영향을 주지 못했는가? 혹은 그것에 대한 보다 상세한 설명은 나타나 있지 않지만, 루터의 종교개혁 신학에서 중요한 의미를 갖는 하나의 토대였는가? 다른 말로 하면, 삼위일체 교리와 칭의 교리는 어떤 관계인가? 두 교리는 단지 느슨하게 연결되어 있는가? 이러한 질문들에 어떻게 답변하느냐에 따라, 루터 신학의 발전 과정을 서술하는 방식이 결정될 것이다.

3. 루터와 교회 교부

지난 수십 년간 루터와 교회 교부들의 관계에 대한 많은 연구가 진행되어 왔다. 연구자들의 관심은 명백한 이유로 주로 아우구스티누스에게 집중되었다. 고대와 중세 교회의 신학자들 가운데서—아마도 윌리엄 오컴, 혹은 더 정확히 표현하면 가브리엘 비엘적인 의미에서의 오컴주의를 제외하고는—아우구스티누스만큼 루터에게 지대한 영향을 미친 사람은 없다. 루터가 1509-1510년 사이에 집중적으로 아우구스티누스를 연구한 이래, 거의 모든 신학적인 문제에서 아우구스티누스의 신학은 루터에게 방향 지시의 역할을 해주었다. 그러나 루터는 항상 아우구스티누스를 대단히 독자적인 방식으로 수용했고, 많은 경우 아우구스티누스의 사상을 수정하였다. 아우구스티누스의 강력한 영향력은 루터가 초기에 성례전에 대한 설교문을 작성한 시점, 곧 1519년까지 지속되었다는 것은 의심의 여지가 없으며, 그 영향력은 그 후에도 계속되었다.

그러나 루터와 교회 교부들의 관계에 대한 질문은 단지 아우구스티누스와의 관계에만 국한되지 않는다. 보다 넓은 의미에서 루터에 의한 교부 신학의 수용 과정도 포함된다. 이러한 교회 교부들과 종교개혁에 관한 포괄적인 문제를 다룰 때, 우리는 루터가 면죄부 논쟁 중에 로마교회가 수용한 교부들을 자신도 따르고 있다고 주장할 수 있었다는 사실을 염두에 두어야 한다. 1518년 루터는 그의 논문, 『95개 논제 해설』에서 다음과 같이 말했다.

"나, 곧 '저항하는 자'*protestor*는 첫째로 성경 안에 쓰인 것과 성경으로부터 나오는 것, 두 번째로는 로마교회가 인정하고 교회 교부들로부터 전승되어 온 것, 그리고 교회법과 교황의 교령을 근거로 주장되고 입증될 수 있는 것 이외에 다른 어떤 것을 말하거나 주장하려는 것이 아님을 증언한다. 그러나 나는 이로부터 입증될 수 없거나 거부될 수 있는 것은 이성과 경험의 판단에 따라 논의될 수 있는 문제로 간주할 것이다. 그러나 나는 항상 나의 모든 상급자들의 판단에 맡겨지는 방식으로 그렇게 할 것이다."[7]

그러나 루터는 후에 더 이상 이와 비슷한 견해를 표명하지 않았다. 특별히 라이프치히 논쟁 때 이 점에 있어서 더욱 신중한 태도를 취했다. 그러나 그의 신학이 교부들의 교리와 본질적으로 일치한다는 주장을 루터는 후에도 계속 유지하였다.

루터와 교회 교부들의 관계는 그 당시 활발했던 교부 연구를 배경으로 이해해야 한다. 여기에는 많은 인문주의자들이 특별한 공헌을 하였다. 일찍이 인문주의자들의 노력을 통해 많은 교부 저술의 유용한 편집본들이 나왔는데, 그중에서 특별히 에라스뮈스의 공이 컸다. 그 후에도 많은 인문주의자들이 교부 신학을 새롭게 발굴하려는 시도를 하였다. 물론 다양한 인문주의자들 사이에 존재했던 차이점을 관찰할 필요가 있다.

그러므로 종교개혁과 교회 교부들의 관련성은 그 자체로는 스콜라주의나 인문주의에 대항하는 측면에서 어떤 새로운 것을 제시하지 못했다. 그러나 루터는 많은 점에서 특히 하나님의 의, 인간의 칭의, 로마교회와 교황의 권위, 혹은 교회 이해와 같은 문제들에 대해서 강조점을 달리했다.

우리는 무엇보다 먼저 루터가 각 교부에 대해서 얼마나 넓고 깊은 지식을 가지고 있었는지 물어야 한다. 이러한 문제들을 다루는 데 있어서 바이마르판 인명 및 인용문 색인서$^{WA\ 63}$의 출판은 큰 도움이 될 것이다.

여기에서 제기된 문제들을 보다 넓은 맥락에서 다룬 첫 번째 심포지엄이 1991년 9월 코펜하겐 근처의 롤리게드^{Rolighed}에서 열렸다.[8] 여기에서 인문주의 및 종교개혁 시대의 교부 연구가 전반적인 측면에 걸쳐 논의되었다. 이와 유사한 더 많은 연구가 시급히 요구된다. 바이마르판 색인서는 환영할 만한 것이지만, 루터가 여러 교부들의 이름을 언급하지 않고 간접적으로 참조한 경우가 수많은 대목에서 발견되고 있음을 지적할 필요가 있다. 당연히 그러한 것은 색인서에 나타나 있지 않다.

4. 루터 신학의 해석 방법: 조직신학적 방법, 혹은 역사적, 발생적 방법

루터 신학에 독자적으로 접근하기 위해서는 여러 해석 방법을 비교해 보고, 어떻게 루터 신학의 구조를 해명해야 할지 살펴보는 것이 도움이 될 것이다. 동시에 루터 신학에 대해서 서술하려는 해석자는 각기 자신의 시대의 신학적 논의에서 자신이 어떤 입장을 취하고 있는가를 염두에 두어야 할 것이다. 왜냐하면 많은 경우, 한편으로는 루터 신학의 해석과 다른 한편으로는 해석자 자신의 신학적, 교회적, 그리고 종종 정치적 입장 사이에 존재하는 상관성에 대해 해석자가 적절히 해명하지 못할 수 있기 때문이다.

근본적으로 루터 신학을 서술하는 데 있어서 다음 중 한 방법을 선택할 수 있다. 즉, 조직신학적으로 해석할 것인가, 아니면 역사적, 발생적genetisch으로 해석할 것인가 하는 것이다. 루터 신학에 대한 접근 방법은 대부분 조직신학적인 구조를 따른다. 그러나 루터 신학을 역사적, 발생적인 측면에서 설명하려는 시도도 있다. 더 나아가 조직신학적인 방법들 가운데서 서로 다른 방법을 비판적으로 비교해 보는 것도 가치가 있는 일이다. 그러한 방법들 중에는 종종 서로 유사점이 거의 없는 경우도 있다. 또한 해석자는 왜 자신이 어떤 특정한 접근 방법을 선택하게 되었는지 그 이유를 물어볼 필요가 있다. 루터의 신학적 논증의 어떤 특이성 때문에 그 방법을 선택하게 되었는가? 아니면 루터 신학이 현재 해석자 자신을 위해 필요한 어떤 기능을 가지고 있기 때문인가? 보수적인 신학자들은 일관되게 진보적인 성향을 가진 이들과 다른 해석 체계를 따라야 하는가? 한 해석자가 자신의 학문 성향이 지닌 고유한 특성으로부터 어디까지 성공적으로 벗어날 수 있을까? 해석자 자신의 해석학적 출발점은 비판적으로 숙고된 것인가? 이와 비슷한 물음들은 단지 전반적인 루터 신학을 서술하려는 시도뿐만 아니라, 루터 신학의 주요 주제들을 다루는 논문의 경우에도 해당된다.

2장. 초기 루터의 신학적 발전의 주요 국면들

1. 초기 루터와 후기 루터의 구분

일반적으로 초기 루터를 말할 때는 주로 1517년 혹은 1518년 이전
의 루터를 의미한다. 초기 루터 시기의 끝은 1517년 로마와의 논쟁
이 시작된 시점이나, 혹은 만약 종교개혁 신학의 발견 시기를 칭의
교리를 완성한 1518년으로 잡는다면, 그해 곧 1518년으로 설정할
수도 있다. 후기 루터라는 말의 의미는 그렇게 분명하지 않다. 때로
이 말은 1525년 농민전쟁 중에 루터가 취했던 태도, 그의 많은 견해
들의 공고화, 세속적 권위와의 더욱 밀접한 관계 형성, 특히 1525년
이후에 갖기 시작한 "대중"^{Herr Omnes}에 대한 두려움 등을 지칭하는
것으로 쓰인다. 그러나 이는 때로 츠빙글리에 반대하여 성례전 교
리를 형성하고, 그 교리를 강화했던 시기를 뜻하기도 한다. 때로는
1522년 봄에 "반(反)열광주의적"^{antischwärmerisch} 태도를 보이기 시작한
이후의 루터를 후기 루터로 부르기도 한다. 어찌 되었든 학자들이
초기 루터와 후기 루터에 대해 분명하지 않은 방식으로 말하고 있기

때문에, 우리는 결코 두 시기 사이에 날카로운 경계가 있다고 가정해서는 안 된다. 오히려 최소한 논하려는 주제들과 관련하여 부분적으로 보거나, 객관적으로 확인할 수 있는 루터의 사상의 연속성 및 강조점의 변화를 함께 고려하는 것이 중요하다.

2. 초기 루터의 신학에 대한 연구

20세기의 루터 연구에서는 특별히 초기 루터가 강조되었다. 이러한 연구는 1513-1518년의 루터의 강의 원고와 학생들의 필기 노트가 발견됨으로써 가능하게 되었다. 누구보다도 먼저 선구적인 방식으로 초기 루터에 대한 연구를 시작한 사람은 카를 홀이었다. 그 후 수십 년 동안 이 연구에 관한 질문과 방법들이 더욱 정교해져 왔으며, 그 결과, 지금은 일반적으로 인정되는 결론들이 많이 도출되었다. 그러나 특별히 초기 루터에 대한 연구 분야에서 학자들이 각기 다르게 판단하는 실질적으로 복잡한 문제들이 여전히 남아 있다. 대체로 루터와 중세 후기 혹은 중세 전체와의 관계 문제가 아직 연구 대상이다. 특별히 다음과 같은 문제들이 중심적인 주제이다. 주석 전통과 루터의 관계(성경 전체 해석과 개별적 성경 구절 해석의 차원 모두에서), 초기 루터의 신학에서 아우구스티누스, 오컴주의, 신비주의가 차지하는 비중(그것들이 루터에게 미친 영향의 범위뿐 아니라, 루터의 독자적인 수용 방식 및 그가 범했을지도 모르는 "생산적인 오류"에 대하여), 그리스도 이해와 관련된 하나님 상, 교회 이해, 말씀과 신앙, 회개와 심판, 의와 칭의 등의 개념들, 그리고 로마교회나 베드로의 수위권 주장에 대한 입장 등과 같은 다양한 신학적 문제들이 그것이다.

동시에 이 시기의 루터의 인격적 발전에 대해서도 관심을 가져야 할 것이다.

조용하고 평화롭게 학문적 연구에 열중했던 이 시기에 루터는 종교개혁 신학의 기초를 닦는 기회를 가질 수 있었고, 모든 상세한 부분까지는 아닐지라도 1517-1518년 사이에 그 신학의 근본 성격은 확고히 형성되고 있었다. 분명히 루터는 그 후 다양한 논쟁 과정 속에서 그의 신학을 더 발전시켜 나갔지만, 그 근본적 입장은 변하지 않았다. 1513년부터 논쟁이 시작될 때까지의 루터의 사상 세계Gedankenwelt가 어떤 면에서 연속성을 가지고 있는지, 또 어떤 면에서 더 발전된 모습을 보이는지에 대해 연구하는 것은 중요한 과제이다. 루터의 어떤 사상은 초기에 이미 존재하고 있었지만, 본래 그가 가지고 있지 않았던 사상이 로마와의 논쟁이 시작된 1517년 가을 이후에 비로소 논쟁적인 형태로 나타나는 경우도 흔히 있다. 예를 들어, 회개에 대한 루터의 이해가 그렇다. 초기에 루터는 회개에 대해서 그 당시 널리 받아들여졌던 신약성경적인 이해를 공유하고 있었다. 그러나 면죄부를 반박하는 그의 95개 논제 안에서 비로소 회개에 대한 새로운 이해가 나타났고, 그것이 면죄부에 대한 비판의 토대가 되었다.

종교개혁의 본질과 루터와 로마 간의 갈등의 깊이를 이해하기 위해서는 루터 신학의 기원에 대해 연구하는 것이 중요하다. 그러나 이 점에서 오늘날 우리는 루터 시대 사람들보다 루터에 대해 더 많은 것을 알고 있다는 사실을 간과해서는 안 된다. 루터가 1517년 4월, 『7편의 참회 시편 강해』를 출판하였을 때, 글을 읽을 수 있는 이들은 처음으로 루터를 주목하게 되었다. 루터가 보다 넓은 범위의 대중을 위해 첫 번째 출판물을 독일어로 간행했다는 것은 의미가 있는 일이다. 이 책으로 루터는 후에 대단한 인기를 얻게 될 종교 저술가로서의 면모를 드러낸 셈이다. 그러나 독일어로 된 그의 첫 번째 책은 그렇게 널리 읽히지 않았다. 루터는 그 당시 아직 흥미를 끄는 사람이 아니었다. 그러나 어떤 경우에도 루터의 새로운 신학의 기반 및 내용에 대한 현재 우리의 지식과 1517-1518년 당시의 상황 속에서 일반 대중이 루터에 대해 가지고 있었던 지식은 구별되어야 한다. 물론 루터는 대단히 일찍이 비텐베르크 대학교의 교수로서, 설교가로서, 그리고 자신의 고유한 의사 전달 방법을 통해서 상당한 영향력을 행사하고 있었다. 그러한 방식으로 루터가 미친 영향은 분명 대단히 중요한 것이었다.

3. 초기 루터의 성경 해석 방법

초기 루터의 사상을 체계화하고, 성급하게 그 사상을 후기의 종교개혁자 루터에게 맞추어 해석하는 것은 경계해야만 한다. 그러나 루터가 전통적인 성경 해석 방법과 반대되는 새로운 방법으로 성경의 의미를 이해하고자 씨름했다는 사실은 의심의 여지가 없다. 그는 아직 성경을 4중적 의미, 곧 문자적-역사적litteralis, 비유적-영적allegoricus, 도덕적-신앙적tropologicus, 그리고 신비적-종말론적anagogicus 의미로 해석하는 장황한 방법을 극복하지 못했다. 이러한 면에서 루터는 니콜라우스 폰 리라Nikolaus von Lyra, 약 1270-1379나 파베르 슈타풀렌시스Faber Stapulensis, 약 1455-1536에 뒤처져 있었다. 그러나 그는 이 성경의 4중적 의미의 틀을 그리스도론적인 해석을 위해 사용했다. 또한 루터는 "영"

과 "문자"를 나란히 병행시켰고, 이 점에서 그는 이미 "하나님 앞에서"coram Deo와 "세상 앞에서"coram mundo를 구별하고 있다. 그러나 "영적" 범주는 또한 하나님이 숨어 계시는 방식, 인간이 자신을 위해 유용할 수 없는 그러한 하나님에 대해 말하고 있는 반면, "문자적" 범주는 인간의 자율성과 하나님의 진노 모두를 가리키기도 한다. 물론 루터는 "영"과 "문자"를 서로 분리시키지 않는다. 영은 문자 속에 감추어져 있다. 같은 구절, 같은 말씀이 동시에 영이 되고 문자가 될 수 있다. 이는 각 말씀이 동시에 하나님의 심판의 말씀도 되며, 은혜의 말씀도 된다는 뜻이다. 이러한 성경의 의미는 다음과 같은 진술에 특별히 잘 나타나 있다. "이것이 성경의 힘이다. 즉, 성경은 성경을 연구하는 사람 속으로 변화하는 것이 아니라, 성경을 공경하는 사람을 성경 자체 안으로, 그리고 그 힘 안으로 변화시키는 것이다. [성경은 말한다.] 너는 나를 (이단자들이 하는 것처럼) 네 속으로 변화시키지 말라. 네가 내 안으로 변화하라."[9]

4. 첫 번째 시편 강해에 나타나는 심판과 복음

루터의 성경 해석 방법은 심판, 자기 정죄, 겸손, 죄인으로서의 신앙고백, 칭의, 그리고 은혜 등과 같은 주제들을 그 중심 문제로 삼는다는 특징을 보인다. 이는 이미 1513-1515년의 첫 번째 시편 강해에서 분명하게 나타난다. 이러한 주제들에 대한 논의는 부분적으로 자신의 수도 생활을 배경으로 하고 있지만, 다른 한편 그는 본질적으로 수도원 제도 자체에 대해서 새로운 강조점들을 표현하고 있다. 그 때문에 근본적으로 이러한 주제들의 설정과 그에 대한 논의는 루터의 영적 시련의 경험 및 집중적인 성경 연구의 결과로 이해되어야 할 것이다. 루터가 하나님은 감추어진 방법으로, 혹은 "반대되는 것 아래에서"$^{sub\ contrario}$ 행동하신다고 말했을 때, 그가 무엇을 의미했는가를 이해하는 것이 중요하다. 루터에게 은혜는 심판 아래 숨겨진 채로 존재하는 것이었다. 그러므로 인간의 죄인 됨에 대한 더 깊고 새로운 인식이 종교개혁의 발전 과정에서 시작 단계를 이루고 있었다고 말할 수 있다. 루터는 인간이 죄인이라는 것은, 어떤 특별한 행동 때문만이 아니라, 자기중심적이고, 자신의 이익만을 추구하는 인간 본성 때문이라는 것을 인식하였다. 이러한 죄의 본성은 우리가 하나님을 신뢰하는 것이 아니라, 선을 행함으로써 하나님과의 바른 관계를 가지려고 시도할 때 더욱 분명하게 드러난다. 그 반대로 우리가 하나님의 심판을 받아들이고, 또 우리가 죄인이라는 사실을 깨닫게 될 때 비로소 칭의를 얻는 것이다. 그때 우리는 하나님의 심판에 동의하는 것이기 때문에, 오직 그때 비로소 하나님은 우리를 일컬어 의롭다 하시는 것이다.

심판과 복음이 첫 번째 시편 강해의 중심 주제이기 때문에 여기서 함께 논의하고 있는 다른 주제들은 뒷전으로 물러나 있다. 그러나 그러한 주제들 가운데 특별히 성례가 포함되어 있다는 것을 주목할 필요가 있다. 전통적으로 성례와 관련시켜 설명하는 시편 구절들의 해석에서 루터가 성례를 주변적인 것으로 다룬 이유에 대해 학자들은 아직 논의 중에 있다. 루터는 성례가 자동적인 효력이 있고, 심지어 신앙 없이도 은혜를 받을 수 있다는 그 당시 널리 퍼져 있었던 가르침이 사람들에게 구원에 대한 그릇된 안전감을 줄 수 있다는 점을 염려했던 것 같다. 그러나 이 점에서 루터의 성례전 교리는 아직 신학적으로 명료하지 못했다고 말할 수 있다. 이 시편 강해에서는 후기 루터의 성례전 교리가 단지 그 시작을 알리고 있을 뿐이다. 이외에 교회 내의 타락과 악습들에 대한 그의 날카로운 비판도 중요하다. 이러한 비판은 루터의 저술 가운데서 대단히 일찍이 나타나고 있다. 루터의 비판의 대상이 되고 있는 것은 본질적으로 연약한 믿음과 구원 체험을 향한 그릇된 욕망이다.

5. 로마서 강해

첫 번째 시편 강해에서 루터가 신앙의 중심 문제들과 씨름하였다면, 1515/1516년의 로마서 강해는 그의 신학의 보다 명료한 윤곽을 보여주고 있다. 이 강해의 서론적 진술에서 루터는 심판의 주제를 다루었다. "이 서신(로마서)의 가장 주된 목적은 (그것이 아무리 모든 사람의 눈에, 심지어 우리 자신의 눈에도 위대하게 보일지 몰라도) 모든 육체의 지혜와 정의로움을 파괴하고, 근절하고, 전멸시키는 것이다. 그리고 아무리 진지한 마음과 성실함으로 행한 것일지라도 그 가운데 있는 (아무리 사소한 것처럼 보이고, 또 그렇게 사소한 것으로 생각해 왔다 할지라도) 죄의 뿌리를 드러내고, 그 죄를 일으켜 세우고, 극대화하는 것이다."[10] 로마서 강해에서 루터는 스콜라주의의 죄 교리를 분명하게 비판하였다. 특별히 그는 스콜라주의의 교리가 "정욕"*concupiscentia*과 "부싯돌"*fomes*을 협소하게 평가하고 있다고 생각했다. 루터는 이미 그것을 자기중심적 의지*Ichwille*로 이해하고 있었다. 이와 비슷한 방법으로 루터는 다른 스콜라주의적 개념들을 특히 은혜 교리의 맥락에서 비판한다.

이 로마서 강해는 첫 번째 시편 강해와 비교해 볼 때 칭의론에 있어서 상당한 진전을 보여주고 있다. 로마서 강해의 시작 부분에서 이미 루터는 하나님의 의를 "우리 밖으로부터 우리 안으로 들어오는 것"^{extranea/externa/aliena iustitia}으로 묘사했다. 그리고 그는 이 하나님의 의를 우리 자신 안으로부터 오는, 곧 "우리에게 속한 의"^{propria/domestica iustitia}와 대비시켰다.[11] 그러므로 우리는 "우리 밖에서"^{extra nos}라는 종교개혁의 특징적인 사상이 이미 여기에 나타나 있었다고 확실하게 말할 수 있을 것이다. 루터는 아마도 신비적인 "환상"^{raptus} 또는 "황홀경"과 같은 신비주의적 개념에서[12] 영감을 얻어 스스로 이러한 사상을 발전시켰던 것 같다. 그러나 루터에게 "우리 밖에서"가 의미하는 바는 신비주의적 개념과는 완전히 다른 것이다.

3장. 루터의 종교개혁 신학의 "돌파"

1. 시기에 관한 문제

루터 연구에서 루터가 언제 하나님의 의와 인간의 칭의에 대한 종교
개혁 신학의 인식을 갖게 되었는가 하는 문제는 여전히 격론의 대상
이다. 최근에 이 문제가 어느 정도 조용해진 편이지만, 이는 일종의 소
진 현상일 것이다. 전반적으로 이 문제와 관련된 다양한 논쟁점들이
충분히 설명되었지만, 서로 다른 견해들이 아직 합의에 도달하지 못
했고, 또 그러한 결과가 가까운 미래에 이루어질 가능성도 높지 않다.
그러나 이 논쟁이 지난 수년간 비교적 조용해졌다는 사실은 그 문제
가 어떻게 결론이 나든 상관없는 일이 되었다는 것을 뜻하지 않는다.
그 반대로 이 논쟁에서 어떤 입장을 취하느냐에 따라 1514-1520년
의 루터 신학의 성격, 특별히 로마와의 갈등 초기에 루터의 동기를
해석하는 데 중요한 입장 차이를 드러내게 된다.

여기서 논점은 시기를 정하는 문제이다. 이에 대해 몇몇 다른 제
안들이 있기는 하지만 근본적으로 두 가지 다른 주장이 있다. 한 학

자군의 견해에 따르면 루터는 그의 종교개혁 신학의 인식을 1514년에 얻게 되었고, 다른 학자군에 따르면 그 시기가 1518년이다. 간혹 20세기 초에 지배적이었던 견해로서, 종교개혁 신학의 발견이 첫 번째 시편 강해 즈음인 1513년, 혹은 그 이전에 이루어졌다는 의견이 아직 주장되기도 한다. 최근의 토론에서 프렌터[R. Prenter]가 부분적으로 새로운 이유를 들어 이러한 주장을 제기하였다. 늦은 시기로 상정하는 견해들 간에도 서로 차이점이 있다. 때로 그 시기를 1519년이나 1520년으로 주장하는 견해도 있다. 오브르만[H. A. Oberman]은 종교개혁 신학의 발견은 어느 정확한 시점에 이루어진 것이 아니라, 새로운 신학적 관점들이 원숙해져 가는 과정을 거친 결과라고 주장하면서 특정한 시점을 정하려는 시도들과 긴장 관계를 형성하고 있다. 즉, 오브르만에 따르면 루터는 오랜 성숙의 과정을 거치고 난 후에 지난 시간을 뒤돌아보면서, 그 과정을 어떤 하나의 구체적인 사건으로 압축하여 회상했다는 것이다. 그러나 근본적으로 종교개혁 신학의 인식은 가령 면죄부 논쟁 이후에 진행된 루터의 신학적 작업의 전제로서 이미 존재하고 있었던 것으로 이해하는 것이 마땅하다.

2. 내용에 관한 문제

종교개혁 신학의 인식의 내용에 관한 질문은 결코 그 발견 시기에 관한 질문보다 덜 중요하지 않다. 루터 자신의 수많은 진술은 하나님의 의에 대한 새로운 이해가 그 내용의 초점이었다는 것을 보여준다. 바울에 따르면 하나님의 의는 심판하시는 의가 아니다. 즉, "분배적 의"*iustitia distributiva*가 아니라, 수여하시는 의(1545년의 자기 증언에 따르면 "수동적 의"$^{iustitia\ passiva}$라고 부른다)이다. 인간은 자신에게 값없이 선포되는 의를 믿음 안에서 받아들인다. 루터가 전에는 이 하나님의 의를 강요된 의로 이해했다면, 이제 그에게는 "사역적"^{kausativ} 의미, 즉 하나님이 인간을 의롭게 만드신다는 이해가 중요해졌다. 루터에게 믿음 안에서 받아들이는 칭의^{Rechtfertigung}는 단지 죄의 용서만이 아니라, 실제로 의롭게 됨^{Gerechtmachung}의 시작이다. 그러나 또한 그에게 "하나님의 의"$^{iustitia\ Dei}$와 "인간의 의롭게 됨"$^{iustificatio\ hominis}$은 세상 마지막 날까지 완전하게 성취될 수 없는 것임을 기억해야 한다. 하지만 현재로부터 저세상에 다다르는 이 광대한 아치를 배경으로 하는 전체 그림에서 강조점은 분명히 하나님의 약속과 그 믿음에 놓여 있다.

3. 용어에 관한 문제

루터의 종교개혁 신학의 인식 과정을 묘사하는 데 여러 다른 용어들이 사용되는데, 각 용어의 의미를 생각해 볼 필요가 있다.

지난 시대뿐만 아니라 오늘날에도 종종 "탑 체험"^{Turmerlebnis}이라는 용어가 사용되고 있다. 이 탑 체험과 관련해 우리는 비텐베르크의 아우구스티누스 은둔수도회 수도원의 한 부속 건물—이 건물은 후에 파괴되었다—안에 있는 루터의 서재를 생각한다. 그 서재는 수도원 남쪽에 위치한 더 이상 보존되지 않는 탑을 통해 접근할 수 있었는데, 1983년 루터 탄생 500주년을 기념하는 전시회를 준비하면서 예전에 있던 그 탑의 입구 구조물이 발견됨으로써 복구되었다. "탑 체험"이라는 표현은 종교개혁 신학의 인식의 체험적 차원을 강조하는 것이다. 비록 나중에 루터는 때때로 이 체험적 차원에 대해 이야기했지만, 많은 연구가들이 종교개혁의 새 발견을 일종의 경건주의적인 회심의 체험 방식으로 해석하는 것에 반대한다. 사실상 종교개혁 신학의 돌파[혹은 발견]의 독특성은 그것이 신학적 측면과 실존적 차원을 동시에 가지고 있다는 점이다.

이와 대조적으로 다른 연구가들은 "종교개혁 신학의 인식"die reformatorische Erkenntnis, 혹은 "종교개혁 신학의 돌파"der reformatorische Durchbruch라는 표현을 더 선호한다. 이 용어들이 주로 가리키는 것은 중세 후기적 사유와 경건의 사슬로부터의 자유함, 그리고 하나님의 의와 인간의 칭의에 대한 바울적 이해의 재발견이라는 의미이다.

몇몇 연구가들은 종교개혁의 "전환"Wende과 종교개혁의 "돌파"Durchbruch라는 용어를 서로 구별할 것을 주장한다. 즉, 두 개념은 시간상으로나 내용상으로나 서로 동의어가 아니라는 것이다. 누구보다도 페쉬O. H. Pesch가 여러 논문에서 그러한 구분을 하였다. 그에 따르면 종교개혁 신학의 "전환"은 루터 신학의 방향이 새롭게 설정된 것으로서, 시기상으로는 1514년경에 일어난 일이다. 그 반면 종교개혁 신학의 "돌파"는 이 새로운 방향을 성찰하며 의식하게 된 단계를 의미하는데, 이는 1518년에 일어났다고 그는 주장한다. 그러나 우리는 루터의 신학적 표명들을 그렇게 구분하는 것이 충분히 입증될 수 있는 것인지 묻지 않을 수가 없다. 그러한 조직적인 구분이 자료적인 면에서 허용되는 것인지, 아니면 암시라도 되고 있는 것인지 매우 주의 깊게 조사해 볼 필요가 있다.

아무튼 어떤 용어를 선택한다는 것은 어떤 논쟁적인 문제를 다루는 데 있어서 이미 일정한 예비적 결정을 내리고 있다는 사실을 함축하고 있다. 그 때문에 우리는 용어 선택의 중요성을 명백하게 인식해야 한다.

4. 가장 중요한 자료

루터의 종교개혁 신학의 돌파 문제를 연구하고자 하는 사람은 누구든지 다음과 같은 문제들에 특별한 주의를 기울이지 않으면 안 된다.

1) 종교개혁 신학의 발견에 대한 루터 자신의 진술: 루터의 진술을 분석할 때 우리는 그가 탁상 담화에서 했던 말들을 잘 구분해야 한다. 그중에는 루터가 주의 깊게 생각하지 않고 상황에 따라 말한 것이 있을 수 있고, 그뿐만 아니라 그러한 말들이 정확히 기록되어 전달된 것인지도 확실하지 않기 때문이다. 또한 루터의 편지나 저술에 나오는 다른 진술들에 대해서도 주의 깊게 분석할 필요가 있다. 많은 연구가들이 1545년 루터의 "자기 증언"에 특별한 의미를 부여하지만, 때로 이러한 견해는 부정되기도 한다. 종교개혁 신학의 발견에 대한 루터 자신의 진술 가운데 서로 대립되는 것이 나타나고 있다는 사실 때문에, 어떤 진술을 더 중요하게 취급해야 하는지, 그리고 어떤 진술을 선택하였다면 그 결정의 근거가 무엇인지에 대해 질문이 제기된다.

2) 1518-1519년의 초기 강해 및 저술과 서신: 우리는 이러한 자료들에서 루터의 회심에 관한 기록 등과 같은 것을 찾을 수 있다고 기대해서는 안 된다. 관련 자료들에 대한 집중적인 연구에도 불구하고, 루터의 종교개혁 신학의 발견 시기와 그 신학의 첫 모습에 관하여 아직 어떤 일치된 견해도 산출해 내지 못했다. 심지어 이 자료들

에 어떤 물음을 가지고 접근해야 하는지도 그 자체로 신중한 판단을 요구한다. 종교개혁 신학의 인식이 루터에게 실존적으로, 그리고 신학적으로 매우 중요한 것이라는 바로 그 이유 때문에, 우리는 그가 모든 중요한 문제들을 하루아침에 갑자기 발견하고 해결했다고 가정해서는 안 된다. 또한 어느 특별한 시점 이후부터 루터가 그의 새로운 인식을 항상 어떤 고정적인 신학 형식 안에서 재생산해 왔다고 가정하는 것도 잘못이다. 오히려 우리는 초기 루터에게서, 특별히 그의 강해에서 발견할 수 있는 신학적 사상의 진행 과정을 전체적으로 고려해야만 한다. 즉, 이 새로운 통찰은 그리스도, 하나님 앞에서 인간의 위치, 심판과 복음에 대한 이해에 집중했던 그의 사상적 발전 과정의 전체 맥락에서 보아야 한다. 우리는 또한 루터가 이러한 새로운 인식을 얻었을 때, 그는 아직 그 당시 교회의 교리와의 갈등을 의식하지 못하고 있었다는 점에 주목할 필요가 있다. 그러나 우리가 루터의 종교개혁 신학의 발견 시기를 늦게 잡을 경우, 적어도 그 발견과 로마와의 갈등의 시작이 서로 관련되어 있음을 간과하지 말아야 할 것이다.

3) 본질적으로 종교개혁적인 것과 본질적으로 가톨릭적인 것: 최근 수십 년 동안 이 문제는 점점 더 복잡성을 띠게 되었고, 루터와 중세의 관계에 대한 연구가 새로운 단계에 접어들면서, 가령 루터와 토마스 아퀴나스의 관계가 편견 없는 방식으로 연구되면서 이 문제는 더욱더 복잡한 것이 되었다. 루터의 인식이 전통적 가르침과 비교하여 새로운 것인지, 혹은 어느 정도로 새로운 것인지에 대한 질문은 어떤 입장에서 그러한 질문을 제기하느냐에 따라 대답이 달라질 수밖에 없다. 동시에 루터 이전의 전통적인 로마서 해석과 조직

신학자들이 가지고 있었던 하나님의 의 및 칭의 개념의 신학적 의미를 구별해 보는 것 또한 중요하다. 어떤 전통적인 주석들은 루터와 상당히 유사한 이해를 보이기도 하는데, 그러나 그러한 유사한 주석적 통찰로부터 루터와 같은 조직신학적인 결과를 이끌어 내지는 못하였다. 또 하나의 특별한 문제는 루터의 새로운 인식이 실제로 바울을 정당하게 다룬 것인지, 혹은 바울과 루터 사이에는 심각한 차이가 없는 것인지 묻는 것이다. 이 물음은 단지 루터의 주석을 문헌학적인 해석의 정확성 여부에 따라 평가하는 것만으로 대답될 수 없다. 오히려 바울의 신학적 개념들이 16세기 초의 전혀 다른 상황 속에서 객관적으로 타당한 방식으로 해석되었는지 검증해야 한다. 비록 강조점들을 다른 곳에 둘지라도, 사실상 본질적으로 올바른 해석이 될 수 있는 것이다.

4) **현재의 연구 상황**: 다음 두 권의 저서, 『루터의 종교개혁 신학의 인식의 돌파 *Der Durchbruch der reformatorischen Erkenntnis bei Luther*』[1968]와 『루터의 종교개혁 신학의 인식의 돌파에 관한 새로운 연구들 *Der Durchbruch der reformatorischen Erkenntnis bei Luther. Neuere Untersuchungen*』[1988]은 1958년 이후뿐만 아니라, 그 이전에 이루어진 논의들에서 중요한 몇 편의 논문을 싣고 있다. 비처[E. Bizer]는 그의 저서, 『들음에서 오는 믿음 *Fides ex auditu*』을 통해 이에 대한 새로운 논쟁을 도입한 바 있다. 전반적으로 중요한 주제들에 대한 모든 집중적인 노력에도 불구하고 연구가들은 아직 합의점을 찾지 못했다. 그러나 결국 몇몇 견해들이 서로 상반되기는 하지만, 후기 루터와 관련된 수많은 진술들이 어느 시점에 일어난 특정한 사건을 가리키고 있다는 사실은 확인되었다고 말할 수 있다. 그 때문에 종교개혁 신

학의 인식이 하나의 특정한 사건이 아니라, 루터의 신학적 작업 가운데 반복적으로 나타나는 어떤 전제에 불과한 것이라는 결론은 받아들일 수 없다. 루터의 진술 가운데는 해석하기 어려운 부분이 많은 것이 사실이지만, 그렇다고 루터가 만년에 이 중요한 문제를 근본적으로 잘못 기억했던 것이라고 판단할 근거는 없다. 그러므로 어떤 특정한 사건에 대한 루터의 진술을 위와 같은 방식으로 지나치게 재해석하는 것은 방법론적인 측면에서 정당화될 수 없다. 이러한 견해를 따르려면 루터의 기억력이 그 정도로 변동이 심했다는 것을 증명할 수 있어야 하는데, 아직까지 그러한 증거는 제시되지 못했다. 그러므로 아무리 상황이 어렵게 보인다 할지라도, 연구가들은 이 문제를 피해 갈 수는 없다.

루터의 종교개혁 신학의 인식 시기 및 그 내용에 대한 연구는 루터와 로마 간의 갈등이 실제로 언제 시작되었는지를 판단하는 데 있어서도 대단히 중요한 의미를 갖는다. 이른 시기를 지지하는 이들은 루터가 로마교회와 논쟁하기 이전에 이미 근본적으로 새로운 신학을 주창하고 있었고, 결국 이 새로운 신학은 필연적으로 로마와의 충돌을 일으키게 되었다고 가정한다. 반면에 늦은 시기를 주장하는 이들은 루터의 종교개혁 신학은 로마와의 논쟁을 통해 결정적인 단계로 발전했다고 생각한다. 이러한 이유로 그 시기에 대한 판단은 루터의 95개 논제의 역사성에 대한 물음보다 더 중요하다.[13] 물론 95개 논제의 게시 여부에 관한 문제는 어떻게 루터가 대중적인 인물이 되었는지를 판단하는 데 중요한 의미를 가지고 있다.

4장. 16세기 논쟁의 신학적, 역사적 분류

1. 문제의 새로운 성격

모든 시대의 모든 개인은 항상 선택과 결정의 과제를 안고 살아가는데, 그 과제에 대한 대비가 되어 있지 않을 경우에는 이를 위해 조력이나 롤 모델, 혹은 최선의 기준을 찾기 마련이다. 역사학이나 교회사 분야를 공부하는 이들은 장기간에 걸쳐 일어난 역사의 발전 과정에 많은 관심을 가져야 하는 것은 물론이고, 이와 함께 역사와 삶 가운데 끊임없이 새로운 도전들이 나타나고 있다는 사실을 잊지 않는 것이 중요하다. 그러한 새로운 도전들에 대해 단지 이전의 입장을 고수하는 방법만으로 대처할 수 없다. 새로운 대처 방법을 찾아야 하는데, 이에 대한 결정에는 많은 위험이 따르기 마련이다. 이러한 두 요소, 즉 장기간에 걸친 역사적 발전 과정과 새로운 결정을 내려야 하는 상황들 간에 항존하는 긴장 관계를 보통 연속성과 불연속성이라는 용어로 표현한다. 모든 시대와 모든 세대는 항상 이 연속성과 불연속성으로 표현되는 긴장 관계를 새로운 방식으로 경험한다.

종교개혁 시대도 예외가 아니다. 16세기에 일어난 주요 사건들과 이로 인해 일어난 여러 종류의 분열과 관련하여, 한편으로 16세기의 갈등 및 그 해결 가능성은 이미 오랜 기간 동안 진행되어 온 정치적, 정신적, 그리고 교회사적 발전을 통해 조건 지어져 있었다는 주장이 가능하고, 다른 한편으로는 그 당시 발생한 그 새로운 문제들에 대해 전례도 없고, 과거 공의회의 결정도 없는 상황에서 아무런 대응책이 마련되어 있지 않았다는 주장도 가능하다.

종교개혁의 가능성과 한계를 결정지었던 16세기의 정치적인 기본 조건과 관련해서 주로 거론되는 것은, 유럽의 국가교회의 등장, 제국과 교황권이 과거에 누렸던 범세계적인 권위의 축소, 그리고 "새로운" 대륙의 발견과 무역로의 개척에 따른 반향 등이다. 정신사와 관련해서는, 지난 수 세기 동안 지대했던 스콜라주의의 영향력이 그 당시 이미 종착점에 다다랐던 것으로 간주되곤 한다. 물론 그것이 종교개혁이 발생하게 된 이유였다고 말할 수는 없다. 또한 르네상스나 인문주의와 같은 새로운 사상적 조류와 중세 후기에 발생하여 계속 증가 추세를 보였던 다양한 종류의 영성 운동으로 인해, 이제 더 이상 중세적 정신세계를 지배하는 거대한 통일성은 유지되기 어려웠다. 14세기 말부터 시작된 이러한 과정은 서구의 정신사에서 전례가 없는 것이었다.

종교개혁과 그것의 다양한 표출 양식과 관련하여, 16세기에 일어난 중대한 논쟁들은 고대나 중세 교회로부터 그 어떤 해결책의 모델도 제공받지 못했다는 것을 강조할 필요가 있다. 루터와 로마 간의 끊임없는 갈등을 유발한 면죄부 문제에 있어서도, 그것에 대해 일반적으로 적용할 수 있는 어떤 교리나 공의회의 결정이 전혀 없었다.

면죄부[면벌부]는 11세기에 발생했지만, 이미 오랜 전(前) 역사를 가지고 있었다. 이 면죄부는 다양한 형태로 교회 관습 가운데 빠르게 자리를 잡아 갔고, 죽은 자를 위한 면죄부가 발급되기까지 했다. 먼저 실천적 경건이 자리를 잡은 이후에 비로소 신학은 그 뒤를 따라갔다. 그러나 전반적으로 볼 때 면죄부는 일종의 "회색 지대"Grauzone로 발전해 갔다고 말해야 할 것이다. 즉, 면죄부 제도는 어떤 측면에서도 적절한 신학적 해명이 없이, 경건, 민중의 구원 열망, 불명료한 사면 결정 권한, 그리고 재정적인 필요 사이의 회색 지대에 놓여 있었다.

여러 가지 관점에서 16세기의 다른 논쟁점들에 대해서도 같은 말을 할 수 있다. 그러나 면죄부 논쟁에 관한 한, 곧 논쟁의 핵심으로 떠오른 교황권 문제는 경우가 다르다. 로마 가톨릭은 교황의 권위를 뒷받침할 수 있는 확실한 교리적 요소들을 가지고 있었다. 중세기에, 특별히 그레고리우스 1세590-604, 그레고리우스 7세1073-1085, 인노켄티우스 3세1198-1216, 그리고 보니파키우스 8세1294-1303의 재위 기간에 교황권을 인정하는 확실한 관습이 발전되었고, 그 발전은 교황권에 대한 신학적 해명에 영향을 미쳤다. 그러나 1500년경에는 두 가지 상반된 입장이 존재했다. 하나는 보편 공의회가 교회 내에서 최상의 권위를 갖는다는 주장이고, 다른 하나는 교황이 그러한 최상의 권위를 갖는다는 주장이었다.

우리는 계속해서 그 당시 율법과 복음의 교리나 성례전 교리, 혹은 목사직과 관련된 문제들에 있어서도 근본적으로 과거로부터 그 해결책의 모델을 찾을 수 없었다고 생각할 수 있다. 물론 일부 보다 포괄적으로 논의된 주제들도 있었다. 예를 들면, 도나투스파와의 논쟁에서 발전된 아우구스티누스의 교회 개념이나 성례 이해 등이 여기에 속한다. 그러나 아우구스티누스 자신이 다루었던 문제와 16세기의 문제는 그 성격이 서로 전혀 다른 것이었다. 정확히 이러한 이유 때문에 종교개혁을 반대하는 여러 다양한 적대자들은 각기 자신의 입장에 유리하도록 전통을 주장할 수 있었다.

2. 신앙고백적 상황

교회의 역사 전체를 통틀어서, 16세기 초반 사람들만큼 철저하게 자신이 직면한 문제 앞에서 고민했던 적은 없었다. 그 문제란, 진리를 위한 선택을 해야 하는가, 즉 그리스도를 위한 선택을 해야 하는가, 혹은 진리에 대항하는 선택을 해야 하는가, 즉 교회의 주인에게 대항하는 선택을 해야 하는가에 대한 결단의 문제였다. 16세기 초반 사람들은 가장 근원적인 측면에서 바로 이 선택의 문제, 즉 그리스도와 교회의 권위 중 하나를 선택해야 하는 문제에 직면해 있다고 생각했다. 이에 대해서 상당히 많은 예를 제시할 수 있지만, 몇 가지 전거만을 소개하고자 한다.

　루터가 자신의 상황을 이러한 측면에서 바라본 초기 증거는 1518년 가을경에 발견할 수 있다. 루터는 1518년 추기경 카예타누스의 심문에 관해 기록한 그의 『아우크스부르크 보고서 Acta Augustana』에서 그의 적대자들이 언제부터인가 자신을 파멸시키려고 한다고 언급하였다. 아우크스부르크에 도착한 이후 루터는 자신이 어떤 점에서 정죄되고 있는지 알아볼 필요가 있었다. 이에 관하여 루터는 다음과 같이 말했다. "아직 나의 글들은 가야바의 집에 있다. 그들은 그 집에서 나를 잡을 거짓 증언들을 찾고 있지만 아직 발견하지 못했다. 내가 보기에 로마 교황청은 먼저 그리스도를 잡고, 그러고 나서 나를 비난할 거리를 찾는 새로운 관습과 새로운 법을 만들기 시작했다."[14] 루터는 자신을 예수와 같은 입장으로 비유하는 데까지 나가지는 않았다. 또한 예수를 심문하는 과정과 자신의 심문 과정을 직접 비교하지도 않는다. 그러나 교회가 루터 자신을 심문하는 과정을 상세하게 묘사한 것은 쉽게 예수가 받으신 심문에 대한 상세한 묘사와 비교가 된다. 여기에는 분명히 두 경우 모두, 즉 예수와 루터 모두에게 기본적이고 근원적인 문제는 진리와 관련된 것이라는 생각이 드러나 있다. 그리고 두 경우 모두에서 종교 지도자들은 진리를 억압할 궁리만 하고 있다. 말하자면, 종교개혁 시대는 어떤 면에서 새로운 성경 시대가 되는 것이었다. 그러므로 수년 후 보름스 제국 의회 이후, 『마르틴 루터 박사의 수난 *Passio Doctoris Martini Lutheri*』과 같은 소책자가 쓰일 수 있었다는 것은 놀라운 일이 아니다.[15]

실제로 루터 자신만이 그러한 생각을 한 것은 아니었다. 루터가 1521년 4월 보름스 제국 의회에서 황제 앞에 섰을 때, 그를 따르던 많은 이들은 그 장면을 아주 강조된 의미에서 신앙고백적인 상황으로 이해하고 있었다. 이는 1530년 아우크스부르크 제국 의회에서 개신파 영주들이 아우크스부르크 신앙고백서를 낭독할 때에도 마찬가지였다. 루터는 이 아우크스부르크 신앙고백서의 몇몇 부분에 대해서 비판했지만, "그리스도께서 그분의 수많은 신봉자들을 통하여 그렇게 장엄한 {제국 의회} 회의에서 완벽하도록 훌륭한 고백에 의해 공적으로 선포되셨다"고 칭송하였다.[16]

황제는 슈말칼덴 전쟁[1546-1547]에서 승리한 뒤, 아우크스부르크 잠정 조치[1548]를 통해 개신파 지역을 다시 가톨릭화하려고 했다. 그

때 주요 개신파 영주와 목사들뿐만 아니라 상당한 범위의 민중 역시 자신들이 그리스도에 대한 신앙고백을 지킬 것인가, 아니면 압력에 굴복할 것인가라는 중대한 문제에 직면해 있다는 느낌을 갖고 있었다. 그 당시 발생한 다른 많은 갈등 가운데서도 이와 비슷한 양상을 찾아볼 수 있다.

루터의 많은 출판물에 대해서도 우리는 같은 판단을 적용해야만 한다. 그중에서 가장 중요한 것은 물론 성경 번역이다. 옛 성경 번역들은 전체적으로 『불가타 성경』을 가깝게 따랐다. 옛 번역들은 『불가타 성경』의 본문을 기초로 삼았을 뿐만 아니라, 그것의 문장 구조를 독일어로 흉내 내기도 하였다. 성경이 실제적인 의미에서 "독일어화"된 것은 오로지 루터를 통해서였다. 성경 이야기 그 자체가 작센의 언어로 옮겨진 것이었다. 이는 단지 문학적 의미에만 그치는 것이 아니다. 루터의 성경 번역은 궁극적으로 새로운 신앙고백적 상황으로부터 나온 것이었으며, 이것이 바로 그 당시 사람들이 그 사태를 바라본 방식이었다.

뮌처와의 논쟁에서 루터의 그토록 냉정하고 날카로웠던 태도 역시 그가 어떤 성격의 판단을 하고 있었는가를 명확하게 이해할 때, 비로소 분명하게 설명할 수 있는 것이 된다. 루터는 뮌처가 그리스도를 혁명적 설교가로 만들고, 그렇게 함으로써 복음의 위로를 희생시키고 있다고 생각했던 것이다. 그의 많은 적대자들도 마찬가지였지만, 루터는 그가 관여된 논쟁들을 단순히 이러저러한 신학적 교리들에 관한 토론이나, 별로 중요하지 않은 논제들을 다루기 위한 것으로 여기지 않았다. 그것은 진리를 위한 투쟁이었고, 과연 누가 올바른 믿음을 가지고 그리스도 안에 서 있는 자인지를 결정짓는 중대한 문제였다. 그러므로 우리는 루터를 해석할 때, 루터가 그의 적대자들에 대해서 가지고 있었던 이러한 그의 주관적인 판단을 충분히 고려해야만 한다.

VI. 루터 신학의 관점과 문제 [1]

제6부는 루터 신학의 연구에서 고려되어야 할 문제들을 일련의 주요 요점에 따라 설명한다. 일부 문제들은 현재 정당한 주목을 받지 못하고 있는데, 그러한 것에 초점을 맞춤으로써 이 6부가 현대의 루터 연구에서 기본이 되는 질문들에 대한 논의에 기여할 수 있기를 바란다.

1장. 성경의 권위

1. 성경과 전통

종교개혁은 일반적으로 모든 인간의 권위에 반대하여 성경의 권위를 내세웠던 운동으로 묘사된다. 종교개혁의 이러한 성경적 원칙은 전통의 유효성을 주장하는 로마 가톨릭과 대조된다. 이렇게 간단한 표어로 종교개혁을 요약하는 것은 비록 부정확한 것은 아니라 할지라도, 개별적인 사항들을 볼 때 문제는 조금 더 복잡하다.

만약 우리가 성경의 권위를 강조한 종교개혁의 특징을 적절하게 평가하고자 한다면, 다음과 같은 여러 문제들을 고려해야 한다.

1) 현대 신학에서 다루어지는 방식의 성경과 전통의 문제는 종교개혁의 결과이지 전제가 아니었다. 개혁자들의 견해도, 로마 측의 반대자들의 견해도 단순히 옛 견해의 연장이 아니었다. 고대와 중세의 교회에서 성경과 전통의 관계를 논하는 방식은 16세기의 방식과는 다른 것이었다. 성경과 전통이 날카롭게 대립된다는 사상은 루터와 로마 간의 충돌 과정에서 처음 발전되었으며, 그 후로 오랫동안

계속 논쟁의 대상이 된 것이었다.

2) 고대와 중세의 교회는 비록 어떤 점에서는 서로 다른 방법에 의한 것이었지만, 모두 성경의 권위를 당연한 것으로 받아들였다. 그러나 "오직 성경"^{sola scriptura}이라는 원칙은 루터 이전에는 결코 주장된 적이 없었다. 바로 이 사실, 즉 루터 이전까지 성경 전체의 권위는 교회에서 절대적으로 당연한 것으로 여겨졌으며, 성경과 전통의 관계는 문제가 되지 않았다는 사실 때문에 종교개혁이 성경의 권위에 호소하며, 성경으로부터 그 당시 교회를 비판한 것은 엄청난 반응을 불러일으킬 수 있었다. 옛 교회를 대변하는 자들은 종교개혁의 구호를 반대할 수가 없었다. 그들도 성경의 권위를 받아들였지만, 성경과 전통의 관계에 대해 상세한 논의를 발전시키지 못했기 때문이었다. 결국 바로 이러한 이유로 로마교회의 대표자들 중 일부는 단순히 교황의 권위를 주장한다는 명분만으로 루터와 그의 지지자들에게 대항했던 것이다.

3) 루터 이전에 성경 전체는 교회의 포괄적인 전통의 틀과 교회가 결정한 교리의 의미 가운데서 이해되었다. 실제로 고대와 중세의 교회 모두 성경과 전통의 관계 문제에 대해 의미 있는 해석을 가지고 있었다. 그러나 그러한 해석은 양자 간의 대립 가능성이나 성경을 근거로 전통을 비판적으로 검증하는 일에까지는 이르지 못했고, 단지 로마 가톨릭의 전통 원리의 방향으로만 발전되었다. 이러한 예는 빈센츠 폰 레리눔^{Vincenz von Lerinum, ?-450}과 같은 몇몇 신학자들에게서 발견할 수 있다. 그는 자신의 책, 『비망록 Commonitorium』에서 고대 교회 시대의 가톨릭 전통의 정의를 가장 분명하게 밝혔다. 이러한 현상은 개별 신학자뿐만 아니라, 공의회의 자기 이해 가운데서도

두드러지게 나타난다.

4) 그러나 중세기에도 성경을 근거로 교회를 비판한 이들이 있었다. 그러한 비판은 특별히 12-13세기의 청빈 운동이나, 존 위클리프와 얀 후스에게서 쉽게 찾아볼 수 있다. 이미 여기에서 하나님의 법으로서 성경의 권위가 인간적 권위의 우월성을 거부하며 주장되었다. 그러나 성경과 전통의 관계에 대한 더욱 깊은 성찰은 이루어지지 않았다.

5) 성경과 전통의 관계에 대한 연구 이외에, 우리는 성경이 실제로 각 사안에서 신학에 대해 얼마나 큰 중요성을 갖고 있었는지 물어야 한다. 종교개혁은 하나의 신생 운동으로서의 확신과 설득력을 가지고, 아리스토텔레스 철학을 근거로 신학을 하며 성경을 경시하는 스콜라주의를 비난하였다. 특별히 이러한 비난은 죄와 은혜, 그리고 하나님 개념에 대한 스콜라적 교리에 집중되었다. 성경 원문과 그 의미를 밝히는 데 철저하고자 했던 개혁자들의 노력에 비추어 볼 때 이러한 비난에는 분명 정당성이 있었다. 그럼에도 불구하고 어떤 입장이 성경의 실제적 내용에 더 가까이 있고, 또 어떤 입장은 더 멀리 떨어져 있는가를 결정하는 문제는 초기에 개혁자들이 판단했던 것보다는 훨씬 더 복잡한 것이었다. 또한 16세기 중반 이후부터 종교개혁자들이 스스로 아리스토텔레스 철학을 점점 더 많이 사용했다는 사실을 생각할 때, 이 문제에 대한 우리의 판단은 더욱 신중함을 요구한다. 어찌 되었든 아리스토텔레스 철학이 보다 중시되는 이러한 변화가 일어났던 이유에 대해서 세심한 주의를 기울여야 한다. 개혁자들이 종교개혁의 근본 입장을 포기했다고 단순하게 결론을 내리는 것은 적절하지 않은 일이다.

우리가 이러한 문제들을 보다 주의 깊게 고려하는 것은 종교개혁의 성경적 원칙을 조금 더 넓은 맥락 안에 배치하는 데 도움을 줄 수 있다. 또한 "근원으로 돌아가자"라는 인문주의의 원리가 종교개혁의 성경적 원칙의 선행 주자 역할을 하였다는 사실도 함께 보아야 한다. 물론 종교개혁과 인문주의 간의 차이를 간과하지 않는 것도 중요하다.

2. 성경의 권위와 그리스도의 권위

성경의 권위에 대한 루터 자신의 견해를 파악하기 위해서, 그의 성경 이해와 관련해 특별히 고려해야 할 몇 가지 중요한 측면들을 강조할 수 있을 것이다.

의심할 바 없이 성경의 권위에 대한 루터의 강조는 전례를 찾을 수 없이 강한 것이었다. 면죄부 논쟁에서 루터가 교황의 권위에 대항하며 그리스도의 권위를 주장하였을 때, 그가 생각하고 있었던 것은 그리스도가 성경을 통해 우리에게 말씀하신다는 것이었다. 특별히 회개와 믿음에 대해 말할 때도 마찬가지였다. 성만찬 논쟁 중에 츠빙글리가 "……이다"*est*를 "……을 상징한다"*significat*로 해석한 것을 반박하면서, 루터는 제정의 말씀에 나오는 단어를 그대로 정확히 사용할 것을 주장하였다. 카를슈타트나 뮌처와 논쟁할 때에도, 비록 그 쟁점이 성경 전체에 대한 이해, 특별히 구약성경과 신약성경의 관계에 대한 이해 문제와 직접적으로 관련이 있었지만, 루터는 특정한 성경 구절들에 근거하여 논쟁의 중심 주제를 다루었다.

그러나 16세기 후반의 초기 정통주의 신학자들과는 달리, 루터는 "축자영감"Verbalinspiration에 관한 어떤 교리도 발전시키지 않았다. 그 반대로 루터는 성경의 일부, 특별히 야고보서에 대해 "주제 비판"Sachkritik을 적용하였는데, 그 규범적 기준은 바울의 칭의론이었다. 성경의 권위에 대한 루터의 이해의 전체 폭을 다음의 세 인용문이 잘 설명해 주고 있다.

> "성경은 곧 하나님이시다."[2]
> "성경은 하나님의 말씀을 담고 있다."[3]
> "하나님과 하나님의 성경은 창조주와 피조물이 둘인 것과 마찬가지로 둘이다."[4]

루터는 성경과 하나님의 말씀을 직접적으로 동일시할 수 있었던 것으로 보인다. 그러나 그는 "하나님의 말씀"을 성경의 본질적인 내용을 표현하는 것으로 보면서도, 그 내용을 담고 있는 외적인 형태와 동일시하지는 않았다. 다른 한편, 루터 자신이 변증법적으로 제시한 세 번째 진술은 성경과 하나님의 말씀의 관계를 창조주와 피조물의 관계에 비유해 구별하고 있다.

3. 성경의 명료성

성경의 권위에 대한 견해와 관련하여, 루터에게는 성경의 명료성이 지속적으로 중요한 의미를 갖는다. 루터는 『노예의지에 대하여』에서 이것을 대단히 분명하게 보여주었다. 이 책에서 루터는 어떤 성경 구절들이 명료한가, 그렇지 않은가를 구별하는 문제를 그 구절들이 신앙의 중심적인 진리, 곧 그리스도의 성육신, 십자가, 그리고 부활에 대해 증언하는가라는 기준에 따라서 결정하였다. 그러나 루터는 성경이 모든 문제에 대해 명료한 대답을 주고 있다고 주장하지는 않는다. 이 점에서 루터와 축자영감을 주장하는 후기 정통주의 사이에는 근본적인 차이가 있다. 정통주의에서 성경의 명료성은 점차 문제가 되는 교리적 질문들을 성경에 의한 증빙을 통해 해결한다는 의미로 이해되었다.

4. 성경의 중심으로서 그리스도

루터는 교회 역사상 가장 위대한 성경 주석가 중 하나로 꼽을 수 있다. 그의 주석 작업의 범위에 있어서나, 그의 주석이 갖는 신학적 의미의 측면에서나 이는 모두 사실이다. 루터는 성경의 중심으로부터 성경을 이해하는 데 성공하였고, 개별적인 증거와 그 증언들로 인한 다중의 왜곡 가운데서 이 중심을 찾아내는 데 성공하였다. "성경으로부터 그리스도를 끄집어내 보라. 그러면 그 속에 무엇이 남아 있겠는가?"[5] 이로부터 직접 루터는 성경이 성경 자신을 해석한다는 결론을 얻는다. "성경은 그 자체로서 전적으로 확실하고, 전적으로 이해하기 쉽고, 전적으로 명백하다. 그러므로 성경은 성경 자체의 해석자로서 다른 모든 것을 검증하고 판단하고 조명한다."[6]

5. 율법과 복음

루터가 중요하게 취급하는 율법과 복음의 구분 역시 성경을 그 중심으로부터 해석하는 그의 해석학과 밀접하게 관련되어 있다. 하나님의 말씀은 율법과 복음으로, 심판의 말씀과 은혜의 말씀이라는 형식으로 인간을 만난다. 이는 단순히 구약은 율법이고, 신약은 복음이라는 의미가 아니다. 구약에는 복음보다 율법이 많고, 신약에는 율법보다 복음이 많은 것은 사실이다. 그러나 루터의 율법과 복음의 구분은 성경을 단순히 두 부분의 정경으로 나누는 것에 그치는 것이 아니다. 오히려 이 구분은, 하나님은 심판하시는 분인 동시에 자비로우신 분이라는 사실을 진술한다. 하나님의 말씀의 이 이중적인 차원은 성경 해석뿐만 아니라, 설교에서도 중요하게 고려되어야 하는 것이다.

구약은 이미 감추어진 방법으로 복음을 포함하고 있고, 또한 신약도 율법을 포함하고 있다는 사실에 의해 구약과 신약의 통일성이 설명된다. 루터는 성경의 첫 장에서 성경 전체의 내용을 볼 수 있다고 말하였는데, 이는 구약성경 안에 감추어진 형태의 복음이 있다는 루터의 생각을 잘 나타내고 있다.[7] 루터는 이러한 그의 견해를 십계명의 제1계명을 설명하면서 대단히 명료하게 표현했다. 그는 한편으로 제1계명을 십계명과 자연법이 모두 요약되어 있는 것으로 보았다. 그것은 하나님이 우리에게 요구하시는 모든 것, 즉 우리는 하나님을 다른 어떤 것이나 어떤 사람보다도 더 두려워하고 사랑하고 신뢰해야 한다는 것을 요약해 주고 있다. 이러한 면에서 제1계명은 심판의 말씀이다. 다른 한편으로 루터는 제1계명을 하나님의 약속으로 보았다.

"이것이 '하나님 외에는 다른 신들을 섬기지 말라'고 요구하는 제1계명의 일이다. 이것은 '오직 나 홀로 하나님이기 때문에 오직

VI. 루터 신학의 관점과 문제

나에게만 모든 확신과 신뢰와 신앙을 두고 그 밖의 다른 누구에게도 두지 말라'는 것을 뜻한다. 만약 네가 너의 입술로만 하나님을 부르거나 너의 무릎으로만, 혹은 몸짓으로만 하나님께 예배한다면, 너에게는 하나님이 없는 것이다. 그러나 만약 네가 노동을 하면서나 고통 가운데서나, 또는 생명 가운데서나 죽음 가운데서나, 기쁨 가운데서나 슬픔 가운데서나 진심으로 하나님을 신뢰하고, 또한 선과 은혜와 복을 구하기 위해 하나님을 찾는다면 너는 하나님을 만날 수 있을 것이다."[8]

그러므로 제1계명은 하나님이 우리의 하나님이 되기 원하신다는 약속을 포함하고 있다. 즉, 제1계명은 사람들에게 자신의 능력을 의지하지 않고, 오직 하나님의 자비만을 신뢰하도록 가르치기를 원하는 것이다.

물론 제1계명의 참 의미는 구약성경에서는 아직 드러나지 않았다. 구약성경 시대에 제1계명은 우선 율법의 성격을 지니고 있었다. 그 거룩한 계명의 감추어진 참 의미를 약속으로서 밝게 드러내신 분은 그리스도이다. "하나님은 죽은 자의 하나님이 아니요 살아 있는 자의 하나님이시니라"(마 22:32)는 그분의 말씀을 통해서 그리스도는 제1계명의 참 의미를 분명히 밝혀 주셨다. 이보다 더 중요한 것이 있다. 즉, 신약성경은 궁극적으로 구약성경의 진정한 의미를 열어 보이는 것 외에는 다른 어떤 의미를 갖지 못한다는 것이다. 어떤 의미에서 신약성경의 선포는 오직 이전에 구약성경의 문자와 비밀스러운 환상들 속에 감추어져 있었던 것을 비로소 드러내고 선포하는 것이다. "신약성경은 구약성경을 드러내고 계시하는 것"[9] 이외에 아무것도 아니다.

다른 한편으로 신약성경은 복음뿐만 아니라 율법도 포함하고 있다. 우리는 신약성경 안에서, 가령 산상수훈에서 율법을 만난다. 오직 여기에서 구약성경의 실제적이고 근본적인 의미, 곧 인간을 위한 하나님의 본래 의도가 드러난다. 그리스도의 십자가도 단지 하나님의 사랑을 나타내는 상징이 아니라, 인간의 죄에 대한 하나님의 가장 날카로운 심판이다. 이 점에서도 역시 구약성경의 참 의미는 신약성경을 통해 비로소 완전하게 드러나는 것이다.

율법과 복음의 구분은 루터 신학의 가장 중요한 주제 중 하나이다. 이는 그의 성경 이해뿐만 아니라 그의 그리스도론이나 칭의론과도 밀접한 관련이 있다. 형식적인 관점에서, 이러한 루터의 주제는 고대와 중세 교회의 신학을 특징짓는 특수한 주제들과 그 형태가 매우 다르다. 율법과 복음의 구분은 어떤 특별한 가르침, 혹은 어떤 한 주제에 관한 전통적인 관점들의 변형을 의미하는 것이 아니다. 예를 들어, 안셀무스의 만족설이나 아벨라르두스의 화해 교리, 또는 오컴주의의 특징으로서 새로운 인식론 및 하나님의 절대적 능력과 제한된 능력의 구분과 같은 범주에서 율법과 복음을 이해해서는 안 된다.

율법과 복음의 구분은 다른 주제들 사이에 첨가되는 또 다른 하나의 교리가 아니다. 오히려 그것은 성경 해석 방법을 위해서, 그리고 모든 교리에 대한 신학적 검증을 위해서 절대적으로 중요한 것이다. 신론을 다룰 때나, 특별히 성령론을 다룰 때, 혹은 계명을 해석하거나 성례전 교리 및 윤리학을 논할 때 율법과 복음은 적절하게 구분되어야 한다. 만일 우리가 하나님의 행동의 이중적인 성격과 아울러 심판자이자 자비를 베푸시는 분으로서 하나님 앞에 위치한 인간의 자리를 표현하는 율법과 복음의 구분을 올바로 하지 못한다면, 우리는 아무리 형식적인 면에서 옳은 것이라 할지라도 어떤 교리도 충분하게 제시하지 못하는 것이다. 정확히 여기에서 우리는 루터 신학을 한가운데로 관통하는 엄청난 역동성을 가장 분명하게 인식하게 된다. 동시에 이제 "오직 성경"이라는 종교개혁의 근본 원리는 오직 은혜, 오직 믿음, 그리고 무엇보다도 "오직 그리스도"*solus Christus*라는 원리와 함께 고려될 때 정당하게 이해될 수 있다. "성경은 사람은 아무것도 아니며, 그리스도만이 모든 것이라는 의미 이외에 다른 어떠한 의미로도 이해되어서는 안 된다."[10]

2장. 이성과 믿음

1. 이성에 대한 루터의 이해의 독특성

루터 신학에서 이성의 중요성은 아직 더 많이 연구되어야 할 주제이다. 특별히 루터가 이성을 사용한 기술과 방식을 더욱 정확하게 설명하기 위해서 분석해야 할 특별한 신학적 주제들과 개별적 저술들이 아직 남아 있다.

무엇보다도 루터가 스콜라주의와는 다른 방식으로 신학을 추구하였다는 사실은 명백하다. 그는 이성에 대한 인식론적 정의나, 이성과 계시, 혹은 자연과 은혜 간의 경계를 정의하는 것에 대해서는 거의 관심을 보이지 않았다. 이러한 면에서 이성에 대한 루터의 견해를 토마스주의나 오컴주의의 입장과 비교하는 것은—비록 그가 오컴주의자로서 신학을 시작하였지만—적절하지 않다. 이 주제에 관하여 스콜라주의와의 차이점은 우선 이성에 대한 대단히 날카로운 비판에서 볼 수 있다. 물론 루터가 믿음과 관련해서 이성을 "소경" 혹은 "마귀의 매춘부"라고 불렀을 때, 그것은 이성의 이해력과 통찰력의 측면을 고려하지 않은 채 단순히 싸움을 걸거나, 그의 신학적 사상을 성경에 의거해 관철시키기 위한 것이 아니었다. 루터는 일찍부터 이미 인간은 하나님에 대한 지식과 관련된 문제에서 진리를 중립적으로 탐구할 수 없다는 인식을 가지고 있었다. 하나님에 대한 지식을 추구할 때, 죄 또한 스스로를 드러낸다. 요점을 말하자면, 인간은 하나님에 대해서 단지 그가 알고 싶어 하는 것만을 알 뿐이다. 여기에서 이성과 의지는 같은 길을 걷는다. 어떤 의미에서 인식 행위는 의지에 의해서 영향을 받는다. 신적 진리에 대한 앎이나 무지는 모두 똑같이 실존적인 행동과 관련되어 있는 것이다. 이러한 점에서 우리는 여기서 루터의 율법과 복음의 교리 안에 있는 것과 비슷한 역동성을 보고 있는 것이다.

2. 하나님에 대한 자연적 지식의 문제

하나님에 대한 자연적 지식의 문제에 있어서 루터의 견해는 다소 모호하다. 루터는 때로 이성이 하나님에 대해서 어느 정도 지식을 갖고 있다고 주장하는 스콜라주의에 동의하는 말을 한다. 비록 이성은 신성(神性)을 바르게 분별할 수 없을지라도, 신이 존재한다는 사실은 알고 있다. 또한 이성은 하나님의 선하심과 진노, 혹은 의에 관해서 어떤 것을 안다고 루터는 말할 수 있었다. "이성은 그를, (곧 하나님을) 두렵고, 진노로 가득 찬 심판자로서, 우리에게 이 세상이나 지옥 어디에도 숨을 곳을 주시지 않는 분으로서 알기까지 한다."[11] 또한 이성은 하나님의 계명에 대해서도 알고, 이성은 무엇이 옳은 것이고 무엇이 그른 것인지도 안다. 그렇다. 이성은 그 누구도 죄로부터 벗어나기 전까지는 하나님의 나라에 들어갈 수 없다는 것을, 하나님께서 모든 것 속에서 모든 일을 하시며, 또한 모든 일을 미리 결정하신다는 것을 안다. 이러한 문장들은 모든 인간의 마음속에 기록되어 있는 것이다.[12]

다른 한편, 루터는 이성은 하나님에 대해서 아무것도 알지 못하고 이해하지도 못한다고 말한다. 이성에 의한 하나님 인식의 가능성에 대한 이러한 부정적인 진술은 종종 이성에 대한 긍정적인 진술 다음에 나온다는 것을 특별히 주목할 필요가 있다. "네가 더 많이 이성에 의존하고자 하면 할수록, 그만큼 더 너는 하나님으로부터 멀어지는 것이다."[13] 비록 이성은 우리가 올바른 길을 가야 한다는 사실을 알고 있지만, 이성은 하나님에게로 가는 올바른 길을 알지는 못한다. 루터는 『노예의지에 대하여』에서 이것을 더욱더 날카롭게 표현하였다. 즉, 이성은 가장 높은 존재를 전제하거나, 그 존재에게 어떤 속성을 부여해야 할 필요가 없다. 또한 이성은 하나님이 존재하지 않는다고, 혹은 하나님이 존재하더라도 그 하나님이 의롭지 않다고 결론지을 수도 있다.[14] 인간의 이성에 관한 한, 하나님은 단순히 인간의 이성으로 파악될 수도, 도달될 수도 없는 분이다.

이 두 유형의 진술은 서로 상반되는 것처럼 보인다. 그러나 루터에게 하나님의 존재에 관한 질문은 항상 하나님의 소유에 관한 질문과 연결되어 있다는 점에서 양자는 공속 관계에 있다.[15] 루터는 이성이 항상 빨간 혹은 파란 안경을 통해서 보고 있으며, 그 안경을 눈으로부터 떼어 놓을 수 없다고 묘사했다. 결과적으로 이성이 보는 모든 것은 빨갛거나 파랄 수밖에 없다.[16] 그러므로 우리는 하나님 상을 우리 자신의 기대와 희망에 상응하도록 창조한다. 그렇다. 루터

는 심지어 이성이 잠을 자고 있기 때문에, 이성은 또한 잠자는 하나님을 만들어 낸다고 말하였다.[17]

하나님 인식에 관한 이러한 진술 외에 루터는 하나님이 아닌 것이 무엇인지를 아는 이성의 능력에 관하여 많은 중요한 진술을 하였다. 그 한계 내에서 이성은 초월과의 만남에 자신을 개방할 수 있다. 루터의 『수도서원에 대한 판단』[1521]은 이에 대해서 특별히 중요한 통찰을 제공한다. 이 책의 조직적인 구성은 루터의 신학적 사고방식의 한 유형을 보여주고 있다. 여기에서 루터는, 이성은 하나님이 어떤 분인지 파악할 수 없지만, 그럼에도 불구하고 하나님이 아닌 것이 무엇인지는 분명하게 알 수 있다.[18] 비록 이성은 하나님 앞에서 무엇이 옳고 선한 것인지, 즉 믿음이 옳고 선하다는 것을 알 수 없지만, 그래도 이성은 불신, 살인, 불복종이 악한 것임을 안다. 내분이 일어나는 모든 왕국은 멸망할 것이라고 지적하셨을 때, 예수는 이러한 이성에 의한 통찰을 사용하신 것이다.

그러므로 루터는 이성의 도움으로 하나님에게 도달하려는 모든 시도를 분명하게 거절하였다. 이성이 "긍정하는 것들 안에서"$^{in\ affirmativis}$ 이성의 판단은 잘못된 것이다. 그럼에도 불구하고 여전히 이성이 "부정하는 것들 안에서"$^{in\ negativis}$ 이성은 하나님이 아닌 것이 무엇인지를 결정할 수 있다. 루터는 이것을 어떤 부정의 길$^{via\ negationis}$의 의미에서 말하는 것이 아니다. 즉, 이성은 부정적인 것을 언급함으로써 간접적으로 긍정적인 결론에 도달할 수 있다는 것을 수긍하는 것이 아니다. 루터가 의미하는 바는 이성을 적절히 적용하고 그 한계를 잘 알 때, 이성은 계시의 가능성을 보존하며, 자신을 초월과의 관계에 개방할 수 있다는 것이다. 다른 한편, 루터의 진술은 아마도 진리의 통일성을 유지하려는 의도, 곧 이중 진리die doppelte Wahrheit 이론을 피하려는 의도를 표현한 것으로 볼 수 있다.

3. 철학에 대한 루터의 입장

철학에 대한 루터의 입장은 하나님에 대한 자연적 지식의 문제와 비슷하다. 여기에서도 그는 대단히 날카로운 판단을 보여주고 있는데, 그 판단은 당시의 상황 속에서 이해되어야 한다. 루터는 신학이 철학에 의존하는 것을 거부했고, 특별히 철학적 하나님 개념과 철학이 하나님 앞에서의 인간의 모습에 대한 물음을 경시하는 것을 반대했다. 은혜에 대한 교리, 그리고 특별히 성례전 교리에 있어서도 철학이 스콜라주의 안에 침투하여 성경의 말씀과 거리가 멀어지게 되었다고 루터는 생각했다. 특별히 루터는 죄와 죽음과 마귀의 속박 아래 놓인 인간, 그러나 예수 그리스도를 통해 구원을 얻는 인간을 말하지 않고, 인간을 묘사하는 철학을 비판하였다.

4. 보름스에서 루터의 답변

물론 루터는 철학을 완전히 거부하지는 않았다. 그 한계를 스스로 존중하는 한, 철학은 전적으로 받아들일 만한 것으로 여겼다. 또한 이성에 관한 한, 루터는 위에서 언급한 한계 안에서 이성에게 이 지상에서 가능한 최고의 권위를 돌렸다. 세속적인 영역에서 이성의 한계는 없다. 영적인 면에서도 루터는 이성에 상당히 의존하였다. 이것은 특별히 그가 보름스 제국 의회에서 밝힌 답변에 잘 드러나고 있다.

"내가 성경의 증언과 명백한 이성에 의해 설득되지 않는 한, 나는 교황이나 공의회를 믿지 않는다. 그들이 빈번히 오류를 범하고, 또 스스로에게 모순되는 행동을 해왔다는 것은 잘 알려져 있는 사실이다. 나는 내가 인용한 성경에 묶여 있으며, 나의 양심은 하나님의 말씀에 사로잡혀 있다. 나는 어느 것도 취소할 수 없고 하려고도 하지 않을 것이다. 왜냐하면 양심을 거역하는 것은 안전하지도 옳지도 않기 때문이다."[19]

루터는 여기에서 세 가지 중요한 요소, 곧 성경의 증언, 명백한 이성의 근거, 그리고 하나님의 말씀에 붙잡힌 양심을 언급한다. 루터의 이 진술의 세부적인 사항들을 해석하는 데 있어서 아직 논쟁이 진행 중이다. 명백한 이성 *ratio evidens*은 단지 결론적인 의미에서만 이해될 수 있을 것이다. 그러나 『수도서원에 대한 판단』에 나오는 루터의 진술을 고려한다면, 더 포괄적인 이해가 요구된다. 어찌 되었든 루터가 이성이나 양심을 말할 때, 그것은 현대적인 의미에서 이해되는 자율성을 의도한 것이 아니다. 여기에서 양심이 하나님의 말씀에 사로잡혀 있는 것으로서의 양심을 뜻한다면, 이성에 대해서도 같은 것을 주장할 수 있다. 즉, 인간의 자기중심적 의지에 의해 결정되는 독단적 이성을 말하는 것이 아니라, 믿음을 통해서 자신의 올바른 순수성으로 자유롭게 된 이성을 말하는 것이다. 루터의 의도는 명백히 그의 가르침이 불합리하다는 비난을 부정하기 위한 것이었다. 양심에 관한 한, 루터는 어떤 독립적 실재에 대해서 말하는 것이 아니라, 개인적 믿음의 대체 불가능성을 의미하는 것이다. 루터에게 양심은 도덕적 의식의 한 기관이 아니라, "인간에게 있어서 하나님과의 관계를 나르는 짐꾼"[20]이다. 이와 동시에 양심 안에서 인간은 복음의 치유하는 능력으로부터 위로를 받는다. 하나님의 말씀에 사로잡힌 양심은 더 이상 인간 자신의 행동을 판단하고 자신을 정당화하는 통제 기관이 아니라, "행위들에 대한 판단 능력이다."[21] 이 점에서 루터가 양심에 호소한 것은 종교개혁의 성경 이해에 그 근거를 두고 있는 것이다.

5. 신학 연구에서 이성의 의미

만약 이성이 위에서 논의한 차원으로 이해된다면, 이성은 루터 자신의 신학 연구에서 중요한 자리를 차지한다. 루터는 믿음이 이성을 죽인다고 말할 수 있었다. 이성은 하나님의 말씀을 볼 수 있는 눈이 없기 때문이다. 그러나 루터는 이성이 하나님에 의해 "계몽될" 때, 그것은 우리의 거듭남을 위해 대단히 중요한 역할을 하는 것이라고 설명했다. 이 경우에 믿음은 이성이 미치지 못하는 높은 곳에 있는 것이지만, 계시는 특별한 방법으로 이성을 조명해 준다. 이렇게 계시의 조명을 받은 이성은 이제 "자신의 의지에 반하여" 하나님의 행동은 자신이 이해하기에는 너무 높은 것이라고 고백할 수밖에 없다.[22] 그러므로 이성도 최소한 부분적으로는 거듭난다. 사람들이 믿음에 이르고 또 칭의를 경험하는 과정은 또한 이성적 행동으로 설명할 수 있는 것이다.

이성에 관한 루터의 진술 가운데 부정적, 비판적인 것과 긍정적인 것 중 하나만을 내세워 논의하는 것은 일방적인 일이 될 수 있다. 이 두 유형의 진술은 서로 나란히 놓여 있는 것으로서 내적인 상호 관계 안에서 이해되어야만 한다. 그러나 동시에 우리는 루터가 신학과 철학의 차이를 강조하였음에도 불구하고 결코 이중 진리 이론에 동의하지 않았다는 사실을 잊어서는 안 된다.

이와 마찬가지로 루터는 역설적으로 보이는 방식으로 그리스도인의 이성에 대해 설명하였다. 한편으로 이성과 믿음 사이에는 늘 대립이 존재한다. 왜냐하면 우리가 믿음에 이르게 되었다 해도 이성은 자신의 독단적이고 거만한 본성으로부터 절대로 벗어나지 못하며, 신앙하는 인간도 여전히 자신의 욕망에 상응하는 하나님 상을 창조하도록 유혹을 받기 때문이다. 다른 한편으로 루터는, 믿음은 인간을 현재의 모습 그대로 내버려 두지 않는다고 반복해서 강조하였다. 믿음은 전(全) 인간을 변화시키는 운동을 일으킨다. 물론 이성도 역시 이 운동에 의해서 새롭게 된다.

이 새로워진 이성은 인간의 내면적 습성*habitus*이 아니다. 이것의 존재는 증명할 수 없다. 이것은 잃어버릴 수 없는 어떤 소유물도 아니고, 옛 이성과 분명하게 구별할 수 있는 것도 아니다. 루터는 정통주의와는 달리 자연적 인간의 이성과 거듭난 인간의 이성을 구분하지 않았다. 그러나 이 새로운 이성은 더 이상 자기 정당화를 위해 일하지 않고, 거듭남의 시작으로 존재한다.

그 때문에 우리는 루터가 그리스도인의 이성과 믿음을 서로 대립시키거나, 계몽된 이성을 위한 어떤 프로그램을 설계하지 않았다는 것을 알 수 있다. 루터에게 이성과 믿음의 지속적인 대립과 양자 사이에서 시작되는 "서로 함께함"*Miteinander* 및 "서로를 위함"*Füreinander*의 관계는 공속적인 것이다. 여기에서 나타나는 변증법, 그리스도인은 죄인인 동시에 의인*simul peccator et iustus*이라는 변증법, 혹은 율법과 복음의 긴장 관계 안에 있는 통일성의 변증법과 상응하는 것이다.

이 변증법은 신학 안에서 이성이 담당하는 과제를 이해하는 데 중요한 것이다. 우선, 루터의 이해에 따르면 이성이 신학에서 대단히 중요한 의미를 가지고 있다는 것은 의심의 여지가 없다. 루터의 신학 작업에서, 특별히 학문적인 논쟁을 전개할 때 그가 사용한 비판적이고 날카로운 논리적 방법은 그가 인간의 인식 능력을 탁월하게 적용하고 있음을 보여주는 것이다.[23] 루터의 다른 저술들, 특히 "열광주의자들"이나 츠빙글리와의 성만찬 논쟁과 관련된 저술들에 대한 상세한 연구를 통해, 우리는 이러한 그림의 더욱 풍부한 면을 관찰할 수 있을 것이다. 마찬가지로 루터가 그의 정치적 발언 및 입장 표명에서 사용한 "이성적" 논증 방식을 연구해 보는 것도 가치 있는 일이 될 것이다.

3장. 교회 전통에 대한 루터의 입장

1. 믿음과 교리

루터에게서 전통적 교리의 중요성은 아무리 강조해도 지나치지 않다. 그러나 학자들은 일반적으로 이를 과소평가해 왔다. 루터가 관여했던 수많은 격렬한 논쟁들, 특히 로마와의 논쟁으로 인해 양편이 공유하고 있었던 이 공통부분의 의미는 현저하게 축소되었다. 그러나 종종 비판적으로 말하기는 했지만, 루터는 전체적으로, 그리고 완전하게 초대 교회의 교리적 결정을 받아들였다. 그러나 중세 공의회의 결정에 관한 한, 루터는 화체설 교리를 정의한 제4차 라테란 공의회[1215]의 법령을 거부하였다. 그는 또한 아르메니아 교회에 칠성사 교리를 받아들이도록 요구한 1439년 피렌체 공의회의 법령도 거부하였다. 16세기에는 아직 교황의 위치나 성모 마리아에 대한 교리가 결정되지 않았다. 이러한 교리들을 둘러싼 로마 가톨릭과 개신교 사이의 불일치는 근대에 들어 강화된 것이다.

　전통적 교리가 루터에게 갖는 의미는 그것에 대해 때때로 루터 자신이 했던 진술에서 찾아볼 수 있다. 루터는 『열광주의자들에게 반대하는, 그리스도의 몸과 피의 성례전에 대한 설교 *Sermon von dem Sakrament des Leibes und Blutes Christi wider die Schwarmgeiste*』[1526]를 통해, 이 성례전 안에서 두 가지가 알려지고 선포되어야 한다고 말한다. 첫째는 우리가 믿어야 하는 대상, 즉 우리가 믿고 매달려야 하는 일이나 사물*obiectum fidei*이다. 둘째는 믿음 그 자체 혹은 믿음의 사용, 즉 우리가 믿는 바를 어떻게 정당하게 사용할 것인가이다. 첫째는 마음 밖에 있으며, 우리의 눈에는 외적인 것으로 주어진다. 즉, 그것은 성례전으로서, 이에 대해 우리는 그리스도의 몸과 피가 빵과 포도주 안에 참으로 임재한다고 믿는 것이다. 둘째는 마음속에 있는 내면적이고 외면화할 수 없는 것으로서, 외적인 성례전을 어떻게 취급할 것인지에 대한 우리의 자세이다. "지금까지 나는 첫째 부분에 대해서는 설교를 많이 하지 않았고, 오직 둘째 부분만을 주로 취급해 왔다. 물론 이 두 번째가 가장 좋은 것이다. 그러나 첫째 부분이 지금 설교자들을 비롯한 많은 사람들에 의해서 공격받고 있고, 심지어 훌륭한 인물로 여겨지던 이들도 그 문제로 나누어지고 소란하기 때문에, 이제 이것에 대해 무언가를 말해야 한다고 느낀다."[24]

루터는 다른 신앙고백이나 교리 조항을 만들 때에도 항상 성례전 교리와 관련하여 언급했던 이러한 원칙을 따랐다. 이러한 조항들은 규칙적으로 신론으로부터 출발하며, 삼위일체 형식을 따라 작성되었다. 그러므로 루터의 신학을 논할 때, 그의 중심에 신론을 두는 것이 적절할 것이다.

2. 루터 신학과 삼위일체 교리

삼위일체 교리가 루터에게 갖는 중요성을 평가하는 데 있어서 학자들은 각기 상당한 차이를 보이고 있다. 더욱이 루터 신학에서 삼위일체 교리의 교육적인 동기가 무엇인지를 결정하는 견해는 매우 다양하다. 예를 들어, 라인홀트 제베르크[R. Seeberg]는 그의 교리사 저서[25]에서 77장이 되어서야 비로소 루터의 하나님 이해를 다루며, 이어서 78, 79장에서 그리스도론, 삼위일체, 그리고 그리스도의 사역을 다루고 있다. 이와 비슷하게 엘레르트[W. Elert]도 그의 루터주의 연구 논문 제1권에서 우선 개신교 신학의 근본 질문들, 특별히 소위 "원체험"(原體驗), 죄, 율법과 하나님의 진노, 불안과 자연신학 등에 대해 논의한다. 신론은 "교리와 교회"라는 제목의 2장에 와서야 다루어진다. 에리히 제베르크[E. Seeberg]는 이러한 방향으로 더 멀리 나아간다. 그의 책, 『루터 신학 개요 Luthers Theologie in ihren Grundzügen』의 4장에서 에리히 제베르크는 루터의 "신관"을 설명한다. 여기에서 그는 감추어진 하나님, 하나님과 악, 하나님과 죄, "그리스도 안에서 자신을 우리에게 계시하시고, 우리를 위해 현실이 되신 '초월적' 하나님"과 같은 주제들을 다룬다. 그리고 그다음에 나오는 "그리스도"라는 제목의 장은 특별히 "그리스도를 향한 신학적 의무의 영적 동기들"[die fromme Motive der theologischen Bindung an Christus]에 대해 설명하고 있다. 에리히 제베르크는 결코 삼위일체 교리를 독립적인 장으로 논하지 않는다. 『과거와 현재의 종교 RGG』에 수록되어 있는 에벨링[G. Ebeling]의 "루터 신학" 항목에서도 삼위일체 교리는 다루어지지 않는다. 파울 알트하우스[P. Althaus]는 그의 책, 『마르틴 루터의 신학 Die Theologie Martin

Luthers』에서 우선 "하나님에 대한 일반적이고 적절한 지식"에 관하여 논의한 뒤에 "하나님 자신과 계시 가운데서의 하나님"을 다룬다. 삼위일체 교리에 대한 언급들이 그 이전에도 나타나기는 하지만, 그것을 분명하게 다루는 것은 책의 중간에 들어와서이다. 그러나 여기에서 두 페이지도 안 되는 분량만 할당된다.

이러한 방식으로 루터의 삼위일체 교리를 다루는 것은 만족스럽지 못하다. 최소한 위와 같은 루터 신학의 해석들은 이 주제를 해명해야 하는 근본 이유에 대한 충분한 설명을 제시하지 못한다. 그리고 종종 루터의 신관과 그의 삼위일체 교리를 구분하고, 혹은 분리시키기까지 하는 것은 더 많은 설명을 요구하는 것이다. 이 점에 관해서 많은 문제가 있는 것은 확실하지만, 양자가 항상 밀접한 관련이 있다는 것도 확실한 것이다.

3. 삼위일체 교리에 대한 루터의 비판적 언급

루터는 삼위일체 교리에 대한 비판적인 언급을 많이 했다. 그는 "삼중성"Dreifaltigkeit이라는 전통적 개념에 대해 유보적인 입장을 표명했다. 왜냐하면 신성 가운데는 가장 높은 차원의 통일성*summa concordia*이 있기 때문이다. 루터는 "삼중성"이라는 용어가 "모험적인" 것이라고 느꼈다. 반면에 "셋이 하나"Dreiheit라는 용어는 "조롱 투"로 들린다고 생각했다. 루터는 또한 삼위일체의 세 위격을 세 천사 혹은 세 사람과 비교하는 것은 오류에 빠질 수 있는 일이라고 생각했다. 삼위일체 교리는 세 하나님이 아니라, 한 분 하나님을 묘사하는 것이다. "그것을 일종의 '삼인조'gedritts 26 같은 것으로 부르자. 나는 어떤 적절한 이름도 찾을 수 없다." 루터는 삼중성이나 위격과 같은 용어들을 단지 실체를 표현하려는 시도에 불과한 것으로 보았다.[27]

4. 루터 신학에서 삼위일체 교리의 중요성

동시에 루터는 삼위일체 교리를 통해 표현하고자 하는 핵심을 완전하게, 그리고 전적으로 긍정하였다. 이에 대한 루터의 언급을 예로 들면, "삼위일체 조항은 성경에 근거한 것이다"[28], "성경에는 삼위일체를 명백하게 증언하는 구절들이 많이 있다"[29], "신약성경은 신성의 통일성 가운데 있는 복수의 위격에 대해 명백하게 증언한다"[30] 등이 있다. 이렇게 루터는 삼위일체 교리를 성경적인 것으로 보았다. 그는 삼위일체를 하나님에 관한 성경적 진술의 요약으로 보았고, 이 요약을 가르치는 일이 교회에 주어진 강제적이고 의무적인 과제라고 간주했다. 다음의 말은 이 점을 매우 분명하게 강조하고 있다. "니케아 공의회에서 결정된 것과 같은 여러 공의회들의 조항은 성경을 통해 확실하게 설명된 것이고, 성경에 의해 결정된 것이며, 성경에 근거를 둔 것이다. 이러한 조항들을 받아들이는 것은 하나님의 말씀을 받아들이는 것과 마찬가지이다."[31]

그러나 루터는 아우구스티누스의 전통을 따라, 삼위일체 교리를 가르치는 데 철학적 용어들을 사용하는 것은 부적절하다고 비판하였다. 아우구스티누스는 위격이라는 개념에 대해 유보적인 입장을 취했고, "관계"*relatio*라는 말을 더 선호했다. 그러나 루터에게 삼위일체 교리의 실질적인 의미는 『그리스도의 성만찬에 관한 고백』[1528]의 마지막 부분에서 잘 나타나 있다. "먼저, 나는 나의 온 마음을 다하여 영광의 하나님에 대한 최고의 신앙 조항을 믿는다. 즉, 성부, 성자, 성령, 이 세 분 하나님의 다른 위격은 본성에 있어서 참되고 진정한, 실제로 한 분 하나님이시며, 하늘과 땅과 만물을 만드신 분임을 믿는다. 아리우스파, 마케도니아파, 사벨리우스파, 그리고 그 밖의 다른 이단들을 전적으로 반대하며……이 모든 것이 지금까지 로마교회에 의해, 그리고 전 세계의 모든 교회에 의해 지켜져 온 대로이다."[32] 루터는 또한 "밖을 향한 삼위일체의 사역은 나누어지지 않는다"*opera trinitatis ad extra sunt indivisa*라는 아우구스티누스의 원리를 수용하였다.

루터는 『슈말칼덴 조항』[1537]에서 이와 비슷한 진술을 하였다.

"이 조항의 처음 부분은 하나님의 영광에 대한 최고의 신앙 조항들이다. 첫째, 성부, 성자, 성령, 한 분 하나님의 본질과 본성 안에 있는 세 분의 서로 다른 위격은 하늘과 땅을 창조하신 한 분 하나님이시다. 둘째, 성부는 누구에게서도 나지 않으셨다. 성자는 성부에게서 나신 분이며, 성령은 아버지와 아들로부터 나신 분이다. 셋째, 오직 성자만이 인간이 되셨으며, 성부와 성령은 그렇지 않으시다. 넷째, 성자는 이렇게 인간이 되셨다. 즉, 그분은 인간의 협조 없이 성령에 의해 잉태되셨으며, 순수하고 거룩한 동정녀 마리에게서 나셨다. 고난받으신 후 그는 죽으시고 장사되셨고, 음부에 내려가셨으며, 죽은 자 가운데서 살아나시고 하늘에 올라가셨다. 그는 하나님의 우편에 앉아 계시며, 산 자와 죽은 자를 심판하기 위해 오실 것이다. 이는 사도신조, 아타나시우스 신조, 그리고 어린이를 위한 공통 교리문답이 함께 가르치는 것이다. 이 조항들은 논쟁이나 반박의 대상이 되지 않는다. 왜냐하면 양편이 모두 다 (믿고 그리고) 고백하고 있기 때문이다. 그러므로 이에 대해 더 길게 다룰 필요가 없다."[33]

위의 인용문 중 괄호로 묶은 두 단어("믿고", "그리고")는 원래 루터의 원고에 들어 있었지만, 루터 자신이 나중에 지워 버렸다. 그 결과, 인쇄된 본문은 로마 가톨릭과 개신파가 삼위일체 신앙 조항을 "믿는 것이 아니라", 오직 고백하는 데에만 일치한다고 제한하고 있다. 물론 그렇다고 루터는 삼위일체 교리가 로마 가톨릭에서 확고하게 유지되어 있지 않다고 말하려는 것이 아니었다. 루터에게 보다 중요한 것은 삼위일체 하나님에 대한 신앙은 동시에 인간론, 그리고 무엇보다도 구원론, 곧 종교개혁의 칭의론을 포함하고 있다는 것이다. 루터는 교리를 참된 것으로 받아들이는 것만으로 만족하지 않았다.

이는 루터가 고대 교회의 교리를 구원론의 빛에서 이해하였다는 것을 명백히 밝혀 주는 것이다. 이러한 면에서 그는 아타나시우스의 신학적 입장을 다시 반복하고 있다. 아타나시우스는 아리우스파가 성자와 성부의 동일 본질*Homoousios*을 부인할 때, 그것은 곧 구원의 효력 자체를 의심스럽게 만드는 것이라고 생각했다. 루터에게 교리와 구원론의 관련성은 더욱 밀접한 것이었다. 그에게 있어서 교리는 기독교 진리를 객관적으로 드러내는 것뿐만 아니라, 기독교 진리의 실존적 의미를 명확하게 표현하는 것이었다. 이러한 이유로 루터는 그와 심각하게 대립했던 교회의 권위를 근거로 하지 않고, 그 실제적인 내용에 의거하여 교리들을 수용한 것이었다.

5. 하나님 상과 신론

루터는 구원론을 근거로 하여 전통적 교리를 해석하는 동시에, 전통적 교리 안에서 자신의 구원론을 통해 새로운 강조점들을 발전시켰다. 일반적으로 말하면, 루터는 하나님 상과 신론을 같은 위상으로 연합시키는 것에 관심을 가졌다. 하나님 상(像)과 신론은 서로 대립되는 것으로 보아서는 안 된다. 양자는 분리할 수 없이 연합되어 있다. 우리가 경험하는 것은 삼위일체 하나님의 현존과 그분의 행동하심이지, 어떤 알려지지 않은 운명의 능력이 아니다.

이러한 루터의 사상 가운데서 하나님은 항상 활동하시는 분으로 표현되고 있음을 강조할 필요가 있다. 하나님은 "늘 힘을 주시는 능력이며, 부단히 움직이시는 행동이다. 그분은 쉼 없이 일하시고, 활동하신다. 하나님은 쉬지 않으시며, 끊임없이 일하시는 분이기 때문이다."[34] 하나님이 세상을 창조하셨다는 것은 하나님이 세상을 움직이게 하시고 나서 세상을 그 스스로에게 맡겨 버리셨다는 것을 의미하지 않는다. 하나님의 하나님 되심과 창조주 되심은 근본적으로 동일한 것이다. 그 때문에 창조하시는 분은 동시에 만물을 보존하시는 분이다. 하나님은 하나님이시다. 그러므로 왕국들의 흥망성쇠의 역사 가운데서 일하시는 분은 하나님이다. 모든 사람에게 생명을 주시고 또 그들의 삶에 목적을 세우시는 분도 하나님이다. 물론 하나님은 감추어진 방법으로 행동하신다. 우리는 하나님을 결코 직접적으로 체험할 수 없다. 요나서 강해[1526]에서 루터는 담대하게 말했다. "이 모든 것이 우리를 위한 위안과 확신의 근원이며, 우리로 하여금 하나님을 믿도록 가르친다. 그분에게는 생명도 죽음도 동일하다. 그분에게는 그 모두가 사소한 것이요, 마치 장난감과 같은 것이다. 그분은 하나를 주시고 다른 하나를 취하시며, 혹은 서로 교환하기도 하신다. 그러나 이는 우리에게 엄청난 것이고 불가능한 것이다. 하나님은 그것들을 이용하셔서 그분의 능력과 솜씨를 우리에게 보여주신다."[35]

　　루터가 이러한 진술에서 사용한 많은 용어들은 신비주의와 관련이 있다. 다음의 인용문에서 그 예를 볼 수 있다.

> "하나님의 능력은 말하자면, 어떤 한곳에 갇혀 있고 측정될 수 있는 것이 아니다. 그것은 파악될 수도, 측량될 수도 없는 것이다. 그것은 존재하는, 혹은 존재할지 모르는 모든 것을 넘어서서 있는 것이기 때문이다."[36]

> "하나님 자신의 신성은 모든 피조물과 모든 개별적 존재 안에 완전하게 전체적으로 존재하실 수 있다. 피조물이 그 스스로에게 존재하는 것보다 더 깊고, 더 내적으로, 더 현재적으로 존재할 수 있다. 그리고 다른 한편, 하나님의 신성은 어떤 장소나 어떤 존재 안에 제한될 수 없다. 그러므로 하나님은 실제로 모든 것을 품고 계시며, 모든 것 안에 존재하신다. 어떤 존재도 그분을 제한할 수 없고, 그분 안에 존재할 수 없다."[37]

> "어떤 것도 하나님보다 더 작을 수 없고, 어떤 것도 하나님보다 더 클 수 없고, 어떤 것도 하나님보다 더 짧을 수 없고, 어떤 것도 하나님보다 더 길 수 없고, 어떤 것도 하나님보다 더 넓을 수 없고, 어떤 것도 하나님보다 더 좁을 수 없고……그분은 말로 표현

할 수 없는 분이다. 묘사할 수 있거나 상상할 수 있는 모든 것을 넘어서서 계신 분이다."[38]

루터는 또한 하나님에 대해 말하면서, 가령 제일 원인die erste Ursache과 같은 전통적인 용어들을 사용하였다.[39] 그러나 루터의 용법은 전통적인 것과는 다른 형식을 가지고 있다. 루터는 마지막 원인으로부터 그 이전의 원인들을 추적하는 과정을 통해 결국 제일 원인인 하나님을 만날 수 있다고 생각하지 않았다. 루터는 제일 원인이라는 용어를 통해 하나님 자신이 행동하실 때 피조물을 사용하신다는 것을 표현한 것이다. 모든 피조물과 사물은 하나님이 그분의 계획을 수행하기 위해 사용하시는 수단이다. 그것들은 하나님이 그 뒤에 숨으시는 마스크요, 하나님이 사용하시는 가면이다. "모든 피조물은 하나님의 마스크요, 가면이다. 하나님은 창조의 사역을 위해 그들에게 그분과 함께 일하도록, 또 그분을 돕도록 허락하신다. 비록 그분은 그들의 협조 없이도 일하실 수 있고, 또 종종 모든 것을 그들의 협조 없이 행하시지만 그리하신다."[40]

6. 감추어진 하나님과 계시된 하나님의 구분

루터가 감추어진 하나님과 계시된 하나님을 구분한 것은 상당히 중요한 의미를 지닌다. 이 구분은 주로 『노예의지에 대하여』에서 상세하게 논의되지만,[41] 그 용어의 사용은 다른 저술들에서도 나타난다. 이 구분은 전통적인 삼위일체 교리를 더 확장시켜서 어떤 추가적인 교리를 만들고자 하는 것이 아니다. 또한 삼위일체 교리를 실제적으로 대신하려는 의도도 확실히 아니다. 루터는 에라스뮈스와의 논쟁을 전개하면서 이 구분이 삼위일체 교리에 대한 적절한 해석이라고 여겼다. 그러므로 이 구분은 우리에게 하나님의 불가해한 의지에 대해 사색하는 것을 경고하며, 하나님의 자기 계시로 우리를 인도하는 것이다. 그리고 루터는 철학적 하나님 개념이 아니라, 오직 하나님의 계시에 근거하여 이러한 구분에 도달하였다.

루터의 이 구분과 관련된 세부적인 문제에 대해 학자들은 매우 다양한 해석을 내놓았다. 오토 리츨O. Ritschl 42은 "하나님 개념에 대한 루터의 이원론적 구조는 가장 곤혹스럽게도 [두 하나님의 존재를 인정하는] 마르키온적 양신론Dyotheismus을 상기시킨다"고 말했다. 라인홀트 제베르크43는 스코투스주의와 오컴주의적인 하나님의 절대적 능력과 제한된 능력의 구분44을 루터가 독자적으로 수용한 것이라고 주장했다. 엘레르트45에 따르면 감추어진 하나님에 대한 체험은 "원체험", 즉 "그리스도 없이 하나님이 정하신 운명의 힘으로 경험하는 인간의 체험"을 의미한다.

루터의 감추어진 하나님과 계시된 하나님의 구분을 적절하게 이해하려면, 우선 『노예의지에 대하여』에 나타나 있는 그 사상의 특색과 또한 그것의 주석적인 관련성을 고려해야 한다. 첫 번째 측면, 즉 사상의 특색과 관련하여 이 논문의 결론 부분은 루터의 논증의 출발점이 그리스도에 대한 신앙이라는 것을 분명히 보여주고 있다.46 또한 주석적인 측면에서 볼 때, 루터는 에스겔 18장 23절("내가 어찌 악인이 죽는 것을 조금인들 기뻐하랴. 그가 돌이켜 그 길에서 떠나 사는 것을 어찌 기뻐하지 아니하겠느냐")을 해석하는 과정에서 그러한 구분을 하였다. 에라스뮈스는 이 구절이 인간 의지의 제한된 자유를 주장하는 자신의 입장을 뒷받침하는 것으로 해석하였다.

흥미로운 점은 루터가 후에 때때로 감추어진 하나님과 계시된 하나님의 구분을 직접적으로 삼위일체의 각 위격에 적용하였다는 것이다.

> "우리는 본성과 실체에 있어서 하나님이신 성령과 우리에게 주어진 분으로서 성령 사이를 구분한다. 하나님은 그의 본성과 영광 가운데서는 우리의 적이 되신다. 왜냐하면 그는 우리에게 율법을 성취할 것을 요구하시기 때문이다. 이는 또한 성령에게도 마찬가지이다. 그가 손가락으로 모세의 석판 위에 율법을 기록하실 때, 그는 영광 중에 나타나셔서 우리의 죄를 정죄하시고, 우리의 마음을 두렵게 하셨다. 그러나 그가 방언과 다른 영적 은사들 가운데 '둘러싸일 때', 그는 '은사'로 불리신다. 왜냐하면 그는 우리를 거룩하게 하시고, 우리에게 생명을 주시기 때문이다. 이 성령 자신의 '은사'가 없을 때, 율법은 우리를 정죄한다. 왜냐하면 율법은 결코 은사가 아니며, 영원하시고 전능하신 하나님의 말씀이기 때문이다."[47]

대체로 이러한 진술은 루터의 저술 가운데서 고립된 상태로 나타난다. 루터는 어떻게 삼위일체 교리가 그의 감추어진 하나님과 계시된 하나님의 구분에 관련되는지에 대해 더 이상 상세하게 논하지 않는다. 아무튼 이 구분은 루터의 신론과 하나님 상이 서로 대단히 밀접한 관련을 맺고 있다는 것을 보여준다.

여기에 덧붙여서 『노예의지에 대하여』에서 나타나는 감추어진 하나님과 계시된 하나님의 구분은 그 안에 고립시켜서 볼 것이 아니라, 루터의 하나님 개념의 전체 맥락에서 이해해야 한다. 이 구분은 하나님의 계시 가운데 있는 거룩하고 접근할 수 없는 하나님의 영광을 표현하려는 의도를 가지고 있다. 루터는 그의 신학을 구원론적으로 사유하고, 인간의 칭의를 오직 하나님의 용서에 근거한 믿음 아래 두었지만, 동시에 그의 사상 안에서 하나님의 심판의 현실성과 그 심각성은 결코 사라지지 않는다. 그 심판은 그리스도 안에서 계시된 자비로우신 하나님을 믿는 신앙으로 늘 새롭게 극복될 수 있는 것이다. 그리스도인은 결코 "율법과 복음 그 너머에"[48] 있지 않다.

하나님의 진노는 단지 어떤 상상이 아니라, 삶 속에서, 역사 속에서 살아 활동하는 힘이다. 우리는 이 진노로부터 달아나서 예수 그리스도 안에 나타난 하나님의 사랑으로 피해야 한다. 그리스도 안에 나타난 하나님의 계시는 여전히 활동하고 있는 진노의 힘을 돌파한다. 그러므로 루터에 따르면, 하나님은 자기 계시 가운데서도 우리가 다다를 수 없는 영광으로 남아 계시며, 만일 그리스도 안에서 자비로우신 하나님으로부터 피난처를 찾지 못한다면, 우리는 멸망할 것이다. 역설적으로 표현하면, 그러나 루터의 의미에서는 결코 극단적인 것이라고 할 수 없는 공식으로 말하자면, 인간은 항상 하나님으로부터 하나님에게로 도망쳐야 한다. 이러한 점에서 루터의 구분은 그의 율법과 복음의 교리에 상응하는 것이다. 그리고 반대로 율법과 복음의 교리는 신론에 의해서 그 온전한 의미가 드러난다. 바로 여기에서 루터가 이해한 믿음은 구원을 위해서 절대적으로 필요한 것이라는 사실이 명백해진다.

지난 루터 해석의 역사에서, 알브레히트 리츨이 하나님의 진노의 현실성을 간과하였다는 것은 한 가지 약점이다. 반면에 하르낙이 이것을 적절하게 부각시킨 것은 정당한 일이었다.[49] 보다 최근에 칼 바르트와 일부 그의 영향을 받은 이들은 다시 루터에게서 하나님의 진노가 차지하는 중요성을 과소평가하였다. 또한 "고백주의적인", 특별히 엘레르트와 에를랑겐 학파의 루터 해석은 때때로 루터 신학에서 하나님의 진노와 사랑의 이중적인 측면을 지나치게 강조하였다.[50]

루터의 하나님 개념의 역동성을 구성하는 것은 이 진노와 사랑 사이의 긴장이다. 이 역동성은 단순히 하나님에 대한 주의주의(主意主義)적인 표현이 아니다. 주의주의적인 강조는 루터 이전에 이미 스코투스주의와 오컴주의 전통 안에서 볼 수 있었던 것이지만, 루터는 내용적으로 새로운 의미를 가지고 접근하였다. 하나님의 진노와 사랑 사이의 이 긴장은 신비주의와도 근본적으로 구분되는 것이다. 비록 신비주의의 하나님 개념이 루터 신학 전체와 특정 부분에 대해 적지 않은 영향을 주었지만, 이 둘 사이에는 차이가 있다. 하나님에 대한 표상에 있어서 둘 사이의 세부적인 차이점들을 연구해 보면, 양자의 공통점과 각각의 독특성을 이해하는 데 도움이 될 것이다. 그러한 비교 연구에서 더 오래된 하나님 개념들뿐만 아니라, 루터의 동시대인, 가령 토마스 뮌처와 같은 이들의 견해도 함께 포함시킬 필요가 있다.

루터의 하나님 이해에서 발견되는 역동성에 관하여 몇 가지 주목해야 할 요소들이 있다. 첫째로, 루터는 소위 하나님의 여러 속성들을 구분하지 않았다는 것을 아는 것이 중요하다. 루터가 하나님의 속성을 이해한 방식은, 소위 각 속성은 항상 하나님의 행동과 본질 전체를 표현하는 것이지, 각 속성이 다른 속성에 의해 구분될 수 있는 것이 아니라는 것이었다. 하나님의 전능이나 전지와 같은 속성은 결코 하나님의 부분적인 면모가 아니다. 오히려 각각은 모두 항상 하나님의 전체성을 표현하는 것이다. 루터가 진술한 대로 하나님이 말씀하신다고 말하는 것은 하나님이 창조하신다고 말하는 것과 동일한 것이다.[51] 또한 루터는 하나님의 하나님 되심과 창조주 되심은 근본적으로 동일한 것이라고 말했다. 이처럼 하나님은 창조주로서 항상 활동하고 계시며, 이는 루터에게 하나님이 홀로 창조주로서 일하신다는 것을 의미하였다.

7. 창조주 하나님

데이비드 뢰프그렌[D. Löfgren 52]은 창조에 관한 루터의 진술이 창조를 완료된 행위가 아닌, 지속적인 사건으로 보고 있다고 해석하였다. 루터는 창조를 "현실적인"[aktual] 것으로 이해하였다. 그러므로 창조 세계의 본성과 선함은 세계 내재적 본질이나 능력에 기인하는 것이 아니라, 하나님의 현실적이고 지속적인 창조 능력에 의존하는 것이다. 이 해석을 지나치게 확대하지 않는 것이 좋다. 하나님의 행동에 대한 루터의 진술의 여러 국면들은, 가령 창조와 보존을 구분하지 않는 것에서 드러나는 것처럼 서로 구별할 수 없는 것이 사실이다. 그럼에도 불구하고 하나님의 창조를 지속적인 사건의 과정으로 보는 견해를 지나치게 강조할 때, 창조된 세계의 독립성이 문제시될 수 있다. 뢰프그렌은 또한 하나님은 끊임없이 새 자연법을 창조하시고, 이 때문에 이성은 이 자연법들 뒤로 물러나 있다고 주장하였다.[53] 그러나 이에 반해 우리는 루터 자신이, 비록 정의는 항상 "하나님의 창조물"*creatura dei* [54]이지만, 이 자연법을 드러내 보이는 것은 인간 이성이라고 말한 것을 기억할 필요가 있다. 이 양 측면은 서로 상대를 배제할 필요가 없다. 루터와 더불어 우리는 하나님의 창조, 창조 세계의 보존, 그리고 하나님의 활동하심을 구분해야 한다. 그러나 동시에 이 하나님의 행동 각각은 항상 하나님 전체를 표현한다는 것을 분명히 해야 한다. 루터의 신론 혹은 그 밖의 다른 교리들을 설명할 때, 우리는 정통주의적으로 체계화하는 위험과 또한 모든 것을 동일화하는 위험을 피해야 할 것이다.

이 맥락에서 주목해야 할 또 다른 요소는 앞에서 이미 언급한 강력한 신비주의적 전통이다.[55] 두 번째 시편 강해[1518-1521]에 나오는 다음과 같은 본문은 이 점에서 대단히 흥미롭다.

"하나님에게 소망을 두고 있는 자는 자신의 무(無)[Nichts] 이외에 다른 어느 곳으로 가겠는가? 그리고 그 자신의 무로 돌아갈 때, 그가 온 곳으로 되돌아가는 것이 아니면 다른 어디이겠는가? 그는 하나님으로부터, 곧 자신의 비존재[Nichtsein(=Nichts)]로부터 왔다. 그러므로 그가 자신의 무로 돌아갈 때, 그는 하나님에게로 돌아가는 것이다. 비록 그가 자기 자신 밖에서, 모든 피조물 밖에서 넘어진다 할지라도 그는 여전히 하나님의 손안으로 넘어지는 것이다. 이사야가 말한 대로(사 40:12) 하나님은 온 세상을 그의 손안에 쥐고 계신다. 네가 원한다면 전 세계를 뛰어다녀 보라. 어디로 뛸 것인가? 너는 항상 하나님의 손안으로, 하나님의 품속으로 뛸 것이다. 그러므로 의로운 자의 영혼은 하나님의 손안에 있다. 왜냐하면 그들은 세상 밖에 있기 때문이다."[56]

루터는 『불가타 성경』을 근거로 하여 시편을 주석하고 있다. 그러
나 라틴어 본문에 근거해서는 이렇게 멀리 나가는 해석을 하기가 어
렵다. 하나님은 하나님에게 소망을 두고 있는 이들 안에 "거주"하실
것이라는 본문은 하나님에게로 돌아가는 것에 초점을 맞춘 루터의
주석과는 다른 방향을 가리키고 있다. 본문의 원래 의도를 루터가
이렇게 바꾸어 해석했다는 것보다 더 중요한 것은, 그가 하나님과
인간의 무를 거의 동일시하는 것처럼 보인다는 점이다. 물론 루터는
하나님이 곧 무라고 주장하지 않는다. 그 반대로 그는 인간의 무성
(無性)과 하나님의 존재 혹은 하나님의 손을 동일시했다. 만일 인간
이 문자적인 의미 그대로 파괴된다면, 인간은 하나님에게로 돌아간
다. 인간은 하나님으로부터 왔고, 그러므로 자신의 비존재로부터 온
것이기 때문이다. 그러나 이 진술의 배후에 신비주의적 전통이 있다
는 것을 강조하는 것으로 만족해서는 안 된다. 오히려 루터는 여기
에서 신비주의를 결정적으로 비껴간다. 루터는 신적인 당신Du[=Thou]
과 인간의 자아Ich 사이의 신비주의적 연합unio mystica이나 교환을 말
하지 않는다. 그 대신 그는 인간의 자아는 하나님에게로 올 때 파괴
된다고 표현한다. 루터는 신비주의적 전통을 거의 실존적으로 해석
하고 있다. 신화론적 표상도 배제되어 있다. 그러나 신비주의로부터
취한 하나님과 인간의 관계의 밀접함Zweisamkeit은 아직 루터에게 남
아 있으며, 양자 간의 밀접함은 인간의 파괴됨 가운데서 그 절정을
발견할 수 있는 것이다. 대담성 면에서 루터의 이러한 진술을 능가
하는 것을 찾기는 어려울 것이다. 그러나 우리가 루터의 하나님 표

상 전체, 혹은 그의 창조 이해를 이러한 본문을 근거로 진술하는 것은 명백히 일방적인 일이 될 것이다.

8. 하나님의 하나님 되심

루터의 하나님 표상의 핵심은 다른 관점들에 의해서도 묘사될 수 있다. 파울 알트하우스는 "칭의론의 의미는 곧 하나님의 하나님 되심"Gottes Gottheit 57이라고 주장하였다. 알트하우스는 도덕주의나 하나님의 율법의 성취 가능성을 루터가 거부했을 때, 그것은 단지 인간이 현실적으로 늘 실패할 수밖에 없기 때문만이 아니라, 도덕주의나 율법주의는 결국 우상숭배이고 하나님의 본성에 어긋나는 것이라는 루터의 사상에서 비롯되었음을 밝혔다. 하나님의 본성에 상응하는 인간의 태도는 오직 하나님의 자비를 신뢰하는 수용자로서의 태도일 뿐이다. 그러므로 루터의 행위의인 사상에 대한 비판은 "하나님 중심적"theozentrisch인 사유에 근거한 것이다. "한 분 하나님을 섬기는 것"Einen Gott haben과 율법의 성취에 의해 의롭게 되기를 원하는 것은 서로 상반된다. 오직 믿음만이 우리에게 요구되는 하나님을 향한 태도이다. 물론 요구하시고 심판하시는 하나님의 현실성을 간과한 알트하우스의 견해를 지나치게 강조하는 것은 잘못된 일일 것이다.

우리가 어디에서 시작하든 간에 루터의 하나님 이해를 정당하게 연구하고자 한다면, 우리는 하나님 상과 신론의 통일성을 항상 염두에 두어야 한다. 루터에게 이 통일성은 명백히 그의 전체 신학이 그리스도의 십자가를 토대로 하고 있다는 사실에 기인하는 것이다.

4장. 교회론, 목사직, 그리고 교회 제도

1. 루터의 교회론에 대한 이해의 전제

루터의 교회론을 연구할 때 우리는 여러 방법론 가운데 어떤 것을 따를 것인지를 결정해야 한다. 우리는 또한 논쟁의 대상이 되지 않았기 때문에 더 다루어지지 않은 특정한 공통 교리들을 얼마나 무게 있게 논해야 할지도 결정해야 한다. 여기에서 다시 루터 신학의 여러 해석 방법들이 서로 현저하게 차이점을 드러낸다.

루터의 교회론을 조직신학적으로 다루고자 할 때, 특별히 교회 제도에 대한 그의 입장을 해석하는 데 어려움이 따른다. 즉, 우리는 쉽게 루터가 원래 의도하지 않았던 의미를 그에게 부여할 수 있다. 이것이 적절하지 않은 이유는, 교회에 대한 루터의 견해는 수많은 논쟁 상황 속에서 발전된 것이고, 그 논쟁들을 통해 교황권과 더 나아가 성직 계급에 대해서 점점 더 비판을 강화하는 과정을 보여주기 때문이다. 덧붙여서 우리는 너무 성급하게 루터가 교회 제도에 대한 어떤 프로그램을 가지고 있었던 것처럼 가정할 수 있다. 실제로 루터는 그러한 것을 가지고 있지 않았다. 특별히 초기에 교회 내의 악습들에 대한 루터의 비판과 아울러 그의 교회 이해는 특정한 상황에서 나온 것이며, 그 때문에 논쟁적인 상황을 떠나서 루터의 비판과 사상을 이해하기는 어려운 것이다. 16세기에는 어느 편도, 특히 루터 자신도 처음부터 어떤 개념들을 전제하고서 논쟁에 임한 것이 아니었다. 교회에 대한 다양한 견해들이 상호 간의 대립 과정에서 정교해져 가는 과정을 밟은 것이다. 물론 양편이 모두 논쟁의 시초부터 포기할 수 없는 어떤 특정한 동기들을 가지고 있었음을 부인할 수 없다. 그 당시 교회에 대한 다양한 견해들 가운데 무엇이 결정적인 요소였는지 확실하게 밝히는 것은 중요한 일이다. 그러나 논쟁이 진행되는 중에 실제로 발전되었던 어떤 사상이 필연적으로 그렇게 될 수밖에 없었다고 가정할 이유는 없다.

또한 그 당시 교회론은 삼위일체론이나 그리스도론보다 훨씬 덜 발전되어 있었다는 사실도 중요하다. 위대한 스콜라주의 신학자들의 작품은 교회에 관한 교리를 포함하고 있지 않았다. 물론 키프리아누스가 저술한 『교회의 통일성에 관하여 De ecclesiae unitate』나 아우구스티누스의 반(反)도나투스파 저술과 같은 문헌들이 상당히 중요하게 여겨졌으며, 또 교회에 대해서 간접적으로 많은 것을 말해 주고 있었다. 마지막으로 언급하지만 결코 사소하지 않은 것으로서, 교회법들도 교회론과 관련하여 다양한 측면에서 중요한 의미를 갖는 것이었다. 교황권에 관한 한, 비록 15세기의 공의회주의가 오랫동안 교황과 공의회 중에서 어느 것이 더 높은 권위를 가지고 있는가라는 물음을 제기했지만, 교황의 지도적 권위와 권력은 교회 내에서 확실하게 인정되고 있었다. 그러나 16세기에 들어서서 공의회주의는 그 영향력을 크게 잃어 가고 있었다. 그럼에도 불구하고 16세기 초에 논쟁이 발생하였을 때, 확정된 교회론이 없었다는 것을 고려할 필요가 있다. 삼위일체론이나 그리스도론과는 달리, 교회론에 대해서는 확고한 규범이 없었다.

교회의 통일성에 대해 논할 때, 우리는 16세기 사람들이 두 개의 중대한 교회 분열을 알고 있었다는 것을 고려해야 한다. 하나는 1054년에 발생한 동방 기독교와 서방 기독교의 분열이다. 동방교회는 멀리 떨어져 있었지만, 그 당시 터키의 계속된 위협은 1453년 콘스탄티노플의 함락에 대한 기억을 상기시켜 주었고, 그 때문에 동방교회에 대한 기억도 생생하게 살아 있었다. 종교개혁 초기 역사와 관련하여 동서 교회의 분열은 교황의 권위의 필요성에 대한 질문을 제기하였다는 점에서 중요한 의미를 갖는 것이었다. 그러므로 동방교회의 존재가 곧 루터를 중심으로 일어난 논쟁, 특별히 교황권 문제가 핵심이 되었던 1519년의 라이프치히 논쟁에 대해 대단히 중요한 의미를 갖게 된 것은 당연한 일이었다. 종교개혁 초기에 중요한 의미를 지녔던 두 번째 분열은 후스파로 인해 발생하였다. 후스는 1415년에 정죄되어 화형에 처해졌다. 그러나 1433년 바젤 공의회는 후스파에게 일종의 양보를 하는 소위 프라하 조약에 합의하였다. 그러나 교황은 이 합의를 승인하지 않았기 때문에 후스는 계속 이단자로 간주되었다. 이로 인해 일어난 후스파 전쟁은 광범위한 파멸을 불러왔으며, 이 전쟁은 특별히 작센 지역에서 생생히 기억되고 있었다. 후스파는 하나의 기독교 세계의 몸에 생긴 "열린 상처"를 대표하고 있었다.

교회의 통일성 문제와 관련하여 그 당시 더 중요한 의미를 갖는 것은 교황청 자체 내의 비극적인 분열[1378-1415]이었는데, 이 분열은 루터 시대 사람들의 일반적인 의식 가운데 여전히 강렬하게 남아 있었다. 이는 교황에 대한 복종이 이전과는 달리 더 이상 당연한 것으로 받아들여지지 않고 있었다는 것을 의미한다.

이에 덧붙여서 우리는 다음과 같은 관점들을 고려해야 한다.

1) 그 누구도 교회 안에 분열을 초래하려고 의도하지 않았다. 루터가 의도했던 바는 하나님의 말씀에 따라 교회를 개혁하는 것이었다. 그는 개혁되어야 할 것들의 목록을 제시하지 않았다. 그는 명백하게 드러난 악습들을 없애고, 하나님의 말씀의 순수한 선포를 회복시키기를 원했다. 종교개혁이 많은 영지와 도시들에 도입되었을 때에도 아무도 새로운 교회를 창립하려는 생각을 하지 않았다. 그 반대로 중세 후기에 이미 많은 세속 정부가 소속 영지에 개혁을 도입하였으며, 종교개혁은 이러한 전례를 따라 세속 정부에 개혁을 위한 협조를 호소한 것뿐이었다. 중요한 것은 성경의 권위와 교회의 권위 사이에 상충되는 부분이 많다는 것이 주장되었다는 점이다. 바로 이 점에서 "로마 가톨릭"과 "개신파" 간의 분열 과정이 시작되었다고 생각하는 것이 가장 쉬울 것이다. 그러나 교회의 분열에 대한 주관적인 의식은 거의 전무하였다.

2) 교회 분열은 의도된 것이 아니었다는 위의 지적은 1555년 아우크스부르크 종교 평화 협약이 체결될 당시만 해도 교회의 통일성이 인정되고 있었다는 사실로 뒷받침할 수 있다. 1648년 베스트팔렌 평화 조약[Westfälischer Frieden] 때 비로소 교회 분열이 법적으로 재가되었다. 이때까지 사람들은 교회의 통일성은 지속되리라는 가정하에 행동하였고, 그래서 "종교적 당파"[Religionspartei]라는 표현을 사용했을

뿐이다. 그리고 황제는 로마교회의 수호자로서 개신파 지역도 보호해야 하는 과제를 가지고 있었다.

3) 종교개혁 당시에는 교회 분열 문제가 다루어지지 않았기 때문에, 그것을 극복하는 방법에 대한 논의도 진행되지 않았다. 가장 중요한 문제는 참된 교회를 어디에서 찾을 수 있는가였다. 그러므로 개혁자들은 교회의 통일성을 위해 싸운 것이었고, 이 통일성을 참 교회와 거짓 교회를 구분하는 기준을 정함으로써 찾고자 했던 것이다. 그 때문에 양편은 서로 신랄한 논쟁을 벌였을 뿐만 아니라, 동시에 여전히 공통의 토대를 상당 부분 함께 가지고 있었다는 사실을 우리는 이해할 수 있다. 삼위일체론이나 그리스도론은 양편 모두에게 상당히 중요한 의미를 갖는 공통의 토대였다. 그러나 이러한 공통부분의 중요성은 그 당시 충분히 고려되지 못했다. 사실 교회론에 대해서도 일반적으로 생각되는 것보다 훨씬 더 많은 일치점들이 있었을 것이다.

2. 루터의 교회론의 전통적 요소와 새로운 요소

우리는 한편으로 루터가 비록 많은 중요한 부분에서 강조점을 달리했지만, 전반적으로 전통적 교회론을 수용하였다고 말할 수 있다. 다른 한편으로 루터는 일종의 새로운 교회론을 제시한 것도 사실이다. 복음과 믿음을 참 교회, 유일한 교회의 존재를 결정하는 기준으로 확립했다는 점에서 그렇다. 이러한 전통적 요소와 새로운 요소는 서로 밀접한 관련성 속에서 이해되어야 한다. 루터의 교회론의 한 측면을 다른 측면과 대립시키는 것은 옳지 않다.

3. 교황에 대한 루터의 초기 입장

면죄부 논쟁 초기에 루터는 교회와 교황 및 주교들의 권위를 문제시하려는 의도를 전혀 가지고 있지 않았다.[58] 하지만 루터의 적대자들이 교황과 공의회의 권위에 대한 루터의 견해가 미칠 파장에 대해 촉각을 세웠을 때, 그 염려는 공연한 것이 아니었다. 그러나 루터 자신은 교황을 진지하게 기독교 세계의 목자요 교사로 간주했다. 교황에 대한 루터의 모호한 입장은 1518년 5월 30일, 『95개 논제 해설』을 교황 레오 10세에게 헌정하며 쓴 서신에서 볼 수 있다. 이 서신에서 루터는 한편으로 "성하시여, 나는 당신의 발 앞에 엎드려 나의 존재와 소유의 모든 것과 함께 나 자신을 당신 앞에 드립니다. 나를 살리시든지 죽이시든지, 나를 받아주시든지 쫓아내시든지, [내가 쓴 것을] 동의하시든지 거부하시든지, 당신이 어떻게 결정하시든지 나는 받아들일 것입니다. 나는 당신의 목소리를 당신을 통해 교회를 인도하시고, 당신을 통해 말씀하시는 그리스도의 목소리로 인정할 것입니다. 내가 마땅히 죽어야 한다면 나는 죽기를 거부하지 않을 것입니다"[59]라고 적었다. 그러나 다른 한편으로 루터는 몇 줄 앞선 부분에서 "나는 취소할 수 없습니다"[60]라고 쓴다. 후에 이 서신을 읽는 사람은 누구나 이 두 진술을 상반되는 것으로 볼 것이다. 그러나 루터는 양자를 그렇게 보지 않았다. 교황의 권위에 굴복하는 그의 말은 전략상으로 한 것이 아니었다. 루터는 그리스도가 실제로 교황을 통해 교회를 인도하신다는 것을 결코 부인하지 않았다. 후에 그 자신이 그렇게 부인하게 되리라곤 상상도 하지 못했다. 그러나 동시에 루터는 성경 연구를 통해 논쟁점이 된 문제들에 대해서 새로운 통찰을 얻게 되었다. 그리고 그 자신 안에 확고하게 자리 잡은 그러한 통찰을 포기하지 않은 것이다.

물론 그 후 루터는 이러한 태도를 유지할 수가 없었다. 교회법에 의한 파문 절차, 무조건적인 입장 철회 강요, 점차 거칠어진 논쟁, 명백한 악습의 철폐를 거부하는 교회 당국 등, 이러한 모든 것 때문에 결국 루터는 1518-1519년 사이에 교황은 적그리스도라는 확신에 이르게 되었다. 이후에 그는 더 이상 교회의 권위에 굴복할 수 없었다. 교회가 지상에서 머리를 가져야 할 필요성을 부인했다. 이러한 사상은 교회론을 다루는 그의 첫 번째 저술, 『로마 교황권에 관하여』[1520]에 잘 나타나 있다. 여기에서 루터는 두 종류의 기독교 세계를 구분하였다. 한편의 기독교 세계는 신조[Credo]를 고백하는 그리스도인들의 모임이다. 다른 한편의 기독교 세계는 한 집, 한 교회, 한 교구, 한 대주교구, 혹은 한 교황권 아래에 있는 자들의 모임이다. 양편 모두에서 초점은 외적인 측면의 교회이다. 그러나 성경이 교회에 대해 말할 때, 그것은 배타적으로 그리스도를 믿는 이들의 모임을 가리킨다. 오직 이 성령 안에서의 모임만이 참 기독교 세계가 될 수 있다. 그 교회는 여기 지상에서는 머리를 가질 수가 없다. 이 기독교 세계는 오직 하늘의 머리이신 그리스도에 의해서만 통치되는 것이다.

4. "두 교회"

이러한 맥락에서 루터는 "두 교회"에 대해 말하고 있다. "첫째는 물론 근본적이고, 본질적이고, 참된 것이다. 우리는 이것을 '영적인, 내적인 기독교 세계'라고 부를 것이다. 둘째, 인간이 만든 것으로서 외적인 것, 우리는 이것을 육적인, 외적인 기독교 세계라고 부를 것이다. 우리는 그 둘을 서로 분리시키려는 것이 아니다. 그것은 마치 내가 어떤 한 사람에 대해 말할 때, 그의 영혼에 따라서 그를 영적으로 부르고, 그의 육체에 따라서는 육적으로 부르는 것과 같다."[61] 이 영적인 기독교 세계와 육적인 기독교 세계의 구분은 다중적인 의미를 가지고 있다. 육적, 그리고 외적이라는 말은 여기에서 교회의 참된, 그리고 영적인 본질과 구분되는 것이고, 이 구분은 극단적으로 교황의 교회에 적용되는 것이다. 또 다른 의미의 차원에서는 육과 영혼으로서의 인간 존재의 이중적 본질을 가리킨다.[62] 그러나 이 영혼으로서의 인간의 본질은 육과 분리하여 그 존재를 생각할 수 없는 것이다. 루터의 교회론을 해석하려는 시도들은 루터의 이 진술이나 다른 저술에 나타나는 "육적"leiblich이라는 말의 다양한 용법을 충분히 고려하지 못했다. 예를 들면, 그 결과로서 오늘날까지도 루터의 교회 이해를 내면화하는 견해가 있는데, 이는 허용될 수 없는 해석에 근거한 것이다. 루터가 교황을 육적인 기독교 세계를 대표하는 자로 공격했을 때, 그는 사실상 교황권에 의해 복음이 묻혀 버리는 것에 반대한 것이었다. 그러나 루터는 참 교회를 "불가시적"인 것으로 이해하지 않았다. 이러한 면에서 루터가 이 진술을 통해 세례와 성만찬과 복음을 가리켜서, "사람들로 하여금 지상의 참 교회를 외적으로 인식할 수 있도록 해주는" 표지들이라고 말한 것은 그의 일관적인 입장을 보여주는 것이다.[63]

5. 주교직에 대한 루터의 입장

루터는 교황의 권위를 명백히 거부하였지만, 주교직^{Bischofsamt}에 대해서는 결코 같은 방식으로 공격하지 않았다. 오히려 그 반대이다. 학자들은 대체로 루터가 주교직을 갖춘 교회 제도를 보존하는 일을 중시했을 것으로 보는 데 의견이 일치한다. 루터는 사도전승 문제에 대해 깊이 생각하지 않았고, 어느 편에서도 그 문제를 제기하지 않았다. 그러나 루터는 전통적 의미에서의 주교직을 염두에 둔 것이 아니라, 복음적 이해 가운데서 주교직을 긍정적으로 수용한 것이었다. 그 당시 주교들은 일반적으로 영적인 권위와 세속적인 권위 모두를 행사하였다. 예를 들어, 결혼과 같은 문제들에 대한 사법권을 가지고 있었다. 루터는 이렇게 영적인 권위와 세속적인 권위를 통합하는 당시의 통념을 거부하였다. 그러나 루터는 『선제후령 작센에 있는 교구 목사 시찰자들을 위한 지침서』에 붙인 그의 서문¹⁵²⁸에서 말한 바와 같이 종종 교회는 주교들이 있어야 한다는 의견을 밝혔다. 독일 루터교회의 감독^{Superintendent/Superattendent} 직무는 근본적으로 말하면 일종의 주교직이다. 주교의 의무는 복음 선포, 성례 집례, 그리고 목사 시찰 등을 포함한다. 후에 루터는 개신파 주교 제도의 도입을 여러 번 시도했다.[64] 물론 여기에서도 복음이 비판 규범이 되었다. 주교직은 "본질"^{esse}에 속한 것이 아니라, 교회의 "복지"^{bene esse}에 속한 것이다. 『슈말칼덴 조항』은 루터가 어떻게 주교직을 자명한 것으로 전제하고 있었는지 말해 준다. "교회는 우리가 모두 하나의 머리, 즉 그리스도 아래에 있을 때, 그리고 직무에 있어서 동등한 (각기 은사는 다를지라도) 주교들을 가지고 있을 때 가장 훌륭하게 통치되고 유지되며,

일치된 교리, 신앙, 성례전, 기도, 사랑의 행위 등 가운데서 부지런히 함께 모일 수 있다."[65] 이어서 루터는 본래 목사와 주교 사이에는 어떤 구별도 없었다고 강조했는데, 이는 역사적으로 볼 때 옳은 판단이었다. 루터가 생각한 교회의 이상적 구조는 "교회 의회적 주교 제도"Synodaler Episkopalismus 개념으로 가장 잘 표현될 수 있을 것이다.[66]

6. 구원을 위한 교회의 필수성

더욱이 루터에게 교회는 근본적으로 전통과 다름없이 구원을 위해 필수적인 것이었다. "그리스도를 발견하고자 하는 사람은 먼저 교회를 찾아야 한다. 교회는 나무나 돌이 아니라, 그리스도를 믿는 이들의 모임이다. 우리는 이 교회에 연결되어 있어야 하고, 또 교회 안에서 어떻게 사람들이 믿고 살고 가르치는지 보아야 한다. 그들은 확실히 자신들 한가운데 그리스도를 모시고 있다. 기독교 교회 밖에는 진리도, 그리스도도, 구원도 없다."[67] 물론 루터는 중세기 사람들이 이해한 것과 같은 의미에서, "교회 밖에는 구원이 없다"라는 문장을 사용하지 않았다. 비록 성례전을 필수적인 것으로 간주하였지만, 결정적인 요소는 말씀과 성례전을 통해 우리에게 제공되고 베풀어지는 그 구원에 대한 믿음이었다.

7. 교회의 표지들

영적인 교회와 육적인 교회의 분리할 수 없는 관계성Zusammen-gehörigkeit[공속성]은 "교회의 표지들"notae ecclesiae에 대한 루터의 이해를

VI. 루터 신학의 관점과 문제

결정한다. 교회의 표지들은 전통적인 방식으로 통일성unitas, 거룩성
sanctitas, 보편성catholicitas, 그리고 사도성apostolicitas의 네 가지로 설명된다.
이에 반해 루터는 자신의 의견을 다음과 같은 말로 대단히 날카롭게
표명하였다. "교회의 유일하고, 영원하고, 오류가 없는 표지는 말씀
이며, 또 언제나 그러했다."[68] 그러나 다른 저술들에서 루터는 일련
의 외적 표지들을 제시한다. 그는 『공의회와 교회에 관하여』[1539]에서
1) 말씀, 2) 세례, 3) 성만찬, 4) 열쇠의 직무, 5) 목사와 주교의 소명
과 임명, 6) 기도와 하나님을 향한 찬양과 감사, 7) 영적 시련과 십자
가를 짊어짐 등의 표지들[69]을, 그리고 『한스 보르스트 반박문』[1541]의
경우, 1) 세례, 2) 성만찬, 3) 열쇠의 직무, 4) 하나님의 말씀의 설교
직무, 5) 사도신조, 6) 주기도, 7) 세속적 통치 권위에 대한 존중 의
무, 8) 하나님이 뜻하시는 바, 창조와 질서로서의 결혼에 대한 칭송,
9) 참 교회의 고난, 10) 박해에 대해 복수를 구하지 않음 등의 표지
들을 열거하였다. 덧붙여서 루터는, 개신파는 금식을 하지 않는다는
비난을 거부하며, 그들은 스스로 추구하는 금식이 아니라, 하나님이
그들에게 지우신 고난을 감당하고 있다는 것을 강조했다.[70] 그러나
루터가 다음과 같은 말로 교회의 표지들의 목록을 끝내고 있다는 점
은 의미가 있다. "'우리'는 올바른 옛 교회이고, 반면에 교황주의자
들은 새로운 잘못된 교회이다."[71] 그럼에도 불구하고 루터가 교회의
"표지들"에 대해 논하면서, 교회의 육적인 존재성을 긍정하였다는
사실도 역시 중요하다. 교회는 단지 불가시적 의미에서 영적인 것으
로만 이해될 수 없다.

루터는 교황의 교회를 반대하고 교회로 인정하지 않았지만, 다
른 한편으로 그는 기꺼이 다음과 같은 점을 인정했다. "교황권 아래

에도 기독교적이고 선한 것이 많이 있다. 참으로 모든 기독교적이고 선한 것이 거기에 있다. 그리고 이로부터 그 모든 것이 우리에게 온 것이다." 그 가운데 루터는 성경과 올바른 세례, 올바른 성단의 성례, 사죄를 위한 올바른 열쇠, 올바른 설교 직무, 올바른 교리문답, 주기도, 십계명, 신앙 조항들을 포함시킨다.[72] 그러므로 교황의 교회에 대한 급진적인 비판에도 불구하고, 루터는 로마교회도 교회의 표지들을 가지고 있다는 것을 인정하였다. "교회는 비록 눈에는 보이지 않지만 항상 존재한다. 그러나 교회의 외적 표지들[notae externae]은 어디에 있는 것인가? 하나님의 놀라운 계획을 통해 교황의 교회 안에서 참 성경이 보존되었다. 세례, 성단의 성례, 그리고 사죄도 하나님의 기적으로 보존되었다. 그러므로 많은 사람들이 참 믿음 안에서 죽은 것이다."[73]

다른 한편, 우리는 이러한 긍정적인 면과 상반되는 로마교회에 대한 루터의 격렬한 거부 입장도 인식하고 있어야 한다. 루터는 교황의 파문 위협 교서를 소각함으로써 그것에 응답했을 뿐만 아니라, 세례 때 그에게 주어진 권위에 근거하여 교황과 추기경들을 파문, 혹은 최소한 그들이 파문되었음을 선언하였다.[74] 후에 루터는 다양한 방법으로 이 거부를 반복하였다. 명백하게 로마에 대한 루터의 입장에 있어서 이러한 두 국면은 서로 대립되는 것이 아니었다.

8. 목사직과 목사 안수에 대한 루터의 이해

그 당시 공적인 가톨릭교회에 대한 루터의 입장뿐만 아니라, 목사직과 목사 안수에 대한 그의 이해 안에서도 긴장 관계가 드러난다. 어찌 되었든 학자들은 목사직과 목사 안수에 대한 루터의 입장을 상당히 다른 방법들을 통해 설명하고 평가해 왔다. 전반적으로 우리는 루터가 초기에, 특히 1520년과 1523년경에 이르기까지 만인사제직을 강조했다고 말할 수 있다. 때로 그가 특별한 목사직도 이 만인사제직 사상에 근거해 설명하는 것처럼 보일 때도 있다. 그러나 후에 루터는 이와 달리 전반적으로 목회자의 특별하고도 독립적인 사명을 더욱 강조하였다.

그 결과, 학자들 가운데는 루터의 목사직 이해와 관련하여 초기 루터의 입장을 더 강조하는 이들이 있는가 하면, 후기의 입장을 더 강조하는 이들도 있다. 예를 들어, 빌헬름 브루노테[W. Brunotte]는[75] 루터가 "회중주의적"[kongregationalistisch] 견해를 반대하는 입장에서 목사직의 독립성을 강조하였고, 이러한 루터의 입장은 초기의 만인사제직에서 나온 것이 아니라고 주장한다. 이와 대조적으로 헬무트 리베르크[H. Lieberg]는[76] 루터의 목사직 이해가 "양극성"[Zweipoligkeit]을 지니고 있다고 해석하였다. 루터가 한때는 성직을 만인사제직에 근거해 이해하였고, 다른 때는 그리스도에 의한 제정에 근거하였다는 것이다. 전자는 공동체를 통한 소명을 강조하고, 후자는 안수식을 통한 임명을 강조하고 있다. 더 나아가 우리는 페테르 만스[P. Manns]의[77] 연구에 주의를 기울일 필요가 있다. 그에 따르면 루터는 결코 종교개혁 초기 가장 혼란스러운 때에도 개인 거처에서 거행하는 성만찬[Hauskommunion]을 승인하지 않았다. 그 대신 루터는 성만찬의 집례를 목회직과의 관계, 그리고 회중과의 관계로부터 분리하려는 모든 시도를 거부하였다. 이는 루터의 성직 이해가 단순히 저술을 통해서만 발전된 것이 아니기 때문에, 그가 실제로 취한 행동과 함께 그의 견해를 고찰해야 한다는 점을 분명히 말해 준다.

루터의 전체 교회론의 경우와 마찬가지로 목사직에 대해서도 우리는 그의 관련 진술들을 항상 각각의 진술이 나온 특별한 상황을 고려하여 해석해야 한다. 또한 우리는 루터의 초기 진술에만 의존하는 것을 피해야 한다. 1520년 몇 번의 예비적인 시도 이후에 정립된 만인사제직 개념과 관련하여, 우리는 그것을 하나의 교회 제도의 원칙으로 만들어서는 안 된다. 만인사제직은 의심의 여지없이 칭의와 믿음, 그리고 "하나님과의 관계의 직접성"Unmittelbarkeit zu Gott을 강조하는 루터의 종교개혁 사상에 상응하는 것이다. 물론 만인사제직 교리가 형성된 논쟁적인 상황을 간과해서는 안 된다. 루터는 특별히 『그리스도인 영지의 개혁에 관해 독일 그리스도인 귀족들에게 고함』에서, "로마의 세 개의 벽"을 극복하기 위해 이 만인사제직을 주창하였다.[78] 그러나 다른 곳에서 루터는, 주교에게 복음을 설교하는 목사들을 관리할 책임이 주어져 있다고 강조하였다. 주교들이 이러한 책임을 다하지 못할 때, 그때 비로소 교회 회중은 주도적으로 행동할 수 있는 것이다. 그러나 후에 루터는 세속 정부가 개입해야 한다고 생각하게 되었다.

9. 목사직에 관한 루터의 진술의 상이한 강조점들

목사직과 목사 안수에 관한 루터의 진술 가운데는 다음과 같이 상황에 따라 서로 다른 강조점들이 나타나는 것을 볼 수 있다.

1) 1517-1520년 사이에 루터는 로마교회 당국과 충돌하며, 그의 만인사제직 개념을 형성하였다.

VI. 루터 신학의 관점과 문제

2) 1520-1523년 사이에 루터와 로마의 관계가 깨지기 시작했고, 루터는 사제직과 미사의 희생 제사 개념에 대해서 강하게 공격하였다.

3) 1524년 이후 루터는 끊임없이 소위 열광주의자들을 반대하였다.

4) 1530년경 이후 종교개혁은 후기에 이르러 조금 더 조용한 상황 속에서 발전되었다. 이때 루터는 개신파적 교회 제도에 대한 사상을 발전시키며, 점차적으로 그것을 실현시켜 나갔다. 그는 이제 목사직, 목사 안수, 그리고 교회의 통합적 관계를 강조하게 된다.

10. 목사직과 만인사제직

그 외에 원래 루터는 용어를 달리하여 목사직과 만인사제직 사이를 구분했다는 사실을 기억하는 것이 중요하다. 그는 만인사제직을 말할 때에는 "사제직"*sacerdotium*이라는 용어를 사용했지만, 안수를 통해 임명된 목사직의 경우 "목회직"*ministerium*이라는 용어를 사용했다. 루터는 1520년 이후에 한결같이 안수식은 성례가 아니라고 주장하였다. 그러나 루터는 설교와 성례 집례의 직무는 그리스도가 직접 교회 안에 제정하신 것임을 일관되게 주장하였다. 루터가 열거한 "교회의 표지들"의 목록은[79] 또한 그가 목사직을 교회의 필수적인 요소로 생각했다는 것을 분명히 보여주고 있다. 그가 안수식의 성례적인 성격을 부인한 것은 1520년 처음으로 성례를 엄격하게 정의했을 때부터이다. 안수식에는 세례의 물이나 성만찬의 빵과 포도주와 같은 외적인 "상징"Zeichen이 없다. 그러나 루터는 성직이 하나님에 의해 제정된 신적인 사명이라는 것, 그리고 목사가 그의 직무에 따라 행동할 때 하나님이 그 직무를 통해 말씀하시고 행동하신다는 약속을 계속해서 강조하였다. 안수식 때 목회직 수행을 위한 준비로서 성령의 은사가 목사에게 주어진다는 전통적인 이해에 있어서, 루터와 로마 가톨릭의 입장 사이에는 근본적으로 차이가 없었다.

목사직과 목사 안수에 대한 루터의 견해를 다룰 때, 우리는 그의 저술이나 서신에 나오는 많은 관련 진술들과 아울러 개신파 목회자의 임명식도 함께 연구해야 한다. 또한 병자를 위한 성만찬, 세례 때의 축귀 의식Exorzismus, 그리고 어떤 어린이의 세례 여부가 확실하지 않을 때 집례되는 소위 조건적 세례식 등에 관한 자료들도 루터를 이해하는 데 매우 중요하다.

전체 교회 제도에 관한 한, 아무도 영구적인 교회 분열을 생각하지 못했기 때문에 이 문제에 대한 근본적인 논의도 있을 수 없었다. 전체 교회가 개혁될 수 있는 한, 적어도 개신파 안에서 복음을 설교할 자유가 허락될 수 있는 희망이 있는 한, 교회를 근본적으로 재조직할 이유가 없었던 것이다. 루터의 초기 진술을 보면, 예외 없이 종교개혁의 복음 선포를 제한하거나 억압하는 것에 반대하는 내용이다. 이러한 개혁의 노력이 성공했다면, 교회 조직에 있어서 특히 개신파적 주교 개념을 포함한 중요한 변화들이 확실히 뒤따랐을 것이다. 그러나 그렇게 되었다 할지라도 독일 종교개혁은 영국의 주교 제도의 구조를 유지하였을 가능성이 매우 높다.

그 당시 독일에는 종교개혁을 지지하는 로마 가톨릭 주교가 아무도 없었고, 신자들 사이에서는 불확실성과 무질서가 널리 퍼져 있었기 때문에, 일종의 개신파 교회 조직을 만드는 일이 불가피하게 되었다. 수도원 체제는 거의 모두 해체되었다. 그리고 아직 종교개혁적 교리에 대한 간략한 개요조차 마련되지 않았기 때문에, 때로 전혀 상반되는 사상들이 종교개혁의 가르침으로 주장되기도 하였다. 처음에는 새로운 예배 의식도 없었다. 농민전쟁은 어떤 종류의 위험한 견해들이 여러 곳에서 종교개혁의 이름으로 주장되고 있는지를 보여주었다. 명확성과 질서의 확립이 영적, 교회적인 일만이 아니라, 정치적으로도 가장 시급한 과제가 되었다. 아무도 이를 부인할 수 없었다. 그 당시 주어진 조건을 가정해 볼 때, 그러한 상황에서 그 중요한 일을 수행할 수 있는 주체는 유일하였다. 그것은 세속 정부였다. 후대의 시점에서 되돌아보면서 루터와 다른 종교개혁자들이 세속 정부에 도움을 요청하는 것을 피할 수도 있었다고 생각한다면, 그것은 가능성이 매우 제한되어 있었던 당시의 상황을 간과하는 것이다.

처음에 루터는 개별 교회 회중이 주교들의 협조 없이도, 혹은 반대에도 불구하고 스스로 자유롭게 목회자를 임명할 수 있다고 말했다. 이러한 입장은 특별히 그의 논문,『회중이 교리를 판단하고 교사들을 소명, 임명, 혹은 파면할 수 있는 권리를 가지고 있음은 성경이 확증하는 것이다』[1523]에 잘 나타나 있다. 같은 해인 1523년, 루터는 이전에도 이미 세속 정부가 종종 주교와 교황의 허락 없이 성직자를 임명한 적이 있다고 주장하였다. 루터에게 이는 하나의 선례였다. 또한 루터 자신도『그리스도인 영지의 개혁에 관해 독일 그리스도인 귀족들에게 고함』[1520]에서 세속 정부가 실제적인 교회 개혁을 실현시킬 수 있는 공의회의 소집을 주도해야 한다고 제안했다. 그러나 1526년과 그 이후에 루터와 다른 종교개혁자들은 이전의 입장보다 훨씬 더 멀리 나가게 된다.

여기에서 기억해야 할 중요한 것은 그 당시 개신파 측은 법적 근거에 있어서 문제의 여지를 가지고 있었다는 사실이다. 종교개혁자들이나 종교개혁을 지지하는 세속 권력자들은 모두 1523년 슈파이어 제국 의회의 결정에 의거하여 행동하고 있었다. 그 의회는 제국의 모든 영주들이 각기 자신의 행위에 대해 하나님과 황제 앞에서 책임지는 방식으로 행동할 것을 결정하였다. 그러나 이는 보름스 칙령을 실행하라는 의미였으며, 개신파 영주들에게 개혁의 권리 *ius reformandi*를 부여한 것이 아니었다. 그러므로 슈파이어 제국 의회의 결정은 원래 의미했던 것과는 반대로 해석되어, 세속 정부가 교회 개혁에 관여할 수 있는 법적 권리를 허용하는 것처럼 받아들여진 것이었다.[80]

5장. 교회와 국가: 루터의 두 왕국론

1. 루터의 두 왕국론이 미친 영향에 대한 해석

소위 "두 왕국론"이라고 부르는 교리가 루터 신학의 연구에서 최근 수십 년간 가장 많이 토론되어 온 주제였다는 것은 의심의 여지가 없다. 이 과정에서 루터는 오랫동안 유죄 판결을 받은 상태에 놓여 있었다. 그는 세속 정부의 권력을 무비판적으로 받아들였고, 정부에 대한 절대적인 복종을 가르쳤기 때문에, 수 세기 동안 독일에서 권위주의적 정부가 존속한 것에 대한 책임이 그에게 돌아갔다. 루터는 또한 농민전쟁 중에 그가 취한 입장으로 인해 독일의 민주주의의 발전을 방해했다는 비난을 받는다. 이러한 비난은 특히 그가 로마서 13장을 일방적으로 해석했다는 판단에 근거를 두고 있다.

    루터를 향한 이러한 비판은 현대 문학에서도 적지 않게 발견된다. 상당 기간 인기를 끌었던 디터 포르테Dieter Forte의 희곡, 「마르틴 루터와 토마스 뮌처, 혹은 복식부기 서론 Martin Luther und Thomas Münzer oder die Einführung der Buchhaltung」[1971]이 그 전형적인 작품이다.

근본적으로 더 오래된 비판은 마르크스주의자들에 의한 것인데, 이 유형의 비판은 마르크스Karl Marx와 엥겔스Friedrich Engels 시대 이후 많은 변화를 거쳤으며, 오늘날에도 상당히 달라진 형태로 개진되고 있다. 근래에 교회적, 신학적 영역에서 루터의 입장은 주로 두 가지 관점에서 날카로운 공격을 받아 왔다. 한편으로 루터는 "창조 질서"를 영광스럽게 만드는 데 간접적으로 공헌했고, 이러한 면에서 최소한 제3제국에 대해 비판적 입장을 취하는 것을 어렵게 만들었다는 것이다. 결국 정치적 문제에 대해, 그리고 제3세계 국가들의 해방운동에 대해 많은 루터교회들이 "보수적" 입장을 취하게 된 것은 세속 권위에 대한 루터의 견해의 결과라고 판단되는 것이다.

두 왕국론이 상당한 영향을 미쳐 왔고, 지금까지도 영향력을 갖고 있다는 것은 부인할 수 없다. 20세기의 다양한 루터 해석의 관점들이 정당하든 그렇지 않든 간에, 학자들은 루터의 견해를 단지 상투어나 편견에만 의존하여 결정해서는 안 된다. 때때로 다른 분야에서 상당히 큰 공헌을 한 학자들 가운데도, 이 주제에 있어서는 루터의 견해를 용납하기 어려울 정도로 일반화하고 또 일괄적으로 단순화하는 경우를 볼 수 있다.

2. 교회 전통에서 두 왕국론의 역사

두 왕국론이라는 공식이 포함하고 있는 복잡한 측면들을 연구하고자 할 때, 우리는 먼저 이 주제가 이미 교회 전통 가운데서 오랜 역사를 가지고 있었다는 것을 인식할 필요가 있다. 세속적 영역과 영적 영역의 관계가 대립적인가, 혹은 협력적인가를 묻는 문제는 유대-기독교 전통의 독특한 요소인 것처럼 보인다. 다른 문화권에서 이 두 영역은 명백히 유대-기독교 전통과 같은 방식으로 대치되지 않았으며, 오히려 다양한 방식으로 서로 밀접하게 연결되어 있거나 완전하게 결합되어 통일성을 이루기도 하였다. 그러므로 고대의 이교적 시대에는 성경적 전통에 상응하는 이 두 영역 사이의 구분을 찾을 수가 없다. 이것은 특별히 황제 숭배 문화에서 분명하게 드러난다. 이교 로마인들은 비록 종교적 의식으로서 황제 숭배를 행했지만, 근본적으로는 그것을 오직 정치적인 충성의 행위로 여겼다. 그리스도인들도 기꺼이 충성스러운 시민으로 행동하기를 원했지만, 그러나 그 시민적 충성을 강요된 종교 형식으로 보이기를 원하지 않았다. 근본적으로 세속적 영역과 영적 영역의 이러한 구분은 국가교회 시대에도 전반적으로 존재했다. 그러나 기독교 이전 시대에 볼 수 있었던 두 영역의 통일이 때때로 다시 나타나기도 했다.

근본적으로 세속적 영역과 영적 영역, 혹은 제국과 교회의 관계 문제는 모든 시대의 신학이 항상 다루어 온 문제였다. 울리히 두흐로프[U. Duchrow 81]는 비록 철저하지는 못하지만, 그 전통의 역사에 대한 가장 상세한 연구를 하였다. 특별히 중요한 것은 아우구스티누스의 "두 도성"[duae civitates] 개념과 그 개념이 중세에 미친 다양한 영향이다. 11세기와 12세기에 발생한 성직 서임 논쟁[Investiturstreit]도 이 주제의 영역에 속하는 것이며, 더 나아가 14세기에 발생했던 바이에른의 루트비히와 교황청 사이의 논쟁도 마찬가지이다. 세속적 영역과 영적 영역의 구분과 그 관계에 대한 문제만큼 윤리학과 교회론에서 풍부하고도 다양한 역사를 가진 주제는 없다. 그러므로 소위 두 왕국론은 우선 기독교 전통 가운데서 가장 중요한 하나의 주제를 성경을

통해 해석하고, 각 시대의 현재적 질문에 새롭게 적용하려는 시도로
서 이해되어야 할 것이다.

3. "두 왕국론"이라는 용어

루터 자신은 "두 왕국론"이라는 용어를 결코 사용한 적이 없었다.
최근의 논의에서 비로소 등장한 이 개념은 1922년경 처음으로 사용
되었고, 곧 빠른 속도로 유행하였다. 이 개념은 상당히 포괄적이고
복잡한 내용을 표현하는 데 유용한 간단한 공식처럼 간주되었다. 그
러나 이렇게 간단한 공식으로 축약하는 것은 지나친 체계화의 위험
성을 안고 있다. 루터가 세속적 영역, 혹은 이 세상의 왕국을 국가나
정부로 제한하여 이해하지 않았다는 사실로부터 그 위험성은 쉽게
드러난다. 루터에게 세속적 영역은 자연, 가정, 과학, 예술 등을 모두
포함하는 것이다. 그러므로 세속적 권위와 영적 권위의 관계는 비록
중요한 부분이기는 하지만, 단지 한 부분만을 차지하는 것이다. 그
러나 사람들은 두 왕국이라는 개념에 대해서 단지 국가와 교회의 관
계만을 생각한다.

4. 세속적 영역의 "자율성"

오랫동안 루터의 견해는 그것이 세속적 영역에 "자율성"을 부여했
다는 방식으로 해석되어 왔다. 라인홀트 제베르크와 같은 학자도 그
렇게 해석하였다.[82] 제베르크는 루터의 견해가 "독일의 정신적, 정치
적인 발전에 있어서 대단히 중요한 역할을 하였다"고 강조하였다.

그 결과로서 "세속적 삶의 '자율성'과 국가적 문화 가치가 확립되었다"는 것이다.[83] 제베르크의 판단은, 칼뱅주의와 비교해 볼 때 루터주의의 토대에서는 좁은 의미의 "율법주의"가 훨씬 약하다는 점에서 틀리지 않다. 그러나 1945년 이후의 논의에서 밝혀 온 대로, "자율성"보다는 "독립성"이라는 말이 더 적절한 것이다. 1933년 이후 루터의 견해를 자율성의 의미에서 해석함으로써, 루터가 국가 권력의 행동을 무비판적으로 승인했다고 이해하는 결과를 낳은 것이다.

5. 두 왕국론에 대한 새로운 연구

학자들이 두 "왕국"뿐만 아니라 두 "정부/통치"라는 용어에 초점을 맞추기 시작했을 때, 루터의 견해를 평가하는 데 있어서 급진적인 변화가 나타나게 되었다. 그 첫 번째 노력을 기울인 학자가 에른스트 킨더E. Kinder이다.[84] 구스타프 퇴른팔G. Törnvall은[85] 훨씬 상세하고 중요한 연구를 하였다. 루터가 급진적으로 두 왕국 혹은 두 영역 사이를 구분하였다는 일반적인 주장에 반하여, 퇴른팔은 루터가 두 정부/통치에 대해서도 말했다는 것을 증명하였다. 하나님은 이중적인 방법으로, 곧 세속적인 방법과 영적인 방법으로 통치하신다. 한편으로 세속 정부의 검을 통하여, 그리고 다른 한편으로 교회가 선포하는 말씀을 통하여 통치하신다. 이 두 정부/통치가 설명되는 해석의 틀 가운데서는 자율성이 주장될 여지가 없다. 퇴른팔은 제3제국 시대 교회의 투쟁 기간 중 야기되었던 많은 문제들을 비판적으로 규명하는 데 대단히 가치 있는 공헌을 하였다. 그러나 그는 자신이 설정한 기본 주제를 지나치게 강조하였다. 사실 루터의 사고 안에는 두 왕국과 두 정부/통치, 이 두 가지 표상이 함께 존재한다. 이 표상들은 단순히 상호 교환하여 사용할 수 있는 것이 아니며, 모두 각기의 분명한 관점을 표현하고 있다.

요하네스 헥켈J. Heckel은 그의 여러 저술을 통해 매우 특별한 의미를 갖는 연구를 수행하였다.[86] 헥켈의 기본 명제는 루터의 두 왕국론이 하나님의 왕국과 마귀의 왕국 사이의 옛 대립과 관련되어 있다는 것이다. 그는 루터의 초점이 하나님의 이중적 통치가 아니라, 두 도성에 대한 아우구스티누스의 사상을 더 발전시키는 데 있다고 보았다. 헥켈의 이러한 주장은 이전의 논의에서 충분히 고려되지 못했던 관점을 부각시켜 준다. 그러나 그의 주장은 그가 인용한 근거 자료들이 주로 1520-1523년의 초기 루터의 저술 가운데서 택한 것이며, 후기 루터에게서 나타나는 상이한 강조점들이 충분히 고려되지 않았다는 점에서 약점을 가지고 있다.[87] 여기에서도 루터의 사상은 그 발전 과정을 염두에 두고 연구해야 한다는 원칙이 다시 강조되어야 한다.

파울 알트하우스는 많은 저술을 통해, 특별히 『루터 연감 LuJ』[1957]에 실린 그의 논문에서 루터의 두 왕국론 및 다른 관련 진술들을 해석할 때, 하나님의 이중적인 통치 방식을 그 중심에 두어야 한다는 점을 다시 강조하였다. 알트하우스는 루터의 진술을 단순히 하나님의 왕국과 마귀의 왕국을 서로 대립시키는 신약성경적 방식으로 해석하는 것은 적절하지 못하다고 지적했다. 루터의 견해는 상황에 따라 변화되었다는 사실을 고려해야만 하고, 또 이렇게 할 때에 신약성경에 나타나는 개념들의 실제 의도도 온전히 보존할 수 있다는 것이다. 그러나 대체로 인정하듯이 알트하우스는 루터의 두 왕국론을 옹호하였음에도 불구하고 루터의 견해를 자신의 틀에서 해석하여,

그는 사회에 대한 비판이나 사회를 형성하는 행동에 교회가 참여하는 것을 허락하지 않았다고 주장했다.[88]

프란츠 라우[F. Lau 89]와 하인리히 보른캄[90]은 두 왕국론에 대해서 대단히 균형 잡힌 연구를 수행하였다. 보른캄은 아우구스티누스와 루터 사이의 유사점과 차이점을 함께 연구하였다. "루터는 '두 왕국'을 말하는 데 있어서 교회와 국가, 말씀 선포와 법 제정의 두 영역만이 아니라, 동시에 그리스도인의 삶 가운데 존재하는 두 가지 관계에 대해서도 묘사하고 있다. 한편에는 그리스도인 자신의 존재, 동료 인간에 대한 그의 개인적 태도, 복음을 위한 그의 증언이 있다. 이 영역에서는 용서, 인내, 희생을 요구하는 무조건적인 계명이 지배한다. 다른 한편에는 일반적으로 사람들이 함께 어울려 사는 '공동의 삶', 즉 율법이 필연적으로 악에 대항해 확고하게 그 한계를 설정해야 하는 삶이 있다. 이 영역에서 그리스도인은 그 누구도 다른 이에게 희생되거나 불의로 고통당하지 않도록 도와야 한다."[91]

에벨링은 「두 왕국론의 필요성 Die Notwendigkeit der Lehre von den zwei Reichen」[92]이라는 논문에서 구원의 말씀을 실제로 복음과 일치하는 방식으로 선포하기 위해서는 두 왕국의 교리가 필요하다는 사실을 지적하였다. "복음은 율법과 관련을 맺고 일하는 것이며, 어떤 보충적인 요소로서 우연하게 율법과 다투는 것이 아니다. 그리스도의 왕국[regnum Christi]은 아무런 동기 없이 이 세상의 왕국[regnum mundi] 곁에 나타나는 것이 아니다. 그리스도의 왕국의 필연성은 그 왕국이 이 세상의 왕국의 불신앙과 관련을 맺고 일하기 때문이다."[93] 에벨링은 루터의 두 왕국론이 "하나님 앞에서"[coram Deo]와 "세상 앞에서"[coram mundo]의 구분과 밀접한 관계를 지니고 있다고 이해하였다. 이렇게 함으로써 에벨링은 루터의 두 왕국론과 칭의론이 서로 긴밀한 관계에 있다는 것을 강조할 수 있었다.

1970년 이래로 학자들은 루터 자신보다는 그의 두 왕국론이 역사에 미친 영향에 더 초점을 맞추는 새로운 연구에 집중하였으며, 이는 결과적으로 루터 연구에 상당히 중요한 결과를 가져왔다. 이 연구는 일련의 출판물을 통해 시작되었다. 여기서 울리히 두흐로프가 가장 두드러진 역할을 하였다. 그는 두 왕국론의 전승사에 대한 상당히 포괄적인 연구로서, 『기독교 세계와 세계에 대한 책임 *Christenheit und Weltverantwortung*』[1970]을 내놓은 뒤, 이어서 호프만[H. Hoffmann]과 공동으로 자료집[94]을 출간하였다. 그 후에 두흐로프가 다른 출판자들과 함께 편집한 자료집[95]이 더 출간되었다. 마지막으로 두흐로프가 낸 또다른 책[96]은 그 자신이 교회사적으로, 그리고 조직신학적으로 간략한 개요를 서술하고, 다른 저자들이 여러 나라에 있는 루터교회들의 입장에 두 왕국론이 미친 영향을 비판적으로 평가하는 방식으로 편집되었다. 비록 분명하게 드러나지는 않지만 이러한 연구들은 루터에 대한 비판적 입장을 암시하고 있다.

6. 두 왕국론의 의미와 비판의 문제점

물론 루터는 보호받아야 하는 기념물이 아니다. 그러나 루터에 대한 최근의 비판적인 평가들에는 문제점이 많다.

1) 두흐로프는 그의 위대한 작품,『기독교 세계와 세계에 대한 책임』에서 두 왕국론의 전승사와 아울러 초기 루터를 중점적으로 연구하였다. 그러나 1520년대 중반 이후 루터가 취한 입장과

19세기와 20세기의 신학에 대한 적절한 연구는 뒷전으로 밀려나 있고, 그 대신 두 왕국론을 거의 자신의 관념론에 상응시켜 해석하였다. 루터 자신은 결코 두 왕국이라는 용어를 사용하지 않았다. 그러나 현대인에게 이 말은 루터를 비난하기 위해 붙인 꼬리표처럼 받아들여진다. 여기에서 그러한 통념의 정당성 여부에 대해 더 상세하게 다룰 수는 없다. 19세기와 20세기에 루터교 신학자들과 교회들이 취한 입장을 어떻게 평가하든 간에, 그들의 입장을 단순히 루터의 두 왕국론으로 설명하는 것은 적절하지 않다. 방법론적 관점에서, 루터의 두 왕국론이 전통적으로 이해되어 온 역사와 루터주의가 실제로 취한 정치적 입장은 분명하게 구분할 필요가 있다. 루터주의의 정치적 입장은 오직 부분적으로만 루터의 사상에 의해 결정되었다. 훨씬 더 광범위하고 복잡한 발생 요소들을 내포하고 있는 하나의 사태를 단순히 두 왕국론이라는 간단한 공식으로 묘사하는 것은 허용될 수 없는 일이다.

2) 이 간단한 공식은 이 세상의 왕국에 대한 루터의 이해가 정부와 국가에 제한되는 것이 아니라, 모든 세속적인 기능들까지도 포함하고 있음을 충분히 나타내지 못한다. 루터가 국가에 자율성을 부여했다고 비판하고자 한다면, 세속적인 문제를 다루고 해결하는 데 있어서는 이성이 의심할 바 없이 최고의 권위라고 주장한 루터를 기억할 필요가 있다. 세속적 영역에서 국가가 중요한 부분을 차지하고 있을지라도, 그 제한된 부분만을 근거로 삼아 루터의 두 왕국론을 해석하려는 시도는 루터와 루터교회를 정당하게 취급하는 것이 아니다.

3) 이 공식은 또한 루터와 루터파 전통에 대하여, 그 실제로 취해진 행위의 다층적인 영역을 고려하지 못하는 한 적절한 표현이 될

수 없다. 당연히 16세기와 19세기 및 20세기 사이에는 중대한 차이가 있기 때문에, 이러한 간단한 공식을 통한 비판은 단지 루터 자신과 관련해서만 제기될 수 있는 것이다. 최근에는 루터가 실제로 표명한 입장에 대한 새로운 연구들이 많이 제시되었다.[97]

4) 이외에도 두흐로프가 편집한 자료집들의 본문 발췌는 주관적인 선택에 의한 것이며, 그러한 본문들이 루터의 입장을 대변한다고 볼 수 없다는 비판이 나온다.

7. 열린 질문과 앞으로의 과제

지금까지의 논의의 좁은 범위를 넘어서서 두 왕국론을 연구하기 위하여 방법론적 측면에서 특별히 다음과 같은 문제들에 주의를 기울여야 한다.

1) **전승사**[Traditionsgeschichte]: 루터 이전의 두 왕국론의 발전 과정에 대한 선행 연구를 연장하고 더 심화시킬 필요가 있다. 특히 중세기를 거치면서 발전된 두 왕국론을 다루는 데 있어서 그 구체적인 삶의 자리, 특히 정치적인 상황 및 교회 내 정치가 고려되어야 한다.

2) **루터 신학에서 두 왕국론과 다른 주제들의 관계**: 이와 관련하여 루터의 종말론에 대해 이전보다 더 많은 관심을 기울일 필요가 있다. 동시에 루터의 신론, 창조론, 또한 루터의 역사관과의 관계에 대해서도 더 깊은 연구가 요청된다.

3) **당대의 역사적 상황에서 발생한 문제들과의 관련성**: 이에 대해서 선행 연구보다 더 엄밀한 논의가 필요하다. 확실히 두 왕국 혹은 두 정부/통치에 대한 루터의 진술 가운데는 몇 가지 기본 구조가 있

VI. 루터 신학의 관점과 문제

다. 그러나 동시에 각각의 특정한 상황의 맥락에서 루터가 실제로 어떻게 말했는가를 이해하는 것도 대단히 중요하다. 1521-1522년에 일어난 비텐베르크 소요 중에 언급된 것인지, 혹은 1522-1523년 공작령 작센의 상황 속에서 언급된 것인지(제후들의 폭정에 대한 루터의 인식과 그의 저술, 『세속적 권위: 어디까지 복종해야 하는가』 참조), 혹은 농민전쟁이나 터키의 위협에 따른 여러 국면들 가운데서 언급된 것인지, 혹은 슈말칼덴 동맹이나 1530년 아우크스부르크 제국 의회 이후의 상황 속에서 언급된 것인지, 혹은 저항권에 관한 여러 민감한 문제들이 대두되었을 때 언급된 것인지 여하에 따라 해석이 상당히 달라질 수 있다. 개신파 영주들이 황제에게 저항할 권리, 혹은 심지어 그러할 의무까지 가지고 있는가에 대한 질문은 특별히 루터의 입장을 이해하는 데 적합한 주제가 될 수 있다. 여기에서 근본적으로 두 왕국론에 관한 모든 문제가 집약적인 형태로 서로 연결되어 있기 때문이다. 이 주제와 관련해 주권적인 저항권을 가진 입장에서 황제나 다른 권위에 맞서는 저항과, 하위 권력의 입장에서의 저항, 혹은 종속 집단의 입장에서의 저항 사이를 주의 깊게 구분하는 것이 필요하다. 루터는 교회의 관점에서 저항은 권리일 뿐만 아니라, 의무라고 주장했다는 사실에 주목하는 것이 중요하다. 교회 영역에서의 저항과 세속적 영역에서의 저항에 대한 루터의 입장이 서로 다른 것은 무엇에 근거한 것인가? 또한 저항에 대한 루터의 이해와 현대인의 이해를 비교 연구하는 것도 필요할 것이다.

4) 통치자의 의무와 권리에 대한 루터의 견해: 통치자에 대한 루터의 견해는 특별히 주목할 가치가 있다. 그의 견해는 지방 국가들의 권력이 점차 증대되고 있는 현실이 아직 적절하게 고려되지 않

은 상황에서 나온 것이 사실이다. 그럼에도 불구하고 루터가 통치자의 일차적 과제를 신민을 보호하고 평화를 유지하고 정의를 집행하는 측면에서, 곧 오직 생명 보존의 측면에서 정의했다는 것은 의미가 있다. 이 때문에 루터는 "혁명"은 오직 통치자가 정신이 온전하지 못할 때만 가능한 것이라고 생각했다. 그는 결코 드러나게 정부의 권위가 타락하고 악해질 수 있다는 가능성을 논하지 않았다.

5) **세속적 권위에 대한 루터의 구체적 경험:** 우리는 또한 루터에게서 세속적 권위로 간주되었던 특정인들에게 주의를 기울일 필요가 있다. 간단히 말해서, 세속적 권위에 대한 루터의 견해는 분명히 프리드리히 현공과 선제후령 작센 정부에 대한 그의 경험에 의해서 결정되었다. 여기에서 루터는 정부가 신민의 권익을 지키고 평화를 유지하는 목적을 위해 얼마나 신중하고 탁월하게 일할 수 있는지를 경험하였다. 루터의 경험이 이와 달랐다면, 두 왕국론에 대한 그의 입장도 달랐으리라고 우리는 확실하게 말할 수 있을 것이다. 반면에 토마스 뮌처와 같은 이들은 그 정반대의 경험 때문에 관련 문제들에 대하여 전혀 다른 입장을 택하게 되었다고 말할 수 있을 것이다.

6장. 루터의 역사관

1. 역사에 대한 신학적 고찰

루터의 역사 이해는 그의 사고의 양식과 방법을 가장 잘 이해할 수 있는 근거가 된다. 그의 모든 사상과 마찬가지로 그의 역사 해석도 수많은 신학적 주제들과 밀접하게 관련되어 있다. 몇 가지만 열거해 보면, 역사와 계시, 역사 속에서의 하나님의 행동, 역사 속에서의 고난과 십자가, 우리의 통제를 넘어선 사건들의 필연성 및 인간의 계획과 행동의 한계, 역사의 의미와 목적, 역사 속에서의 개인의 위치 등이다.

루터의 역사관은 철저히 그의 신학에 의해 결정되었다. 인간의 삶에서 이성의 바른 역할을 처음으로 주장한 것은 루터였지만, 그는 또한 조금도 주저 없이 하나님과 마귀가 모든 역사 속에서 활동하고 있다고 말할 수 있었다. 오늘날 우리는 하나님이나 마귀에 대해 이처럼 주장하는 것을 이상하게 여길 수 있다. 그러나 당시의 세계에서 그것은 전혀 이상한 일이 아니었다. 많은 다른 이들도 역시 역사 속에서의 하나님의 행동이나 마귀에 대해서 말하였다. 이는 성경에 나오는 개념이나 용어들에 의거한 것이었다.

2. "반대되는 것 아래에서" 일하시는 하나님

그러나 루터는 역사 속에서 활동하시는 하나님과 마귀에 대한 이해에 있어서 독특성을 가지고 있었다. 간단히 말하면, 그는 십자가의 의미를 해석할 때의 원칙을 여기에도 적용하고 있다. 하나님은 자신을 "감추심으로" 계시하신다. 하나님은 결코 인간이 파악하고 이용할 수 있는 대상으로서 오시지 않는다. 하나님의 행동은 앞서 예견될 수 없다. 이러한 면에서 하나님의 행동의 의미는 결코 명백하게 드러나지 않는다. 그러므로 감추어진 방식으로 자신을 드러내시는 하나님의 계시를 인식하기 위해서 우리는 믿음이 필요하다.

이러한 점에서 루터는 뮌처나 소위 열광주의자들과 철저하게 구분된다. 그들은 어떤 사건에 대해서 그것이 하나님의 일이라고 단정할 수 있다고 생각했다. 더 나아가 그들은 스스로 다가오는 하나님의 나라를 대표하는 자들로서, 하나님을 대신해 말할 수 있는 예언자적 권위를 가지고 있다고 생각했다. 이에 루터는 영적 시련과 믿음에 의해 파악되어야 하는 인간 상황이 그들에게서 인간 자신의 판단 방식으로 간과되고 있다고 생각했다. 그 때문에 루터는 농민전쟁의 결과를, 그리고 특별히 뮌처의 비극적인 종말을 하나님의 심판이라고 판단했다. 그러나 "열광주의적인" 주장이 관여된 다른 역사적 사건들을 해석할 때, 루터는 자신이 뮌처에 대해 내린 것과 동일한 판단을 표명하는 데 항상 훨씬 절제하는 모습을 보였다.

그럼에도 불구하고 루터가 역사적 사건들과 시대를 묘사하기 위해 사용한 범주들은 현대의 것과 전혀 다르다. 역사에 대한 이해에 있어서 루터는 배타적인 의미의 성경신학자였다. 그러나 동시에 그는 예리한 눈으로 사태를 관찰하였으며, 이러한 "자연적인" 숙고 가운데서도 그의 판단의 기준은 성경에 의해 형성되었다. 이는 예를 들어, 국가에 대한 이해, 혹은 정의, 통치자의 의무, "경이로운 사람들"Wundermänner에 대한 그의 이해에서 특별히 분명하게 나타난다. 루터는 역사적 사건들을 해석할 때 주로 구약성경의 역사 문학을 모델로 삼았다. 그는 성경의 시대와 자신이 사는 시대가 전혀 다른 상황이라는 사실은 별로 고려하지 않았다.

3. 하나님과 마귀가 다투는 전장으로서 역사

루터의 견해의 핵심은, 역사란 궁극적으로 하나님과 마귀가 다투는 전장이라는 것이었다. 이러한 사상은 역사 해석의 위대한 전통 가운데, 주로 아우구스티누스의 『하나님의 도성 De civitate Dei』에서 발견할 수 있는 것이다. 우리는 이러한 역사관을 고려할 때에만 교황에 대한 루터의 격렬한 비판과 그의 자기 이해를 바르게 이해할 수 있다. 교황의 교회와 개신파의 교회 사이의 투쟁 가운데서 하나님과 마귀가 싸움을 벌이고 있다. 종교개혁을 따르는 이들이 박해 속에서도 굳건히 서 있고, 신앙을 위해 순교할 때, 초대 교회의 순교자들과 마찬가지로 그들을 통해 그리스도는 새롭게 알려지셨다. 루터는 아우크스부르크 제국 의회에서 개신파가 그리스도에게 새로운 신앙고백을 바쳤다고 확신하였다. 교황을 지지하며 개신파를 적대하는 이들의 공격은 마귀의 공격으로 믿어졌다.

4. 루터의 역사관과 자기 이해

루터의 이러한 역사관은 또한 그의 자기 이해를 결정하였다.[98] 루터는 자기 자신이 하나님과 마귀의 싸움 중간에 서 있다고 생각하였다. 보름스 제국 의회에 출두한 것과 관련하여 루터는 자신에 대해 다음과 같은 잘 알려진 말을 하였다. "마귀는 내가 겁내거나 숨지 않았다는 것을 잘 알고 있다. 마귀는 내가 보름스에 들어설 때 나의 심장을 보았다. 내가 그때 지붕의 기와처럼 많은 마귀들이 나를 기다리고 있었다는 것을 알았더라면, 나는 그럼에도 불구하고 기뻐 뛰었을 것이다."[99] 하나님과 마귀는 둘 다 우리의 마음을 꿰뚫어 보고 있을 뿐만 아니라, 우리의 영혼 가운데서 일어나는 싸움에 실제로 간섭해 활동한다고 루터는 믿었다. 그는 궁극적으로는 하나님만이 홀로 행동하신다는 의식을 가지고 있었지만, 그렇다고 자신은 행동할 것이 없다고 생각하지 않았다. 오히려 그 반대로 근본적으로 하나님이 루터 자신에게만 의존해 일을 이루지 않으신다는 것을 알았기 때문에, 그는 자유롭게, 그리고 확신을 가지고 열정적으로 일할 수 있었던 것이다. 이와 관련된 일이 무엇이든 간에 루터는 그것을 하나님 자신의 일로 보았다.

루터의 자기 이해를 탐구하는 데 있어서 이러한 자의식은 사람들이 그를 가리켜 말했던, "개혁자" 혹은 "독일인의 예언자"라는 칭호보다 더 중요한 것이다. 루터는 교회와 역사 안에서 자신에게 주어진 역할에 대한 분명한 자의식을 가지고 있었다. 그러나 루터에게

VI. 루터 신학의 관점과 문제

이러한 자의식은 그가 어떤 특별한 이름을 가져야 한다는 것을 의미하지 않았다. 실제로 루터가 자신을 "개혁자"라고 일컬은 적이 있었는지 확인할 수 있는 충분한 근거는 없다. 이 점에서도 루터는 뮌처와 전혀 달랐다. 뮌처는 그의 마지막 서신들에 서명하며, "토마스 뮌처, 하나님의 종", 혹은 더 자주 "토마스 뮌처, 기드온의 칼을 가진 자"라는 표현을 썼다. 그러한 표현들에는 자신이 악한 이들을 박멸하는 투쟁을 하고 있다는 종말론적 주장이 담겨 있었다. 뮌처와 달리 루터는 그가 단지 하나님의 손안에 있는 하나의 도구에 불과하며, 다른 사람에 의해 쉽게 대체될 수 있는 존재라고 생각하였다. 그 반대로 뮌처는 하나님의 왕국의 도래를 위해 자신이 능동적으로 참여해야 한다고 생각했다. 루터는 무엇보다도 자신을 하나님의 말씀의 해석자로 보았다. 그 말씀은 루터 자신보다 앞서서, 자신과는 독립적으로 존재하는 것이고, 그가 없이도 동일하게 일할 것이다.

루터는 하나님의 전능과 홀로 일하심에 대한 일관된 확신을 유지하였으며, 모든 사건은 하나님에 의해 일어나는 것이라고 생각하였다. 그러나 하나님은 "반대되는 것 아래에서" 감추어진 방식으로 일하신다. 하나님이 그리스도 안에서 자신을 계시하시는 동시에 감추시는 것처럼, 역사 역시 하나님의 일을 명백하게 드러내지 않는다. 그러므로 "감추어짐"의 범주는 루터의 십자가의 신학에서와 마찬가지로 그의 역사관에 있어서 대단히 중요한 것이다. 하나님은 죽이심으로 살리신다. 심판하실 때 그분은 용서하신다. 이것은 단지 역으로 생각함으로써 하나님에게 이르게 된다는 것을 뜻하지 않는다. "부정의 길"은 없다. 계시와 은폐는 변증법적 통일성 안에서 남아 있다. 우리의 구원을 위해 하나님은 오직 예수 그리스도 안에서 우리를 만나신다.

하나님의 행동이 감추어져 있다는 주장은, 인간은 세상사 가운데서 하나님의 협력자로 존재한다는 루터의 사상과 관련되어 있다. 여기에서 우리는 인간이 제한적이지만 독립성을 가지고 있다고 말할 수 있다. 하나님의 행동과 인간의 행동은 서로 대립되는 것이 아니다. 서로 경쟁 관계에 있는 것도 아니다. 루터가 성만찬론에서 그리스도의 몸과 피가 빵과 포도주 "안에, 함께, 아래"in, mit, unter 실재한다고 이해하는 그 관계성이 여기에 적용될 수 있을 것이다.

역사를 하나님과 마귀가 다투는 전장으로, 그리고 하나님의 일을 감추어진 것으로 보는 루터의 견해는 광범위한 단위의 시대와 각시대 간의 차이점에 관심하는 것이 아니라, 오히려 상황에 따라 관계된 사람들과 그들이 처한 개별적 상황 및 그 안에서 취해진 행위에 초점을 맞추고 있다. 또한 루터는 그 나름대로 보편적 역사에 대한 관점을 가지고 있었다. 그러나 그의 관점은 옛 시대의 본래 묵시적인 관점에서 역사를 바라보는 견해에서 유래한 것이었다. 역사는 세계의 창조로 시작되어 마지막 심판으로 종결되는 하나의 드라마와 같은 것이다. 그러나 루터는 결코 그 역사의 드라마를 구성하는 서로 다른 시대들의 성격을 파악하려고 시도하지 않았다. 이 점에서 루터는 기껏해야 특정한 역사적 발전의 국면들에 대한 인식을 표명했을 뿐이다. 예를 들어, 로마와 논쟁하는 중에 그는 교황의 수위권과 성직자의 독신 의무가 상대적으로 늦은 시기에 결정된 것이라는 사실을 지적하였다. 그러나 그는 역사 그 자체를 이해하려는 노력을 기울이지는 않았다.

5. 부름의 성격을 지닌 역사

루터에게 보다 중요한 점은, 역사는 궁극적으로 인간 개개인을 신앙으로 부르는 성격^{Anredecharakter}을 가지고 있다는 것이다. 우리는 진정 하나님과 그분의 말씀을 듣기를 원하는가, 그렇지 않은가 하는 물음 앞에서 반복적인 시험을 겪는다. 역사의 어두운 시기를 견뎌 낼 수 있는 것은 그 어두움을 그리스도의 십자가의 빛에서 볼 수 있는 믿음뿐이다. 그러므로 각 사람은 역사적 상황 속에서 겪는 영적 시련을 하나님에 대한 확고한 신앙을 가지고 직면하도록 부름을 받은 것이다.

6. 문명 쇠퇴론을 주장하지 않은 루터

루터의 역사 이해의 단초는 결코 문명이 필연적으로 쇠퇴할 것이라는 이론으로 귀결되지 않는다. 이 점에서 루터는 그의 많은 동시대인들, 인문주의자들뿐만 아니라, 뮌처와 같은 종교개혁의 "좌익들"과도 전혀 달랐다. 루터가 문명 쇠퇴론을 발전시켰다면, 그것은 그에게 도움이 될 수 있었을 것이다. 그 이론을 이용했다면 루터는 로마와의 논쟁에서 추가적인 논증들을 발전시킬 수 있었을 것이지만, 그는 기껏해야 어떤 개별적인 쇠퇴 현상에 대해 암시했을 뿐이다. 전체적으로 루터는 그러한 견해를 표명하지 않았을 뿐만 아니라, 오히려 그것을 명시적으로 거부하였다. 루터가 문명 쇠퇴론을 거부한 것은 하나님이 역사 속에서 실제로 일하시는 유일한 분이라는 것을, 그리고 하나님의 말씀은 항상 실재하여 활동하고 있다는 것을 믿는 그의 확신 때문이었다. 하나님의 말씀은 최악의 시대 교황의 교회 안에도 존재하고 있었다. 루터는 가톨릭교회에서 하나님의 말씀이 들리지 않는다고 주장한 적이 없었다. 단지 인간적인 첨가물로 그 말씀을 왜곡하고 있다고 비난했던 것이다. 루터에 따르면 교황의 교회 안에서도 신앙이 가능하다.[100] 그는 교황의 권위를 거부했지만, 은총의 수단들이 로마교회 안에 현존하며 여전히 효력이 있다고 생각했다. 루터는 결코 교회 전통과의 결별을 선언하지 않았다. 하나님의 말씀은 교회 전통을 통해서도 현존한다고 그는 생각했다.

7. 루터 사상의 구체성

루터의 역사관이 잘 드러나는 그의 저술은 『마리아 찬가』[1521 101]와 『율법 폐기론 반박문 Wider die Antinomer』[1539 102]이다. 이 두 논문은 원래 역사 주제를 다루기 위한 것이 아니었다. 그러나 둘 다 역사와 관련된 적절한 자료를 많이 포함하고 있다. 특별히 『율법 폐기론 반박문』은 논쟁적인 성격과 함께 그 당시 역사적 상황에 대한 진술을 담고 있기 때문에 중요하다. 두 저술은 루터 사상의 구체성(마귀나 하나님의 개입, 루터의 자기 이미지 등)에 대한 생생한 인상을 준다. 특별히 교회 역사에 대한 루터의 언급은 주목할 만하다. "먼저 하나님의 말씀이 일어나, 한 무리의 사람들을 모았다. 그러자 마귀는 곧 그 빛을 발견하고 그것을 끄기 위해 모든 방향으로부터 바람을 일으키기 시작했다. 이러한 모습은 마지막 심판 때까지 계속될 것이다."[103] 역으로 루터는 교회에 대하여 이렇게 말했다. "우리는 교회를 보존할 수 있는 자들이 아니다. 우리의 조상들도 그렇게 할 수 없었다. 또한 우

VI. 루터 신학의 관점과 문제

리의 자손들도 이러한 능력을 가지지 못할 것이다. 오직 '내가 세상 끝날까지 너희와 항상 함께 있으리라'(마 28:20)고 말씀하신 그분만이 교회를 보존해 오셨고, 지금도 보존하고 계시며, 앞으로도 그분만이 교회를 보존하실 것이다."[104]

VII. 루터 해석의 역사

제7부에서 나의 의도는 각 주제를 상세히 논하는 것이 아니다. 간략한 개론서로서 의 공간적 제약을 가지고 있는 이 책에서 그러한 방식으로 주제들을 다룰 경우, 자 료가 압축되기 때문에 내용을 왜곡할 위험이 있다. 그러므로 나는 여기에서 루터 해 석의 역사를 폭넓게 소개하고 근본적인 물음에 주의를 기울임으로써, 독자들이 스 스로 루터를 연구할 수 있도록 도움을 주고자 한다.

1장. 과제, 관점, 문제

1. 루터에 대한 새로운 질문으로서 루터 해석의 역사

루터 해석의 역사 가운데는 물론 일방적이고 정당성이 의문시되는 해석들이 존재한다. 그러나 의심할 바 없이 각 시대마다 루터의 인격과 업적을 해석하는 각기 다른 관점을 가지고 있다. 그러므로 근본적으로 상이한 해석들은 서로를 배제하는 것이 아니라, 상호 보충적인 성격을 가질 수 있다. 무엇보다 루터는 신학자였고, 성경 해석자였다. 그러나 그는 동시에—비록 그의 자의식은 다른 방향을 가리켰지만—독일인을 위한 개혁자이자 예언자였다. 더욱이 그는 국가적으로 대단히 중요한 의미를 가진 인물이었다. 루터가 사회적 발전뿐만 아니라, 정치 및 정부 권력의 발전에도 중요한 영향을 미쳤음을 부인할 수 없다. 또한 큰 비중을 차지하는 루터의 영향은 가장 광범위한 의미로서의 문화와 지성의 역사에서 발견할 수 있다. 예를 들어, 그는 독일 언어와 어휘, 그리고 그 언어에 의해서 가능해진 사고와 사상의 형식, 또한 그 표현 방식 및 양식의 발전에 큰 영향을 미쳤다.

루터의 독일어 성경 번역을 통해 후대 사람들은 그가 소개한 새로운 방식으로 하나님 개념과 바울의 칭의론을 이해할 수 있었다.

그러나 오늘날 루터의 영향사는 독일의 국경과 언어권을 넘어서까지 확장되고 있음을 기억해야 할 것이다. 가장 중요한 지역은 루터의 종교개혁을 받아들인 곳, 특별히 스칸디나비아반도 국가들이다. 루터는 또한 남동부 유럽에도 폭넓은 영향을 미쳤다. 프랑스, 영국, 이탈리아, 스페인 등지에 미친 루터의 영향도 결코 덜 중요한 것이 아니다. 특별히 북미에서의 경우는 더욱 그러하다. 루터 해석에서 그 이미지가 얼마나 긍정적인가, 혹은 부정적인가 하는 것은 중요하지 않다. 여러 편견을 가지고 루터를 보기도 하고, 때로 영웅 숭배나 중상의 의도로 그를 평가하기도 하는데, 각 입장에 따라 루터 이미지는 다르게 결정된다. 하지만 이 모든 방식을 통해서 우리는 루터의 영향사와 만나게 되는 것이다. 그러므로 그 어떤 루터 이미지도 연구자에게 무시되어서는 안 된다. 가장 악의적인 비난이라 할지라도 루터의 어떤 면모나 업적의 문제성이 있는 부분을 드러내는 것일 수 있다. 누구도 자신만이 올바른 루터 이해를 가지고 있다고 성급하게 생각해서는 안 된다. 루터뿐만 아니라 모든 인간은 문제가 되는 측면과 타인이 알 수 없는 심층적 측면을 함께 가지고 있다. 이러한 측면을 루터를 옹호하는 입장에서 무조건 거부해서는 안 된다.

그러므로 이제 루터 이미지의 역사를 연구하는 일은, 루터에 관하여 학문적으로 규정된 문제들에 몰두하는 연구자들에게 자신의 해석이 정당한 것인지 그 반대편에서 재검토할 수 있는 관점을 제공한다. 몇 가지 예를 들면, 루터 신학을 연구할 때 우리는 루터의 실제 행동이 그의 신학과 비교해 어떠했는지를 충분히 고려할 필요가 있다. 정부의 일차적 과제는 신민의 영혼을 지배하는 것이 아니라, 외적인 질서와 평화를 유지하는 것이라는 루터의 견해는 가령 카를슈타트나 뮌처와 관련시켜서 보아야 한다. 이 점에서 카를슈타트와 뮌처가 루터를 어떻게 이해했는가 하는 문제도 그들에 대한 루터의 이해만큼 중요하다. 교황청에 대한 루터의 이해도 마찬가지이다. 루터를 정당하게 이해하기 위해서 루터 자신의 동기와 의도를 밝히는 것이 중요하지만, 그의 적대자들의 입장을 공정하게 평가하는 것 역시 똑같이 중요한 일이다. 동시에 우리는 루터나 그의 적대자들의 본래 의도와 그 실제 표현 방식의 문제성이 구별될 수 있음을 고려해야 할 것이다. 바로 이 점에서 오늘날 개신교 루터 연구자들은 최근 수십 년간 개방적인 자세로 루터를 평가해 온 많은 가톨릭 신학자들과 보조를 맞추기 위해 노력할 필요가 있다.

또한 우리는 당연히 여러 시대에 걸쳐 형성된 루터 이미지가 루터 자신에게 적합한 것인지 비판적으로 물어야 한다. 오늘날 루터를 보다 폭넓게 연구하는 전문가들은 역사적으로 표현되어 왔던 루터 이미지가 근본적으로 그릇된 것이라는 강한 인상을 가지고 있다. 루터 해석의 역사는 비록 각각의 해석이 "실제" 루터의 다양한 측면의 하나를 비추어 줄지라도 대체로 오해의 역사라는 것이 그들의 판단이다.

2. 개신교의 교부 루터

방법론적 관점에서 우리는 최근까지 거의 모든 신학적, 교회적인 운동과 다양한 정치적인 운동이 루터의 후계자를 자처했다는 사실을 회의적으로 보아야 한다. 예를 들면, 신학 영역에서 17세기 정통주의, 경건주의, 계몽주의, 다수의 낭만주의자들, 보수적인 19세기 신학, 자유주의 및 변증법적 신학, 그리고 "독일 그리스도인들"Deutsche Christen 등이 루터의 유산을 물려받은 후예임을 자처하였다. 다양한 정치적인 운동의 경우도 마찬가지이다. 20세기에 국가사회주의자들Nationalsozialisten과 공산주의자들도 —비록 후자는 주저했으며, 또 확실히 한계를 두었지만— 루터의 권위에 호소하였다. 누구나 이렇게 온갖 방법으로 스스로 루터의 제자라고 주장하는 것은 무엇보다도 루터가 그만큼 지대한 의미를 가지고 있다는 것을 나타낸다. 심지어 루터 자신과 전혀 다른 상반된 목적을 가진 운동들조차도 루터의 영향을 완전히 피할 수는 없었다. 혁명적인 운동까지도 결국 루터의 영향에서 벗어날 수 없었다는 사실은 루터가 지니는 의미가 얼마나 큰 것인지를 잘 보여준다. 그러나 루터에 대한 부당한 해석들과 오해들이 난무하는 가운데서도 "실제" 루터가 점차 그 참모습을 드러내는 일도 드물지 않았다. 어떤 경우에도 우리는 자신의 목적을 위해 루터를 독점하려는 시도와 "실제"의 루터를 알고자 하는 노력 사이를 구별해야 한다. 루터 해석의 역사 전체를 그릇된 것으로만 보는 것은 옳지 않다. 루터를 보다 폭넓게 이해하려는 이러한 노력들이 정당하게 평가되어야 할 것이다.

3. 루터 이미지에 대한 선행 연구

루터 해석의 역사에 대해 잘 설명해 주는 연구들이 많이 제시되어 있다. 호르스트 슈테판Horst Stephan과 에른스트 체에덴Ernst W. Zeeden 2은

이 분야에서 훌륭한 연구를 수행하였으며, 무엇보다 하인리히 보른 캄의 연구[3]가 중요하다. 그 외에 상당히 풍부한 개별적인 연구들이 있다. 발터 폰 뢰베니히Walther von Loewenich [4]는 계몽주의 이후 신학의 발전 역사에서 루터가 어떻게 이해되어 왔는지, 그리고 그 반대로 루터에 의해 신학의 발전 역사는 어떤 영향을 받아 왔는지에 대해 중요한 연구 성과를 거두었다. 그러나 다른 시기의 발전 국면들에 대해서는 이러한 방식의 연구가 아직 이루어지지 않았다. 대체적으로 루터 해석의 역사에 대한 보다 상세한 연구가 필요하며, 만족스러운 개관은 아직 마련되지 못했다고 말할 수 있을 것이다. 이 분야에서 다루어야 할 주제들이 여전히 많이 있다.

4. 루터 이미지의 초기 원형

루터 해석의 역사에 대한 다음의 개요는 단지 몇 가지 중요한 발전과 견해들에 관심을 두고 있다. 그러므로 각 시대마다 나타나는 중요한 차이점은 상세하게 다루지 못한다. 먼저 후대의 많은 루터 이미지의 원형들이 이미 종교개혁 초기에 나타났다는 점을 주목할 필요가 있다. 그러나 이를테면, 루터에 대한 여러 해석들이 반영된 거울에 비추어 초기 루터를 그려 내는 것과 같은 전체적인 개관을 우리는 가지고 있지 못하다. 그러한 개관이 있다면 그것은 아마도 대단히 다양한 입장들이 공존하고 있음을 보여줄 것이다. 열광적인 추종자들 사이에도 루터 이미지를 그리는 데 있어서 대단히 상이한 입장들이 있었고, 또한 루터를 향한 매우 다양한 종류의 기대들이 존재했다. 옛 신앙을 수호하며 루터를 격렬하게 반대한 적대자들 편에서도 세부적으로는 서로 차이점들이 있었고, 인문주의자들의 경우도 조심스럽게 루터를 칭송하는 입장이 있는가 하면, 루터에게 실망하고 그를 거부한 이들도 있었다. 또한 다른 상황으로 인해 점차적으로 루터에 대해 비판적 입장을 가지게 된 사람들도 있었다. 그들은 일시 루터 편에 서 있었으나, 특별히 비텐베르크 소요 이후 선제후령 작센 정부와 협력하는 루터와 같은 길을 가려고 하지 않았거나, 혹은 함께 갈 수 없는 입장에 있었다.

얼마 후 요한 아그리콜라와 관련된 논쟁이 발생했을 때, 처음으로 초기 루터와 후기 루터 사이를 구별하는 일이 생긴다. 아그리콜라는 초기 루터를 지지하며 후기 루터를 반대하는 입장이었다.[5] 이러한 구분은 루터 이미지를 그리는 데 있어서 한 계기를 마련하였는데, 이는 비록 다양한 방식으로 표현되기는 하지만 오늘날까지도 의미 있게 적용되고 있다. 초기 루터와 후기 루터의 구분은 루터의 신학이 점점 더 분명하게 열광주의자들을 반대하는 방향으로 나아가게 되는 것을 설명할 때 사용된다. 그것은 또한 거의 혁명에 가까웠던 종교개혁 운동이 점차 정부와 협력하는 방향으로 변화하는 현상을 설명할 때, 혹은 전체적으로 역동적이었던 초기와 화석화되고 경직화된 후기를 대조하여 설명할 때 사용되기도 한다.

개신파 국가교회의 발전과 신앙고백적인 결속, 그리고 이와 더불어 로마 가톨릭의 반(反)종교개혁 전선이 형성됨으로써 루터 이미지는 양극화 현상을 빚게 되었고, 이 양극화는 그 이후 미래의 루터 이미지를 그리는 데 결정적인 요소로 남게 되었다. 로마 가톨릭 측에서는 루터가 이단의 우두머리이자 반역자라는 인식이 널리 퍼졌다. 그리고 개신파 측에서 볼 때, 1520년 이래로 줄곧 루터에게 쏟아졌던 비판의 목소리는 이제 잠잠해지고, 그 대신 루터는 교회의 교사가 되었다. 이러한 양극화된 루터 이미지가 극복되기까지는 오랜 시간이 걸렸다.

2장. 17세기 정통주의의 루터 이미지

1. 오류가 없는 교사 루터

루터는 개신파 교회의 교사로서 흔하지 않은 권위를 누렸다. 이 권위는 1550년대와 1560년대에 개신파 내부로부터 일어난 논쟁 과정에서, 그리고 1577년 "일치신조"^{Konkordienformel}가 채택되었을 때 더욱 강화되었다. 일치신조는 가령 성만찬론과 그리스도론에 대한 논의에서, 보다 후기에 형성된 루터의 신앙고백들에 의거해—그 반대 방향이 아니라—결정을 내렸다. 그때 루터에게서 단지 특정한 견해들만 채택되었고, 후에 정통주의는 이러한 방향으로 발전하게 되었다. 정통주의의 루터 이미지는 이와 같은 방식으로 형성되었다. 루터는 본질적으로 유일한 교회의 교사로 간주되었다. 이는 이 시대의 루터에 관한 대부분의 문헌들이 주로 신학자들에 의해 생산되었다는 사실과 잘 부합하는 것이다. 인간 루터에 대한 관심은 거의 없었다. 신학 영역에서 루터는 오류가 없는 교회의 교사로서의 권위, 교황에 대해서도 인정하려고 하지 않는 그런 권위를 가진 인물이었다.

루터파에게는 루터가 교회의 개혁을 위해 하나님으로부터 소명을 받은 사람이었다는 것은 논쟁의 여지가 없는 사실이었다. 그 소명이 직접적인 것이었는가, 혹은 간접적인 것이었는가 하는 문제만이 일치되지 않는 논쟁거리였다. 그 소명이 직접적인 것이었다면 루터의 권위는 그 어떤 것도 능가할 수 없는 최상의 권위가 되는 것이고, 간접적인 것이었다면, 즉 어떤 매개를 통해 주어진 것이라면 루터는 성령으로부터 직접적인 계시를 받는다고 주장하는 "열광주의자들"을 거부하는 가장 좋은 예가 되는 것이었다.

정통주의의 이러한 입장은 거의 전적으로 루터의 교리에만 치중하고, 이 개혁자의 인격에는 거의 관심을 보이지 않게 되는 결과를 낳았다. 그들은 루터의 사명에 대한 예언의 말씀을 요한계시록 14장 6절에서 찾았다. "또 보니 다른 천사가 공중에 날아가는데 땅에 거주하는 자들 곧 모든 민족과 종족과 방언과 백성에게 전할 영원한 복음을 가졌더라." 여기에는 또한 "종말론적" 요소도 나타나 있다. 즉, 종교개혁은 종말론적 사건이었다는 것이다. 루터가 그러한 성경 구절에 적용됨으로써, 루터는 근본적으로 성경의 저자들과 어깨를 나란히 하는 위치에 오르게 되었다. 루터의 권위의 합법성은 상세한 성경 주석을 통해 입증할 수 있는 것이었다. 이러한 입장은 루터에 대한 비판적 연구의 가능성을 완전히 배제하였다.

물론 루터에 대한 이러한 최고의 평가 가운데서도 그 이미지의 상세한 부분을 묘사하는 데 있어서는 입장 차이가 있었다. 이러한 차이는 주로 다양한 정통주의 신학의 체계들이 서로 다른 구조를 가지고 있기 때문에 발생한 것이었다. 정통주의 신학자들은 제각기 루터의 권위를 온전히 자신을 위한 것으로 내세웠지만, 그 관점이나 서술 방법이 여러 가지 면에서 서로 달랐기 때문에 그들은 결국 각기의 방법론을 발전시켰고, 이는 곧 루터를 해석하는 데 있어서 상이한 입장들을 낳게 되었다. 16세기 말 이후로, 루터의 종교개혁이 "제2의 종교개혁"으로 완성되어야 하는 미완의 개혁인가라는 물음을 제기하는 것은 더 이상 의미가 없었다. 제2의 종교개혁이라는 문제와 관련하여 여전히 많은 논쟁이 일어났지만, 1580년 "공식적"으로 루터파 신앙고백서인 "일치서"^{Konkordienwerk}가 채택됨으로써 그 논쟁은 일단 결말이 났다.

2. 종교개혁 기념일의 도입

정통주의 시대의 또 하나의 특징은 종교개혁 기념일^{Reformationsjubiläum}을 경축하는 관습을 도입한 것이다. 물론 초기에도 특별히 종교개혁을 기념하는 관습이 있었다. 예를 들어, 1528년의 브라운슈바이크 교회 조례가 그 원형인 북부 독일의 교회 조례는 종교개혁이 도입된 날이나 새로운 교회 조례가 채택된 날을 매년 기념하도록 규정하였다. 16세기 후반의 교회 조례들도 그러한 규정을 받아들였다. 그 외에도 곳곳에서 루터의 생애 중 특별한 시점을 기념하는 관습이 발전되었다. 예를 들어, 1569년 이래로 포메른^{Pommern}에서는 루터가 세례를 받은 11월 11일을 "마르틴의 날"^{Martinstag}로 제정하였고, 루터가 임종을 맞이한 아이스레벤에서는 그의 사망일인 2월 18일을 기념하였다. 어떤 곳에서는 성만찬 의식에서 일반 신자들에게 포도주 분배를 시작한 것을 기리기 위해 특별한 기념일을 제정하였다. 그러나 이는 모두 개별적으로 제정된 경축일들이었다. 아직 모든 지역에서 공동으로 지키는 종교개혁 기념일은 없었다.

17세기 초에 들어와서 상황이 변했다. 루터의 95개 논제 발표 100주년을 맞아 모든 교회는 종교개혁 기념일을 지킬 것을 지시받게 되었다. 의미가 있는 점은 그 일이 개혁파Reformierte에 의해 주도되었다는 것이다. 1617년 초반, 특별히 하이델베르크의 궁정 선임 설교자였던 아브라함 스쿨테투스Abraham Scultetus를 포함한 명망 있는 개혁파 신학자들이 루터의 교회 정화 100주년을 기념하였다. 팔츠의 선제후Kurpfalz 프리드리히 5세가 여기에서 자극을 받았다. 개신파 동맹을 이끄는 책임을 맡았던 그는 자신의 지도력을 문서로 남기고 싶어 했던 것 같다. 어찌 되었든 그는 1617년 4월 하일브론Heilbronn에서 열린 개신파 동맹 회담에서 루터파와 개혁파 영주들에게 100주년 기념일이 머지않다는 것을 상기시켰다. 루터파와 개혁파가 연합하여 경축 행사를 가진다면, 이는 개혁파도 아우크스부르크 신앙고백서에 서명했다는 사실을 다시 강조하는 것이고, 또한 1555년 아우크스부르크 종교 평화 협약에서 합의된 관용 정책을 재확인하는 것이었다. 그 외에도 연합 행사를 통해 개신파는 로마 가톨릭에 대항하여 굳게 공동 전선을 구축했다는 인상을 줄 수 있다. 1617년 4월 23일, 하일브론 회담의 "공동결의문"Nebenabschied은 개신파 동맹에 속한 모든 회원 교회가 같은 해 11월 2일 주일을 기념일로 지킬 것을 결정하였다. 그들은 그 기념일 예배에서 하나님이 루터와 "다른 신실한 사람들"을 통해 종교개혁을 일으키셨다는 것을 기억하며, 개신파의 신앙고백을 계속해서 보호하시고 은총을 베풀어 주시기를 하나님께 기도하였다. 개신파 동맹에 참여하지 않은 몇 교회들도 그 기념일을 지켰다.

선제후령 작센도 독자적으로 이러한 행사를 준비하였다. 하일브론 회담의 공동결의문 통과와 거의 같은 시기, 곧 1617년 4월 22일에 비텐베르크 대학교의 신학부 교수들은 선제후 요한 게오르크 2세Johann Georg II에게 비텐베르크에서 기념일 경축 행사를 개최할 것을 요청하였다. 이에 응하여 선제후는 비텐베르크뿐만 아니라 선제후령 전역에서 10월 31일부터 11월 2일까지를 기념일로 지키도록 명령하였다. 또한 많은 인접 지방들이 이 경축 행사에 동참했다. 다른 몇몇 지방은 다른 날짜를 선택하기도 했다. 브라운슈바이크볼펜뷔텔은 1617년 11월 9일을, 헤센은 1618년 1월 4일을 선택하였다. 선제후령 브란덴부르크와 다른 몇몇 지방은 아무런 행사도 갖지 않았다.

이러한 경축 행사들의 설교 어조는 그 당시 일반적이었던 루터 이미지에 전적으로 상응하는 것이었다. 루터 기념일은 어떤 의미에서 루터를 시성(諡聖)하는 행사가 되었다.

3. 새로운 루터 이미지의 발단

루터의 정통주의적 이미지는 그 시대가 끝날 무렵, 즉 경건주의가 이미 독일 개신파 지역에 광범위한 영향을 미치기 시작했을 때 변하기 시작하였다. 이 변화는 학식 있는 법학자이자 정치학자였던 파이트 루트비히 폰 제켄도르프Veit Ludwig von Seckendorf, 1626-1692가 저술한 『루터교 혹은 종교개혁에 관한 역사적, 변증적 주석 *Commentarius historicus et apologeticus de Lutheranismo seu de Reformatione*』[1688-1692, 1. Aufl.]을 통해 시작되었다. 흥미로운 점은 제켄도르프가 정통주의의 관습에 따라 후기 루터의 가르침을 종교개혁의 가장 중요한 요소로 설정하지 않고, 종교개혁의 첫 7년간을 "진정한 루터의 역사"*propria historia Lutheri*로 제시했다는 것이다. 이에 따라 인간 루터와 종교개혁 운동의 시초가 새롭게 주요 관심사가 되었다. 이렇게 강조점을 옮김으로써 제켄도르프는 루터가 평범한 한 사람이었다는 사실을 강조할 수 있었다. 그의 루터 비판은 온건했지만, 그는 루터를 비판하는 데 망설이지 않았다. 그러나 그는 종교개혁 신학의 핵심으로부터 벗어나기를 원하지 않았다. 제켄도르프는 또한 공동의 신앙고백을 강조했다는 점에서 대부분의 루터교 정통주의 신학자들과 구별된다. 그는 그의 책을 기독교의 통일성의 회복을 위한 기도로 마감하였다.[6]

3장. 경건주의의 루터 이미지

1. 루터 이미지의 변화

루터 해석의 역사에서 경건주의는 여러 가지 면에서 중요하다. 먼저, 경건주의는 정통주의 신학자들에게 보편적이었던 루터의 엄격한 이미지를 바꾸어 놓았다. 가장 중요한 교회의 교사로서 루터의 지위를 의문시하지 않으면서, 경건주의는 루터의 영성을 더 강조하였다. 경건주의는 루터가 말한 모든 것을 더 이상 분별없이 무비판적으로 받아들이지 않았고, 그 대신 루터의 진술들 간에 차별을 두었다. 바로 이것이 이전에 루터를 수용하는 데 없었던 새로운 독립성을 나타내는 부분이다. 정통주의의 루터 이미지들 간에도 서로 차이점이 있었지만, 그래도 전형적인 것이 있었다. 그러나 경건주의는 달랐다. 물론 슈페너, 프랑케, 친첸도르프, 그리고 특히 아르놀트와 같은 급진적 경건주의자들도 로마 가톨릭에 대항하는 루터에 대해서는 모두 일치된 의견을 보였다. 그러나 그들은 열광주의를 반대하는 루터의 입장에 대한 평가에 있어서는 서로 상당히 달랐다. 그 이후 개신교 내부에서조차 어떤 면에서도 공통적인 루터 이미지는 존재하지 않게 되었다. 그 반대로 루터 이미지와 루터 해석의 다양성은 증가하게 되었고, 이러한 경향은 1700년경 이후로 급속히 강화되어 왔다.

2. 슈페너

슈페너Philipp Jakob Spener는 독일 경건주의의 첫 번째 대표자로서 중요하게 여겨진다. 그는 그 당시 지배적이었던 정통주의와 근본적으로 거리를 두지 않았고, 그 때문에 루터에 대해서도 같은 입장을 취했다. 그의 경건주의적 프로그램에 대한 논쟁이 발생했을 때에도 슈페너는 항상 서로 다른 양방향 사이를 중재하려고 노력했다. 따라서 슈페너의 루터 이미지는 정통주의적인 이미지와 전적으로 상반되는 것이 아니었다. 그러나 그 강조점에 있어서는 명백한 차이가 있었다. 슈페너는 『경건한 열망들 *Pia Desideria*』1675을 비롯한 자신의 출판물에서 거듭남과 경건에 대한 자신의 입장을 뒷받침하기 위해 반복적으로 루터를 언급했지만, 그는 늘 같은 인용문들을 사용하였다. 그는 주로 루터의 신약성경 서문과 『독일어 미사 및 예배 의식서』1526에 나오는 진술을 인용하였다. 이 선택이 일방적인 것임은 루터의 저작에서 볼 수 있는 매우 다양한 사상들이 슈페너의 인용 가운데서 발견되지 않는다는 사실을 통해 명백하게 드러난다. 슈페너가 정통주의적 이해와의 차이를 드러내는 것은, 제켄도르프와 마찬가지로 그도 루터의 인격의 많은 측면을 비판했다는 점이다. 슈페너는 루터가 그 자신이 극복했어야 할 "인간적"이고 "자연적"인 약점들을 많이 가지고 있었다고 주장했다. 슈페너가 사용한 믿음, 칭의 등의 개념들은 내용 면에서 새로운 것이 아니었지만, 정통주의와는 다른 느낌을 주었다. 그는 항상 인간의 곤경, 체험, 소생, 성화, 혹은 부활과 같은 개념들을 중요하게 다루었다. 결과적으로 그는 더 이상 순수한 교리를 강조하지 않고, 기도, 하나님과 이웃 사랑, 그리고 제자도 안에서의 신앙의 실천을 강조하게 되었다. 이 점에서 슈페너와 다른 많은 경건주의자들은 루터의 종교개혁이 아직 완성된 것이 아니라는 생각을 공유했다. 이로써 슈페너는 조심스럽게 원래 종교개혁의 "좌익"으로 일컬어지던 이들의 주장, 즉 루터의 종교개혁은 미완인 상태라는 주장을 취하였다.

3. 친첸도르프

경건주의의 다른 대표자들은 근본적으로 슈페너와 비슷했지만, 서로 다른 방식으로 루터의 인격과 업적의 특정한 측면을 강조하였다. 특별히 흥미로운 인물은 친첸도르프Nikolaus Ludwig von Zinzendorf이다. 한편으로 친첸도르프는 종교개혁의 칭의론의 근본적인 성격에 대해서, 그리고 칭의론과 그리스도론의 관계에 대해서 슈페너보다 훨씬 더 깊은 이해를 가지고 있었다. 그러나 다른 한편으로 그는 감정 영역의 개념과 표상을 사용하여 기독교 전체를 해석하였다. 그는 이 과정에서 종종 적절한 한계를 훨씬 넘어갔다. 그러므로 친첸도르프는 슈페너의 경건주의와 비교해 볼 때, 종교개혁적인 기독교 전체를 훨씬 더 잘 이해했지만, 동시에 그것을 크게 변질시켰다. 여기에 나타나는 일종의 양면성은 친첸도르프의 신학적 사고방식 가운데서 관찰되는 변증법적인 근본 입장에 상응하는 것이다.[7] 친첸도르프는 그의 변증법을 당대 최고의 변증가인 피에르 벨[Pierre Bayle]에게 배웠다. 이를 토대로 그는 새로운 독자적인 방법으로 루터를 수용하고 표현했던 것이다.

4. 아르놀트

친첸도르프의 루터 수용 방식은 고트프리트 아르놀트[Gottfried Arnold]에게서 더욱 강화된 방식으로 나타난다. 그의 위대한 작품, 『중립적인 교회와 이단의 역사 *Unparteiischen Kirchen - und Ketzerhistorie*』[1699/1700]는 처음으로 이단에 대해 관심을 집중하였다. 아르놀트는 올바른 입장은 논쟁에서 승리한 정통파가 아니라, 오히려 교회에 의해 정죄받은 이단들에 의해 대변된다고 결론지었다. 그는 공적인 교회는 세속 권력과 동맹을 맺고 신앙의 본질을 배반했다고 주장했다. 참된 신앙을 정당한 방식으로 보존해 온 것은 오히려 이단들이었다. 아르놀트에게 신앙의 본질은 성령과 성령의 열매 안에 존재하는 것으로서, 문자, 곧 외적 형태 가운데서 발견될 수 없는 것이었다.

이러한 접근은 루터 이미지의 발전에 있어서 상당히 중요한 의미를 갖는다. 아르놀트는 초기 루터와 후기 루터 사이를 이전보다 더욱 날카롭게 구분하였다. 그러므로 그는 교회 정화를 위한 루터와 종교개혁의 의미를 진지하게 평가했지만, 루터에 대한 그의 비판은 훨씬 예리했다. 아르놀트는 루터에게 인간적인 면이 너무 많았다고 개탄하였을 뿐 아니라, 루터가 교리 영역에서 무오류의 권위를 가지고 있다는 주장을 거부하였다. 그는 특별히 종교개혁이 세속 정부와의 협력 관계 속에서 기독교를 피상화하고 회중을 무력하게 만들었다고 비판하였다. 그 결과 교회는 국가에 의해 훼손되었다. 이러한 관점에서 아르놀트는, 루터가 로마에 맞서서 인간적 교리와 공적이 기독교의 본질을 왜곡했다고 규탄하였지만, 이제 그 폐단을 루터파 국가교회에 적용시켰다고 날카롭게 비난하였다.

그러나 아르놀트는 루터 개인은 그러한 비난에서 제외시켰다. 그는 루터의 의도와 실제로 발생한 결과를 구분하였다. 더 나아가 아르놀트 자신의 기독교 이해는 무엇보다도 루터 신학에 근거한 것이었다. 루터도 역시 문자 신앙에 대해 경고하였고, 성령의 살아 있는 증언을 강조하였다. 마지막으로, 아르놀트는 루터에 의거해 교리 규범주의Lehrgesetzlichkeit를 반대하였다. "신앙고백 문서들은 일종의 '종이 교황'이 아니라, 루터의 용어를 빌리면, '우리 신앙의 증언과 고백'이 되어야 한다. 신앙고백 문서들은 신앙의 지침으로 이해되어야 한다." 그러나 루터에게 이렇게 기독교를 내면화하는 것은 서로 긴밀한 관계를 맺고 있는 요소들을 분리시키는 일이다. 루터는 특히 열광주의자들과 논쟁하는 가운데 그 두 요소, 곧 영과 문자의 통일성을 강조하였다.

아주 다른, 상반되기까지 하는 정통주의와 아르놀트의 루터 수용 방식은 루터의 영향사를 설명할 때 반드시 언급해야 하는 엄청난 간격을 처음으로 드러내는 것이었다. 서로 격렬하게 상대편을 반대했던 모든 사상가와 운동들은 동일하게 루터에게 호소할 수 있었다. 이러한 다양한 접근 방식은 그 당시 서로 조화될 수 없는 것이었다. 그러나 현대의 루터 학자들은 양편 모두 실제의 루터 사상을 내포하고 있다고 확신한다. 역사적 발전 과정에서 나타난 이러한 분열의 극복은 단순히 원래의 통일성으로 되돌아가는 것으로써 성취될 수 있는 것이 아니다. 그러므로 통일성을 위한 새로운 토대를 마련하는 일이 중요하다. 그러나 18세기에는 그러한 노력이 시도되지 않았다. 아르놀트의 경우, 우리가 말할 수 있는 것은 그가 루터와 카를슈타트 혹은 슈벵크펠트Kaspar Schwenckfeld와 같은 이들 간의 논쟁에서 해결되지 않은 채 남아 있는 많은 문제들을 새롭게 논의에 부쳤다는 점이다. 따라서 아르놀트의 루터 해석은 루터 자신에 대한 물음을 다시 제기하였다는 데 중요한 의미가 있다.

4장. 계몽주의의 루터 이미지

계몽주의는 그 당시 어디에서나 일반적으로 받아들여지고 있었던 루터에 대한 큰 존경심을 공유하고 있었다. 그러나 루터의 인격과 업적의 새로운 측면들이 재발견되고 관심의 초점이 되면서 그 외의 다른 것은 뒤편으로 물러나게 되었다.

루터의 인격에 관한 한, 계몽주의는 다른 하나의 견해를 제시하였다. 초기 루터와 후기 루터를 일괄적으로 대립시켰던 입장은 더욱 신중한 평가를 받게 되었다. 그 결과 루터의 적대자들도 보다 공정한 방식으로 취급될 수 있었다. 물론 이 점에서의 진척은 대단히 큰 것이지만, 전반적으로 계몽주의의 대표자들은 초기 루터이든 후기 루터이든 그의 신학에 대한 정당한 이해를 가지고 있지 못했다.

1. 이성과 양심의 자유를 위한 투쟁의 지도자 루터

계몽주의자들 사이에서 로마교회에 대한 루터의 투쟁의 몇몇 국면들이 새로운 방법으로 관심의 초점이 되었다. 루터는 이성과 양심의 자유를 위해 교황에게 굴복하기를 거부하였다. 루터는 우리를 중세기 암흑시대의 미신으로부터 해방시킨 사람이다. 이 해방을 하나님의 섭리로 이해할 때 루터가 가져온 해방은 새로운 종교적 의미를 갖는 것이다. 이전에 정통주의적인 해석에 의해 부여된 종교개혁의 역사신학적인 의미는 이제 새로운 해석으로 대치되었는데, 여기에서 계몽주의의 "진보에 대한 믿음"Fortschrittsglaube이 특징적인 것이 되었다. 그러므로 종교개혁은 아직 계속되어야 하는가, 아니면 완성된 것인가라는 옛 질문은 새로운 형태를 갖게 되었다. 극복되어야 할 대상은 더 이상 교황의 교회의 잔재가 아니다. 이제 이성에 부합하지 않는 모든 것이 극복되어야 한다. 이 기준에 따라 사람들은 자신의 시대를 위해 루터와 종교개혁으로부터 차용할 수 있다고 여겨지는 것을 선택하였다.

2. 제믈러와 역사비평적 방법의 시작

종교개혁에 대한 계몽주의적 이해는 종종 매우 광범위하게 표현되었다. 일부 사상가들은 이러한 계몽주의의 계기를 역사비평적 방법을 발전시키는 데 이용하였고, 그렇게 함으로써 루터와 종교개혁에 대한 학문적 연구의 기초를 다졌다. 이 점에서 계몽주의의 영향을 받은 많은 신학자들 가운데 가장 두드러진 사람은 요한 잘로모 제믈러Johann Salomo Semler이다. 제믈러는 일반적으로 역사비평적 성경 연구 방법의 창시자로 간주된다. 이 맥락에서 그는 또한 루터 및 종교개혁의 이미지와 관련해 상당히 중요한 의미를 갖는다. 역사비평적 성경 연구의 길을 준비하면서 제믈러는 루터와 신앙고백 문서들의 무오류성을 인정하지 않았다. 그러한 주장은 더 이상 가능하지 않다고 제믈러는 결론지었다. 루터가 처했던 상황은 그에게 일회적인 특정한 상황이었고, 그것은 동일한 형태로 다시 반복될 수 없는 것이다. 제믈러는 초기 기독교에 대해서도 이와 비슷한 비판을 가했다. 즉, 초기 기독교를 후대를 위한 직접적인 규범으로 삼아서는 안 된다. 중요한 점은 과거와 현재의 독특성을 파악하고, 그 후에 성경을 어떻게 우리의 상황 속에서 의미 있는 것으로 만들 수 있는가를 신중하고 책임적인 방식으로 묻는 것이다. 제믈러는 그 당시 신학과 교회 내에서 제기된 중요한 질문들과 관련하여 성경의 중심 사상을 새롭게 재해석하기까지 했다. 그의 방법은 성경의 주석과 적용의 두 측면 모두에서 상당한 진보를 이루었다. 이 과정에서 제믈러는 교회 내의 여러 다른 운동들도 모두 어떤 제한된 정당성만을 갖고 있다는 것을 인식했다. 그는 또한 보다 급진적인 계몽주의자들과는 반대로 조심스럽게 자신의 독립적인 입장을 유지하였다. 그의 이러한 입장은 다른 많은 문제들, 가령 국가와 교회의 관계, 혹은 양심의 자유에 관한 문제를 다룰 때 잘 드러난다. 일방적이고 급진적인 해결책을 피하고자 했던 제믈러는 종교개혁의 중요한 문제들을 독자적인 방식과 학문적인 방법으로 해명한 첫 번째 학자였다. 제믈러는 새로운 루터 이미지를 발전시키는 데 상당히 중요한 공헌을 하였다.

3. 레싱

레싱Gotthold Ephraim Lessing에게서도 역시 루터에 대한 새로운 견해를 발견할 수 있는데, 그는 또 다른 접근 방법을 발전시켰다. 레싱은 루터를 한 인간으로서, 그리고 종교개혁자로서 높이 평가하였다. 그러나 그는 이전보다 더욱더 분명하게 루터가 많은 약점을 가지고 있었고, 또한 그가 살았던 시대에 의해 제약을 받았다고 보았다. 그러나 모든 결정적인 점에서 레싱의 루터 이미지는 이성과 계시에 대한 자신의 이해에 의해 규정되었다. 이 문제에 관하여 레싱의 사상은 간단하게 설명하기가 어렵다. 한편으로 레싱은 그 당시 정통주의 신학자들이 이성과 계시를 대등한 협력 관계로 설명하는 것을 강하게 공격하였다. 그는 상당히 자주 계시는 언젠가 낡은 것이 되어 없어질 것이라고 말했다. 다른 한편, 이성과 계시의 경쟁은 아직 끝나지 않았다는 레싱의 진술도 적지 않았다. 여기에서 루터의 중요성은 어떤 경우에도 막대한 것이다. 레싱은 자연히 정통주의뿐만 아니라, 루터가 교회의 교리를 단번에, 그리고 영원히 개혁하였고, 필요한 것은 오직 루터가 이룬 것보다 더 높은 차원의 영성에 도달하는 것이라고 주장한 경건주의도 거부하였다. 레싱은 교황에게 대항한 루터의 투쟁을 특별히 중요하게 여겼다. 루터의 투쟁은 그의 과업이 미래에도 계속될 것을 위한 한 예를 제공한 것이었다.

레싱은 종교개혁의 투쟁을 현재에도 계속하는 자들만이 루터에게 호소할 권리를 가지고 있고, 루터 곁에 그대로 머물러 있으려는 자들은 그 권리가 없다고 확신했다. 레싱은 루터가 전통의 멍에로부터 우리를 해방시켜 준 것에 대해 칭송했다. 동시에 그는 이제 누가 우리를 견디기 어려운 문자의 멍에로부터 자유롭게 할 수 있는가 물었다. 16세기의 교황의 자리를 18세기에는 "문자"가 대신 차지하고 있었다. "문자"라는 용어로 우선 레싱은 성경의 문자와 신앙고백서의 문자를 지칭했다. 그러므로 그는 루터의 과업을 계속하는 진정한 길은 관용과 자유를 위한, 그리고 정통주의에 대항하기 위한 투쟁에 합류하는 것이라고 결론지었다. 정통주의는 기껏해야 루터가 기록한 문자에 호소할 수 있을 뿐, 루터의 영에는 호소하지 못한다. 레싱은 이 영을 자유의 영으로 이해했다. 그러므로 그는 자신이 종교개혁 유산의 관리자라고 주장했다. 레싱은 자신을 적대하는 루터교 정통주의자들에게 루터를 내어 줄 용의가 없었다.

레싱으로 인해 이제 루터 이미지는 가장 넓은 의미에서의 진리에 대한 물음을 다루는 논의의 맥락 속에 놓이게 되었다. 그러나 레싱의 루터 해석을 어떻게 판단할지라도 이제 아무도 루터에 대해 중립적인 입장을 취할 수 없다는 것이 명백해졌다. 루터에 대해서 자신의 견해를 표명하는 사람은 누구든지 16세기의 종교적, 이념적 질문들에 대해, 그리고 또한 자신이 속한 시대의 문제들에 대해 고유한 개인적 입장을 가지고 있다는 것을 부인할 수 없다.

다른 계몽주의의 대표자들도 스스로 루터의 유산을 계승하고 있다고 선전하였다. 그들은 부분적으로 레싱보다 훨씬 날카로웠지만, 내용 면에서 레싱과 큰 차이가 없었다. 예를 들어, 프리드리히 대제 Friedrich der Große는 계몽된 자신의 시대와 비교하여 루터를 "가여운 악마"armer Teufel라고 불렀다. 그는 종교개혁자들이 최소한 성직자의 명예로부터의 자유를 가져다준 것을, 그리고 무엇보다도 교회 재산을 몰수하여 국가의 수입을 증대시킨 것을 찬양하였다. 물론 이러한 공리주의적 견해는 분명 종교개혁의 요점에서 완전히 빗나간 것이었다. 어찌 되었든 그 당시 대다수의 지도자들은 스스로 로마 가톨릭보다는 루터를 따르고 있다고 생각했다. "프로테스탄트"Protestant라는 용어는 계몽주의적, 주관주의적 함의를 지니게 되었고, 이러한 용어 사용은 근본적으로 오늘날까지 이어지고 있다.

5장. 독일 고전주의의 루터 이미지

1. 클로프슈토크, 칸트, 하만, 헤르더

18세기 후반에 이르러 루터는 점점 더 다양하게 해석되는데, 그 변화는 클로프슈토크Friedrich Gottlieb Klopstock, 칸트Immanuel Kant, 하만Johann Georg Hamann, 헤르더Johann Gottfried von Herder와 같은 서로 대조되는 인물들과 관련하여 설명할 수 있다. 그의 동시대인과 비교해 볼 때, 클로프슈토크는 루터 신학의 중심 문제들을 상당히 잘 이해하고 있었다. 그는 그 당시 시대정신을 지나치게 칭송했지만, 어찌 되었든 죄와 구원의 문제에 가깝게 접근하였다. 칸트는 아마도 『일반 목사들과 설교자들을 위한 소교리문답』[1530] 이외에 루터의 다른 저술은 거의 읽지 않은 것 같다. 종종 종교개혁 신학과 칸트 철학 간에 보다 깊은 관계가 있을 수 있다고 말하곤 하는데, 칸트는 결코 그러한 관계를 인정하지 않았다. 소위 "북부의 동방 박사"로 일컬어진 하만은 루터 신학의 중심 주제들에 대해, 특히 "말씀"의 개념에 대해 한층 더 깊은 이해를 가지고 있었다. 루터를 해석하는 데 있어서 하만은 전반적으로 볼 때 당시의 시대적인 영향으로부터 자유로웠다. 그는 특별히 합리주의의 일방성뿐만 아니라, 계몽주의의 다른 경향들에 대해서도 날카롭게 비판하였다. 헤르더는 하만과도 다르고, 계몽주의와도 다른 방향으로 루터를 해석하였다. 간단히 말하면, 헤르더는 "천재"Genie라는 당시에 새로운 개념을 루터에게 적용하였으며, 루터를 종교적인 영웅으로 묘사했다. 그러한 루터 이미지는 새롭게 나타난 학문 분야인 민족사의 맥락에서만 이해될 수 있는 것이었다. 헤르더의 이 중개적 기능으로 인해 그의 루터 해석은 하만보다 훨씬 큰 영향을 미쳤다. 그러나 하만의 루터 해석은 그 자체로 다른 모든 동시대인들의 해석보다 훨씬 우월한 것이었다.

2. 괴테

헤르더의 제안은 독일 고전주의 시대에는 충분한 효력을 발휘하지 못했다. 괴테Johann Wolfgang von Goethe에게 루터는 근본적으로 낯선 사람이었다. 확실히 괴테는 계몽주의와 마찬가지로 루터의 해방 업적을 높이 평가했고, 특별히 루터의 독일어 성경 번역을 대단히 가치 있게 여겼다. 또한 괴테의 문학에 등장하는 몇몇 인물들은 괴테 자신이 알고 있는 대로의 루터를 나타내고 있고, 혹은 루터를 간접적으로 참조하는 진술도 나온다. 그러나 괴테에게 루터는 그리 중요한 인물이 아니었고, 괴테의 기독교 신앙 이해를 위해서도 큰 의미가 없었다. 괴테가 그의 생애 중에서 기독교에 가장 가까이 있었을 때에도 그는 루터보다는 본질적으로 경건주의적인 그룹에 가까웠다. 괴테의 교회사 이해는 결정적으로 아르놀트의 『중립적인 교회와 이단의 역사』에 의해 영향을 받은 것이었다. 아르놀트의 영향으로 인해 생긴 편견들이 괴테에게서 드물지 않게 발견된다. 그러나 괴테가 루터와 가까운 관계를 갖지 못한 것은 아르놀트의 영향이라기보다는 삶의 근본적인 물음에 대한 그의 접근 태도가 전혀 달랐기 때문이다. 물론 우리는 괴테의 전 생애를 통해, 특히 그의 이탈리아 여행 중에 "프로테스탄트적인" 색깔을 분명히 볼 수 있다. 괴테는 많은 낭만주의자들의 로마 가톨릭적 경향에 대해 별로 관심이 없었다. 특별히 그는 1817년과 1830년의 종교개혁 기념일 경축 행사 때 루터에게 존경과 감사를 표했다. 그러나 죄와 은혜에 관한 루터의 급진적 신학과 괴테의 인간에 대한 이상 사이에는 중대한 차이가 있다. 아무리 루터에게 많은 존경을 표하고, 또 그의 업적의 위대함을 인정한다 할지라도 그 차이는 숨길 수 없다. 그리고 그 가장 위대한 독일 시인이 루터와 밀접한 관계를 갖지 못했다는 사실은 의심할 바 없이 괴테 이후 독일의 문화적, 정신적 지도자들이 루터와 거리를 유지하는 데 영향을 미쳤다.

3. 쉴러

쉴러Friedrich Schiller도 루터와 그의 업적에 대해 아무런 이해를 갖고 있지 못했다. 그는 루터의 해방 행위에 대해, 그리고 이성에게 왕관을 씌우는 역할에 대해 그 당시 이미 일반적이었던 진술을 되풀이했다. 쉴러는 삶의 비극적 운명과 또한 인간은 불가피하게 죄의식에 얽매여 있다는 현실을 깊이 자각한 사람이었고, 그의 이러한 자각을 오랫동안 잊혀졌던 루터의 사상들을 재발견하는 데 단초로 삼을 수 있었지만 그런 일은 일어나지 않았다. 그러나 쉴러의 역사적인 작품들은 루터의 종교개혁의 결과로 인해 일어난 혁명적인 사건들을 간결하고도 깊은 통찰력으로 평가하였다. 그러한 평가 작업을 하면서 쉴러는 로마 가톨릭과 개신교 지역들 간에 날카로운 분열이 발생하고, 유럽의 국가와 국민들이 여러 새로운 동맹을 맺게 된 데에는 잡다한 동기와 관심이 작용했다는 사실을 명백하게 인식하였다. 물론 쉴러는 괴테처럼 루터와 종교개혁 사상의 중심적 요소들, 즉 영적 시련의 한가운데서 발견되는 믿음이나, "반대되는 것 아래에서" 일하시는 하나님의 행동 방식에 대해서 결코 말하지 않았다. 비텐베르크와 바이마르는 지리적으로 가까웠지만, 정신적으로는 꽤 멀리 떨어져 있었다.

4. 피히테

우리가 위대한 시인들에 대해 말한 것은 전반적으로 독일 고전주의 시대의 철학자들에게도 그대로 해당된다. 칸트가 루터를 다루지 않은 것에 비하면, 피히테Johann Gottlieb Fichte는 루터에 대해서 얼마간 더 알았고 또한 자신의 영혼의 구원을 위한 루터의 투쟁을 이해하였다. 그러나 근본적으로 피히테는 일반적인 계몽주의의 견해, 즉 루터는 외적인 형식에 속박되어 있는 기독교를 해방시켰고, 관심의 초점을 내적인 삶으로 전환시켰다는 견해의 한계 안에 머물렀다. 피히테는 그 자신과 루터 및 종교개혁 사이의 간격을 분명하게 인식했던 것 같다. 어떤 경우에도 그는 자신의 종교 철학을 발전시키기 위해서 결코 루터의 권위에 호소하지 않았다.

5. 헤겔

19세기 초반의 철학자들 중 헤겔Georg Wilhelm Friedrich Hegel만큼 종교개혁에 대해 신중하고도 세심한 주의를 기울인 사람은 없다. 그 과정에서 헤겔은 계몽주의 이래로 당연한 것처럼 받아들여졌던 종교개혁에 대한 오해를 상당한 정도로 극복했다. 헤겔은 종교개혁 사상 가운데서 "자유를 향한 열정"Freiheitspathos이 중요한 의미를 갖는다는 것을 발견하였고, 그 열정이 헤겔 자신의 주관성이라는 개념을 통해 더욱 강화된다고 생각했다. 헤겔은 루터의 종교개혁이 자유를 대단히 특별한 의미로 이해했다는 것을 매우 강조하였다. 즉, "종교개혁은 하나님과의 관계성 속에서 자유를 말하고 있다." 헤겔은 또한 이 자유 이해가 신앙에 근거한 것이라고 보았다. 헤겔은 이러한 재해석을 통해 하나님을 자신의 철학의 "절대정신"der absolute Geist과 동일시하였다. 그러므로 루터가 이해한 믿음은 그 정신이 자기 자신에게로 오는 과정Zu-Sich-Selbst-Kommen이었다. 신적인 정신을 파악하는 주관적인 정신은 신적인 정신 자체이며, 따라서 믿음과 신적인 정신을 인식하는 것은 정신의 자신을 향한 행동이다. 이제 믿음은 신적인 정신에 참여하는 행위로 이해되었다. 이러한 사상으로부터 헤겔은 루터교 형태의 기독교에 보다 더 근접하는 길을 찾을 수 있었다. 특별히 믿음은 교회 안에서 얻어진다는 것, 종교개혁이 성직자와 일반 신자 간의 차이를 극복했다는 것, 그리고 성만찬론도 헤겔에게 큰 의미를 가진다. 여기에서 보다 중요한 것은 모든 것이 항상 신적인 정신에 참여하고 있으며, 또한 그 정신은 현재적 실재가 된다는 것이다. 이는 물론 괴테나 계몽주의와는 다른 새로운 종류의 종교개혁 신학에 대한 왜곡이다. 루터에게는 창조주와 피조물 사이를 엄격하게 구분하는 것이 무엇보다 중요한 일이었다. 그리고 그 구분은 인간의 창조는 물론 죄에 대한 올바른 이해를 위해서도 중요한 것이었다.

6장. 낭만주의의 루터 이미지

1. 노발리스

독일 고전주의와 낭만주의는 대체로 동시대적이었고, 또 서로 지속적인 영향을 주고받았다. 낭만주의의 가장 특징적이고 기념비적인 두 작품은 18세기로 거슬러 올라간다. 1799년, 노발리스Novalis의 『기독교 혹은 유럽 Die Christenheit oder Europa』과 슐라이어마허Friedrich Schleiermacher의 『종교론: 종교를 멸시하는 교양인을 위한 강연 Reden über die Religion an die Gebildeten unter ihren Verächtern』이 출판되었다. 노발리스는 근본적으로 루터도 종교개혁도 잘 이해하지 못했다. 물론 노발리스는 그의 책에서 종교개혁이 중세 후기 교회의 부패 때문에 발생한 것이라고 언급한 적이 있다. 그러나 노발리스의 진정한 이상은 교황을 머리로 하는 중세의 이상적인 통일 세계를 회복하는 것이었다. 그는 오직 중세 기독교의 부활에 의해서만 종교를 재발견할수 있다고 생각했다. 그러나 노발리스에게 이 이상은 중세가 단순히 복제되어야 한다는 것을 의미하지 않는다. 그는 기독교의 통일성을 회복할 수 있는 새롭고, 더욱 포괄적인 종교개혁에 대해, 그리고 중세보다 더 높은 차원의 기독교에 대해 생각하고 있었다. 노발리스는 종교개혁 초기가 기껏해야 "잠시 하늘을 가로지르는 불꽃"과 같았다고 시인했다. 그러나 곧 기독교는 끝나 버렸다. "그때 이후 더 이상 아무것도 남아 있지 않았다." 노발리스는 현대의 불신앙 현상을 종교개혁의 탓으로 돌렸다. 이러한 과정에서 노발리스는 종교개혁을 공격하는 로마 가톨릭의 논쟁적인 신학의 기본 입장을 채택하였다. 노발리스는 "재가톨릭화"Rekatholisierung를 지지한 것은 아니었지만, 결과적으로 곧 낭만주의의 주요 지도자들이 대부분 로마 가톨릭으로 개종하고, 또 낭만주의가 일반적으로 로마로의 귀환 운동이라는 인상을 준 것은 이해할 만한 일이었다.

2. 슐라이어마허

개신교 신학자 슐라이어마허는 전혀 다른 종류의 루터 이미지를 그렸다. 그는 종교개혁에 대해 부정적인 평가를 하지 않았다. 그러나 확실히 슐라이어마허도 루터와 더 밀접한 관계를 갖지는 않았다. 그의 『종교론: 종교를 멸시하는 교양인을 위한 강연』에 나타나는 종교 사상에서 루터는 전혀 중요하게 다루어지고 있지 않다. 슐라이어마허는 루터에게서 아무것도 취하지 않았지만, 동시에 그를 부정적으로 평가하지도 않았다. 그의 "강연"에서 루터는 단순히 "종교개혁 영웅"의 한 사람으로만 언급된다. 내용 면에서도 루터는 슐라이어마허의 낭만주의적 작품에 거의 아무런 영향을 미치지 못했고, 슐라이어마허의 후기 저술도 루터에게 어떤 특별한 의미도 부여하지 않았다. 물론 슐라이어마허는 분명하게 자신을 프로테스탄트로 여겼다. 그리고 루터가 자신의 더 높은 인식을 부인하도록 강요하는 로마의 권위에 굴복하기를 거부하고 대항함으로써 선구적인 업적을 남겼다는 점을 인정하였다. 이러한 면에서 종교개혁은 슐라이어마허에게 상당히 중요한 의미를 가진다. 그러나 동시에 그가 루터 연구를 통해 많은 것을 얻으리라고 기대하지 않았다는 것은 분명하며, 이는 그의 저서, 『신앙론 *Glaubenslehre*』[1821-1822]에 잘 나타나 있다. 대부분의 중요한 신학적 주제들에 관하여 슐라이어마허와 루터 사이에는 일치점을 찾을 수 없다. 이는 특별히 철학과 신학의 관계에 대한 기본 이해에서 분명하게 드러난다. 루터가 이 둘을 날카롭게, 그러나 동시에 그 관계를 깊이 숙고하며 서로 대립시킨 것에 반해, 슐라이어마허는 양자를 조화롭게 연합시켰다. 이와 마찬가지로 죄와 은혜에 대한 접근에 있어서도 두 사람 사이에는 근본적으로 큰 차이가 있으며, 또한 교회 이해의 경우도 그렇다. 마지막으로, 그러나 결코 사소하지 않은 차이점은 두 사람에게는 교의적 교리가 차지하는 자리와 지위가 서로 전혀 달랐다는 것이다.

그러나 최소한 루터와 슐라이어마허 사이에는 어떤 유사성이 있다. 그것은 두 사람 모두가 자신이 속한 시대의 완전히 새로운 상황 속에서 그들에게 던져진 물음들에 응답하려고 노력했다는 점이다. 그러므로 우리는 두 사람에 대한 비교 연구를 각각의 교리를 상세하게 분석하는 것만으로 제한할 수 없다. 오히려 우리는 그들의 신학적인 접근을 전체적인 관점에서 비교해야만 한다. 두 사람의 서로 다른 이해의 지평을 고려하는 이와 같은 비교 연구는 아직 수행되지 않았다. 이 점에서 파울 자이페르트[P. Seifert]의 간략한 개요는 중요한 자료이다. 그러나 어찌 되었든 슐라이어마허가 종교개혁 신학의 연구로부터 아무것도 얻을 수 없다고 여겼다는 사실의 의미는 과소평가되어서는 안 된다.

이 사실은 19세기와 20세기 초반의 신학에 끼친 슐라이어마허의 지극히 중대한 영향을 감안할 때 더욱 중요하다. 우리가 최소한 분명하게 말할 수 있는 점은 슐라이어마허는 누구에게도 새로운 루터 연구를 자극하지 않았다는 것이다. 이러한 판단은 슐라이어마허뿐만 아니라 낭만주의 전체에 해당되는 것이다. 중세기와 종교개혁에 대한 종교적, 종파적인 입장 및 태도는 서로 상당히 달랐지만, 고전주의 시대와 마찬가지로 낭만주의 시대 신학자들도 종교개혁의 연구에 새로운 동기를 부여하지 못했다.

7장. 학문적 루터 연구의 시작

1. 에를랑겐판

1826년 루터 전집 에를랑겐판[EA]이 출판되기 시작했을 때, 루터 연구는 새로운 토대를 갖추게 되었다. 회고해 보면 이 에를랑겐판은 그 당시 가장 유용한 필사본들을 사용하지 않은 점이나, 본문의 재구성과 주해를 취급하는 방법 등에 있어서 부적합한 부분들이 많았지만, 그때까지 발행된 다른 어떤 판본보다도 훨씬 월등했다. 이 전집은 루터의 저작을 완전한 형태로 편집한 첫 번째 시도였고, 또 처음으로 본문의 편집에 비평적 방법을 적용하였다. 시간이 흐르면서 편집 경험이 쌓이게 됨에 따라 본래의 본문을 재구성하는 방법도 상당히 발전되었다. 그 결과, 에를랑겐판의 몇몇 책은 다른 책들보다 편집 상태가 좋다. 엔데르스[E. L. Enders]가 편집에 참여한 책들은 특별히 견실한 특징을 갖고 있다. 또한 에를랑겐판을 통해 처음으로 조금 더 넓은 영역의 사람들이 각기 고유한 관점에서 루터에 대한 집중적인 연구를 시작할 수 있었다는 것은 중요한 의미를 갖는다.

2. 레오폴트 랑케

레오폴트 랑케Leopold Ranke는 에를랑겐판 출판 이전에 이미 학문적인 루터 연구에 강한 자극을 제공했던 사람이다. 1926년 소위 "루터 단편"Lutherfragment이 출판되었는데, 이 단편은 랑케가 1817년 라이프치히 대학교 시절에 이미 새로운 기술과 방법으로 루터 연구를 시작했다는 것을 보여준다. 그의 이 새로운 방법은 이후 하나의 학파를 형성하는 동인이 된다. 루터 단편은 루터의 저술과 16세기의 다른 자료들로부터 문장을 발췌·수집한 것이다. 여기에 랑케는 자신의 시와 일기 형식의 주석을 첨가하였다. 그중 가장 중요한 것은 1817년 10월 31일의 단편이다. 여기에서 랑케는 루터를 최고의 예를 갖추고 칭송한다. 랑케는 루터의 저술 및 관련 자료들을 광범위하게 읽었으며, 그 당시 95개 논제 게시 300주년 기념으로 출판된 문헌들이 근본적으로 적절하지 않다고 판단했다. 어찌 되었든 랑케는 독립적으로, 그리고 날카로운 식별력으로 중요한 자료들을 연구하여 자신의 결론에 도달하였다.

랑케의 이 루터 연구는 매우 중요한 것이다. 그것은 어느 특정한 철학 학파의 입장, 혹은 미리 설정한 전제나 편견을 근거로 하지 않고 루터와 종교개혁을 분석한 첫 번째 연구이기 때문이다. 랑케는 견고한 자료에 근거하여 직접적으로 그의 루터 이미지를 발전시키려고 하였다. 그는 또한 루터를 종교개혁의 역사적 배경 및 맥락에서 관찰함으로써 종파적인 루터 해석으로부터 자신을 차별화했다. 그의 연구를 통해 종교개혁자 루터의 종교적, 세계사적 성취의 의미가 처음으로 분명하게 드러났다. 랑케는 루터의 시편 101편 해석[1534-1535 8]에 특별한 주의를 기울였다. 여기에서 루터가 발전시킨 역사적, 신학적 견해들은 랑케 자신의 역사 해석에 지속적인 영향을 주었다. 그러나 랑케는 루터가 말한 것을 피히테 철학의 언어로 파악하였다.

21세의 학생으로서 그가 발견하고 인식하였던 것을 랑케는 20년 후에 자신의 기념비적인 작품, 『종교개혁 시대의 독일 역사 *Deutsche Geschichte im Zeitalter der Reformation*』[1839-1847, 1. Aufl.]에서 상술하였다. 그 책은 종교개혁 역사의 연구와 루터 해석을 위해 하나의 새로운 근거를 확립하였다. 랑케는 낭만주의의 루터 해석으로부터 완전히 벗어나지는 못했지만, 루터가 로마와의 논쟁 가운데서 보여주었으며, 아울러 그의 신학 전체에서 볼 수 있는 동기들을 랑케만큼 잘 이해한 사람은 아무도 없었다. 후대의 신학이 랑케의 심오한 루터 해석을 수용하고, 그것을 더 발전시킬 수 있는 상황을 조성하기까지는 한참 시간이 걸렸다.

지면의 제약 때문에 여기에서 19세기 독일 역사가들이 제시한 대단히 다양한 루터 해석과, 또한 루터 이미지를 끊임없이 수정하도록 만든 여러 정치적이고 이념적인 조류들의 의미를 상세하게 다룰 수 없다. 단지 역사적 연구를 통해―대체로 랑케의 영향하에, 그러나 때로 의식적으로 랑케와 거리를 두면서―역사가들이 끊임없이 각기 자신의 루터 이미지를 발전시키고자 했으며, 또 그러한 연구는 그 당시 발생한 많은 정치적 긴장과 갈등들에 의해 상당한 영향을 받았다는 사실을 지적할 수 있을 뿐이다. 이러한 영향들 중 가장 중요한 하나는 보수적인 정치가들과 진보적인 혁명 세력들 간의 갈등이었다. 1848년 그 정점에 도달한 이 갈등은 상당히 다양한 상반된 루터 해석을 산출하였기 때문에 우리의 연구를 위해 중요하다. "보수 반동분자들"은 권위에 복종할 것을 요구했던 루터를 자신들의 지지자로 삼을 수 있었다. 마르크스와 엥겔스와 같은 "좌익들"은 루터를 제후의 추종자로 보았다. 그들은 루터에 대한 아무런 이해도 없이 그의 신학을 단지 16세기 초반의 사회적 상황에 비추어 해석했다. 종교란, 사회적 상황의 산물 이상의 차원, 즉 사회적 상황에 제한될 수 없는 보다 높은 차원을 가지고 있다는 것을 그들은 인식하지 못했다. 그러나 정부나 사회의 특권층에 속한 이들이 자신들의 정치적, 사회적 입장을 뒷받침하기 위해 루터의 권위에 호소한 것도 마찬가지로 일방적인 것이었다. 예를 들어, 그들은 루터를 가장 위대한 독일인으로 내세웠고, 그리고 그의 과업은 결국 비스마르크에 의해 완성되었다고 확신하였다. 당시에는 아무도 루터에 대한 이 모든 상이한 해석들이 특정한 이념에 의해 크게 왜곡된 것이라는 사실을 인식하지 못했다.

3. 알브레히트 리츨

19세기에 학문적으로 정당하고, 가능한 한 편견에서 자유로운 방식으로 루터 이미지를 발견하려는 노력은 랑케가 유일한 것은 아니었다. 그 당시 최소한 두 명의 신학자가 신학적인 측면에서 진지하게 그러한 시도를 하였다. 두 신학자는 중요한 문제들에 대해서 입장이 서로 상당히 달랐지만, 그들은 모두 오랫동안 후대의 루터 연구에 지대한 영향을 미쳤다. 이 선도적인 루터 해석의 하나는 알브레히트 리츨Albrecht Ritschl, 1822-1889에 의해 주도되었다. 그의 교의학 주저인 『칭의와 화해의 기독교 교리 *Die christliche Lehre von der Rechtfertigung und Versöhnung*』[1870-1874, 1. Aufl.]와 역사학적 저술인 『경건주의의 역사 *Geschichte des Pietismus*』[1880-1886]를 통해서, 리츨은 하나의 인상 깊은 루터 이미지를 발전시켰다. 이것은 랑케와는 또 다른 방식의 해석으로서 이전의 루터 해석들보다 우월한 것이었다. 리츨은 루터와 종교개혁 전체를 중세 후기로부터 현대에 이르는 신학사의 맥락 가운데서 고찰하려는 시도에 있어서 랑케를 넘어섰다. 리츨은 루터의 가장 위대한 성취는 신비주의뿐만 아니라, 사변적 형이상학의 영향을 극복한 것이라고 생각했다. 리츨은 루터 역시 유명론에 의해 영향을 받았다는 것을 인정했다. 특별히 유명론의 하나님의 능력에 대한 두 구분이 사용되는 루터의 『노예의지에 대하여』[1525]에서 그 예를 찾을 수 있다고 생각했다. 그러나 전반적으로 볼 때 리츨에게 루터는 자유와 독립을 선포한 자요, 그것을 가져온 자이다. 리츨은 이 자유를 계몽주의의 방식으로 이해하지 않았다. 계몽주의는 자유를 관용을 위한 전 단계로 보았다. 그러나 리츨은 자유를 자연과 역사의 법칙으로부터의 자유, 세상을 지배하는 내적 과정의 토대로서의 자유로 이해했다. 리츨이 즐겨 인용했던 루터의 진술 중 하나는 『일반 목사들과 설교자들을 위한 소교리문답』에 나오는, "죄 사함이 있는 곳에 생명과 구원이 있다"이다. 리츨은 기독교 신앙을 현대 자연과학과 철학에 대립시켜 해석한 점에서, 그리고 정치 윤리의 문제를 집중적으로 다룬 점에서 중요한 공헌을 하였다. 리츨은 그의 이러한 신학에서 항상 루터를 그의 가장 중요한 교사로 생각하였다.

또한 리츨은 경건주의를 신비주의에서 유래한, 그리고 근본적으로 개신교보다는 중세 가톨릭 전통에 더 가까운 운동으로 이해했다.

그러므로 리츨은 19세기의 다양한 형태의 각성 운동에 대해 반대 입장을 표명하였다.

리츨의 루터 해석의 가장 중요한 결과는 오랜 시간 끝에 처음으로 루터 신학의 의미를 부각시켰다는 것이다. 리츨 이전에는 루터는 교회 교부였고, 그의 저술은 공손하게 인용되었지만 거의 읽히지 않았다. 리츨 이후에 루터는 16세기와는 전혀 다른 19세기의 상황을 위해서도 결정적인 의미를 갖는 신학자가 되었다. 그러나 다른 한편, 리츨의 루터 해석은 심각한 약점들을 지니고 있었다. 그 약점들을 누구보다도 명백하게 밝힌 사람은 테오도시우스 하르낙이다. 리츨은 루터 신학의 근본적인 요소들을 축소시키거나 완전히 간과하였다. 특히 하나님의 진노, 심판, 율법과 복음의 변증법적 관계, 죄와 은혜에 관한 루터의 급진적 교리 등을 리츨은 전혀 고려하지 않았다. 리츨은 루터의 신학적인 개념들을 취하여 그것들을 내적 자유와 윤리학의 관점에서 재정의하였다. 그러므로 리츨의 루터 해석이 갖는 강점과 한계는 서로 밀접하게 관련되어 있다. 즉, 그는 종교개혁 신학을 현재 상황에 적합한 것으로 만들 수 있었지만, 그는 그것을 왜곡하는 대가를 치르고서야 그렇게 할 수 있었던 것이다.

4. 테오도시우스 하르낙

루터의 신학을 강조한 19세기의 또 하나의 선도적인 루터 해석은 테오도시우스 하르낙Theodosius Harnack, 1817-1889에 의해 수행되었다. 그는 첫 번째 포괄적인 루터 신학 연구인『화해 및 구속의 교리와 특별히 관련된 루터 신학 Luthers Theologie mit besonderer Beziehung auf seine

Versöhnungs- und Erlösungslehre』[1862-1886, 2 Bde.]을 저술했다. 이 연구서가 1927년에 재인쇄되었다는 사실은 그것이 얼마나 큰 가치를 가지고 있는지를 드러낸다. 실제로 이 책은 여전히 루터 연구 영역에서 특별한 위치를 차지하고 있다.

하르낙의 특징은 기본적으로 리츨의 루터 해석에 반대한다는 것이다. 그는 특히 그의 책 제2권에서 리츨의 견해를 상당히 강하게 반박하고 있다. 하르낙은 리츨이 율법과 복음의 변증법적 관계와 또한 심판과 은혜의 병행적 관계를 간과했다고 비난했다. 그 결과, 리츨은 그리스도의 십자가에 대한 이해에 근거한 루터의 칭의론의 중심적 의미를 파악하지 못했다. 그러므로 하르낙에게 그의 책의 표제는 중요한 의미를 지닌다. 그가 중심으로 삼은 화해와 구속의 교리는 율법과 복음의 관계에 대한 이해를 위해서 절대적으로 필요한 전제이며, 또한 루터 신학 전체를 이해하는 데 결정적인 요소이다.

이러한 관점에서 하르낙은 리츨이 무시한 주제들에 특별한 주의를 기울인다. 그중 하나는 "감추어진 하나님"에 관한 문제이다. 하르낙은 루터의 『노예의지에 대하여』의 중심 사상 중 하나인 감추어진 하나님 개념의 중요성을 논증하는 데 성공하였다. 하르낙은 단순히 "하나님의 사랑"만으로 루터 신학을 이해할 수 없다는 것을 명백하게 보여주었다. 이 사랑 곁에 나란히 하나님의 진노의 현실이 있다. 하르낙이 묘사하는 루터는 근본적으로 정통주의적인 루터였다. 그러나 그 이미지는 정통주의가 잊어버린, 그리고 하르낙을 통해 비로소 표현된 루터의 수많은 진정한 특징들에 의해 풍부해졌다.

물론 하르낙의 루터 해석도 중대한 약점들을 가지고 있었다. 리츨과는 달리 하르낙은 중세 후기와 근대 초기 신학사 속에서의 루터의 위치를 이해하려는 시도를 거의 하지 않았다. 그 결과, 그의 해석은 역사 안에 뿌리박지 못했고, 또한 루터가 이룩한 성취의 한계를 볼 수 없었다. 하르낙은 루터의 저술을 철저하게 읽었지만, 그것이 쓰인 "삶의 자리"에 대해서는 거의 관심을 기울이지 않았다. 그 대신 그는 루터의 저술로부터 수많은 인용문들을 수집하고, 그것들을 자신의 조직신학적 관점에 따라 체계화하였다. 마지막으로, 하르낙은 루터 신학을 19세기의 정신적, 신학적 사조들과의 관련성 안에서 논하지 않았다. 따라서 하르낙의 독자들은 루터 신학이 역사적 맥락 바깥에서 발전된 것 같은 인상을 받는다. 아마도 이 때문에 하르낙의 작품은 그 자체로서는 대단히 중요했지만, 보수적인 종파주의의 루터교 신학 영역 밖에서는 별로 주의를 끌지 못하였다. 한참 후에야 루터 학자들은 하르낙의 책이 무시할 수 없는 중요한 보물들을 담고 있다는 것을 발견했다.

물론 이 두 방법, 즉 루터를 근본적으로 무비판적으로 서술하는 방법과 현재의 쟁점과 관련시키는 방법 간의 중요한 긴장 관계는 리츨과 하르낙, 이 두 신학자의 서로 상반되는 작품에만 국한되는 것이 아니다. 이 긴장 관계는 오늘날에도 여전히 존재한다. 어떤 의미에서 둘 중 어느 하나를 선택하는 것은 일방적인 일이다. 하나를 선택하면 루터를 역사로부터 분리시켜 현재의 쟁점을 위해서 아무런 공헌도 하지 못하게 만드는 위험성을 안게 된다. 또한 다른 하나를 선택하면 루터를 현재에 적응시키려고 시도하는 과정에서 루터 자신의 입장을 심각하게 왜곡할 우려가 있다.

이에 덧붙여서 일반적인 정신적, 지적 생활 영역에서 그려진 루터 이미지는 랑케, 리츨, 하르낙과 같은 이들의 위대한 연구 업적에 의해 상대적으로 영향을 적게 받았다. 그러나 19세기 중반 이후 가장 다양한 종류의 루터 해석들이 연이어서 등장하였다. 그러한 해석들은 종종 옛 표상들과 연관되기도 했지만, 또한 드물지 않게 현시대의 지배적인 경향들이 루터 이미지를 결정하였다. 다시금 여기에서도 개별적인 견해들을 상세하게 다룰 수 없다. 단지 일반적인 경향들의 특징에 대해 간단히 언급할 수 있을 뿐이다.

5. 포이어바흐, 부르크하르트, 니체, 키르케고르

포이어바흐Ludwig Feuerbach는 루터를 매우 특별한 방법으로 해석하였다. 그는 하나님을 믿는 신앙이란, 인간의 정신을 영원에 투사한 것일 뿐이라고 생각했다. 그는 루터를 자신의 이러한 무신론적 철학의 영적 아버지로 생각했다. 부르크하르트Jacob Burckhardt는 결코 그의 문학 작품을 통해 종교개혁을 다루지 않았다. 그러나 그의 개인 노트나 여러 강연들에서 그는 루터의 비(非)인본주의적, 급진적인 방식을 대단히 싫어했다는 사실을 보여준다. 여기에서 한 걸음 더 나아가, 니체Friedrich Nietzsche는 루터의 "오만불손"Rüpel을 더욱 날카롭게 정죄하였다. 키르케고르Søren Kierkegaard는 루터가 부르주아적인 형태의 기독교를 도입했다고 판단하고, 그러한 형태의 기독교를 공격하였다.

6. 에른스트 트뢸치

빌헬름 딜타이Wilhelm Dilthey와 그라프 요크 폰 바르텐부르크Graf York von Wartenburg를 비롯한 다른 많은 이들이 루터 이미지에 대하여 전혀 새로운 강조점을 부각시키는 데 공헌하였다. 그중 가장 중요한 인물은 에른스트 트뢸치Ernst Troeltsch이다. 트뢸치는 보편사적 문제들에 대한 연구와 무엇보다도 그가 발전시킨 사회학적 역사 탐구 방법을 통해서, 독일어권에서는 루터가 단지 독일 민족의 영웅으로 추앙되던 때에 처음으로 앵글로·색슨 자유교회Freikirche와 그들의 자유주의적, 민주주의적 전통을 중시하는 관점에서 루터를 해석하였다. 이러한 맥락에서 루터는 여전히 중세기에 속하는 인물로 그려진다. 그는 어디에서나 교리가 강화되는 신앙고백주의[Konfessionalismus, 종파주의] 시대를 가져왔고, 그렇게 옛 교리의 시대를 연장시켰다. 트뢸치는 특별히 루터의 정치 윤리와 그의 정치적 행위들을 비판하였다. 트뢸치는 루터가 정부의 권력을 강화시켰으며, 권력이 일방적으로 기능할 수 있도록 만들었다고 생각했다. 그렇게 함으로써 루터는 후에 전제주의가 발전될 수 있는 길을 마련해 주었다는 것이다. 게다가 그리스도인과 세인(世人)을 구별한 루터의 윤리는 이중적인 도덕성 개념의 토대가 되었고, 그 개념 역시 독일 정치의 발전에 해로운 영향을 미쳤다. 그러나 다른 한편, 트뢸치는 루터가 종교 영역에서 흔하지 않은 위대한 공헌을 하였다는 사실을 잘 알고 있었다. 비록 루터는 한편으로 중세기에 속한 인물이었지만, 기독교 신앙에 대한 그의 깊은 이해는 사람들에게 해방을 가져다주었고, 그 해방의 완전한 의미는 점차적으로, 그리고 예기치 않은 방식으로 프로테스탄티즘 안에서 완전하게 실현되어 왔다.

트뢸치의 뛰어난 작품들, 특히 그의 『기독교 교회와 그룹의 사회적 교훈들 Die Soziallehren der christlichen Kirchen und Gruppen』[1912]은 신학의 경계를 훨씬 넘어서서, 사회학과 일반 지성사에도 큰 영향을 미쳤다. 트뢸치의 루터 비판 중 많은 부분은 확실히 주목할 만한 가치가 있다. 그러나 우리는 트뢸치의 이론이 일반 역사의 관점과 신학사의 관점 모두에서 심각한 의문점들을 지니고 있다는 사실을 숨길 수 없다. 트뢸치는 많은 그릇된 판단을 하였지만, 그의 이론은 오늘날에도 여전히 많은 학자들의 사고에 영향을 미치고 있다.

8장. 루터 연구에서 카를 홀의 중요성

우리는 진정한 의미에서의 루터 연구는 20세기 초에 비로소 시작되었다고 말할 수 있다. 그 새로운 시작은 카를 홀$^{Karl\ Holl,\ 1866-1926}$에 의해 이루어진다. 현대의 다양한 루터 연구는 모두 기본적으로 홀의 공헌에 빚지고 있다.

1. 바이마르판

루터 연구에서 결정적인 진전은 루터 전집 바이마르판의 출간으로 가능할 수 있었다. 1883년 첫 권이 출판될 당시, 에를랑겐판은 아직 완성되지 않았다. 그러나 처음부터 명백히 바이마르판은 에를랑겐판보다 훨씬 우월한 것이었다. 에를랑겐판과는 달리 바이마르판은 루터의 독일어 저술을 라틴어 저술과 구별하지 않았다. 그 대신 루터의 출판물과 원고들을 연대순으로 배치하는 방식을 택하였다. 루터의 서신, 탁상 담화, 독일어 성경은 별도로 구분하여 출판하였다. 본문을 가장 충실하게 복원하려는 노력이 집중적으로 이루어졌다. 오래지 않아 이전에 출판된 적이 없었던 종교개혁 초기 루터의 원고들이 발견되었다. 그 원고들 중에는 시편 강해[1513-1515]와 로마서 강해[1515/1516]가 포함되어 있었다. 이 중요한 저술들의 출판은 초기 루터, 즉 1517년 이전의 루터에 대한 전혀 새로운 연구의 토대를 만들어 주었다. 이제 학자들은 루터의 수도원 입회에서 시작하여 강의 활동 시기를 거쳐 그가 대중적인 인물이 되기까지 루터가 걸어간 길을 추적할 수 있게 되었다. 수 세기 동안 루터 연구를 지배해 온 이념적 편견들의 줄다리기로부터 루터 자신의 본래 동기와 의도를 해방시킬 수 있었고, 이 자유 가운데서 루터에 대한 물음에 훨씬 적절한 대답을 줄 수 있는 연구가 가능해졌다.

2. 카를 홀의 업적

20세기 초에 초기 루터를 연구한 모든 학자들 가운데서 카를 홀은 독보적인 위치를 차지하고 있었다. 홀은 교회사의 모든 측면에 박식했고, 루터를 신학사의 어느 위치에 놓아야 하는지 누구보다 잘 알고 있었다. 또한 그는 기독교 신앙을 학문적으로 정확한 방식으로 이해하였고, 그리고 그의 자료들을 대단히 친숙한 방식으로 소개할 줄 알았다. 마침내 그는 종교개혁 신학에 대한 그의 연구 결과를 그 당시 토론장의 중심으로 가져와, 새로운 방식으로 루터의 말에 귀를 기울일 수 있도록 주도했다. 홀은 결코 루터 신학에 대한 포괄적인 개관을 제시하지 않았지만, 그 대신 일련의 개별적인 논문을 통해 자신의 연구를 발표하였다. 그러나 이 논문들은 항상 전체적인 개념에 근거하고, 동시에 그 개념은 언제나 세분화된 방식으로 적용되었기 때문에, 홀의 연구에서 루터 이미지는 인상 깊은 완결성과 중요성을 지니고 표현되었다. 홀은 루터 연구 영역에서 역사적인 관점과 조직적인 관점을 결합시킨 최초의 학자이다. 그는 항상 역사적, 발생적인 관점에서 연구를 수행하며, 루터의 특정한 사상의 역사적 발전 과정을 추적하였다. 그러나 홀은 조직신학적 문제들에 대한 관심을 놓치지 않았으며, 일관적으로 이 문제들이 20세기에 갖는 현실성과 적합성을 명백하게 드러내는 방법을 잘 알고 있었다.

1910년 이후로 여러 주제를 다룬 홀의 논문들이 출판되기 시작했다. 그중에서, 『루터의 로마서 강해의 칭의론: 특별히 구원의 확신 문제와 관련하여 *Die Rechtfertigungslehre in Luthers Vorlesung über den Römerbrief mit besonderer Rücksicht auf die Frage der Heilsgewißheit*』[1910], 『루터와 국가교회 정치 제도 *Luther und das landesherrliche Kirchenregiment*』[1911], 『루터의 교회 개념의 기원 *Die Entstehung von Luthers Kirchenbegriff*』[1915], 『루터는 종교를 어떻게 이해했는가? *Was verstand Luther unter Religion?*』(1917년 10월 31일, 베를린 대학교 강연), 『도덕성의 재건 *Der Neubau der Sittlichkeit*』[1919], 『루터와 열광주의자들 *Luther und die Schwärmer*』[1922]은 가장 중요한 문제들을 다루고 있다. 각각의 논문이 작성된 시기를 보면, 얼마나 그가 자신의 연구를 당대의 문제들과 연관시키려고 노력했는지를 잘 보여준다.

3. 양심의 종교로서 루터의 종교

홀은 인간은 하나님 앞에서 어떤 위치에 있는가라는 질문을 중심으로 루터를 해석하였다. 인간은 자신이 인간으로서 성취할 수 없는 절대적 요구에 직면해 있다는 사실을 알고 있다. 인간은 이 절대적 요구와 자신의 불충족성을 양심 가운데서 경험한다. 양심이 우리가 하나님을 만나는 자리이다. 하나님의 윤리적 요구와 이 요구를 성취하지 못하는 실패의 경험에 의해 인간은 심판하시는 하나님과 자비로우신 하나님을 체험한다. 홀의 해석에서 특징적인 것은 루터의 종교를 "양심의 종교"Gewissensreligion로 이해하였다는 점이다. 홀은 아우구스티누스와 대부분의 중세 종교를 구원과 강복을 추구하는 행복주의Eudämonismus적인 종교로 보면서, 루터의 종교는 이와 달리 "의무"Pflicht의 동기를 포함하고 있다고 주장한다. 홀은 루터가 신비주의나 르네상스의 종교 이해와는 비교할 수 없을 정도로 깊은 종교 이해를 가지고 있었다고 생각했다. 루터는 참으로 인격적 종교를 소개한 첫 번째 사람이었다. 모든 본질적인 문제에 있어서 루터는 직접적으로 바울에게 연결되어 있다. 동시에 루터는 정치 윤리뿐만 아니라, 개인 윤리를 위해서도 필요한 근거를 마련해 놓았다.

개별 본문들에 대한 세심한 분석, 주의 깊은 역사적 해석, 자신의 연구가 조직신학에 미치는 영향에 대한 분명한 이해, 이 모든 것이 결합되어 홀의 글은 더욱 큰 영향력을 발휘할 수 있었다. 또한 홀은 대단히 재능 있는 학문적 교사였다. 그의 문하에서 다수의 탁월한 루터 학자들이 나왔다. 예를 들어, 에마누엘 히르쉬, 하인리히 보른캄, 그리고 한스 뤼케르트Hanns Rückert 등의 걸출한 학자들이 배출되었다. 홀은 제1차 세계대전 이후 일어난 신학의 부흥에 실질적인 공헌을 한 인물이었다.

그러나 홀의 루터 해석도 역시 한계를 가지고 있다. 먼저, 루터가 "양심의 종교"를 주창했다는 견해나, 종교개혁 신학의 돌파 이후 곧 도덕성의 재건이 뒤따랐다는 그의 명제는 유지될 수 없는 것이다. 홀이 윤리주의적 입장에서 루터를 해석한 것은 루터를 정당하게 취급한 것이 아니다. 더구나 이전의 종교, 특히 아우구스티누스의 종교를 행복주의적인 종교라고 비판한 것은 옳지 않다. 루터와 전통 간의 차이점을 구별하는 것은 홀이 생각했던 것보다 훨씬 어려운 일이다. 홀이 전제하거나 묘사한 중세기 가톨릭도 정확한 것이 아니었다. 루터 자신에 관한 한, 종교개혁에 이르는 길은 심판과 회개에 대한 질문에 중심을 둔 새로운 신앙 이해로 시작된 것이지, 하나의 새로운 사회적 정신Ethos에 의한 것이 아니었다. 홀은 "루터의 경건은 그의 전체 신앙이 전적으로 그리스도에게 제한되어 있다는 의미에서의 그리스도적 경건이 아니었다"[9]라고 주장했는데, 이는 더욱 심각한 오류였다. 모든 신학적 학파를 망라한 루터 연구가들은 이 "그리스도를 잊음"Vergessens Christi [10]의 명제를 포기했는데, 그것은 마땅한 일이었다. 이 점에서 우리는 분명히 홀의 견해를 반대하며, 루터의 신학은 십자가에 달리시고 부활하신 주님, 예수 그리스도에게 초점이 맞추어져 있다는 것을 강조해야 할 것이다.

마지막으로, 우리는 대체로 홀이 루터가 자신과는 전혀 다른 시대와 상황에 처해 있었다는 점을 적절히 고려하지 않고, 하나의 현대화된 루터 해석을 제시했던 것은 아닌지 물을 수 있다. 홀의 유명한 1917년 강연, 『루터는 종교를 어떻게 이해했는가?』는 많은 의미를 함축하고 있다. 그런데 그 의미들은 제1차 세계대전 말의 매우 위험한 상황의 맥락에서 쉽게 이해될 수 있는 것이었다. 홀의 진술은 그 역사적 맥락에서는 의미가 있는 것이지만, 루터의 입장을 공평하게 다루는 것은 아니었다. 그의 비텐베르크 강연, 『루터와 열광주의자들』의 경우도 마찬가지이다. 확실히 홀은 에른스트 블로흐Ernst Bloch가 그때 막 출판한 토마스 뮌처의 부적절한 연구에 올바르게 응답하였다. 홀은 뮌처와 다른 열광주의자들을 신학자로서 다루면서, 그들에 대한 깊은 통찰을 발전시켰다. 그러나 그는 대단히 일방적인 방법으로, 즉 루터의 관점에서 열광주의자들을 다루었다. 이 열광주의자들은 원래 종교개혁을 지지했었는데 후에 떨어져 나간 것이라는 홀의 주장은 지금도 부분적으로 그의 영향력 아래서 언급되고 있지만, 이는 더 이상 유지되기가 어렵다. 홀의 어떤 주장은 더 큰 문제점을 드러낸다. 즉, 홀은 루터를 독일 역사의 원형으로, 반면에 뮌처는 앵글로·색슨 역사의 원형으로 보았다. 그리고 열광주의자들을 단순히 선동가로 그리는 반면, 루터는 "창조적, 종교적인 진리를 대표하는"[11] 인물로 묘사했다. 홀의 논문이 쓰여진 상황을 고려해 볼 때, 그러한 진술은 그가 국가주의적인 보수적 정치 운동을 뒷받침하기 위해 루터의 권위를 사용하고 있음을 의미할 뿐이었다. 사실 그것이 홀의 명백한 의도였다. 그러나 그 점에서 홀의 해석은 루터 신학을 현대화할 수 있는 한계를 훨씬 넘어선 것이다. 그 결과, 홀의 루터 해석은 국가주의적인 정치가들이 자신의 입장을 뒷받침하기 위해 루터의 권위를 오용하는 것에 대해 적절히 대처할 수가 없었다. 이는 1933년 이후 "나쁜 꽃이 만발하는" 결과를 낳았다. 그러므로 우리는 스스로를 "독일 그리스도인들"이라고 일컬은 무리―국가사회주의자들의 메시아적 주장을 지지했던 이들―의 주요 지도자들이 이 홀의 문하에 있었다는 사실에 놀랄 필요가 없다. 그중에서 특별히 중요한 인물은 에마누엘 히르쉬이다.

홀은 트뢸치가 적절하게 제시한 점들을 유용한 것으로 받아들이지 못했다. 그는 트뢸치의 이론에 반대하는 입장에서 광범위한 논쟁적인 연구를 수행하며, 대부분의 경우 자신의 정당성을 논증할 수 있었다. 홀은 루터 학자로서, 그리고 루터 연구에 있어서 트뢸치보다 훨씬 앞서 있었다. 그러나 홀에게는 트뢸치의 주장에 대한 단순히 방어적인 대응 이상의 것이 필요했다. 루터의 종교개혁에 대한 트뢸치의 이론 및 비판적인 질문들은 상당히 중요한 것이었고, 그렇게 간단하게 다룰 수 없는 것이었다. 그러므로 트뢸치의 업적이 후에 중요하게 취급된 것은 당연한 일이었다.

9장. 루터 해석의 최근 경향

홀은 1926년 불과 60세의 나이로 사망했기 때문에, 이후에 발생한 신학적, 정치적 논쟁에 참여할 수 없었다. 교회 및 신학 영역에서 1933년 이전에 이미 부분적으로 분열이 발생하기 시작했다. 그리고 그 분열은 히틀러의 정권 장악 이후에 더욱 분명한 모습을 드러낸다. 신학자와 신자들은 세 그룹으로 나뉘었는데, 독일 그리스도인들, 폭넓은 온건파, 그리고 고백교회로 구분된다. 고백교회는 칼 바르트의 영향을 많이 받았다. 이 논쟁에 홀은 참여할 수 없었고, 그의 루터 해석도 논쟁에 적용될 수 없었다. 만일 그럴 수 있었다면, 당시의 논쟁은 전혀 다른 경로로 진행되었을 것이다. 홀의 루터 해석이 제공하는 의미와 개념들은 상당한 영향력을 가지고 있었기에, 바르트의 신학만큼 중대한 역할을 담당할 수 있었을 것이다.

1. 에마누엘 히르쉬

홀 학파의 가장 중요한 대표자는 에마누엘 히르쉬Emanuel Hirsch, 1888-1972

이다. 불행하게도 1933년 이후 히르쉬의 정치적, 신학적 입장은 홀의 유산을 불명예스러운 것으로 만들었다. 그 결과, 교회적, 신학적 논쟁은 본래 홀의 루터 해석에 의거하지 않은, 다른 형태 및 관점의 해석에 의해 지배를 받게 되었다. 이 때문에 비록 히르쉬는 대단히 독립적이고, 때로는 독특한 방법으로 연구를 수행했지만, 그의 연구는 특정한 종교개혁 전통을 제대로 다루고 있는지조차 모호하게 되었다.

2. 칼 바르트

개혁파 신학자인 칼 바르트Karl Barth, 1886-1968는 그의 모든 신학적 작품들, 특히 『교회 교의학 *Die Kirchliche Dogmatik*』1932-1967에서 이전의 교의학자들보다 훨씬 더 집중적으로 폭넓은 신학 전통을 연구하였다. 루터는 그 전통에서 가장 중요한 자리를 차지하고 있다. 홀의 루터 해석 방법과는 대조적으로 바르트는 초기 루터보다는 1530년 이후의 루터, 즉 교회의 교사가 된 후기 루터에게 초점을 맞추었다. 바르트가 추구한 바는 옛 정통주의처럼 정통적 입장을 확고히 하기 위해 다른 경향의 신학을 거부하는 것이 아니었다. 그는 책임적이고 포괄적인 교리를 발전시키기를 원했다. 루터교 정통주의 시대 이후, 바르트만큼 후기 루터에게 이처럼 중요한 의미를 부여한 신학자는 없었다. 이와 같은 방향의 연구를 수행하면서 바르트는 루터의 한계라고 생각되는 것에 관심을 기울였다. 바르트는 루터의 "감추어진 하나님"과 "계시된 하나님"의 구분은 하나님의 통일성을 파괴할 위험이 있다고 생각했다. 그리스도론에 관해서도 루터의 편재론이 그리스도의 인성을 약화시킨다는 옛 개혁파의 염려에 동의하였다. 루터교 전통은 때로 율법과 복음의 관계를 상호 변증법적 관계가 아니라, 시간적으로 하나가 다른 하나를 따르는 방식으로 잘못 이해했다. 이러한 왜곡을 지적하며 바르트는 복음을 율법 앞에 두고, 복음의 우선권을 강조하였다. 바르트에 따르면 율법은 복음의 필연적인 형식으로서, 복음 자체를 표현한다. 그는 기독교와 세속 사회의 관계도 같은 방식으로 정의했다. 즉, 기독교는 세속 사회의 내적인 핵이다.

바르트는 루터뿐만 아니라 루터주의에 대해서도 많은 염려와 비판을 표명하였다. 가장 날카로운 비판은 루터교 전통이 창조 질서와 국가에 자율성을 부여했다는 것이다. 바르트는 율법을 복음으로부터, 자연을 은혜로부터, 그리고 세속 정부를 영적 정부로부터 분리할 때, 그러한 위험이 불가피하게 발생한다고 보았다. 바르트는 루터주의가 피하려고 했던 "율법주의"의 위험성을 잘 알고 있었다. 그러나 그는 그것을 다른 방법으로, 즉 그리스도의 주권을 강조함으로 극복하고자 했다. 그는 루터주의가 이 그리스도의 주권을 충분하게 표명하지 않았다고 생각했다.

3. 프리드리히 고가르텐

프리드리히 고가르텐Friedrich Gogarten, 1887-1967은 바르트와는 전혀 다른 방식으로 루터를 해석하였다. 그는 초기에는 변증법적 신학의 대표자들 중 하나였지만, 후에 바르트와의 의견 충돌로 그와 사이가 멀어졌다. 그러나 고가르텐 역시 홀의 루터 해석을 수정하며, 그리스도론이 루터 신학의 중심이라고 강조했다. 고가르텐은 홀과 트뢸치 간의 논쟁에 관련해서도 그의 수정 의견을 제시하였다. 이 논쟁은 고가르텐의 윤리적 설계에 있어서 대단히 중요한 의미를 갖는다. 트뢸치가 일종의 이중 윤리를 말하는 루터 신학을 비난한 반면, 고가르텐은 루터가 외적 권위들에 의존하도록 기만당한 이들을 자유롭게 했고, 또한 그들에게 대단히 적절한 자율성을 허용했다는 것을 논증하려고 했다. 이는 루터가 인간을 해방시켰다는 옛 이론에 새로운 의미를 부여하는 것이다. 즉, 루터는 우리로 하여금 스스로 자신의 삶에 대한 성숙한 책임을 지도록 우리를 해방시켰다. 종교개혁은 세상을 해방시키고, 세상에 진정한 "세상성"Weltlichkeit을 부여한 것이다.

그러나 고가르텐은 이 자유가 성취된 이상 종교개혁은 이제 불필요한 것이 되었다고 말하지 않는다. 오히려 믿음이 유지되는 한, 그렇게 함으로써 이성이 자신의 자유를 실현할 수 있을 때, 이성은 이 세상에서 그릇된 권위와 이념에 의존하지 않고 자신의 과제를 성취할 수 있는 것이다. 믿음이 이성에게 자유를 주었다는 것은 단지 역사적으로 발생한 일만을 말하는 것이 아니다. 이 이성의 자유는 믿음에 의해 지지되지 않으면 상실되는 것이다. 진정한 세상성이 서구 세계에서 역사적으로 현실이 되었다는 것, 그리고 이는 믿음과 이성이 각각 서로 다른 능력과 과제를 갖고 있음을 인정하고, 상호 간의 차이를 존중할 때 비로소 가능해졌다는 것은 우연이 아니다. 이러한 면에서 세속화Säkularisierung는 종교개혁이 이해한 기독교 신앙의 정당한 결과이다. 그러나 다른 한편, 인간 이성을 절대화하면서 나타난 것이 세속주의Säkularismus이다. 이성과 마찬가지로 정치 윤리도 믿음으로부터 직접적인 지시를 받지 않는다. 고가르텐은 별도의 특별한 기독교 윤리를 거부한다. 오히려 윤리학은 이성을 근거로 하여 발전되어야 한다. 물론 그 윤리학이 진정한 합리성을 갖기 위해서는 믿음에 의해 수정되어야 한다.

고가르텐의 루터 해석과 관련된 논의에서 종교개혁과 현대 세계의 출현 간의 연관성 문제가 집중적인 토론의 대상이 되었다. 그러나 그 관계는 고가르텐이 생각했던 것보다 훨씬 더 복잡한 것임이 밝혀졌다. 현대 세계가 등장하기까지는 중세 후기로부터 시작하여 현대에 이르는 광범위한 사조들의 발전 과정이 있었다는 것이 분명한 사실이다. 종교개혁은 이 과정에서 어느 정도만 공헌했을 뿐이다. 현대 세계는 종교개혁이 없었더라도 발전되었을 것이다.

좁은 의미에서의 루터 해석과 관련하여 고가르텐이 여러 중요한 문제들에 있어서 루터의 윤리학을 정당하게 취급하지 못했다는 것은 분명하다. 루터에게는 고가르텐이 그리했던 것처럼, 기독교와 합리성이 구분될 수 없는 것이었다. 루터 또한 정치 영역에서 "기독교적인 것"을 직접적으로 주장할 수 있었다. 그에게 사적인 영역이나 공적인 영역 모두에서 행동의 동기는 사랑이었다.

독일어권에서는 바르트와 고가르텐이 제시한 루터 해석이 홀의 해석과 함께 가장 잘 표현되고, 영향력 있는 해석일 것이다. 물론 바르트나 고가르텐은 모두 좁은 의미에서 루터 연구가는 아니었다.

4. 스웨덴 학자들

독일 밖에서 발전된 루터 해석 가운데 스웨덴 학자들의 연구는 특별히 중요하다. 지난 수십 년간 그들은 그들 나름의 독특한 해석을 발전시켰다. 스웨덴의 루터 이미지의 독특성은 먼저 다양한 신학적 문제들을 분석하는 데 있어서 "갈등 동기"Kampfmotiv에 집중한 그 방법론에 있다. 1920년대에 시작된 스웨덴 학파의 주요 인물들은, 구스타프 아울렌Gustaf Aulén, 안데르스 니그렌Anders Nygren, 라그나르 브링Ragnar Bring, 그리고 구스타프 빙그렌Gustaf Wingren 등이 있다. 이들과 관련하여 핀란드의 루터 학자, 특별히 레나르트 피노마Lennart Pinomaa 도 언급되어야 할 것이다. 전반적으로 스칸디나비아반도에서는 창조 질서 사상과 함께 갈등 동기가 집중적으로 연구되었다. 즉, 하나님과 마귀 사이의 갈등, 그리고 여기에 상응하는 인간 안의 영과 육의 투쟁에 특별히 관심을 기울였다. 니그렌은 "에로스"Eros와 "아가페"Agape라는 기본 동기를 가지고 기독교 교리의 형성사를 탐구하였고, 루터를 가장 탁월한 아가페 종교의 옹호자로 묘사하였다. 스웨덴 학자들은 또한 율법과 복음의 문제에 특별한 관심을 가졌다. 그 외에도 두 왕국론에 대한 일방적 해석을 피하기 위해 하나님의 두 정부/통치 이론을 강조하였다. 그러므로 그들은 이 두 정부/통치의 갈등 관계에도 불구하고 하나님은 궁극적으로 그 모든 것 가운데서 일하시고, 두 방법으로 세상을 통치하신다는 것을 분명히 밝혔다. 피노마는 하나님의 진노 개념에 특별히 주의를 기울이며, 바울에 의해 발전된 이 개념은 루터에게도 중대한 의미를 가지고 있다는 것을 보여주었다. 갈등의 주제를 강조한 스칸디나비아반도 학자들의 연구는 칭의와 구원의 확실성을 일방적으로 강조하는 견해에 대해 균형을 맞추는 역할을 한다. 바르트와는 대조적으로 스웨덴 학파의 루터 해석은 대체로 비판적인 요소가 적다. 그러므로 그들의 견해는 바르트의 비판에 대응하는 데 독일의 루터 해석보다 유리할 수 있다.

5. 핀란드 학자들

1980년대 이후 몇 명의 핀란드 학자들이 자신들만의 독특한 루터 해석을 발전시켰다. 그들의 특징은 처음으로 "신성화"(神性化), 혹은 [같은 뜻의 그리스어인] "테오시스"Theosis의 동기에 초점을 두었다는 데 있다. 이 방향의 연구를 주도한 주요 학자들은, 투오모 만네르마 Tuomo Mannermaa, 시몬 페우라Simon Peura, 그리고 리스토 사리넨Risto Saarinen 등이다. 그들이 이 연구에 집중하게 된 근본적인 이유로 두 가지를 들 수 있을 것이다. 하나는, 러시아 정교회와 핀란드 루터교회 간의 에큐메니컬 대화에서 핀란드 대표들이 대화 상대로부터 자극을 받은 것이다. 러시아 정교회 대표들은 그들의 전통적 주제인 "신성화"를 토의의 주제로 내세웠다. 다른 하나는, 핀란드 학자들이 독일의 루터 해석에 대해 별로 만족감을 갖지 못했던 것이 연구 동기가 된 것으로 보인다. 특별히 그들은 독일 학자들이 리츨 이후 일방적으로 윤리적 측면을 강조하며, 존재론적 동기들을 간과한 것을 비판한다. 핀란드 학자들의 이 새로운 루터 해석에서 주의해야 할 점은 "신성화"에 대한 루터의 직접적인 진술과 칭의론 전체와 관련된 루터의 신학을 구별하는 것이다. 루터에게는 실제로 "신성화"라는 개념이 드물게 나타난다. 그러나 핀란드 학자들은 루터의 칭의, 사죄, 성화 등의 개념을 단순히 외적인 권고나 약속이 아닌 그리스도와의 "연합"으로, 그러므로 인간 전체의 변화를 포괄하는 것으로 이해해야 한다고 주장한다. 이와 같은 핀란드 학자들과 다른 나라 루터 연구가들 간의 토론은 수년간 지속되어 왔다.

루터 해석의 다양성과 상이점들은 그 출발점의 차이에서 비롯된 것
으로 설명할 수 있다. 교회사가들과 조직신학자들은 출발점 및 관심
의 초점이 서로 다르다. 일반적으로 독일의 루터 연구는 교회사가들
에 의해 주도되었고, 스웨덴의 경우 조직신학자들이 주축을 이루었
다. 이것이 상대적으로 스웨덴 학자들이 독일 학자들보다 초기 루
터의 문제에 관심을 덜 가졌던 이유 중 하나이다. 스웨덴 학자들은
어떤 동기나 주제의 역사적 발전과 관련된 문제에 더 많은 주의를
기울였다.

　　그 외의 다른 나라들에서의 루터 연구는 비록 개별적인 차이가
있지만, 스웨덴이나 핀란드와 같이 접근 방법이나 개념의 측면에서
폭넓게 공유되는 특징은 찾기가 어렵다. 이러한 현상은 모든 분야의
루터 연구에서 점차 일반적인 일이 되어 가고 있다. 시간이 흐름에
따라 초기에 몇 가지 루터 해석 방법을 중심으로 학파를 형성하던
현상은 사라지고, 그 대신 서로 다른 연구 경향들 간의 대화가 활발
해지고 있다. 이 때문에 옛 의미에서의 "학파 형성" 현상은 전반적
으로 쇠퇴했으며, 최소한 오늘날에는 이전보다 그 영향력이 훨씬 감
소되었다.

　　그렇다고 해도 이는 카를 홀 이후의 시대에 루터 신학을 포괄적
으로 이해하려는 중대한 노력들이 더 이상 영향력을 가지지 못했다
는 것을 뜻하지 않는다. 이 분야에서 가장 의미 있는 연구가 라인홀
트 제베르크, 에리히 제베르크, 그리고 파울 알트하우스에 의해 수
행되었다. 라인홀트 제베르크는 에를랑겐 학파로 대표되는 루터교

전통에 속해 있다. 따라서 그는 확고하게 "보수적인" 루터 평가를 제시했는데, 그의 연구는 오늘날까지도 면밀성에 있어서 그 가치를 인정받고 있다. 에리히 제베르크의 미완성된 루터 신학 개관[12]은 신비주의의 의미와 루터의 성령 이해를 이전과는 다른 방식으로 연구했다는 점에서 독특성을 가지고 있다. 이러한 접근을 통해 그는 "원초적 하나님 형상"Urbild으로서의 그리스도 이해와 신앙의 본질에 대한 이해를 발전시켰다. 제베르크의 책의 마지막 권은 출판되지 못했지만, 루터의 성령 이해를 중점적으로 다루면서 아마도 자신의 접근 방식을 끝까지 일관성 있게 유지했을 것이다. 루터의 신학과 윤리학에 대한 알트하우스의 연구는 다른 어떤 저술보다도 다양하고 풍부한 루터의 진술들에 근거하고 있다. 알트하우스가 루터에게서 찾아낸 굉장히 다양한 인용문 및 통찰들은 루터를 결코 어떤 조직적인 접근 방식을 통해 단일한 체계 안에 담을 수 없다는 사실을 거듭 증명하고 있다. 루터는 확정적이고 경직된 사고 유형을 늘 넘어서고 있다. 마지막으로, 루돌프 헤르만은 루터 신학을 체계화하려는 조직신학적 시도를 거부하였다. 그 대신 그는 믿음과 회개, 육과 영, 율법과 믿음 등과 같은 쌍을 이루는 기본 개념들 가운데 존재하는 역동성에 초점을 맞추었다.

7. 게르하르트 에벨링

최근 수십 년간에 걸쳐 게르하르트 에벨링G. Ebeling, 1912-2001은 루터 연구 영역에서 특별히 중요한 공헌을 하였다. 그는 루터와 중세 전통의 관계를 특히 성경 해석과 관련해 집중적으로 연구하였다. 에벨링과 그의 문하의 몇몇 학자들은 그리스도론과 해석학 사이에서 발견할 수 있는 많은 상호 관계성을 연구하였고, 그렇게 함으로써 루터 신학의 발전 과정을 보다 선명하게 밝힐 수 있었다. 덧붙여서 에벨링은 독특한 방법으로 루터와 현대 사상의 관계에 대한 물음을 제기했다. 에벨링에 따르면 우리는 이 문제를 적당히 취급할 수 없다. 그 이유는 한편으로 현대 사상의 발전은 대단히 복합적인 과정이기 때문이며, 다른 한편으로는 루터에게서 다차원성—이를 현대 세계는 망각함으로써 손상을 입었다—이 발견되기 때문이다. 에벨링은 루터와 현대 세계의 관계라는 중요하고도 매우 복잡한 문제를 새로운 차원의 학문적 논의로 끌어올렸다.

10장. 로마 가톨릭의 새로운 루터 이미지

금세기에 들어서 로마 가톨릭이 보여준 루터 이해의 변화는 가히 혁명적이라고 부를 만한 것이다. 16세기 초부터 계속해서 로마교회는 루터를 교회의 통일성과 서구 세계의 통일성을 파괴한 이단의 원흉으로 간주했다. 루터파 측에서는 교황을 적그리스도로 규정했다. 로마 가톨릭도 이에 대해 같은 식으로 응전했다. 때때로 직접적인 충돌이 일어나기도 했다. 양편이 서로를 정죄하기만 하는 일반적인 현상 가운데서도 예외적으로 기릴 만한 일이 없었던 것은 아니다. 그러나 전반적으로 루터파와 로마 가톨릭의 관계는 20세기에 들어서까지도 뿌리 깊은 편견과 의혹에 의해 지배되었다. 이러한 갈등 상황은 독일 "문화 투쟁"^{Kulturkampf}을 통해 더욱 강화되었다. 제2제국 시대의 독일에서 로마 가톨릭 신자들은 종종 교황 지상주의자^{Ultramontaner}로 낙인이 찍혀 살해당하기도 했다. 로마 가톨릭 신자들은 반(反)제국적인 동시에 반(反)독일적인 무리로 간주되었다.

1. 하인리히 데니플과 하트만 그리자르

20세기 초에 폭넓은 루터 연구를 수행한 도미니크회의 하인리히 데니플Heinrich Denifle과 예수회의 하트만 그리자르Hartmann Grisar는 루터에 대한 로마 가톨릭의 전통적인 편견을 보여주는 대표적인 예이다. 그러나 동시에 데니플은 매우 독특한 방식으로 중요한 동기를 제공해 루터 연구를 촉진시켰다. 그는 중세와 비교하여 종교개혁 안에 나타난 새로운 것이 무엇인지에 대해 학문적인 설명을 시도한 최초의 학자였다. 물론 "오직 은혜", "오직 믿음"의 형식을 통해 표현된 루터의 칭의론은 그릇된 안전 의식을 갖게 하고, 염려 없는 방종한 생활을 하게 만든다는 데니플의 명제는 근거가 없기 때문에 진지하게 다룰 필요가 없다. 루터에 대한 데니플의 공격은 대단히 지나치고 감정적인 것이어서, 그 자신이 이룩한 진정한 학문적인 공헌을 모호하게 만들었다. 개신교 측에서는 특히 카를 홀이 데니플과 그리자르에 대응하는 논쟁을 주도적으로 이끌었다. 그러나 홀은 그들의 과도한 공격과 진정한 공헌 사이를 구분하는 데 실패했다.

2. 프란츠 자베르 키플과 제바스티안 메르클레

그러나 1910년경 여러 로마 가톨릭 신학자들이 루터를 다른 방식으로 보기 시작했다. 프란츠 자베르 키플Franz Xaver Kiefl과 제바스티안 메르클레Sebastian Merkle가 이 변화의 과정에 중요한 공헌을 했다. 여기에서 무엇보다도 중요한 것은 간단히 말해, 그들이 루터의 종교적, 교회적 개혁의 의도를 진지하게 취급했다는 데 있다. 이는 동시에 중세 후기의 교회 상황을 과장하거나 미화하려는 의도 없이 비판적으로 평가할 용의가 있음을 전제하는 것이었다. 종교개혁을 이러한 새로운 관점에서 평가하기 시작한 그들의 업적은 가톨릭교회와 특별히 교리에 관해서 권위를 가진 교직Lehramt으로부터 오랫동안 조금도 지지를 받지 못했으며, 오히려 여러 번 의혹과 오해의 대상이 되었다.

3. 요제프 로르츠

로마 가톨릭의 루터 연구의 새 시대를 개막한 것은 요제프 로르츠 Joseph Lortz의 책, 『독일의 종교개혁 *Die Reformation in Deutschland*』1939/1940, 1. Aufl.이다. 로르츠는 이전에도 루터에 대한 많은 소논문을 출판했다. 그러나 로르츠의 이 책은 전혀 새로운, 그리고 근거가 매우 훌륭한 루터 연구서였다. 만일 개신교인과 가톨릭교인이 함께 국가사회주의 정권에 저항하며 투쟁한 경험이 없었더라면, 이 책은 쓰이지 못했을 것이다. 어찌 되었든 로르츠는 루터의 위대함과 그의 일방성 및 한계를 동시에 보려는 목적을 가질 수 있었다. 로르츠는 무엇보다도 중세 후기 교회의 면죄부[면벌부] 관행, 경건 생활의 악습들, 불충분한 신학 작업, 그리고 특히 로마 교황청의 비(非)영적인 성격에 대해 냉혹하게 비판했다. 로르츠는 루터가 대항했던 중세기 가톨릭교회는 전혀 가톨릭적인 교회가 아니었다고 주장하였다. 이러한 면에서 로르츠는 로마에 대한 루터의 공격을 적절히 승인할 수 있었다. 또한 그는 루터 신학도 비슷한 방법으로 평가하였다. 로르츠는 루터가 바울에 대한 비상하게 깊은 통찰을 가지고 있었고 회개를 심각하게 취급했으며, 또 신앙의 확실성을 강조한 것은 명백히 모범적인 것이라고 생각했다.

그러나 로르츠는 믿음에 대한 루터의 해석이 일방적인 것이었다고 비판했다. 루터는 "성경을 전체적으로 보지 못한 사람"^{kein Vollhörer}이었다. 그는 바울을 성경의 다른 책으로부터 분리시켰을 뿐만 아니라, 바울을 대단히 제한된 방식으로 보았다. 로르츠는 루터의 "주관주의"^{Subjektivismus}를 그 원인으로 판단했다. 루터는 교회의 존재에 대해 생각하지 않고, 비록 깊이가 있는 것이었지만 그 자신의 신앙 이해를 절대화했다. 이러한 방식으로 루터의 종교개혁은 이전에는 알지 못했던 깊고 풍부한 신앙의 참된 체험을 이단적 오류와 불가분리적으로 결합시켰다. 그러므로 종교개혁은 교회를 갱신하고 풍요롭게 했지만, 그것은 또한 교회 분열의 원인이 되기도 했다. 이렇게 로르츠는 루터에 대한 가톨릭교회의 평가에 있어서 이전의 도덕적 비난을 신학적 비평으로 대체하였다.

후에 로르츠는 부분적으로 그의 견해를 수정하였다. 본래 그는 루터의 로마서 강해^{1515/1516}가 결정적인 부분에서 더 이상 가톨릭교회의 전통을 따르지 않고 있다고 간주했지만, 후에 그는 이 강해에서 본질적으로 가톨릭적인 것은 아무것도 없다고 여겼다. 그러나 이는 무엇이 실제로 가톨릭적이고, 또 무엇이 실제로 종교개혁적인지 구분해야 하는 새로운 문제를 야기하였다. 또한 만족스럽지 못한 것은 로르츠가 중세 후기 교회의 부패를 기꺼이 인정했지만, 신학적인 측면에서는 가톨릭교회와 교직에 대한 비판을 서둘러 삼갔다는 사실이다.

4. 에르빈 이저로

로르츠 학파 출신, 혹은 최소한 그의 영향을 받은 여러 로마 가톨릭 신학자들이 로르츠가 내린 결론들과 또한 그가 제기한 질문들을 넘어서는 연구를 이어 나갔다. 에르빈 이저로Erwin Iserloh는 다수의 논문을 출간하여 한편으로 중세 후기 신학의 쇠퇴를 조명하였으며, 다른 한편으로는 개신파 그룹들 간의 차이점에 대해서 지속적인 관심을 기울였다. 예를 들어, 멜란히톤은 주교직을 보존하려고 했지만 성공하지 못했다. 이저로는 이러한 사실들을 증명하려는 노력이 교회의 통일성을 회복하는 데 도움이 되기를 원했다. 즉, 만일 개신파 교회가 사도전승과 주교직을 채택했었더라면, 교회의 통일을 막는 주요 장벽들 중 하나는 극복될 수 있었을 것이라고 그는 생각했다.

5. 슈테판 퓌르트너와 오토 헤르만 페쉬

그 외의 다른 로마 가톨릭 신학자들은 본질적인 신학의 영역에서 대화를 발전시켰다. 슈테판 퓌르트너Stephan Pfürtner와 오토 헤르만 페쉬Otto Hermann Pesch는 토마스 아퀴나스와 루터 사이에는, 그들의 의도와 또한 그들이 바로잡고자 했던 오류들을 고려할 때, 절대적인 불일치를 찾을 수 없다는 것을 논증하였다. 특별히 신앙의 확실성에 관한 문제와 칭의론에서 둘은 큰 차이를 보이지 않는다. 그러므로 16세기에 분열을 야기했던 핵심 문제들에 대해 쌍방은 열린 자세를 가질 수 있다. 그러나 이러한 성과는 지금까지 오직 몇몇 개인의 차원에서만 이루어졌다. 비록 "교회 간의 대화"를 통해 이와 유사한 결과를 얻기는 했지만, 그러한 화해의 노력은 교회의 공식적인 승인을 필요로 하는 것이다. 그러나 최근 수십 년간 로마 가톨릭 내에서 이루어진 루터 이미지의 변화는 학문적인 연구를 통해 편견을 극복할 수 있다는 것을 보여주는 예가 된다. 어찌 되었든 오늘날 로마 가톨릭과 개신교의 관계는 이러한 변화에 의해 큰 영향을 받아서, 이제 양쪽은 모두 서로를 이해하지 못하고 반목을 일삼던 과거로 되돌아갈 수 없게 되었다.

11장. 루터 연구의 문제와 관점

1. 루터에 대한 새로운 접근 방식

전반적인 루터 이미지에 관한 한, 오늘날 우리의 과제는 루터에게 접근하는 새로운 방식을 찾아야 한다는 것이다. 독일에서는 특별히 많은 이유로 인해 과거 역사와의 관계가 큰 짐이 되고 있다. 그 근거가 견고한 루터 이미지를 얻는 데 겪는 어려움은 이러한 역사의식의 위기와 관련되어 있다. 이전의 루터 이미지들은 대부분 오늘날 더 이상 유용하지 않은 구시대적인 것이 되었다. 오랫동안 루터를 독일 민족의 영웅으로 오용해 온 것이 그에게 단번에, 그리고 영원히 독일 민족주의자의 이미지를 덧씌웠다. 루터가 의심의 여지없이 여러 가지 속박으로부터 인간을 해방시켰고, 종교개혁으로 인해 관용의 시대가 촉진되었지만, 이 사실에 대해서조차 사람들은 대부분 곧 그 한계를 설정한다. 권위주의적 정부의 출현에 대한 책임을 종종 너무 성급하게 종교개혁에 돌리기 때문이다. 루터는 무엇보다 저술가이자 개혁자였으며, 그 점에서 어느 누구보다도 출중한 인물로 인정받아 왔다. 그러나 이러한 사실에도 불구하고 진리의 인식 가능성에 대해 불가지론적 입장을 취할 경우, 루터에게 접근할 수 있는 방법이 없다.

2. 새로운 과제

오늘날 루터와 같은 위대한 인물에 대해 근거가 확고한 관점을 얻고자 할 때, 반드시 해결해야 할 새로운 과제들이 주어져 있다는 사실은 우리 시대의 루터 이미지를 발전시키려는 노력에 어려움을 더해준다. 특히 오늘날 여러 상이한 견해들 간의 논쟁을 다루는 일이 여기에 속한다. 그러한 견해들은 특별히 자유교회적 관점에서, 또한 전혀 다른 전제로부터 나온 마르크스주의적 개념들 가운데서 발견할 수 있다. 종교개혁에 대한 자유교회적 관점은 주로 북미 학자들에 의해 주장되어 왔다. 그들은 루터의 종교개혁뿐만 아니라, 부처, 츠빙글리, 칼뱅의 종교개혁은 본질적으로 권력 중심적 형태의 종교개혁, 즉 "관 주도형 종교개혁"magisterial reformation 13 이었다고 지적한다. 반면에 오직 자유교회와 특별히 재세례파만이 종교개혁의 성경적 원칙을 충실히 지키며 교회와 국가를 분리하고, 더 나아가 기독교 평화주의Pazifismus를 진척시켰다는 것이다. 특히 제2차 세계대전 이후, 한때 루터가 "열광주의자들"이라고 불렀던, 그리고 오늘날 흔히 종교개혁의 "좌익" 혹은 "급진적 개혁"이라고 일컬어지는 여러 다양한 성향의 운동에 대한 연구가 대단히 큰 활력을 얻게 되었다.

　　그러나 이러한 연구는 여전히 다음과 같은 질문에 대답해야 하는 과제를 안고 있다. 종교개혁의 "좌익"을 대표하는 여러 인물들에게 루터는 어떤 영향을 미쳤는가? 그들은 중요한 문제에 있어서 루터의 문하생이었는가? 아니면 그들은 독자적으로 그들 나름의 형태의 종교개혁을 발전시켰는가? 중세 후기와 고대 교회 및 고대 세계의 전통들 가운데 어떤 전통이 이러한 운동에 중요한 영향을 미쳤는가? 언제부터 루터의 종교개혁과 다른 방향의 운동들 사이에 차이가 발생하였는가? 이 주제와 관련하여 특별히 중요한 연구 분야는 1970년대 후반에 들어서 점차적으로 연구되어 온 종교개혁 시대의 팸플릿 자료이다.

종교개혁을 마르크스주의적으로 해석하는 관점은 물론 1945년 동유럽에 공산주의 체제가 들어선 뒤로 비약적으로 발전하였다. 그러나 이는 1989년 이후 공산주의 체제의 붕괴가 마르크스주의자들이 제기한 물음과 그들의 공헌을 무의미하게 만들었다는 것을 의미하지 않는다. 더구나 마르크스주의 측에서 나온 몇몇 출판물은 대단히 중요한 영향력을 가지고 있다. 엥겔스와 마르크스뿐만 아니라, 1989년에 이르기까지 많은 마르크스주의자들이 루터에 대해 성급하고도 경솔한 평가를 내리며, 그를 "제후의 종"으로 폄하해 온 것은 사실이다. 그러나 마르크스주의자들에 의해 생산된 몇몇 학문적 출판물은 앞으로도 내용상의 무게와 방법론적 측면에서의 공헌, 그리고 새로운 자료들을 다루는 방식 때문에 그 가치를 인정받을 것이다. 그러한 연구들은 여전히 진지하게 다루어져야만 한다.

앞에서 다룬 것과 관련이 있는 또 다른 영역의 과제는 사회사 연구의 결과를 신중히 고려해야 한다는 점이다. 이 새로운 연구 분야는 근본적으로 역사적 사건과 인물들에 대한 더욱 통전적인 관점을 갖도록 도움을 준다. 우리는 가장 넓은 의미에서의 경제적, 재정적, 그리고 사회적 요소들에 주의를 기울여야 한다. 사회사 연구는 근본적으로 아직 시작 단계에 있다. 그러므로 이 분야의 중요한 연구가 한참 더 진행되어야 할 것이지만, 그 연구 결과는 확실히 16세기 역사에 대한 이전의 그림을 수정하게 될 것이다. 루터 연구 및 해석이 인정받을 만한 루터 이미지를 그리고자 한다면, 이러한 새로운 학문적 방법론과 그 공헌을 깊이 고려해야만 할 것이다. 이 과제의 수행은 상세한 부분에서뿐만 아니라, 전반적으로 상당한 어려움을 수반하는 일이다. "종교적인" 요소와 "신학적인" 요소를 완전히 분리해 내어 분석한다는 것은 거의 불가능한 일이다. 그 요소들은 항상 다른 인간적 요소들 및 인간의 행위와 함께 얽혀 있다. 그러나 종교적, 신학적 동기와 관점이 지배적인 영향을 미쳤는지, 혹은 그렇지 못했는지, 그리고 어디서 그러한 역할을 했고 또 어디서 그렇지 못했는지에 대한 물음은 여전히 남아 있다. 그리고 또한 다른 요소들이 전면에 나타나는 것처럼 보일 때에도 종교적, 신학적 차원의 존재를 부인할 수 없으며, 그 의미는 주의 깊게 평가되어야 한다.

루터와 관련하여 이것이 의미하는 바는, 이 개혁자이자 목회자인 인물에 대해 우리 동시대인이 신뢰할 수 있고 또 설득력이 있는 새로운 이미지를 발전시키기 전에, 다양한 문제들을 전체적으로 새롭게 연구해야 하는 과제가 우리에게 주어져 있다는 것이다. 덧붙여서 장차 우리는 앞에서 반복해서 언급했듯이, 루터 연구 및 해석에서 가장 중요한 과제 중 하나인 두 중대한 질문에 대답해야 한다. 즉, 루터와 중세의 관계는 어떤 것인가? 또 현대 세계와의 관계는 어떤 것인가? 이 문제와 관련해서도 우리는 지금까지 당연한 결과로 여겨 왔던 많은 것을 다시 새롭게 논의해야 할지도 모른다. 교파들 간의 관계 발전도 앞으로 루터 이미지에 대해 반작용을 일으킬 것이다. 또한 오랫동안 연구되어 온 초기 종교개혁 운동의 다원성에 대한 인식을 새로운 루터 이미지 속에 통합시키는 것도 결코 덜 중요한 일이 아니다.

이러한 특별히 중요한 문제들에 대한 연구에 덧붙여서, 상세한 부분에서도 장차 다루어야 할 다양한 과제들이 남아 있다. 전문적인 신학 연구에 관심을 집중해야 하는 이유는 자명한 것이지만, 동시에 계속적인 연구가 시급히 요구되지 않는 영역도 거의 없다. 이러한 연구는 루터에 대한 더 새롭고 세분화된 이미지를 형성하는 데 가치 있는 공헌을 할 것이며, 이를 위해 우리는 오늘날 학문이 요청하는 것과 루터가 미친 다양한 영향의 역사를 함께 고려할 필요가 있다. 이러한 의미에서 각 세대에게는 자신의 과거와 이전 시대의 중요한 인물들에 대해 책임적인 이미지를 발전시켜야 하는 과제가 새롭게 주어진 것이다.

VIII. 전집·선집, 루터 연구 국제 대회 및 전문 학술지

16세기 이래로 출판되어 온 루터의 저작의 모든 주요 전집 및 선집에 대한 상세한 개관이 쿠르트 알란트^{Kurt Aland}에 의해 제공되었다.[1] 알란트는 또한 루터의 저작을 연대순으로 배열한 목록을 제시한다. 여기에서 가장 상세한 목록은 루터의 저작을 알파벳 순서대로 정리하고, 각 저술이 여러 전집 가운데 어디에 실려 있는지를 보여주는 것이다. 이러한 목록들을 이용하면 어떤 전집의 인용문이 다른 전집의 어느 위치에 나오는지 쉽게 알 수 있다. 이에 대해서 또한 쉴링 ^{Johannes Schilling}의 글이 도움이 될 것이다.[2]

　　다음은 가장 중요한 전집 및 선집들을 선별해 소개한다.

1. 바이마르판

이 바이마르판^{Weimarer Ausgabe, WA}은 가장 방대하고, 대부분의 루터의 저술을 가장 잘 편집한 전집이다. 바이마르판은 「저술」^{WA [Schriften]}, 「서신」^{WA Br}, 「탁상 담화」^{WA TR}, 그리고 「독일어 성경」^{WA DB}의 네 부분으로 구성되어 있다. 「서신」, 「탁상 담화」, 「독일어 성경」은 완결되었다. 「저술」 부분도 가까운 미래에 완결될 것으로 보인다. 여기에는 첫 번째 시편 강해 새 편집본의 마지막 책^{WA 11}이 아직 빠져 있다.

　　이 전집의 본래 의도는 루터의 저작을 연대순으로 출판하는 것이었다. 그러나 첫 책들이 출판된 이후, 초기 루터의 새로운 강의 원고와 필기 노트들이 발견되었다. 이 때문에 1518년까지의 저술은 엄격하게 연대순을 따르지 못했다. 그러므로 어떤 특정한 시기에 쓰인 루터의 저술을 연구하기 위해서는 단순히 바이마르판의 순서에만 의존해서는 안 된다. 오히려 알란트가 제시한 연대기적 목록을 따라야 한다.「저술」과「서신」중에서는 나중에 출판된 책이 이전의 책들의 본문을 수정·보충하는 경우도 있기 때문에 이러한 부분에 주의를 기울여야 한다. 알파벳 순서로 되어 있는 알란트의 목록은 이를 위해 필요한 정보를 제공한다.

「저술」제3권과 제4권에 수록되어 있는 첫 번째 시편 강해[1513-1515]가 제55권에서 재편집되었다는 것도 주목할 필요가 있다. 제3권과 제4권에서 루터의 난해한 필체가 항상 정확하게 판독된 것은 아니며, 또 직간접적 인용문들의 출처가 전혀 혹은 거의 제시되어 있지 않기 때문에 새로운 편집이 필요하게 되었다. 그 외에 현재로서는 바이마르판의 어떤 책도 재편집이 계획되어 있지 않다.

그 대신 새 편집본, 보충 문헌, 혹은 바이마르판과 직접적으로 관련된 출판물은 보충판 시리즈인『바이마르판 아카이브 AWA』에서 나올 것이다. 여기서 처음으로 출간된 것은, 소위 두 번째 시편 강해로 일컬어지는『시편 연구 Operationes in Psalmos』[1518-1521]의 새 판본이다. 이전에 출판된 바이마르판의 책들 가운데 적지 않은 본문이 부적합하게 편집되었기 때문에,『바이마르판 아카이브』에서 더 많은 새 편집본이 나오기를 기대한다. 그러나 많은 이유로 완전히 새롭게 편집된 바이마르판의 출판은 앞으로 오랫동안 기대할 수 없을 것이다.

2. 에를랑겐판

바이마르판 이전에 나온 루터 전집들 중에서는 에를랑겐판Erlanger
Ausgabe, EA이 가장 쉽게 사용할 수 있고, 또 가장 훌륭한 전집이다. 이
전집에서 루터의 독일어 저술과 라틴어 저술은 별개의 두 시리즈로
나뉘어져 있다. 독일어 저술은 1826-1857년에 출간되었다. 첫 스
물여섯 권은 1862-1885년에 제2개정판으로 다시 출간되었다. 성
경 해석과 관련된 라틴어 저술exegetica opera latina은 1829-1886년에, 그
리고 나머지 라틴어 저술opera latina varii argumenti은 1865-1873년에 출
간되었다. 에를랑겐판은 당시로서는 하나의 위대한 진척을 이룬 것
이었다. 에를랑겐판의 편집 수준은 종종 바이마르판보다 뒤떨어진
다. 그러나 후에 나온 책들은 훨씬 개선되었다. 라틴어 저술과 독일
어 저술을 분리한 것은 좋은 결정이 아니었다. 그러한 구분은 이 저
술들의 공통된 맥락을 무시하고 있기 때문이다. 이제 에를랑겐판
은 학문적 연구의 일차적 자료로 사용되어서는 안 된다. 제66권과
제67권은 비록 일반적인 것이기는 하지만 연구 방향을 제시해 주는
핵심 용어 색인을 포함하고 있다.

루터의 서신은 본래 에를랑겐판의 일부로서 엔데르스E. L. Enders에
의해 총 열여덟 권으로 편집되었는데, 이후 1909년에 분리되어 독
자적으로 출판되었다. 엔데르스의 이 훌륭한 편집본은 바이마르판
의 「서신」과 함께 유용하게 사용되고 있다.

3. 발흐판

요한 게오르크 발흐Johann Georg Walch에 의해 편집된 루터 전집Walchsche Ausgabe, Walch의 첫 번째 판본은 1740-1753년에 출판되었다. 그 당시 상황에서 이는 대단히 중요한 업적이었다. 이 판본에는 루터의 라틴어 저술의 독일어 역본이 실려 있으며, 그 번역은 오늘날에도 여전히 비교 연구를 위해 유용한 것이다.

발흐판의 두 번째 개정판은 1880-1910년에 세인트루이스에서 출판되었다. 아직 일부 도서관에서 이 개정판을 찾아볼 수 있다. 오늘날까지 이 전집은 주로 제15-17권에 수록되어 있는—다른 곳에서 볼 수 없는—역사적 가치가 큰 문서들 때문에 중요한 의미를 갖는다. 그러나 이 문서들 중 일부는 각기 완전히 다른 위치에 실려 있어서 접근하기가 쉽지 않다. 물론 이들은 모두 독일어로 번역되어 있다. 그 때문에 발흐판은 학문적인 목적을 위해서는 다른 비평적인 판본들과 함께 사용되어야 한다. 제23권에 수록된 주요 주제에 대한 색인은 에를랑겐판 제66권과 제67권의 색인보다 더 상세하다.

4. 브라운슈바이크판

이 브라운슈바이크판Braunschweiger Ausgabe, Br은 루터 연구 분야의 전문가들의 주도로 1889-1905년에 출판된 선집으로서, "그리스도인들이 집에서 읽을 수 있도록"für das christliche Haus 기획되었다. 총 여덟 권의 본책과 두 권의 보충판은 루터의 저작 중에서 좋은 본문들을 선별해 현대 독일어로 번역한 것이다. 편집자들이 첨가한 주석은 여전히 학문적인 연구를 위해서 가치가 큰 자료이다.

5. 클레멘판

클레멘판Clemensche Ausgabe, Cl, 혹은 본판Bonner Ausgabe, BoA은 오토 클레멘
Otto Clemen과 알베르트 라이츠만Albert Leitzmann의 협업으로 편집되었다.
첫 번째 판본은 1912-1933년에 출간되었다. 첫 네 권은 루터의 저
작의 선집으로서, 선별한 각 저술의 본문을 그대로 실었고, 제5-8권
은 루터의 초기 강해, 서신, 설교, 그리고 탁상 담화 중에서 선별한
것이다. 클레멘판의 본문은 부분적으로 바이마르판보다 월등하다.
그러므로 바이마르판을 사용할 때 클레멘판과 비교해 보는 것이 필
요하다. 또한 여기에 실려 있는 주해는 간결한 것이기는 하지만, 본
문비평적인 지식과 인용문의 출처에 대한 정보를 제공해 준다. 이
점에서도 클레멘판은 종종 바이마르판을 능가한다.

6. 뮌헨판

뮌헨판Münchener Lutherausgabe, Mü은 1914년부터 첫 번째 판본이, 1934년
부터는 두 번째 판본이 출간되었다. 새로 편집된 세 번째 판본의 경
우, 제2차 세계대전 이후 1948-1965년에 출간되었고, 몇 차례에
걸쳐 재인쇄되었다. 이 뮌헨판은 여섯 권의 본책Mü과 일곱 권의 보
충판Mü Erg(Ergänzungsbänden)으로 구성되어 있으며, 가장 널리 보급된 독
일어 루터 전집이기도 하다. 이 전집은 루터의 라틴어 저술을 번역
해 실었으며, 독일어 저술의 본문은 약간 현대화하였다. 이외에도

간략하지만 대단히 훌륭한 주석이 포함되어 있다.『노예의지에 대하여』Mü Erg 1, 로마서 강해Mü Erg 2,3 그리고『라토무스 반박문』Mü Erg 6의 역본은 특별히 주목할 만한 가치가 있다.

7. 루터 도이치

쿠르트 알란트는 1957-1974년에 "루터 도이치Luther Deutsch, LD"라는 제목 아래 열 권의 본책과 한 권의 색인서로 구성된 선집을 출판하였다. 이 선집은 수년에 걸쳐 완간되었고, 몇 권의 책은 재발행되었다. 알란트의 이 선집이 뮌헨판과 구별되는 점은, 먼저 루터의 다른 본문들을 선별하였고, 또한 루터의 독일어 저술을 훨씬 현대화했다는 것이다. 특별히 학문적인 연구를 위해서 가치가 있는 것은 색인서와 증보판으로 출판된『루터 사전 Lutherlexikon』이다. 물론 이 사전은 루터 도이치의 본문들에 해당되는 것이지만, 에를랑겐판의 색인보다 더 상세한 연구 정보를 제공한다.

8. 칼베르판

칼베르판Calwer Lutherausgabe은 처음에는 일곱 권의 페이퍼백paperback 형태로 출판되었고, 1964-1968년에 새로 편집된 판본에서 열두 권으로 늘어났다. 제1-10권은 루터의 저작에서 선별한 본문들을 현대적인 독일어로 번역해 실었다. 이 선집은 광범위한 독자층을 대상으로 하기 때문에 매우 간략한 주해가 실려 있으며, 내용 면에서도 일반적인 설명으로 제한하고 있다. 제11권과 제12권에는 하인리히 파우젤Heinrich Fausel이 저술한 대단히 훌륭한 루터 전기가 수록되어 있다. 이 전기는 루터의 저작 가운데 상당히 많은 본문들을 발췌하여 간략히 스케치한 루터의 생애에 연결시켰다. 일부 본문은 연대별로 목록화한 요람의 형식으로 실려 있다. 이처럼 전기와 신학적인 평가를 서로 연관시킨 파우젤의 시도는 성공적인 것이었다. 그러나 이러한 전기는 더 포괄적인 루터 전기를 대신할 수 없다.

9. 마르틴 루터 연구판

독일민주공화국[구 동독] 시절인 1979년, 총 여섯 권을 목표로 출판을 시작한 이 마르틴 루터 연구판Martin Luther Studienausgabe, StA은 한스 울리히 델리우스Hans Ulrich-Delius에 의해 편집되었다. 지금까지 다섯 권이 나왔는데, 이 선집에 실린 본문들은 부분적으로 클레멘판과 다르다. 특히 제2권에 수록된『라토무스 반박문』이 그렇다. 이 선집의 본문 편집은 전혀 새롭게 취급되었으며, 부분적으로는 바이마르판과 클레멘판보다 우수하다. 특히 여러 개념과 상황들에 대한 해설 및 광범위한 인용문 색인은 중요하고도 유용한 자료이다. 이러한 이유로 마르틴 루터 연구판은 학문성에 있어서 바이마르판과 클레멘판에 다음가는 위치를 차지해 왔다.

10. 마르틴 루터 저작 선집

카린 보른캄Karin Bornkamm과 게르하르트 에벨링을 비롯한 여러 루터 학자들의 협력으로, 총 여섯 권으로 구성된 마르틴 루터 저작 선집

Martin Luther-Ausgewählte Schriften이 1982년 인젤 출판사Insel Verlag를 통해 출판되었다. 이 선집은 루터의 모든 라틴어 본문을 독일어로 번역하고, 독일어 본문의 경우 현대적인 독일어로 옮겼다. 특별히 주목할 만한 것은 요하네스 쉴링Johannes Schilling에 의해 편집되어 제6권에 실린 루터의 수많은 서신이다. 여기에 나오는 해설은 다른 판본들을 위해서도 유용하다.

11. 미국판 루터 전집

외국어[비독일어]로 된 수많은 루터 전집 중에서 가장 뛰어난 것은 미국판 루터 전집American Edition of Luther's Works, Am이다. 이 전집은 펠리칸 Jaroslav Pelikan과 레만Helmut T. Lehmann에 의해 총 쉰다섯 권으로 편집되었으며, 루터의 저작을 가장 광범위하게 수록한 외국어 전집이다.[4] 많은 경우, 이 전집이 제공하는 주석은 독일어권 독자를 위해서도 유용하다. 크로델Gottfried G. Krodel이 선별하여 편집한 루터의 서신이 실려 있는 제48-50권의 주석은 특별히 중요하다.

12. 바이마르판 색인서

연구자들은 종종 루터의 저작에 대한 포괄적인 색인이 마련되어 있지 않다는 것에 불편을 느껴 왔다. 에를랑겐판과 발흐판의 간단한 색인 이외에 바이마르판의 「저술」 몇 권과 「탁상 담화」 시리즈는 색인을 포함하고 있지만, 이는 결코 완전한 색인이 되지 못한다. 바이마르판의 「서신」 시리즈는 자체적으로 좋은 색인WA Br 15-17을 갖추고 있다. 튀빙겐에 있는 "중세 후기와 종교개혁 연구소"Institut für Spätmittelalter und Reformation는 루터의 일련의 저술에 대한 완전한 형태의 주제 색인을 작성해 점차로 출간하고 있다. 이미 장소 색인서WA 62와 인명 및 인용문 색인서WA 63가 나왔다. 이외에 라틴어 주제 색인 작업이 먼저 시작되었는데, 그중 몇 권은 이미 출간되었다. 독일어 주제 색인 작업도 이어서 진행될 것이다. 라틴어 색인서와 독일어 색인서는 각각 다섯 권씩 출간될 예정이다. 그런데 전거 자료의 방대한 분량을 고려할 때, 단순한 자료 위치의 목록은 전혀 유용하지 않을 것이다. 오히려 이 색인서는 다양한 뉘앙스를 지닌 의미 단위들을 다소 느슨하게 체계화하는 것을 기본으로 하였다. 따라서 여기서는 특별히 중요한 전거들의 위치가 강조된다. 이러한 색인서는 루터의 저술을 연구하는 데 매우 큰 도움을 줄 것이다. 그러나 물론 이것으로 각 저술의 보다 넓은 본문의 맥락에 대한 철저한 연구를 대체할 수 없다.

13. 유용한 도구, 루터 연구 국제 대회 및 전문 학술지

루터의 라틴어 저술과 독일어 저술에 나오는 어휘들을 포괄적으로 제시하는 사전은 아직 마련되어 있지 않다. 루터의 라틴어 저술을 읽을 때 우리는 표준 라틴어 사전에 의존하지만, 그것이 항상 도움이 되지는 않는다. 독일어 저술을 위한 사전의 경우는 조금 더 나은 편이다. 우리는 또한 초기의 근대 표준 독일어나 루터가 사용한 독일어에 관한 포괄적인 사전을 가지고 있지 않다. 그러나 다음과 같이 몇몇 유용한 도구들이 있다.

Alfred Götze, *Frühneuhochdeutsches Glossar*, 2. Aufl. Bonn 1920.

Wilhelm Müller und Friedrich Zarncke, *Mittelhochdeutsches Wörter-buch*, 3 Bde., Leipzig 1854-1866, neugedr. Hildesheim 1963.

Philipp Dietz, *Wörterbuch zu Dr. Martin Luthers deutschen Schriften*, Bd. 1-2, Leipzig 1870-1872, Hildesheim 1961 (초판과 크게 다른 점은 없다. 이 사전에 나오는 어휘들이 실제로 루터에 의해 사용되었는지 는 확실하지 않다. 의심되는 경우, "중세 후기와 종교개혁 연구소"의 색 인을 참조).

Johannes Erben, *Grundzüge einer Syntax der Sprache Luthers*, Berlin 1954 (이 책을 참고하기 위해서는 독어독문학적인 지식이 필요하다).

Birgit Stolt, 'Germanistische Hilfsmittel zum Lutherstudium', in: LuJ 46, 1979, 120-135 (가장 중요한 연구 도구들에 대한 간략한 개관).

루터 연구 국제 대회

1950년대에 루터 연구 국제 대회[Lutherforschungskongreß]가 창설되어 몇 년 간격으로 계속 회합이 이루어졌으며, 점점 더 많은 나라의 루터 연 구가들이 참여하는 대회로 발전하였다. 이 대회는 루터 연구에 관한 근본적이고 특별한 문제들을 다룰 뿐만 아니라, 특정 연구 프로젝트 등에 대한 논의도 진행한다. 현재까지 여덟 차례의 대회가 개최되었 으며,[5] 다음과 같은 연구 보고서를 내놓았다.

1) *Lutherforschung Heute*. Referate und Berichte des 1. Internationalen Lutherforschungskongresses Aarhus. 18.-23. 8. 1956, hg. von Vilmos Vajta, Berlin, 1958.

2) *Luther und Melanchthon*. Referate und Berichte des 2. Inter-

nationalen Kongresses für Lutherforschung Münster, 8.-13. 8. 1960, hg. von Vilmos Vajta, Göttingen 1961 [영문 보고서: *Luther and Melanchthon in the History and Theology of the Reformation*, Second International Congress for Luther Research, 8. 8.-13., 1960, ed. Vilmos Vajta, Philadelphia; Göttingen 1961].

3) *Kirche, Mystik, Heiligung und das Natüriche bei Luther*. Vorträge des 3. Kongresses für Lutherforschung Järvenpää, Finnland, 11.-16. 8. 1966, hg. von Ivar Asheim, Göttingen1967.

4) *Luther and the Dawn of the Modern Era*. Papers for the Fourth International Congress for Luther Research (Saint Louis/Mo., 22.-27. 8. 1971), in: *Studies in the History of Christian Thought* VIII, hg. von Heiko A. Oberman, Leiden 1974.

5) *Luther und die Theologie der Gegenwart*. Referate und Berichte des 5. Internationalen Kongresses für Lutherforschung Lund 14.-20. 8. 1977, hg. von Leif Grane und Bernhard Lohse, Göttingen 1980.

6) *Martin Luther 1483-1983. Werk und Wirkung* (Work and Impact). Referate und Berichte des 6. Internationalen Kongresses für Luther-forschung Erfurt, DDR, 14.-20. 8. 1983, in: LuJ 52, 1985.

7) *Luthers Theologie als Weltverantwortung. Absichten und Wirkungen* (Responsibility for the World. Luther's Intentions and their effects). Referate und Berichte des 7. Internationalen Kongresses für Lutherforschung Oslo, 14.-20. 8. 1988, in: LuJ 57, 1990.

8) *Befreiung und Freiheit. Martin Luthers Beitrag* (Liberation and Freedom. Martin Luther's Contribution). Referate und Berichte des 8.

Internationalen Kongresses für Lutherforschung St. Paul, Minn., 8.-14. 8. 1993, in: LuJ 62, 1995.

전문 학술지

다음은 루터 및 종교개혁에 관한 연구 주제들과 아울러 루터 해석의 문제들을 다루는 주요 전문 학술지의 목록이다.

1) Lutherjahrbuch. Organ der internationalen Lutherforschung (LuJ), Göttingen.

2) Luther. Zeitschrift der Luther-Gesellschaft (Luther), Göttingen.

3) Archiv für Reformationsgeschichte (ARG), Gütersloh.

4) The Sixteenth Century Journal (SCJ), Saint Louis.

5) Luther Digest. An Annual Abridgment of Luther Studies, Crestwood.

6) Positions luthériennes, Paris.

추가적으로, 신학, 역사, 독문학 분야의 여러 학술지 및 기타 전문 학술지에도 중요한 논문들이 게재되고 있다. 매년 『루터 연감 LuJ』에서 제시하는 도서 목록은 루터 연구 분야의 신간에 대한 매우 훌륭한 개관을 제공한다. 오랜 기간에 걸쳐 매년 발행되어 온 『종교개혁사 아카이브 ARG』에 대해서도 언급할 필요가 있다. 이 소책자는 종종 간략한 서평을 내용으로 하는 선별된 도서 정보 목록^{Literaturberichten}을 제시한다. 『루터 다이제스트 Luther Digest』에도 정기적으로 중요한 신간의 단평이 실린다.

IX. 참고 문헌

I. 루터의 시대와 세계

가장 중요한 문헌

Karl Schottenloher, *Bibliographie zur deutschen Geschichte im Zeitalter der Glaubensspaltung 1517-1585*, 6 Bde., Leipzig 1933-1940, 2. Aufl. Stuttgart 1956-58; Bd. 7, Stuttgart 1966.

종교개혁사 분야의 새로운 연구

Gerhard Ritter, *Die Neugestaltung Europas im 16. Jahrhundert. Die kirchlichen und staatlichen Wandlungen im Zeitalter der Reformation und der Glaubenskämpfe*, Berlin 1950.

Hubert Jedin (Hg.), *Handbuch der Kirchengeschichte*, Bd. IV: *Reformation, Katholische Reform und Gegenreformation, von Erwin Iserloh, Josef Glazik, Hubert Jedin*, Freiburg/Basel/Wien 1967.

Stephan Skalweit, *Reich und Reformation*, Berlin 1967.

Geoffrey R. Elton, *Europa im Zeitalter der Reformation 1517-1559*, 2 Bde., Siebenstern Taschenbuch Verlag 157/158, Hamburg 1971.

Johannes Wallmann, *Kirchengeschichte Deutschlands II. Von der Reformation bis zur Gegenwart*, in: Ullstein Buch 3854, Frankfurt/Berlin/Wien 1973.

Arthur G. Dickens, *The German Nation and Martin Luther*, London 1974.

Illustrierte Geschichte der deutschen frühbürgerlichen Revolution, hg. von Adolf Laube, Max Steinmetz und Günter Vogler, Berlin 1974.

Bernd Moeller, *Deutschland im Zeitalter der Reformation*, in: KVR 1432, Göttingen 1977, 3. Aufl. 1988.

Rainer Wohlfeil, *Einführung in die Geschichte der deutschen Reformation*, München 1982.

Heinrich Lutz, *Reformation und Gegenreformation*, in: Oldenbourg Grundriß der Geschichte Bd. 10, München/Wien (1979) 2. Aufl. 1982 (몇몇 중요한 문제들에 대한 현재까지의 연구 결과의 개관 포함).

Horst Rabe, *Reich und Glaubensspaltung. Deutschland 1500-1600*, in: Die neue deutsche Geschichte Bd. 4, München 1989.

Horst Rabe, *Deutsche Geschichte 1500-1600. Das Jahrhundert der Glaubens-spaltung*, München 1991 ("제국과 교회 분열"에 대한 상세한 설명: 이 주제에 관한 가장 광범위한 최근 논의).

사회적 상황, 특히 작센 지역에 관하여

Karlheinz Blaschke, 'Die Struktur der Gesellschaft im obersächsischen Raum zur Zeit Luthers', in: BGDS(H) 92, 1970, 21-44.

Karlheinz Blaschke, 'Wechselwirkungen zwischen der Reformation und dem Aufbau des Territorialstaates', in: Der Staat 9, 1970, 347-364.

Karlheinz Blaschke, *Sachsen im Zeitalter der Reformation*, in: SVRG 185, Gütersloh 1970.

Ingomar Bog (Hg.), *Wirtschaftliche und soziale Strukturen im säkularen Wandel*. FS für Wilhelm Abel zum 70. Geburtstag, Bd. 1: *Agrarische Wirtschaft und Gesellschaft in vorindustrieller Zeit*; Bd. 2: *Die vorin-dustrielle Zeit-Außeragrarische Probleme*; Bd. 3: *Wirtschaft und Gesellschaft in der Zeit der Industrialisierung*, in: Schriftenreihe für ländliche Sozialfragen 70, Hannover 1974.

Hermann Kellenbenz, *Deutsche Wirtschaftsgeschichte*, Bd. 1: *Von den Anfängen bis zum Ende des 18. Jahrhunderts*, München 1977.

Hans-Jürgen Prien, *Luthers Wirtschaftsethik*, Göttingen 1992.

종교개혁 전야의 정신적 상황

Willy Andreas, *Deutschland vor der Reformation. Eine Zeitenwende*, 6. Aufl.

Stuttgart 1959.

Bruno Gebhardt, *Die Gravamina der Deutschen Nation gegen den römischen Hof*, 2. Aufl. Breslau 1895.

Heiko A. Oberman (Hg.), *Forerunners of the Reformation*, New York 1966.

Gustav Adolf Benrath (Hg.), *Wegbereiter der Reformation*, in: KlProt 1, Sammlung Dieterich 266, Bremen 1967.

Gustav Adolf Benrath (Hg.), *Reformtheologen des 15. Jahrhunderts. Johann Pupper von Goch, Johann Ruchrath von Wesel, Wessel Gansforth*, in: TKTG 7, Gütersloh 1968.

Brian Tierney, *Foundations of the Conciliar Theory. The Contributions of the medieval Canonists from Gratian to the Great Schism*, Cambridge 1955.

Walter Ullmann, *Die Machtstellung des Papsttums im Mittelalter*, Graz 1960.

Remigius Bäumer, *Nachwirkungen des konziliaren Gedankens in der Theologie und Kanonistik des frühen 16. Jahrhunderts*, in: RGST 100, Münster 1971.

Die Entwicklung des Konziliarismus. Werden und Nachwirken der konziliaren Idee, hg. von Remigius Bäumer, in: WdF 279, Darmstadt 1976.

R{egnerus} R{ichardus} Post, *The Modern Devotion. Confrontation With Reformation and Humanism*, Leiden 1968.

Helmar Junghans, *Ockham im Lichte der neueren Forschung*, in: AGTL 21, Berlin/Hamburg 1968.

Heiko A. Oberman, *Spätscholastik und Reformation*, Bd. 1: *Der Herbst der mittelalterlichen Theologie*, Zürich 1965.

Wilhelm Ernst, *Gott und Mensch am Vorabend der Reformation. Eine Untersuchung zur Moralphilosophie und -theologie bei Gabriel Biel*, in: EThSt 28, Leipzig 1972.

Richard Friedenthal, *Ketzer und Rebell. Jan Hus und das Jahrhundert der Revolutionskriege*, München 1972.

Lewis W. Spitz, *The religious Renaissance of the German Humanists*, Cambridge/Mass. 1963.

Bernd Moeller, ʾDie deutschen Humanisten und die Anfänge der Reformationʾ,

in: ZKG 70, 1959, 46-61.

Itinerarium Italicum. The Profile of the Italian Renaissance in the Mirror of its European Transformations. Dedicated to Paul Oskar Kristeller on the occasion of his 70th birthday, hg. v. H. A. Oberman u. Th. A. Brady Jr., in: SMRT 14, Leiden 1975.

Heinrich Reincke, *Hamburg am Vorabend der Reformation*, in: AKGH 8, Hamburg 1966.

Bernd Moeller, 'Frömmigkeit in Deutschland um 1500', in: ARG 56, 1965, 5-31.

The Reformation in medieval Perspective, hg. v. Steven E. Ozment, Chicago 1971.

Heiko A. Oberman, *Werden und Wertung der Reformation*, (1977) 3. Aufl. Tübingen 1989.

시대 구분

Karl Henssi, *Altertum, Mittelalter und Neuzeit in der Kirchengeschichte. Ein Beitrag zum Problem der historischen Periodisierung*, Tübingen 1921.

Zur Frage der Periodengrenze zwischen Altertum und Mittelalter, hg. von Paul Egon Hübinger, in: WdF 51, Darmstadt 1969.

Heiko A. Oberman, 'Reformation: Epoche oder Episode', in: ARG 68, 1977, 56-111.

Der Beginn der Neuzeit. Epochengrenze und Epochenbegriff, hg. von Stephan Skalweit, in: Erträge der Forschung 178, Darmstadt 1982

II. 루터의 생애에 대한 관점 및 질문의 개관

기본 자료

Dokumente zu Luthers Entwicklung, hg. von Otto Scheel, in: SQS N.F.2, 2. Aufl. Tübingen 1929.

Analecta Lutherana. Briefe und Aktenstücke zur Geschichte Luthers, hg. von Theodor Kolde, Gotha 1883.

전기(傳記)적 해석

Julius Köstlin, *Martin Luther. Sein Leben und seine Schriften*, 2 Bde., 5. Aufl. bearb. von Gustav Kawerau, Berlin 1903.

Georg Buchwald, *Luther-Kalendarium*, in: SVRG 147, Leipzig 1929 (루터의 생애를 재구성한 연보).

Otto Scheel, *Martin Luther*, 2 Bde., 3./4. Aufl. Tübingen 1921/30 (1514년까지의 초기 루터에 대한 가장 상세한 전기).

Heinrich Bornkamm, 'Art. Luther, I. Leben und Schriften', in: RGG 4, 480–495.

Richard Friedenthal, *Luther. Sein Leben und seine Zeit*, München 1967.

Peter Meinhold, *Luther heute. Wirken und Theologie Martin Luthers, des Reformators der Kirche, in ihrer Bedeutung für die Gegenwart*, Berlin/Hamburg 1967.

Gerhard Zschäbitz, *Martin Luther. Größe und Grenze*, Teil 1 (1483–1526), Berlin 1967 (마르크스주의적 해석. 2권은 출판되지 않았다).

Heinrich Bornkamm, *Martin Luther in der Mitte seines Lebens. Das Jahrzehnt zwischen dem Wormser und dem Augsburger Reichstag*, aus dem Nachlaß hg. von Karin Bornkamm, Göttingen 1979.

Roland Bainton, *Martin Luther*, übers. von Hermann Dörries, 7. Aufl. hg. von Bernhard Lohse, Göttingen 1980.

Ian Siggins, *Luther and his mother*, Philadelphia/PA, 1981.

Martin Brecht, *Martin Luther*. {1. Band:} *Sein Weg zur Reformation 1483–1521*, (1981) 2. Aufl. Stuttgart 1983.

Martin Brecht, *Martin Luther*, 2. Band: *Ordnung und Abgrenzung der Reformation 1521–1532*, Stuttgart 1986.

Martin Brecht, *Martin Luther*, 3. Band: *Die Erhaltung der Kirche 1532–1546*, Stuttgart 1987.

Walther v. Loewenich, *Martin Luther. Der Mann und das Werk*, München 1982.

Reinhard Schwarz, *Luther*, in: Die Kirche in ihrer Geschichte, Bd. 3, Lieferung I, Göttingen 1986, 2. Aufl. 1996.

Leben und Werk Martin Luthers von 1526 bis 1546. Festgabe zu seinem 500. Geburtstag, hg. von Helmar Junghans, 2 Bde., Berlin/Göttingen 1983.

Mark U. Edwards Jr., *Luther's last Battles. Politics and Polemics, 1531-46*, Ithaca/NY, London 1983.

Martin Brecht, 'Art. Luther I {Leben}', in: TRE 21, 1991, 514-530.

수도원 입회

Franz Lau, 'Luthers Eintritt ins Erfurter Augustinerkloster', in: Luther 27, 1956, 49-70.

의학적, 정신과적, 정신분석학적 저술

Friedrich Küchenmeister, *Dr. Martin Luthers Krankengeschichte*, Leipzig 1881 (여전히 기본적인 문헌이다).

Wilhelm Ebstein, *Dr. Martin Luthers Krankheiten und deren Einfluß auf seinen körperlichen und geistigen Zustand*, Stuttgart 1908.

Preserved Smith, 'Luther's early Development in the Light of Psycho-Analysis', in: The American Journal of Psychology 24, 1913, 360-377.

T. K. Oesterreich, 'Parapsychisches bei Luther?', in: Zeitschrift für Parapsychologie 54, 1927, 56f.

Paul J. Reiter, *Martin Luthers Umwelt, Charakter und Psychose, sowie die Bedeutung dieser Faktoren für seine Entwicklung und Lehre. Eine historischpsychiatrische Studie*, 2 Bde., Kopenhagen 1937-1941 (kritisch dazu Gerhard Ritter, in: ARG 39, 1942, 177-181).

Erik H. Erikson, *Der junge Mann Luther. Eine psychoanalytische und historische Studie*, München 1964; Suhrkamp-Taschenbücher Wissenschaft 117, 1975 (s. dazu besonders Roland H. Bainton, 'Psychiatry and History. An Examination of Erikson's *Young Man Luther*', in: Religion in Life 40, Nashville/Tenn., 1971, 450-478. Ders., 'Luther und sein Vater: Psychiatrie und Biographie', in: ZW 44, 1973, 393-403. Ders., 'Luther und seine Mutter', in: Luther 44, 1973, 123-130. Lewis W. Spitz, 'Psychohistory and History.

The Case of *Young Man Luther*', in: Soundings 56, 1973, 182-209. Heinrich Bornkamm, 'Luther und sein Vater. Bemerkungen zu Erik H. Erikson, *Young Man Luther. A Study in Psychoanalysis and History*', in (Bornkamm): *Gestalt und Wirkungen*. Gesammelte Aufsätze, in: SVRG 188, 1975, 11-32).

Annemarie Halder, *Das Harnsteinleiden Martin Luthers*, Diss. med. München 1969.

역사심리학과 종교

The Case of Young Man Luther, hg. von Roger A. Johnson, Philadelphia/PA, 1977.

Ulrich Becke, 'Eine hinterlassene psychiatrische Studie Paul Johann Reiters über Luther', in: ZKG 90, 1979, 85-95.

Hans-Joachim Neumann, *Luthers Leiden. Die Krankheitsgeschichte des Reformators*, Berlin 1995.

비의학적 측면에서의 심리학적 해석

Reinoldus Weijenborg, OFM, 'Miraculum a Martino Luthero confictum explicatne eius reformationem?', in: Anton. 31, 1956, 247-300.

Paul Hacker, *Das Ich im Glauben bei Martin Luther*, Graz/Wien/Köln 1966.

개별적 질문(교육)

Philippe Ariès, *Geschichte der Kindheit. Kinder, Schulleben und Familie seit dem Mittelalter*, München 1975.

Kenneth A. Strand, 'Luther's Schooling in Magdeburg. A Note on recent Views', in: *Essays in Luther*, hg. von Kenneth A. Strand, Ann Arbor/Mich., 1969, 106-111.

에르푸르트 대학교

Erich Kleineidam, *Universitas Studii Erffordensis. Überblick über die Geschichte der Universität Erfurt im Mittelalter 1392-1521*, 3 Bde., in:

EThSt 14. 22. 42, Leipzig 1964-1980.

루터에게 영향을 미친 중요한 전통들

Übersicht bei Bernhard Lohse, *Luthers Theologie in ihrer historischen Entwicklung und in ihrem systematischen Zusammenhang*, Göttingen 1995, 35-40.

비텐베르크

The Dialogus of Andreas Meinhardi: a utopian Description of Wittenberg and its University, Leipzig 1508, Neudr. Ann Arbor/Mich., University Microfilm International 1976, hg. von Edgar C. Reinke.

Helmar Junghans, *Wittenberg als Lutherstadt*, (1979) 2. Aufl. München/Berlin 1996.

인문주의

Maria Grossmann, 'Humanismus in Wittenberg 1486-1517', in: LuJ 39, 1972, 11-30.

Maria Grossmann, *Humanism in Wittenberg 1485-1517*, Nieuwkoop 1975.

Helmar Junghans, *Der junge Luther und die Humanisten*, Weimar/Göttingen 1984.

영적 시련

Helmut Appel, *Anfechtung und Trost im Spätmittelalter und bei Luther*, in: SVRG 165, Leipzig 1938.

Paul Bühler, *Die Anfechtung bei Martin Luther*, Zürich 1942.

Horst Beintker, *Die Überwindung der Anfechtung bei Luther*, in: ThA 1, Berlin 1954.

로마 여행

Reinhold Weijenborg, OFM, 'Neuentdeckte Dokumente im Zusammenhang mit Luthers Romreise', in: Anton. 32, 1957, 147-202.

Franz Lau, 'Père Reinoud und Luther. Bemerkungen zu Reinhold Weijenborgs Lutherstudien', in: LuJ 27, 1960, 64-122.

Herbert Vossberg, *Im Heiligen Rom. Luthers Reiseeindrücke 1510-1511*, Berlin 1966.

박사 선서

Siegfried Frhr. v. Scheurl, 'Martin Luthers Doktoreid', in: ZBKG 32, 1963, 46-52.

루터의 이름

Bernd Moeller und Karl Stackmann, 'Luder-Luther-Eleutherius. Erwägungen zu Luthers Namen', in: Nachrichten der Akademie der Wissenschaften in Göttingen, I. phil.-hist. Kl. Jg. 1981 Nr. 7, Göttingen 1981, 167-203.

보름스

Luther in Worms. Ein Quellenband, hg. von Joachim Rogge, Witten 1971.

결혼, 결혼 생활, 여성에 대한 입장

Ernst Kroker, *Katharina von Bora, Martin Luthers Frau. Ein Lebens- und Charakterbild*, 12. Aufl. Berlin 1972.

Walther v. Loewenich, 'Luthers Heirat', in: Luther 47, 1976, 47-60.

Gerhard Müller, 'Käthe und Martin Luther', in: ZW 47, 1976, 150-164.

Ingetraut Ludolphy, 'Die Frau in der Sicht Martin Luthers', in: *450 Jahre lutherische Reformation 1517-1967*. FS Franz Lau zum 60. Geburtstag, hg. von Helmar Junghans, Ingetraut Ludolphy, Kurt Meier, Berlin/Göttingen 1967, 204-221.

Klaus Suppan, *Die Ehelehre Martin Luthers. Theologische und rechtshistorische Aspekte des reformatorischen Eheverständnisses*, Salzburg/München 1971.

Richard Friedenthal, 'Das evangelische Pfarrhaus im deutschen Kulturleben', in: Luther 42, 1971, 1-15.

코부르크

Hans v. Schubert, 'Luther auf der Koburg', in: LuJ 12, 1930, 109–161.

종교 회담

Karl-Heinz zur Mühlen, 'Die Einigung über den Rechtfertigungsartikel auf dem Regensburger Religionsgespräch von 1541—eine verpaßte Chance?', in: ZThK 76, 1979, 331–359.

Die Religionsgespräche der Reformationszeit, hg. von Gerhard Müller, in: SVRG 191, Gütersloh 1980.

루터의 죽음

Tibor Fabiny, Martin Luthers letzter Wille. Das Testament des Reformators und seine Geschichte, übers. aus dem Ungarischen von Petra Szabó, Budapest/ Berlin/Bielefeld 1983.

Christof Schubart, Die Berichte über Luthers Tod und Begräbnis. Texte und Untersuchungen, Weimar 1917 (이 주제와 관련하여 여전히 기본적인 문헌에 속한다).

D. Martin Luthers letzte Tage im Zeugnis seiner letzten Briefe, Tischreden, Predigten, Schriften und seiner Freunde, hg. von Theodor Knolle, Hamburg 1946.

Heinrich Schmid, Martin Luthers Lebens- und Sterbensgeschichte, München 1946.

III. 당대의 논쟁에서 루터의 역할

95개 논제와 면죄부 논쟁

Hans Volz, Martin Luthers Thesenanschlag und dessen Vorgeschichte, Weimar 1959.

Erwin Iserloh, 'Luthers Thesenanschlag—Tatsache oder Legende?', in: Institut für europäische Geschichte Mainz, Vorträge Nr. 31, Wiesbaden 1962, später unter dem Titel: *Luther zwischen Reform und Reformation. Der Thesenanschlag fand nicht statt*, in: KLK 23/24, 3. Aufl. Münster 1968.

Bernhard Lohse, 'Der Stand der Debatte über Luthers Thesenanschlag', in: Luther 34, 1963, 132-136.

Kurt Aland, *Martin Luthers 95 Thesen. Mit den dazugehörigen Dokumenten aus der Geschichte der Reformation*, in: Furche-Bücherei, Bd. 211, Hamburg 1965.

Klemens Honselmann, *Urfassung und Drucke der Ablaßthesen Martin Luthers und ihre Veröffentlichung*, Paderborn 1966.

Franz Lau, 'Die gegenwärtige Diskussion um Luthers Thesenanschlag. Sachstandsbericht und Versuch einer Weiterführung durch Neuinterpretation von Dokumenten', in: LuJ 34, 1967, 11-59.

Heinrich Bornkamm, *Thesen und Thesenanschlag Luthers. Geschehen und Bedeutung*, in: TBT 14, Berlin 1967.

Kurt-Victor Selge, 'Das Autoritätengefüge der westlichen Christenheit im Lutherkonflikt 1517-1521', in: HZ 223, 1976, 591-617.

Kurt Aland, *Die 95 Thesen Martin Luthers und die Anfänge der Reformation*, Gütersloh 1983.

Bernhard Lohse, 'Albrecht von Brandenburg und Luther', in: *Erzbischof Albrecht von Brandenburg 1490-1545. Ein Kirchen- und Reichsfürst der frühen Neuzeit*, hg. von Friedhelm Jürgensmeier, in: Beiträge zur Mainzer Kirchengeschichte 3, Mainz 1991, 73-83.

Volkmar Joestel, *Luthers 95 Thesen. Der Beginn der Reformation*, Berlin 1995.

루터의 심문 과정

Wilhelm Borth, *Die Luthersache (causa Lutheri) 1517-1524. Die Anfänge der Reformation als Frage von Politik und Recht*, in: Historische Studien H. 414, Lübeck 1970.

Daniel Olivier, *Der Fall Luther. Geschichte einer Verurteilung 1517-1521*, Stuttgart 1972.

로마와의 논쟁

1517/1518

Lief Grane, *Contra Gabrielem. Luthers Auseinandersetzung mit Gabriel Biel in der Disputatio Contra Scholasticam Theologiam*, in: AThD IV, Gyldendal 1962.

Nicolaus Paulus, *Geschichte des Ablasses im Mittelalter vom Ursprung bis zur Mitte des 14. Jahrhunderts*, 3 Bde., Paderborn 1922/1923.

Dokumente zum Ablaßstreit von 1517, hg. von Walther Köhler, in: SQS 11, 3, 2. Aufl. Tübingen 1934.

Ernst Kähler, 'Die 95 Thesen. Inhalt und Bedeutung', in: Luther 38, 1967, 114-124.

Erdmann Schott, 'Die theologische Bedeutung der 95 Thesen', in: *450 Jahre Reformation*, hg. von Leo Stern und Max Steinmetz, Berlin 1967, 70-88.

Heinrich Bornkamm, 'Die theologischen Thesen der Heidelberger Disputation', in: *Reformation und Humanismus. FS Robert Stupperich*, hg. von Martin Greschat und J. F. Gerhard Goeters, Witten 1969, 58-66.

Gerhard Hennig, *Cajetan und Luther. Ein historischer Beitrag zur Begegnung von Thomismus und Reformation*, Stuttgart 1966.

Kurt-Victor Selge, 'Die Augsburger Begegnung von Luther und Kardinal Cajetan im Oktober 1518. Ein erster Wendepunkt auf dem Weg zur Reformation', in: JHKGV 20, 1969, 37-54.

Otto Hermann Pesch, "'Das heißt eine neue Kirche bauen.' Luther und Cajetan in Augsburg", in: *Begegnung. Beiträge zu einer Hermeneutik des theologischen Gesprächs*, hg. von Max Seckler, Otto Hermann Pesch, Johannes Brosseder und Wolfhart Pannenberg, Graz/Wien/Köln 1972, 645-661.

Jared Wicks, *Luther's Reform. Studies on Conversion and the Church*, in: VIEG Beih. 35, Mainz 1992.

Lief Grane, *Martinus Noster. Luther in the German Reform Movement 1518-1521*, in: VIEG Beih. 155, Mainz 1994.

Bernhard Lohse, *Luthers Theologie in ihrer historischen Entwicklung und in ihrem systematischen Zusammenhang*, Göttingen 1995, 125-134.

1518/1519

Heiko A. Oberman, 'Wittenbergs Zweifrontenkrieg gegen Prierias und Eck. Hintergrund und Entscheidungen des Jahres 1518', in: ZKG 80, 1969, 331-358.

Ernst Kähler, 'Beobachtungen zum Problem von Schrift und Tradition in der Leipziger Disputation von 1519', in: *Hören und Handeln*. FS Ernst Wolf, hg. von Helmut Gollwitzer und Hellmut Traub, München 1962, 214-229.

Kurt-Victor Selge, 'Der Weg zur Leipziger Disputation zwischen Luther und Eck im Jahr 1519', in: *Bleibendes im Wandel der Kirchengesch. Kirchenhistorische Studien*, hg. von Bernd Moeller und Gerhard Ruhbach, Tübingen 1973, 169-210.

Kurt-Victor Selge, 'Die Leipziger Disputation zwischen Luther und Eck', in: ZKG 86, 1975, 26-40.

Lutherprozeß und Lutherbann. Vorgeschichte, Ergebnis, Nachwirkung, hg. von Remigius Bäumer, in: KLK 32, Münster 1972.

Wilhelm August Schulze, 'Welche Worte sprach Luther bei der Verbrennung der Bannandrohungsbulle?', in: EvTh 12, 1952/53, 432-436.

Ernst Bizer, *Luther und der Papst*, in: TEH 69, München 1958.

Hayo Gerdes, 'Luther und Augustin über den Streit zwischen Petrus und Paulus zu Antiochien (Galater 2,11ff.)', in: LuJ 29, 1962, 9-24.

Hans-Günter Leder, *Ausgleich mit dem Papst? Luthers Haltung in den Verhandlungen mit Miltitz 1520*, in: AzTh 1. R. H. 38, Stuttgart 1969.

Folkert Rickers, *Das Petrusbild Luthers. Ein Beitrag zu seiner Auseinandersetzung mit dem Papsttum*, Diss. theol. Heidelberg 1967.

Remigius Bäumer, *Martin Luther und der Papst*, in: KLK 30, 5. Aufl. Münster 1987.

Gerhard Müller, 'Martin Luther und das Papsttum', in: *Das Papsttum in der*

Diskussion, hg. von Georg Denzler, Regensburg 1974, 73‑101.

1521

Bernhard Lohse, 'Luthers Antwort in Worms', in: Luther 29, 1958, 124‑134.

Luther in Worms. Ein Quellenbuch, hg. von Joachim Rogge, Witten 1971.

Kurt‑Victor Selge, 'Capta Conscientia in verbis Dei. Luthers Widerrufs‑ verweigerung in Worms', in: *Der Reichstag zu Worms 1521. Reichspolitik und Luthersache*, hg. von Fritz Reuter, Worms 1971, 180‑207.

Erwin Mülhaupt, 'Schrift, Vernunft, Gewissen—die Parole von Worms', in: *1521—Luther in Worms—1971. Ansprachen, Vorträge, Predigten und Berichte zum 450‑Jahrgedenken*, hg. von Fritz Reuter, Worms 1973, 73‑84.

루터와 "열광주의자들"

Karl Holl, 'Luther und die Schwärmer', in (Holl): *Gesammelte Aufsätze zur Kirchengeschichte*, Bd. 1, 7. Aufl. Tübingen 1948, 420‑467.

Erich Seeberg, *Der Gegensatz zwischen Zwingli, Schwenckfeld und Luther*, in: FS Reinhold Seeberg, Bd. 1, Leipzig 1929, 43‑80.

Carl Hinrichs, *Luther und Müntzer. Ihre Auseinandersetzung über Obrigkeit und Widerstandsrecht*, in: AKG 29, Berlin 1952, Neudr. 1962.

Wilhelm Maurer, *Luther und die Schwärmer*, in: SThKAB 6, Berlin 1952.

Franz Lau, 'Die prophetische Apokalyptik Thomas Müntzers und Luthers Absage an die Bauernrevolution', in: *Gedenkschrift für Werner Elert*, hg. von Friedrich Hübner, Berlin 1955, 163‑170.

Mark U. Edwards Jr., *Luther and the False Brethren*, Stanford/Calif., 1975.

Hayo Gerdes, *Luthers Streit mit den Schwärmern um das rechte Verständnis des Gesetzes Mose*, Göttingen 1955.

Karl Gerhard Steck, *Luther und die Schwärmer*, in: ThSt(B) 44, Zürich 1955.

Wilhelm H. Neuser, *Die Abendmahlslehre Melanchthons in ihrer geschicht‑ lichen Entwicklung* (1519-1530), Neukirchen‑Vluyn 1968 (114-228쪽에 서 루터와 비텐베르크 개혁자들에 대해 다룬다).

Helmar Junghans, 'Freiheit und Ordnung bei Luther während der Wittenberger Bewegung und der Visitationen', in: ThLZ 97, 1972, 95-104.

Erwin Mülhaupt, *Luther über Müntzer, erläutert und an Thomas Müntzers Schrifttum nachgeprüft*, Witten 1973.

Ulrich Bubenheimer, 'Scandalum et ius divinum: theologische und rechts-theologische Probleme der ersten reformatorischen Innovationen in Wittenberg 1521/22', in: ZSRG.K 90(59), 1973, 263-342.

Steven E. Ozment, *Mysticism and Dissent. Religious Ideology and Social Protest in the Sixteenth Century*, New Haven/Conn., London 1973.

James S. Preus, *Carlstadt's Ordinaciones and Luther's Liberty. A Study of the Wittenberg Movement 1521-22*, in: HThS 27, Cambridge/Mass., London 1974.

Bernhard Lohse, 'Luther und Müntzer', (1974) in (Lohse): *Evangelium in der Geschichte. Studien zu Luther und der Reformation*, hg. von Leif Grane, Bernd Moeller und Otto Hermann Pesch, Göttingen 1988, 97-117.

Walter Elliger, *Thomas Müntzer. Leben und Werk*, Göttingen 1975.

Siegfried Bräuer, 'Müntzerforschung von 1965 bis 1975', in: LuJ 44, 1977, 127-141; 45, 1978, 102-139.

Reformation oder frühbürgerliche Revolution?, hg. von Rainer Wohlfeil, in: Nymphenburger Texte zur Wissenschaft 5, München 1972.

Der Bauernkrieg 1524-1526. Bauernkrieg und Reformation, hg. von Rainer Wohlfeil, in: Nymphenburger Texte zur Wissenschaft 21, München 1975.

Bernhard Lohse, 'Luther und der Radikalismus', in: LuJ 44, 1977, 7-27.

Paul Althaus, *Luthers Haltung im Bauernkrieg* (1925), Tübingen 1952.

Martin Greschat, 'Luthers Haltung im Bauernkrieg', in: ARG 56, 1965, 31-47.

Hermann Kunst, *Martin Luther und der Krieg. Eine historische Betrachtung*, Stuttgart 1968.

Hermann Kunst, *Evangelischer Glaube und politische Verantwortung. Martin Luther als politischer Berater seiner Landesherrn und seine Teilnahme an den Fragen des öffentlichen Lebens*, Stuttgart 1976.

Johannes Wallmann, 'Ein Friedensappell—Luthers letztes Wort im Bauernkrieg', in: *Der Wirklichkeitsanspruch von Theologie und Religion.* FS Ernst Steinbach, hg. von Dieter Henke, Günther Kehrer, Gunda Schneider-Flume, Tübingen 1976, 57-75.

Eike Wolgast, *Die Wittenberger Theologie und die Politik der evangelischen Stände. Studien zu Luthers Gutachten in politischen Fragen*, in: QFRG 47, Gütersloh 1977.

Thomas Müntzer, hg. von Abraham Friesen und Hans-Jürgen Goertz, in: WdF 491, Darmstadt 1978.

Max Steinmetz, *Thomas Müntzers Weg nach Allstedt*, Berlin 1988.

Der Theologe Thomas Müntzer. Untersuchungen zu seiner Entwicklung und Lehre, hg. von Siegfried Bräuer und Helmar Junghans, Berlin 1989.

Abraham Friesen, *Thomas Muentzer, a Destroyer of the Godless. The Making of a Sixteenth-Century Religious Revolutionary*, Berkeley, Los Angeles/Calif., Oxford 1990.

Bernhard Lohse, 'Thomas Müntzer in neuer Sicht. Müntzer im Licht der neueren Forschung und die Frage nach dem Ansatz seiner Theologie', in: Berichte aus den Sitzungen der Joachim Jungius-Gesellschaft der Wissenschaften e.V., Hamburg, Jg. 9. 1991, H. 2, Hamburg 1991.

세속적 권위에 관한 루터의 저술

Paul Althaus, *Die Ethik Martin Luthers*, Gütersloh 1965.

Heinrich Bornkamm, *Luthers Lehre von den zwei Reichen im Zusammenhang seiner Theologie*, (1958), 3. Aufl. Gütersloh 1969.

Ulrich Duchrow, *Christenheit und Weltverantwortung. Traditionsgeschichte und systematische Struktur der Zwei-Reiche-Lehre*, in: FBESG 25, (1970) 2. Aufl. Stuttgart 1983.

루터와 에라스뮈스의 논쟁

Erasmus, *De libero arbitrio Diatribe sive Collatio*, hg. von Winfried Lesowsky (mit Übersetzung), in: *Erasmus, Ausgewählte Schriften*, Bd. 4, Darmstadt 1969.

Karl Zickendraht, *Der Streit zwischen Erasmus und Luther über die Willensfreiheit*, Leipzig 1909.

Martin Doerne, 'Gottes Ehre am gebundenen Willen. Evangelische Grundlagen und theologische Spitzensätze', in: LuJ 20, 1938, 45-92.

John Dillenberger, *God Hidden and Revealed. The Interpretation of Luther's Deus absconditus and its Significance for religious Thought*, Philadelphia/PA, 1953.

Oskar Mehl, 'Erasmus contra Luther', in: LuJ 29, 1962, 52-64.

Gottfried G. Krodel, 'Luther, Erasmus and Henry VIII', in: ARG 53, 1962, 60-78.

Harry J. McSorley, *Luthers Lehre vom unfreien Willen nach seiner Hauptschrift De Servo Arbitrio im Lichte der biblischen und kirchlichen Tradition*, in: BÖT 1, München 1967.

Reinhold Weier, *Das Thema vom verborgenen Gott von Nikolaus von Kues zu Martin Luther*, in: BCG II, Münster 1967.

Bernhard Lohse, 'Luther und Erasmus', in (Lohse): *Lutherdeutung heute*, Göttingen 1968, 47-60.

Klaus Schwarzwäller, *Sibboleth. Die Interpretation von Luthers Schrift de servo arbitrio seit Theodosius Harnack. Ein systematisch-kritischer Überblick*, in: TEH 153, München 1969.

Klaus Schwarzwäller, *Theologia crucis. Luthers Lehre von Prädestination nach de servo arbitrio 1525*, in: FGLP 10, XXXIX, München 1970.

Wilhelm Maurer, 'Offenbarung und Skepsis. Ein Thema aus dem Streit zwischen Luther und Erasmus', in (Maurer): *Kirche und Geschichte*, Bd. 2: *Beiträge zu Grundsatzfragen und zur Frömmigkeitsgeschichte*, Göttingen 1970, 366-402.

Ernst-Wilhelm Kohls, *Die Theologie des Erasmus*, 2 Bde., Basel 1966.

Ernst-Wilhelm Kohls, *Luther oder Erasmus. Luthers Theologie in der Ausein-*

andersetzung mit Erasmus, 2 Bde., Basel 1972-1978.

Manfred Hoffmann, *Erkenntnis und Verwirklichung der wahren Theologie nach Erasmus von Rotterdam*, in: BHTh 44, Tübingen 1972.

John W. O'Malley, 'Erasmus and Luther. Continuity and Discontinuity as key to their Conflict', in: SCJ 5, 1974, 47-65.

Bernhard Lohse, 'Marginalien zum Streit zwischen Erasmus und Luther', (1975) in (Lohse): *Evangelium in der Geschichte. Studien zu Luther und der Reformation*, hg. von Leif Grane, Bernd Moeller und Otto Hermann Pesch, Göttingen 1988, 118-137.

Wolfgang Behnk, *Contra Liberum Arbitrium pro Gratia Dei. Willenslehre und Christuszeugnis bei Luther und ihre Interpretation durch die neuere Lutherforschung. Eine systematisch-theologiegeschichtliche Untersuchung*, in: *Europäische Hochschulschriften* XXIII/188, Frankfurt/M 1982.

Manfred Hoffmann, *Rhetoric and Theology. The Hermeneutic of Erasmus*, Toronto, Buffalo, London 1994.

성만찬 논쟁

Walther Köhler, *Zwingli und Luther. Ihr Streit über das Abendmahl nach seinen politischen und religiösen Beziehungen*. Bd. 1: *Die religiöse und politische Entwicklung bis zum Marburger Religionsgespräch*, in: QFRG 6, Leipzig 1924; Bd. 2: *Vom Beginn der Marburger Verhandlungen 1529 bis zum Abschluß der Wittenberger Konkordie von 1536*, ebd 7, Gütersloh 1953.

Das Marburger Religionsgespräch 1529. Versuch einer Rekonstruktion, hg. von Walther Köhler, in: SVRG 148, Leipzig 1929.

Ernst Bizer, *Studien zur Geschichte des Abendmahlsstreits im 16. Jahrhundert*, in: BFChTh II, 46, Gütersloh 1940, Neudr. Darmstadt 1962.

Hans Grass, *Die Abendmahlslehre bei Luther und Calvin*, in: BFChTh II, 47, 2. Aufl. Gütersloh 1954.

Ernst Kinder, "'Realpräsenz' und 'Repräsentation'. Feststellungen zu Luthers

Abendmahlslehre", in: ThLZ 84, 1959, 881-894.

Hermann Sasse, *This is my body. Luther's Contention for the Real Presence in the Sacrament of the Altar*, Minneapolis, Minnesota, 1959.

Das Marburger Religionsgespräch 1529, hg. von Gerhard May, in: TKTG 13, Gütersloh 1970.

Hartmut Hilgenfeld, *Mittelalterlich-traditionelle Elemente in Luthers Abendmahlsschriften*, in: SDGSTh 29, Zürich 1971.

Frido Mann, *Das Abendmahl beim jungen Luther*, in: BÖT 5, München 1971.

Gottfried Hoffmann, *Sententiae Patrum—das patristische Argument in der Abendmahlskontroverse zwischen Oekolampad, Zwingli, Luther und Melanchthon*, Diss. theol. Heidelberg 1972.

Eberhard Grötzinger, *Luther und Zwingli. Die Kritik an der mittelalterl. Lehre von der Messe als Wurzel des Abendmahlsstreites*, Zürich/Köln/Gütersloh 1980. Thomas Kaufmann, *Die Abendmahlstheologie der Straßburger Reformatoren bis 1528*, in: BHTh 81, Tübingen 1992.

Bernhard Lohse, *Luthers Theologie in ihrer historischen Entwicklung und in ihrem systematischen Zusammenhang*, Göttingen 1995, 187-195.

율법 폐기론 논쟁

Ragnar Bring, *Gesetz und Evangelium und der dritte Brauch des Gesetzes in der lutherischen Theologie*, Helsinki 1943.

Wilfried Joest, *Gesetz und Freiheit. Das Problem des tertius usus legis bei Luther und die neutestamentliche Paränese*, (1951) 4. Aufl. Göttingen 1968.

Rudolf Hermann, *Zum Streit um die Überwindung des Gesetzes. Erörterungen zu Luthers Antinomerthesen*, Weimar 1958.

Gerhard Heintze, *Luthers Predigt von Gesetz und Evangelium*, in: FGLP 10, XI, München 1958.

Joachim Rogge, *Johann Agricolas Lutherverständnis unter besonderer Berücksichtigung des Antinomismus*, in: ThA 14, Berlin 1960.

Joachim Rogge, 'Art. Agricola, Johann', in: TRE 2, 1978, 110-118.

Steffen Kjeldgaard-Pedersen, *Gesetz, Evangelium und Buße. Theologie-geschichtliche Studien zum Verhältnis zwischen dem jungen Johann Agricola (Eisleben) und Martin Luther*, in: AThD 16, Leiden 1983.

Ernst Koch, 'Johann Agricola neben Luther. Schülerschaft und theologische Eigenart', in: AWA 5, Köln/Wien 1984, 131-150.

유대인에 대한 루터의 입장

Reinhold Lewin, *Luthers Stellung zu den Juden. Ein Beitrag zur Geschichte der Juden in Deutschland während des Reformationszeitalters*, in: NSGTK 10, Berlin 1911, Neudr. Aalen 1973 (여전히 기본적인 문헌이다).

Martin Stöhr, 'Luther und die Juden', in: EvTh 20, 1960, 157-182.

Carl Cohen, 'Die Juden und Luther', in: ARG 54, 1963, 38-51.

Carl Cohen, 'Luther and his Jewish Contemporaries', in: Jewish Social Studies 25, 1963, 195-204.

Kurt Meier, 'Zur Interpretation von Luthers Judenschriften', in (Meier): *Kirche und Judentum. Die Haltung der evangelischen Kirche zur Judenpolitik des Dritten Reiches*, in: AGK.E 7, Göttingen 1968, 127-153.

Joachim Rogge, 'Luthers Stellung zu den Juden', in: Luther 40, 1969, 13-24.

Johannes Brosseder, *Luthers Stellung zu den Juden im Spiegel seiner Interpreten. Interpretation und Rezeption von Luthers Schriften und Äußerungen zum Judentum im 19. und 20. Jahrhundert vor allem im deutschsprachigen Raum*, in: BÖT 8, München 1972.

Johannes Peter Boendermaker, 'Der Graben war noch sehr tief. Martin Luthers zwiespältiges Verhältnis zum Judentum', in: LM 18, 1979, 585-589.

Heiko A. Oberman, *Wurzeln des Antisemitismus. Christenangst und Judenplage im Zeitalter von Humanismus und Reformation*, Berlin 1981.

Bernhard Lohse, *Luthers Theologie in ihrer historischen Entwicklung und in ihrem systematischen Zusammenhang*, Göttingen 1995, 356-367.

Erwin Mülhaupt, 'Vergängliches und Unvergängliches an Luthers Papstkritik', in: LuJ 26, 1959, 56-74.

Kurt Reumann, *Das antithetische Kampfbild. Beiträge zur Bestimmung seines Wesens und seiner Wirkung*, Diss. phil. Freie Universität Berlin 1964.

Karl Holl, 'Luthers Urteile über sich selbst', in (Holl): *Gesammelte Aufsätze zur Kirchengeschichte*, Bd. 1, 7. Aufl. Tübingen 1948, 381-419.

Hans Frhr. v. Campenhausen, 'Reformatorisches Selbstbewußtsein und reformatorisches Geschichtsbewußtsein bei Luther 1517-1522', in (ders.): *Tradition und Leben. Kräfte der Kirchengeschichte. Aufsätze und Vorträge*, Tübingen 1960, 318-342.

Martin Schmidt, 'Luthers Schau der Geschichte', in: LuJ 30, 1963, 17-69.

Helmar Junghans, 'Initia Gloriae Lutheri', (1980) in (Junghans): *Der junge Luther und die Humanisten*, Weimar/Göttingen 1984, 288-318.

Martin Brecht, "Der 'Schimpfer' Martin Luther", in: Luther 52, 1981, 97-113.

Bernhard Lohse, 'Luthers Selbsteinschätzung', (1985) in (Lohse): *Evangelium in der Geschichte. Studien zu Luther und der Reformation*, hg. von Leif Grane, Bernd Moeller und Otto Hermann Pesch, Göttingen 1988, 158-175.

Martin Brecht, *Luther als Schriftsteller. Zeugnisse seines dichterischen Gestaltens*, Stuttgart 1990.

Bernhard Lohse, 'Luthers Selbstverständnis', in: Wartburg-Jahrbuch (Sonderband 1996), 44-62.

IV. 루터의 저작

언어사에서 루터의 위치

Arnold E. Berger, *Martin Luther in kulturgeschichtlicher Darstellung*, 2. Teil. 2. Hälfte: *Luther und die deutsche Kultur*, Wittenberg 1919.

Gustav Bebermeyer, 'Stand und Aufgaben der sprachgeschichtlichen

Lutherforschung', in: LuJ 13, 1931, 69-82.

Heinrich Bach, *Laut - und Formenlehre der Sprache Luthers*, Kopenhagen 1934.

Johannes Erben, *Grundzüge einer Syntax der Sprache Luthers. Vorstudien zu einer Luther-Syntax, zugleich ein Beitrag zur Geschichte der deutschen Hochsprache und zur Klärung der syntaktischen Grundfragen*, in: Deutsche Akademie der Wissenschaften zu Berlin 2, Berlin 1954.

Erwin Arndt, *Luthers deutsches Sprachschaffen. Ein Kapitel aus der deutschen Nationalsprache und ihrer Ausdrucksformen*, in: Wissenschaftliche Taschenbücherei 3, Berlin 1962.

Emil Skála, *Die Entwicklung der Kanzleisprache in Eger (1310-1660). Zur Entstehung der deutschen Schriftsprache*, in: Acta Universitatis Carolinae 1962. Philologica 2, Germanistica Pragensia II, Prag 1962.

Otto Mann, 'Luthers Anteil an der Gestaltung der neuhochdeutschen Schriftsprache und Literatur', in: Luther 34, 1963, 8-19.

Friedrich Depken, 'Martin Luther und die deutsche Sprache. Zum 450 jährigen Gedächtnis an den Tag der Reformation', in: Muttersprache 77, 1967, 321-332.

Werner Besch, 'Zur Entstehung der neuhochdeutschen Schriftsprache', in: ZDP 87, 1968, 405-426.

Gerhard Ising, *Zur Wortgeographie spätmittelalterlicher deutscher Schriftdialekte. Eine Darstellung auf der Grundlage der Wortwahl von Bibelübersetzungen und Glossaren*, 2 Teile, in: Veröffentlichungen des Instituts für Sprache und Literatur der Deutschen Akademie der Wissenschaften zu Berlin 38, 1 und 2, Berlin 1968.

Ilpo Tapani Piirainen (Hg.), *Zur Entstehung des Neuhochdeutschen*, in: Europäische Hochschulschriften R. 1: Deutsche Literatur und Germanistik 61, Bern 1973.

Heinrich Bach, *Handbuch der Luthersprache. Laut - und Formenlehre in Luthers Wittenberger Drucken bis 1545*, Teil 1: *Vokalismus*, Kopenhagen 1974.

Johannes Erben, 'Luther und die neuhochdeutsche Schriftsprache', in: *Deutsche Wortgeschichte*, hg. von Friedrich Maurer und Hein Rupp, Bd. 1, 3. Aufl, Berlin/New York 1974, 509-581 (=Grundriß der germanischcn Philologie 17 I).

Herbert Wolf, *Martin Luther. Eine Einführung in germanistische Luther-Studien*, in: Sammlung Metzler, Stuttgart 1980.

Luthers Deutsch. Sprachliche Leistung und Wirkung, hg. von Herbert Wolf, in: Dokumentation Germanistischer Forschung 2, Frankfurt/M 1996.

문학사에서 루터의 위치

Carl Franke, *Grundzüge der Schriftsprache Luthers in allgemeinverständlicher Darstellung*, 3 Bde., 2. Aufl. Halle 1913-1922, Neudr. Hildesheim 1973.

Otto Clemen, *Die lutherische Reformation und der Buchdruck*, in: SVRG 167, Leipzig 1939.

Heinz Otto Burger, 'Luther als Ereignis der Literaturgeschichte', in: LuJ 24, 1957, 86-101, abgedr. in: *Martinus Luther. 450 Jahre Reformation*, 2. Aufl. Bad Godesberg 1970, 123-138.

Heinrich Bornkamm, 'Luther als Schriftsteller' (1965), abgedr. in (Bornkamm): *Luther. Gestalt und Wirkungen*, in: SVRG 188, Gütersloh 1975, 39-64.

Bernhard Lohse, 'Luther als Disputator', (1963) in (Lohse): *Evangelium in der Geschichte. Studien zu Luther und der Reformation*, hg. von Leif Grane, Bernd Moeller und Otto Hermann Pesch, Göttingen 1988, 250-264.

Kurt Ihlenfeld, *Angst vor Luther?*, Witten-Berlin 1967.

Birgit Stolt, "Luther sprach 'mixtim vernacula lingua'", in: ZDP 88, 1969, 432-435.

Birgit Stolt, *Studien zu Luthers Freiheitstraktat mit besonderer Rücksicht auf das Verhältnis der lateinischen und der deutschen Fassung zueinander und die Stilmittel der Rhetorik*, in: Acta Universitatis Stockholmiensis, Stockholmer germanistische Forschungen 6, Stockholm 1969.

Almut Agnes Meyer, *Heilsgewißheit und Endzeiterwartung im deutschen*

Drama des 16. Jahrhunderts. Untersuchungen über die Beziehungen zwischen geistlichem Spiel, bildender Kunst und den Wandlungen des Zeitgeistes im lutherischen Raum, in: Heidelberger Forschungen H. 18, Heidelberg 1976.

Heinz Scheible, 'Reform, Reformation, Revolution. Grundsätze Zur Beurteilung der Flugschriften', in: ARG 65, 1974, 108-134.

Heinz Bluhm, *Studies in Luther-Lutherstudien*, Bern/Frankfurt/New York 1987.

Ute Mennecke-Haustein, *Luthers Trostbriefe*, in: QFRG 56, Gütersloh 1989.

Martin Brecht, *Luther als Schriftsteller. Zeugnisse seines dichterischen Gestaltens*, Stuttgart 1990.

루터와 수사학

Reinhard Breymayer, "Bibliographie zum Thema 'Luther und die Rhetorik'", in: Linguistica Biblica 21/22, 1973, 39-44.

Ulrich Nembach, *Predigt des Evangeliums. Luther als Prediger, Pädagoge und Rhetor*, Neukirchen-Vluyn 1972. Kritisch dazu: Gerhard Krause, ThLZ 99, 1974, 271-275.

Klaus Dockhorn, 'Luthers Glaubensbegriff und die Rhetorik. Zu Gerhard Ebelings Buch *Einführung in theologische Sprachlehre*', in: Linguistica Biblica 21/22, 1973, 19-39.

Susi Hausammann, 'Die Rhetorik im Dienst der reformatorischen Schrift-auslegung', in: KuD 20, 1974, 305-314 (주로 Heinrich Bullinger에 관해).

Dieter Gutzen, "'Es liegt alles am wort'—Überlegungen zu Luthers Rhetorik", in: *Rhetorik zwischen den Wissenschaften: Geschichte, System, Praxis als Probleme des Historischen Wörterbuchs der Rhetorik*, hg. von Gert Ueding, Tübingen 1991, 229-235.

Gabriele Schmidt-Lauber, 'Luthers Vorlesung über den Römerbrief 1515/1516. Ein Vergleich zwischen Luthers Manuskript und den studentischen Nachschriften', in: AWA 6, Köln/Weimar/Wien 1994, 37-39.

Wilhelm Walther, *Die ersten Konkurrenten des Bibelübersetzers Luther*, Leipzig 1917.

Wilhelm Walther, *Luthers deutsche Bibel*. FS Zur Jahrhundertfeier der Reformation, Berlin 1917, 2. Aufl. 1918.

Adolf Risch, *Luthers Bibelverdeutschung*, in: SVRG 135, Leipzig 1922.

Gustav Roethe, 'Luthers Septemberbibel', in: LuJ 5, 1923, 1-21.

Hans Schmidt, 'Luthers Übersetzung des 46. Psalms', in: LuJ 8, 1926, 98-119.

Emanuel Hirsch, *Luthers deutsche Bibel. Ein Beitrag zu ihrer Durchsicht*, Weimar 1928.

Hermann Wolfgang Beyer, 'Luthers Bibelübersetzung', in: ThR NF 1, 1929, 313-360.

Adolf Risch, 'Luthers Formgebung in seiner Bibelverdeutschung', in: ZW 5, 1, 1929, 532-548.

Georg Baesecke, *Die Sprache der Lutherbibel und wir*, in: HUR 53, Halle 1932.

Georg Buchwald, *400 Jahre deutsche Lutherbibel*, Stuttgart 1934.

Hans Vollmer, 'Die deutsche Bibel', in: LuJ 16, 1934, 27-50.

Georg Bruchmann, 'Luther als Bibelverdeutscher in seinen Wartburgpostillen', in: LuJ 17, 1935, 111-131.

Hermann Dippelt, 'Hatte Luthers Verdeutschung des Neuen Testaments den griechischen Text zur Grundlage?', in: ARG 38, 1941, 300-330.

Heinrich Bornkamm, 'Die Vorlagen zu Luthers Übersetzung des Neuen Testaments' (1947), in (Bornkamm): *Luther. Gestalt und Wirkungen*, in: SVRG 188, Gütersloh 1975, 65-73.

Heinz Bluhm, 'Bedeutung und Eigenart der Lutherbibel', in: CTM 33, 1962, 587-594.

Heinz Bluhm, *Martin Luther—Creative Translator*, St. Louis/MO. 1965.

Heinz Bluhm, 'The Literary Quality of Luthers's Septembertestament', in: PMLA LXXXI, 1966, 327-333.

Heinz Bluhm, 'The Sources of Luther's Septembertestament: Galatians', in:

Luther for an Ecumenical Age. Essays in Commemoration of the 450th Anniversary of the Reformation, hg. von Carl S. Meyer, St. Louis/MO. 1967, 144-171.

Kurt Erich Schöndorff, Die Tradition der deutschen Psalmenübersetzung. Untersuchungen zur Verwandtschaft und Übersetzungstradition der Psalmenverdeutschung zwischen Notker und Luther, in: Mitteldeutsche Forschungen 46, Köln/Graz 1967.

Siegfried Raeder, 'Voraussetzungen und Methode von Luthers Bibelübersetzung', in: Geist und Geschichte der Reformation. Festgabe Hanns Rückert zum 65. Geburtstag, in: AKG 38, Berlin 1966, 152-178.

Maurice E. Schild, Abendländische Bibelvorreden bis zur Lutherbibel, in: QFRG 39, Gütersloh 1970.

Heinz Bluhm, 'Bedeutung und Eigenart von Luthers Septembertestament. Eine Analyse von Römer 3,19-31', in: LuJ 39, 1972, 55-79.

D. Martin Luther, Die gantze Heilige Schrifft Deutsch, Wittenberg 1545, hg. von Hans Volz unter Mitarbeit von H. Blanke, München 1972 (루터의 성경 번역 과정 및 개정의 역사에 대한 훌륭한 개관 포함).

Winfried Kolb, Die Bibelübersetzung Luthers und ihre mittelalterlichen deutschen Vorgänger im Urteil der deutschen Geistesgeschichte von der Reformation bis zur Gegenwart, Saarbrücken 1972.

Sönke Hahn, Luthers Übersetzungsweise im Septembertestament von 1522. Untersuchungen zu Luthers Übersetzung des Römerbriefs im Vergleich mit Übersetzungen vor ihm, in: Hamburger philologische Studien 29, Hamburg 1973 (=Diss. theol. Hamburg 1972).

Ingo Nöther, Luthers Übersetzungen des zweiten Psalms. Ihre Beziehungen zur Übersetzungs- und Auslegungstradition, zur Theologie Luthers und zur Zeitgeschichte, in: Hamburger philologische Studien 41, Hamburg 1976 (=Diss. theol. Hamburg 1975).

Hans Volz, Martin Luthers deutsche Bibel. Entstehung und Geschichte der Lutherbibel in mehr als 400 Bibeln, hg. von Henning Wendland, Hamburg

1978.

Bernhard Lohse, 'Die Aktualisierung der christlichen Botschaft in Luthers Bibelübersetzung', (1980) in (Lohse): *Evangelium in der Geschichte. Studien zu Luther und der Reformation*, hg. von Leif Grane, Bernd Moeller und Otto Hermann Pesch, Göttingen 1988, 177-193.

설교자 루터

Emanuel Hirsch, 'Luthers Predigtweise', in: Luther 25, 1954, 1-23.

Emanuel Hirsch, 'Gesetz und Evangelium in Luthers Predigten', in: Luther 25, 1954, 49-60.

Joachim Schildt, 'Zur Sprachform der Predigten und Tischreden Luthers', in: BGDS(H) 92, 1970, 137-150.

기타

Frieder Schulz, *Die Gebete Luthers. Edition, Bibliographie und Wirkungsgeschichte*, in: QFRG 44, Gütersloh 1976.

Hans-Ulrich Delius, 'Zu Luthers historischen Quellen', in: LuJ 42, 1975, 71-125.

V. 루터 신학 연구 입문

루터 신학 서술 방법론에 관한 문제

Theodosius Harnack, *Luthers Theologie mit besonderer Beziehung auf seine Versöhnungs- und Erlösungslehre*, 2 Bde. 1862-1886, Neudr. München 1927.

Julius Köstlin, *Luthers Theologie in ihrer geschichtlichen Entwicklung und ihrem inneren Zusammenhange*, 2 Bde. 1863, 2. Aufl. Stuttgart 1901. Neudr. Darmstadt 1968.

Karl Holl, *Gesammelte Aufsätze zur Kirchengeschichte*, Bd. 1 Luther, 7. Aufl. Tübingen 1948.

Reinhold Seeberg, *Lehrbuch der Dogmengeschichte*, Bd. IV 1, 4. Aufl. Leipzig 1933, Neudr. Darmstadt 1953 u.ö.

Erich Seeberg, *Luthers Theologie. Motive und Ideen*. Bd. 1: *Die Gottes-anschauung*, Göttingen 1929; Bd. 2: *Christus. Wirklichkeit und Urbild*, Stuttgart 1937 (mehr nicht erschienen).

Erich Seeberg, *Luthers Theologie in ihren Grundzügen*, Stuttgart 1940, Neudr. 1950.

Johannes v. Walter, *Die Theologie Luthers*, Gütersloh 1940.

Walther v. Loewenich, *Luthers Theologia Crucis*, München 1929, 6. Aufl. Witten 1982.

Philip S. Watson, *Um Gottes Gottheit. Eine Einführung in Luthers Theologie*, (engl. *Let God be God*, 1947), übers. v. Gerhard Gloege, 2. Aufl. Berlin 1967.

Emanuel Hirsch, *Lutherstudien*, 2 Bde., Gütersloh 1954.

Gerhard Ebeling, 'Art. Luthers Theologie', in: RGG 4, 1960, 495-520.

Rudolf Hermann, *Gesammelte Studien zur Theologie Luthers und der Reformation*, Göttingen 1960.

Ernst Wolf, *Peregrinatio {I}. Studien zur reformatorischen Theologie und zum Kirchenproblem*, (1954) 2. Aufl. München 1962 (그중에서 특히 30-80쪽 의 'Die Christusverkündigung bei Luther' 참조); *Peregrinatio II. Studien zur reformatorischen Theologie, zum Kirchenrecht und zur Sozialethik*, München 1965.

Paul Althaus, *Die Theologie Martin Luthers*, Gütersloh 1962, 7. Aufl. 1994.

Paul Althaus, *Die Ethik Martin Luthers*, Gütersloh 1965.

Gerhard Ebeling, *Luther. Einführung in sein Denken*, Tübingen 1964.

Lennart Pinomaa, *Sieg des Glaubens. Grundlinien der Theologie Luthers*, bearb. u. hg. v. Horst Beintker, Göttingen 1964.

Kjell Ove Nilsson, *Simul. Das Nebeneinander von Göttlichem und Mensch-lichem in Luthers Theologie*, in: FKDG 17, Göttingen 1966.

Friedrich Gogarten, *Luthers Theologie*, Tübingen 1967.

Rudolf Hermann, *Luthers Theologie*, Göttingen 1967.

Ulrich Asendorf, *Gekreuzigt und Auferstanden. Luthers Herausforderung an die moderne Christologie*, in: AGTL 25, Hamburg 1971.

Hans Joachim Iwand, *Luthers Theologie*, München 1974.

Reinhold Weier, *Das Theologieverständnis Martin Luthers*, in: KKTS 36, Paderborn 1976.

Marc Lienhard, *Martin Luthers christologisches Zeugnis. Entwicklung und Grundzüge seiner Christologie* (franz. *Luther témoin de Jésus-Christ*, 1973), Göttingen 1980.

Bernhard Lohse, 'Dogma und Bekenntnis in der Reformation: Von Luther bis zum Konkordienbuch', in: *Handbuch der Dogmen- und Theologiegeschichte*, hg. von Carl Andresen, Bd. 2, Göttingen 1964, 1-164.

Jaroslav Pelikan, *The Christian Tradition. A History of the Development of Doctrine*, Vol. 4: *Reformation of Church and Dogma*, Chicago 1984.

Ulrich Asendorf, *Die Theologie Martin Luthers nach seinen Predigten*, Göttingen 1988.

Albrecht Peters, *Kommentar zu Luthers Katechismen*, hg. von Gottfried Seebaß, 5 Bde., Göttingen 1990-1994.

Aliser E. McGrath, *Luther's Theology of the Cross. Martin Luther's Theological Breakthrough*, Oxford 1990.

Karl-Heinz zur Mühlen, 'Art. Martin Luther (1483-1546). II. Theologie', in: TRE 21, 1991, 530-567.

Scott Hendrix, 'Art. Luthers Theologie', in: EKL 3. Aufl., 3, 1992, 211-220.

Bernhard Lohse, *Luthers Theologie in ihrer historischen Entwicklung und in ihrem systematischen Zusammenhang*, Göttingen 1995.

초기 루터

Karl August Meißinger, *Luthers Exegese in der Frühzeit*, Leipzig 1911.

Hans Joachim Iwand, *Rechtfertigungslehre und Christusglaube. Eine Untersuchung zur Systematik der Rechtfertigungslehre Luthers in ihren Anfängen*, Leipzig 1930, Neudr. Darmstadt 1961.

Hans Thimme, *Christi Bedeutung für Luthers Glauben. Unter Zugrundelegung des Römerbrief- , des Hebräerbrief- , des Galaterbriefkommentars von 1531 und der Disputationen*, Gütersloh 1933.

Paul Vignaux, *Luther, Commentateur des Sentences*, Paris 1935.

Axel Gyllenkrok, *Rechtfertigung und Heiligung in der frühen evangelischen Theologie Luthers*, in: UUA 1952, 2, Uppsala-Wiesbaden 1952.

Horst Beintker, *Die Überwindung der Anfechtung bei Luther. Eine Studie zu seiner Theologie nach den Operationes in Psalmos 1519-1521*, Berlin 1954.

Albert Brandenburg, *Gericht und Evangelium. Zur Worttheologie in Luthers erster Psalmenvorlesung*, in: KKTS 4, Paderborn 1960.

Bernhard Lohse, *Mönchtum und Reformation. Luthers Auseinandersetzung mit dem Mönchsideal des Mittelalters*, in: FKDG 12, Göttingen 1963.

Hans Hübner, *Rechtfertigung und Heiligung in Luthers Römerbriefvorlesung*, Witten 1965.

Dorothea Demmer, *Lutherus Interpres. Der theologische Neuansatz in seiner Römerbriefexegese unter besonderer Berücksichtigung Augustins*, Witten 1968.

Reinhard Schwarz, *Vorgeschichte der reformatorischen Bußtheologie*, in: AKG 41, Berlin 1968.

Gerhard Ebeling, *Lutherstudien*, Bd. 1, Tübingen 1971 (초기 루터의 해석학에 대한 몇 가지 연구).

Karl-Heinz zur Mühlen, *Nos extra nos. Luthers Theologie zwischen Mystik und Scholastik*, in: BHTh 46, Tübingen 1972.

Scott H. Hendrix, *Ecclesia in Via. Ecclesiological Developments in the Medieval Psalms Exegesis and the Dictata Super Psalterium of Martin Luther*, in: SMRT 8, Leiden 1974.

Lief Grane, *Modus Loquendi Theologicus. Luthers Kampf um die Erneuerung der Theologie (1515-1518)* in: AThD 12, Leiden 1975.

Martin Brecht, 'Beobachtungen über die Anfänge von Luthers Verhältnis zur

Bibel', in: *Text-Wort-Glaube. Studien zur Überlieferung und Autorisierung biblischer Texte*. Kurt Aland gewidmet, hg. von Martin Brecht, in: AKG 50, Berlin/New York 1980, 234-254.

Martin Brecht, 'Randbemerkungen in Luthers Ausgaben der *Deutsch Theologia*', in: LuJ 47, 1980, 11-32.

Karl-Heinz zur Mühlen, 'Mystik des Wortes', in: ZW 52, 1981, 205-225.

Reinhard Schwarz, 'Mystischer Glaube—die Brautmystik Martin Luthers', in: ZW 52, 1981, 193-205.

Markus Wriedt, *Gnade und Erwählung. Eine Untersuchung zu Johann von Staupitz und Martin Luther*, in: VIEG 141, Mainz 1991.

Gabriele Schmidt-Lauber, *Luthers Vorlesung über den Römerbrief 1515/1516. Ein Vergleich zwischen Luthers Manuskript und den studentischen Nachschriften*, in: AWA 6, 1994.

Hubertus Blaumeiser, *Martin Luthers Kreuzestheologie. Schlüssel zu seiner Deutung von Mensch und Wirklichkeit. Eine Untersuchung anhand der Operationes in Psalmos (1519-1521)*, in: KKTS 60, Paderborn 1995.

종교개혁 신학의 돌파

Heinrich Denifle, *Luther und Luthertum*, Bd. I und I,2 Mainz 1904/1905 (Auszug bei B. Lohse, *Der Durchbruch* ······).

Karl Holl, 'Die iustitia Dei in der vorlutherischen Bibelauslegung des Abendlandes', in (Holl): *Gesammelte Aufsätze zur Kirchengeschichte*, Bd. 3, Tübingen 1928, 171-188.

Ernst Stracke, *Luthers großes Selbstzeugnis über seine Entwicklung zum Reformator, historisch-kritisch untersucht*, in: SVRG 140, Leipzig 1926 (Auszug bei B. Lohse, *Der Durchbruch* ······).

Hermann Wendorf, *Der Durchbruch der neuen Erkenntnis Luthers im Lichte der handschriftlichen Überlieferung*, in: HV 27, 1932, 134-144, 285-327.

Erich Vogelsang, *Die Anfänge von Luthers Christologie nach der ersten Psalmenvorlesung, insbesondere in ihren exegetischen und systematischen*

Zusammenhängen mit Augustin und der Scholastik dargestellt, in: AKG 15, Berlin-Leipzig 1929.

Heinrich Bornkamm, 'Luthers Bericht über seine Entdeckung der iustitia dei', in: ARG 37, 1940, 117-128.

Heinrich Bornkamm, 'Iustitia dei in der Scholastik und bei Luther' (1942), in (Bornkamm): *Luther. Gestalt und Wirkungen*, in: SVRG 188, Gütersloh 1975, 95-129.

Unras Saarnivaara, *Luther discovers the Gospel: new Light upon Luther's way from medieval Catholicism to evangelical faith*, St. Louis, MO 1951.

Ernst Bizer, *Fides ex auditu. Eine Untersuchung über die Entdeckung der Gerechtigkeit Gottes durch Martin Luther*, (1958), 3. Aufl. Neukirchen 1966 (Auszug bei B. Lohse, *Der Durchbruch* ······).

Heinrich Bornkamm, 'Zur Frage der Iustitia Dei beim jungen Luther', in: ARG 52, 1961, 15-29; 53, 1962, 1-59 (abgedr. bei B. Lohse, *Der Durchbruch* ······).

Regin Prenter, *Der barmherzige Richter. Iustitia dei passiva in Luthers Dictata super Psalterium 1513-1515*, in: Acta Jutlandica XXXIII, 2, Kopenhagen 1961 (Auszug bei B. Lohse, *Der Durchbruch* ······).

Kurt Aland, *Der Weg zur Reformation. Zeitpunkt und Charakter des reformatorischen Erlebnisses Martin Luthers*, in: TEH NF 123, München 1965 (Auszug bei B. Lohse, *Der Durchbruch* ······).

Heiko A. Oberman, "'Iustitia Christi' and 'Iustitia Dei'. Luther and the Scholastic Doctrines of Justification", engl. in: HThR 59, 1966, 1-26 (dt. bei B. Lohse, *Der Durchbruch* ······).

Otto Hermann Pesch, 'Zur Frage nach Luthers reformatorischer Wende. Ergebnisse und Probleme der Diskussion um Ernst Bizer, Fides ex auditu', in: Cath(M) 20, 1966, 216-243, 264-280 (abgedr. bei B. Lohse, *Der Durchbruch* ······).

Bernhard Lohse, 'Luthers Auslegung von Ps. 71 (72), 1 und 2 in der ersten Psalmenvorlesung', in: *Vierhundertfünfzig Jahre lutherische Reformation*

1517-1967. FS Franz Lau, Göttingen 1967, 191-203 (abgedr. bei B. Lohse, *Der Durchbruch·····Neuere Unters.*).

Matthias Kroeger, *Rechtfertigung und Gesetz. Studien zur Entwicklung der Rechtfertigungslehre beim jungen Luther*, in: FKDG 20, Göttingen 1968 (Auszug bei B. Lohse, *Der Duchbruch·····Neuere Unters.*).

Der Durchbruch der reformatorischen Erkenntnis bei Luther, hg. von Bernhard Lohse, in: WdF 123, Darmstadt 1968.

Ole Modalsli, 'Luthers Turmerlebnis 1515', in: STL 22, 1968, 51-91 (abgedr. bei B. Lohse, *Der Durchbruch·····Neuere Unters.*).

Um Reform und Reformation. Zur Frage nach dem Wesen des "Reformatorischen" bei Martin Luther. Mit Beiträgen von Joseph Lortz, Hubert Jedin, Walther von Loewenich, Wilhelm Kasch. Erwin Iserloh, Peter Manns, Remigius Bäumer, hg. von August Franzen, in: KLK 27/28, Münster 1968.

Rolf Schäfer, 'Zur Datierung von Luthers reformatorischer Erkenntnis', in: ZThK 66, 1969, 151-170 (abgedr. bei B. Lohse, *Der Durchbruch·····Neuere Unters.*). Oswald Bayer, *Promissio. Geschichte der reformatorischen Wende in Luthers Theologie*, in: FKDG 24, Göttingen 1971 (Auszug bei B. Lohse, *Der Durchbruch·····Neuere Unters.*).

Beate Köster, 'Bemerkungen zum zeitlichen Ansatz des reformatorischen Durchbruchs bei Martin luther', in: ZKG 86, 1975, 208-214.

Martin Brecht, 'Iustitia Christi. Die Entdeckung Martin Luthers', in: ZThK 74, 1977, 179-223 (abgedr. bei B. Lohse, *Der Durchbruch·····Neuere Unters.*).

Otto Hermann Pesch, "Neuere Beiträge zur Frage nach Luthers 'Reformatorischer Wende'", in: Cath(M) 37, 1983, 259-287; 38, 1984, 66-133 (abgedr. bei B. Lohse, *Der Durchbruch·····Neuere Unters.*).

Joachim Mehlhausen, 'Die reformatorische Wende in Luthers Theologie', in: *Martin Luther im Spiegel heutiger Wissenschaft*, hg. von Knut Schäferdiek, Bonn 1985, 15-32 (abgedr. bei B. Lohse, *Der Durchbruch·····Neuere Unters.*).

Reinhard Staats, "Augustins 'De spiritu et littera' in Luthers reformatorischer Erkenntnis", in: ZKG 98, 1987, 28-47 (abgedr. bei B. Lohse, *Der Durchbruch·····Neuere Unters.*).

Der Durchbruch der reformatorischen Erkenntnis bei Luther. Neuere Untersuchungen, hg. von Bernhard Lohse, in: VIEG Beih. 25, Stuttgart 1988.

VI. 루터 신학의 관점과 문제

성경 이해

Heinrich Bornkamm, *Luther und das Alte Testament*, Tübingen 1948.

H. Østergaard-Nielsen, *Scriptura sacra et viva vox. Eine Lutherstudie*, in: FGLP 10, X, München 1957.

Rudolf Hermann, *Von der Klarheit der Schrift. Untersuchungen und Erörterungen über Luthers Lehre von der Schrift in De servo arbitrio*, Berlin 1958.

Jaroslav Pelikan, *Luther the Expositor*, in: *Luther's Works*. Companion Volume to the American Edition of Luther's Works, St. Louis, Mo. 1959.

Friedrich Beißer, *Claritas scripturae bei Martin Luther*, in: FKDG 18, Göttingen 1966.

Ernst Wolf, "Über 'Klarheit der Hl. Schrift' nach Luthers *De servo arbitrio*", in: ThLZ 92, 1967, 721-730.

Walter Mostert, 'Scriptura sacra sui ipsius interpres. Bemerkungen zum Verständnis der Heiligen Schrift durch Luther', in: LuJ 46, 1979, 60-96.

이성과 신앙의 관계

Edmund Schlink, 'Weisheit und Torheit', in: KuD 1, 1955, 1-22.

Bengt Hägglund, *Theologie und Philosophie bei Luther und in der occamistischen Tradition. Luthers Stellung zur Theorie von der doppelten Wahrheit*, in: LUA NF Avd. 1, Bd. 51,4, Lund 1955.

Bernhard Lohse, *Ratio und Fides. Eine Untersuchung über die ratio in der Theologie Luthers*, in: FKDG 8, Göttingen 1958.

Brian A. Gerrish, *Grace and Reason. A Study in the Theology of Luther*, Oxford 1962.

Gerhard Ebeling, *Lutherstudien*, Bd. II: *Disputatio de Homine*, 1. Teil, Tübingen 1977.

Gerhard Ebeling, 'Fides occidit rationem. Ein Aspekt der theologia crucis in Luthers Auslegung von Gal 3,6', in: *Theologia crucis—Signum crucis*. Festschrift Erich Dinkler, hg. Carl Andresen und Günter Klein, Tübingen 1979, 97-135.

Karl-Heinz zur Mühlen, *Reformatorische Vernunftkritik und neuzeitliches Denken. Dargestellt am Werk M. Luthers und Fr. Gogartens*, in: BHTh 59, Tübingen 1980.

Rudolf Malter, *Das reformatorische Denken und die Philosophie. Luthers Entwurf einer transzendental-praktischen Metaphysik*, in: Conscientia. Studien zur Bewußtseinsphilosophie Bd. 9, Bonn 1980.

고대 교회의 교리에 대한 입장

Jan Koopmans, *Das altkirchliche Dogma in der Reformation*, München 1955.

Reinhard Schwarz, 'Gott ist Mensch. Zur Lehre von der Person Christi bei den Ockhamisten und bei Luther', in: ZThK 63, 1966, 289-351.

Albrecht Peters, 'Die Trinitätslehre in der reformatorischen Christenheit', in: ThLZ 94, 1969, 561-570.

Dorothea Vorländer, *Deus Incarnatus. Die Zweinaturenlehre Luthers bis 1521*, Witten 1974.

Reiner Jansen, *Studien zu Luthers Trinitätslehre*, in: Basler und Berner Studien zur historischen und systematischen Theologie 26, Bern/Frankfurt 1976.

교회론과 성직 이해

Wilhelm Wagner, 'Die Kirche als Corpus Christi mysticum beim jungen

Luther', in: ZKTh 61, 1937, 29-98.

Klaus Tuchel, 'Luthers Auffassung vom geistlichen Amt', in: LuJ 25, 1958, 61-98.

Regin Prenter, 'Die göttliche Einsetzung des Predigtamtes und das allgemeine Priestertum bei Luther', in: ThLZ 86, 1961, 321-332.

Wilhelm Brunotte, *Das geistliche Amt bei Luther*, Berlin 1959.

Heinz Brunotte, *Das Amt der Verkündigung und das Priestertum aller Gläubigen*, Berlin 1962.

Hellmut Lieberg, *Amt und Ordination bei Luther und Melanchthon*, in: FKDG 11, Göttingen 1962.

Gerhard Heintze, 'Allgemeines Priestertum und besonderes Amt', in: EvTh 23, 1963, 617-646.

Wolfgang Höhne, *Luthers Anschauungen über die Kontinuität der Kirche*, in: AGTL 12, Berlin/Hamburg 1963.

Hubert Jedin, 'Ekklesiologie um Luther', in: FuH 18, Berlin/Hamburg 1968, 9-29.

Joseph E. Vercruysse, *Fidelis populus. Eine Untersuchung über die Ecclesiologie in Martin Luthers Dictata super Psalterium*, in: VIEG 48, Wiesbaden 1968.

Jan Aarts, *Die Lehre Martin Luthers über das Amt in der Kirche. Eine genetisch-systematische Untersuchung seiner Schriften von 1512-1525*, in: SLAG A 15, Helsinki 1972.

Peter Manns, 'Amt und Eucharistie in der Theologie Martin Luthers', in: Peter Bläser (Hg.), *Amt und Eucharistie*, Paderborn 1973, 68-173.

Wolfgang Stein, *Das kirchliche Amt bei Luther*, in: VIEG 73, Wiesbaden 1974.

Gert Haendler, *Amt und Gemeinde bei Luther im Kontext der Kirchengeschichte*, in: AzTh 63, Stuttgart 1979.

Bernhard Lohse, 'Die Einheit der Kirche bei Luther', in: Luther 50, 1979, 10-24.

세속적 권위, 두 왕국론, 국가교회 제도에 관한 문제

Franz Lau, *Äußerliche Ordnung und Weltlich Ding in Luthers Theologie*,

Göttingen 1933.

Harald Diem, *Luthers Lehre von den zwei Reichen*, in: BEvTh 5, München 1938.

Hermann Diem, *Luthers Predigt in den zwei Reichen*, in: TEH NF 6, München 1947.

Gustav Törnvall, *Geistliches und weltliches Regiment bei Luther*, in: FGLP 10, II, München 1947.

Johannes Heckel, *Initia iuris ecclesiastici Protestantium*, in: SBAW phil.-hist. Kl. 1949, 5, München 1950.

Johannes Heckel, *Lex charitatis. Eine juristische Untersuchung über das Recht in der Theologie Martin Luthers*, in: SBAW phil.-hist. Kl. NF 36, München 1953 (dazu Franz Lau, KuD 2, 1956, 76-89); 2. Aufl. Köln/Darmstadt 1973.

Franz Lau, *Luthers Lehre von den beiden Reichen*, 2. Aufl. Berlin 1953.

Paul Althaus, 'Luthers Lehre von den beiden Reichen im Feuer der Kritik', in: LuJ 24, 1957, 40-68.

Johannes Heckel, *Im Irrgarten der Zwei-Reiche-Lehre*, in: TEH NF 55, München 1957.

Heinrich Bornkamm, *Luthers Lehre von den zwei Reichen im Zusammenhang seiner Theologie*, Gütersloh (1958) 3. Aufl. 1969.

Gottfried Forck, *Die Königsherrschaft Jesu Christi bei Luther*, in: ThA 12, Berlin 1959.

Ernst Wolf, 'Königsherrschaft Christi und lutherische Zwei-Reiche-Lehre', in (Wolf): *Peregrinatio II*, München 1965, 207-229.

Hans-Walter Krumwiede, *Zur Entstehung des landesherrlichen Kirchenregimentes in Kursachsen und Braunschweig-Wolfenbüttel*, in: SKGNS 16, Göttingen 1967.

Heinz-Horst Schrey (Hg.), *Reich Gottes und Welt. Die Lehre Luthers von den zwei Reichen*, in: WdF 107, Darmstadt 1969.

Friedrich Beißer, 'Zur Deutung von Luthers Zwei-Reiche-Lehre', in: KuD 16, 1970, 229-241.

Hermann Dörries, 'Luther und das Widerstandsrecht', in (Dörries): *Wort und Stunde*, Bd. 3, Göttingen 1970, 195-270.

Ulrich Duchrow, *Christenheit und Weltverantwortung. Traditionsgeschichte und systematische Struktur der Zweireichelehre*, in: FBSEG 25, Stuttgart 1970.

Gunther Wolf (Hg.), *Luther und die Obrigkeit*, in: WdF 85, Darmstadt 1972.

Ulrich Duchrow und Heiner Hoffmann (Hgg.), *Die Vorstellung von Zwei Reichen und Regimenten bis Luther*, in: TKTG 17, Gütersloh 1972.

Gerhard Sauter (Hg.), *Zur Zwei-Reiche-Lehre Luthers*, in: TB 49, München 1973.

Ulrich Duchrow, Wolfgang Huber und L. Reith (Hgg.), *Umdeutungen der Zweireichelehre Luthers im 19. Jahrhundert*, in: TKTG 21, Gütersloh 1975.

Gerhard Ebeling, 'Leitsätze zur Zweireichelehre', in (ders.): *Wort und Glaube*, Bd. 3, Tübingen 1975, 574-592.

Karl Trüdinger, *Luthers Briefe und Gutachten an weltliche Obrigkeiten zur Durchführung der Reformation*, in: RGST 111, Münster 1975.

Wolfgang Günter, *Martin Luthers Vorstellung von der Reichsverfassung*, in: RGST 114, Münster 1976.

Ulrich Duchrow, 'Zweireichelehre als Ideologie. Folgenreiche Umdeutungen Luthers im 19. Jahrhundert', in: LM 14, 1975, 296-300.

Trutz Rendtorff, 'Dokumentation als Kirchenpolitik?' in: ZEE 20, 1976, 64-70 (Rezension von Duchrow, *Umdeutungen*······).

Ulrich Duchrow und Wolfgang Huber, 'Kirchenpolitik durch Polemik? Antikritik zu Trutz Rendtorffs Kritik an einer Textsammlung zur Zwei-Reiche-Lehre', in: ZEE 20, 1976, 144-153.

Ulrich Duchrow, *Die Ambivalenz der Zweireichelehre in lutherischen Kirchen des 20. Jahrhunderts*, in: TKTG 20, Gütersloh 1976.

Gerhard Müller, 'Luthers Zwei-Reiche-Lehre in der deutschen Reformation', in: *Denkender Glaube*. Festschrift für Carl Heinz Ratschow, hg. Otto

Kaiser, Berlin-New York 1976, 49-69.

Ulrich Duchrow (Hg.), *Zwei Reiche und Regimente. Ideologie oder evangelische Orientierung? Internationale Fall- und Hintergrundstudien zur Theologie und Praxis lutherischer Kirchen im 20. Jahrhundert*, in: SEE 13, Gütersloh 1977.

Martin Honecker, *Sozialethik zwischen Tradition und Vernunft*, Tübingen 1977.

Martin Honecker, 'Zur gegenwärtigen Interpretation der Zweireichelehre', in: ZKG 89, 1978, 150-162.

Christian Walther, 'Hat die Lehre von den zwei Reichen noch einen Sinn?' in: Luther 49, 1978, 15-24.

Rainer Postel, 'Obrigkeitsdenken und Reformation in Hamburg', in: ARG 70, 1979, 169-201 (특히 종교개혁 이전의 세속 권력 이해).

역사 이해

Ernst Schäfer, *Luther als Kirchenhistoriker*, Gütersloh 1897.

Hans-Walter Krumwiede, *Glaube und Geschichte in der Theologie Luthers. Zur Entstehung des geschichtlichen Denkens in Deutschland*, in: FKDG 2, Göttingen 1952.

Heinz Zahrnt, *Luther deutet Geschichte. Erfolg und Mißerfolg im Licht des Evangeliums*, München 1952.

Martin Schmidt, 'Luthers Schau der Geschichte', in: LuJ 30, 1963, 17-69.

John M. Headley, *Luther's View of Church History*, New Haven-London 1963.

John M. Headley, *Luther and the Fifth Lateran Council*, in: ARG 64, 1973, 55-78.

Hans-Ulrich Delius, 'Zu Luthers historischen Quellen', in: LuJ 42, 1975, 71-125.

Reinhard Schwarz, 'Die Wahrheit der Geschichte im Verständnis der Wittenberger Reformation', in: ZThK 76, 1979, 159-190.

VII. 루터 해석의 역사

전체적 개관

Heinrich Boehmer, *Luther im Lichte der neueren Forschung*, (1906) 5. Aufl.
   Leipzig/Berlin 1918.

Horst Stephan, *Luther in den Wandlungen seiner Kirche*, (1907) 2. Aufl. Berlin
   1951.

Heinrich Bornkamm, *Luther im Spiegel der deutschen Geistesgeschichte*, (1955)
   2. Aufl. Göttingen 1970.

특별한 연구들

Heinrich Denifle, *Luther und Luthertum in der ersten Entwicklung quellen-
   mäßig dargestellt*, 2 Bde., Mainz 1904-1909 (die 1. Abt. des 1. Bandes noch
   1904 in verb. 2. Aufl.; die 2. Abt. 1906 ebenso wie der 2. Band 1909 von A. M.
   Weiss bearb.).

Hartmann Grisar, *Luther*, 3 Bde., 2. Aufl. Freiburg 1911/1912.

Friedrich Loofs, 'Die Jahrhundertfeier der Reformation an den Universitäten
   Wittenberg und Halle 1617, 1717 und 1817', in: ZVKGS 14, 1917, 1-68.

Emanuel Hirsch, *Fichtes, Schleiermachers und Hegels Verhältnis zur
   Reformation*, Göttingen 1930, abgedr. in (ders.): *Lutherstudien*, Bd. 2,
   Gütersloh 1954, 121-168.

Otto Wolf, *Die Haupttypen der neueren Lutherdeutung*, Stuttgart 1938.

Adolf Herte, *Das katholische Lutherbild im Bann der Lutherkommentare des
   Cochläus*, 3 Bde., Münster 1943.

Ernst Walter Zeeden, *Martin Luther und die Reformation im Urteil des
   deutschen Luthertums. Studien zum Selbstverständnis des lutherischen
   Protestantismus von Luthers Tode bis zum Beginn der Goethezeit*, 2 Bde.,
   Freiburg 1950-1952.

Walther v. Loewenich, *Luther und Lessing*, in: SGV 232, Tübingen 1960.

Gottfried Hornig, *Die Anfänge der historisch-kritischen Theologie. Johann*

Salomo Semlers Schriftverständnis und seine Stellung zu Luther, in: FSThR 8, Göttingen 1961.

Erich Beyreuther, 'Theologia crucis. Zinzendorf und Luther', in (ders.): Studien zur Theologie Zinzendorfs. Gesammelte Aufsätze, Neukirchen-Vluyn 1962, 235-247.

Walther v. Loewenich, Luther und der Neuprotestantismus, Witten 1963.

Wandlungen des Lutherbildes, hg. von Karl Forster, in: SBKAB 36, Würzburg 1966.

Otto H. Pesch, 'Abenteuer Lutherforschung. Wandlungen des Lutherbildes in katholischer Theologie', in: Die neue Ordnung in Kirche, Staat und Gesellschaft 20, 1966, 417-430.

August Bernhard Hasler, Luther in der katholischen Dogmatik. Die Darstellung seiner Rechtfertigungslehre in den katholischen Dogmatikbüchern, in: BÖT 2, München 1967.

Hans-Gerhard Koch, Luthers Reformation in kommunistischer Sicht, Stuttgart 1967.

Interpreters of Luther. Essays in Honor of Wilhelm Pauck, hg. von Jaroslav Pelikan, Philadelphia/PA 1968.

Richard Stauffer, Die Entdeckung Luthers im Katholizismus. Die Entwicklung der katholischen Lutherforschung seit 1904 bis zu Vatikan II., in: ThSt(B) 96, Zürich 1968.

Walter Beyna, Das moderne katholische Lutherbild, in: Koinonia 7, Essen 1969.

Paul Seifert, 'Schleiermacher und Luther', in: Luther 40, 1969, 51-68.

Lutz Winckler, Martin Luther als Bürger und Patriot. Das Reformationsjubiläum von 1817 und der politische Protestantismus des Wartburgfestes, in: Historische Studien 408, Lübeck/Hamburg 1969.

Martin Bogdahn, Die Rechtfertigungslehre Luthers im Urteil der neueren katholischen Theologie. Möglichkeiten und Tendenzen der katholischen Lutherdeutung in evangelischer Sicht, in: KiKonf 17, Göttingen 1971.

Kurt Aland, Martin Luther in der modernen Literatur. Ein kritischer Dokumentarbericht, Witten/Berlin 1973.

Abraham Friesen, *Reformation and Utopia. The Marxist Interpretation of the Reformation and its Antecedents*, in: VIEG 71, Wiesbaden 1974.

Gerhard Philipp Wolf, *Das neuere französische Lutherbild*, in: VIEG 72, Wiesbaden 1974.

Hans-Jürgen Schönstädt, *Antichrist, Weltheilsgeschehen und Gottes Werkzeug. Römische Kirche, Reformation und Luther im Spiegel des Reformations-jubiläums 1617*, in: VIEG 88, Wiesbaden 1978.

Johannes Wallmann, 'Karl Holl und seine Schule', in: ZThK Beiheft 4, 1978, 1-33.

Ulrich Michael Kremer, *Die Reformation als Problem der amerikanischen Historiographie*, in: VIEG 92, Wiesbaden 1978.

Karl-Heinz zur Mühlen, *Reformatorische Vernunftkritik und neuzeitliches Denken, dargestellt am Werk M. Luthers und F. Gogartens*, in: BHTh 59, Tübingen 1980.

Hans-Jürgen Schönstädt, 'Das Reformationsjubiläum 1617. Geschichtliche Herkunft und geistige Prägung', in: ZKG 93, 1982, 5-57.

Hans-Jürgen Schönstädt, 'Das Reformationsjubiläum 1717. Beiträge zur Geschichte seiner Entstehung im Spiegel landesherrlicher Verordnungen', in: ZKG 93, 1982, 58-118.

Wichmann von Meding, 'Jubel ohne Glauben? Das Reformationsjubiläum 1817 in Württemberg', in: ZKG 93, 1982, 119-160.

Gottfried Maron, 'Luther 1917. Beobachtungen zur Literatur des 400. Reformationsjubiläums', in: ZKG 93, 1982, 177-221.

Gottfried Maron, "Luther und die 'Germanisierung des Christentums'. Notizen zu einer fast vergessenen These", in: ZKG 94, 1983, 313-337.

Hans Düfel, 'Das Lutherjubiläum 1883', in: ZKG 95, 1984, 1-94.

Helmar Junghans, 'Initia Gloriae Lutheri', (1980) in (ders.): *Der junge Luther und die Humanisten*, Weimar/Göttingen 1984, 288-318.

Heinz-Hermann Brandhorst, *Lutherrezeption und bürgerliche Emanzipation.*

Studien zum Luther- und Reformationsverständnis im deutschen Vormärz (1815-1848) unter besonderer Berücksichtigung Ludwig Feuerbachs, Göttingen 1981.

스웨덴 학자들의 루터 해석

Gustaf Aulén, *Das christliche Gottesbild in Vergangenheit und Gegenwart*, Gütersloh 1930.

Gustaf Aulén, *Den kristna försoningstanken. Huvudtyper och brytningar*, Stockholm 1930.

Gustaf Aulén, *Christus Victor. An Historical Study of the Three Main Types of the Idea of the Atonement*, London 1950.

Anders Nygren, *Eros und Agape*, 2 Bde., in: Studien des apologetischen Seminars 28-29, Gütersloh 1930-1937.

Anders Nygren, *Die Versöhnung als Gottestat*, in: Studien der Lutherakademie H. 5, Gütersloh 1932.

Gustaf Törnvall, *Geistliches und weltliches Regiment bei Luther*, in: FGLP 10, II, München 1947.

Gustaf Wingren, *Gott und Mensch bei Karl Barth*, in: Luthertum H. 2, Berlin 1951.

Gustaf Wingren, *Luthers Lehre vom Beruf*, in: FGLP 10, III, München 1952.

Gunnar Hillerdal, *Gehorsam gegen Gott und Menschen. Luthers Lehre von der Obrigkeit und die moderne evangelische Staatsethik*, Stockholm/Göttingen 1955.

David Löfgren, *Die Theologie der Schöpfung bei Luther*, in: FKDG 10, Göttingen 1960.

Kjell Ove Nilsson, *Simul. Das Miteinander von Göttlichem und Menschlichem in Luthers Theologie*, in: FKDG 17, Göttingen 1966.

핀란드 학자들의 루터 해석

Thesaurus Lutheri. Auf der Suche nach neuen Paradigmen der Luther-Forschung.

Referate des Luther-Symposiums in Finnland 11.-12. November 1986, in:
SLAG A 24, Helsinki 1987.

Tuomo Mannermaa, *Der im Glauben gegenwärtige Christus. Rechtfertigung und Vergottung. Zum ökumenischen Dialog*, in: AGTL N.F.8, Hannover 1989.

Luther und Theosis. Vergöttlichung als Thema der abendländischen Theologie. Referate der Fachtagung der Luther-Akademie Ratzeburg in Helsinki 30. 3.-2. 4. 1989, in: SLAG A 25, Helsinki und Erlangen 1990.

Simo Peura, *Mehr als ein Mensch? Die Vergöttlichung als Thema der Theologie Martin Luthers von 1513 bis 1519*, Helsinki 1990.

Friedrich Beisser, 'Zur Frage der Vergöttlichung (theosis) bei Martin Luther', in: KuD 39, 1993, 266-281.

Ulrich Asendorf, 'Das Wort Gottes bei Luther im sakramentalen Zusammenhang patristischer Theologie. Systematische und ökumenische Überlegungen zu Luthers Schrift *Daß diese Worte Christi* (1527)', in: KuD 39, 1993, 31-47.

Steffen Kjeldgaard-Pedersen, 'Der finnische Beitrag zur heutigen Lutherforschung', in: *Nordiskt Forum för Studiet av Luther och Lutherisk Teologi 1*, hg. von Tuomo Mannermaa, in: SLAG 28, Helsinki 1993, 7-23.

Luther und Ontologie. Das Sein Christi im Glauben als strukturierendes Prinzip der Theologie Luthers. Referate der Fachtagung des Instituts für Systematische Theologie der Universität Helsinki in Zusammenarbeit mit der Luther-Akademie Ratzeburg in Helsinki 1.-5. 4. 1992, hg. von Anja Ghiselli, Kari Kopperi und Rainer Vinke, in: SLAG 31, Helsinki und Erlangen 1993.

로마 가톨릭의 새로운 루터 해석

Joseph Lortz, *Die Reformation in Deutschland*, 2 Bde., 1. Aufl. Freiburg 1939/1940, 6. Aufl. in einem Bd. Freiburg 1982.

Adolf Herte, *Das katholische Lutherbild im Bann der Lutherkommentare des*

Cochläus, 3 Bde., Münster 1943.

Werner Beyna, *Das moderne katholische Lutherbild*, in: Koinonia 7, Essen 1969.

Erwin Iserloh, *Geschichte und Theologie der Reformation im Grundriß*, Paderborn 1980.

Albert Brandenburg, *Gericht und Evangelium. Zur Worttheologie in Luthers erster Psalmenvorlesung*, in: KKTS 4, Paderborn 1960.

Stephan Pfürtner, *Luther und Thomas im Gespräch. Unser Heil zwischen Gewißheit und Gefährdung*, Heidelberg 1961.

Max Seckler, *Das Heil in der Geschichte. Geschichtstheologisches Denken bei Thomas von Aquin*, München 1964.

Otto Hermann Pesch, 'Existentielle und sapientiale Theologie. Hermeneutische Erwägungen zur systematisch-theologischen Konfrontation zwischen Luther und Thomas von Aquin', in: ThLZ 92, 1967, 731-742.

Otto Hermann Pesch, *Theologie der Rechtfertigung bei Martin Luther und Thomas von Aquin: Versuch eines systematisch-theologischen Dialogs*, in: WSAMA.T 4, (1967), 2. Aufl. Mainz 1985.

Otto Hermann Pesch, 'Die Frage nach Gott bei Thomas von Aquin und bei Luther', in: Luther 41, 1970, 1-25.

Michael Basse, *Certitudo spei. Thomas von Aquins Begründung der Hoffnungs-gewißheit und ihre Rezeption bis zum Konzil von Trient als ein Beitrag zur Verhältnisbestimmung von Eschatologie und Rechtfertigungslehre*, in: FSÖTh 69, Göttingen 1993.

Hubertus Blaumeiser, *Martin Luthers Kreuzestheologie—Schlüssel zu seiner Deutung von Mensch und Wirklichkeit. Eine Untersuchung anhand der Operationes in Psalmos (1519-1521)*, in: KKTS 60, Paderborn 1995.

주

제3판 서문, 옮긴이의 글

1 Bernhard Lohse, *Martin Luther: An Introduction to His Life and Work*, trans. by Robert C. Schultz, Edinburgh: T. & T. Clark, 1986.

2 *Luther im Lichte der neueren Forschung*, 1. Aufl. 1906, 5. Aufl. 1918.

3 [이 책은 한국어로 『마르틴 루터의 신학: 역사적, 조직신학적 연구』(정병식 옮김, 한국신학연구소, 2002)라는 제목 아래 번역되었다].

4 [본 역서는 제2판의 제5부, "루터 신학의 관점과 문제"도 번역해 실었다].

I. 루터의 시대와 세계

1 Ritter, 83.

2 Rabe, *Reich und Glaubensspaltung*, 150.

3 Blaschke, *Sachsen im Zeitalter der Reformation*, 39.

4 ["잔"을 뜻하는 라틴어 *calix*에서 유래하였다].

5 ["두 종류로"를 뜻하는 라틴어 *sub utraque specie*에서 유래하였다].

6 ["Tabor"라는 그들의 요새의 이름에서 유래하였다].

II. 루터의 생애에 대한 관점 및 질문의 개관

1 [자유 7학예(sieben freie Künste): 문법, 수사학, 논리학, 산술학, 기하학, 음악, 천문학].

2 Cl 1,57,5-33; WA 1,557,33-558,15.

3 이에 대해 뵈머와 보른캄의 간단한 언급을 참조하라. Heinrich Boehmer, *Luther im Lichte neueren Forschung*, 4. Aufl. Leipzig/Berlin 1917, 158-162; Heinrich Bornkamm, *Martin Luther in der Mitte seines Lebens*, Göttingen 1979, 489-498.

4 II 574.

5 I 383.

6 II 295.

7 II 21.

8 Erikson, 236.

9 ZKG 90, 1979, 85-95.

10 브레히트는 이렇게 생각한다. Brecht, I, 77.

11 제5부 3장을 참조하라.

12 1525년 6월 16일, 요아힘 카메라리우스(Joachim Camerarius)에게 보낸 서신.

13 Cl 6 Nr.79,12f.; WA Br 3 Nr.900,8.

14 제3부 8장을 참조하라.

15 제3부 10장 3항을 참조하라.

16 제3부 10장 1항을 참조하라.

III. 당대의 논쟁에서 루터의 역할

1 이에 대해 Rainer Wohlfeil, *Einführung in die Geschichte der deutschen Reformation*, 1982를 참조하라.

2 Cl 5,379,5f.; WA 1,354,21f.; Cl 5,388,33-389,10; WA 1,362,21-34. cf. Cl 1,128,29-38; WA 1,613,21-28.

3 Helmar Junghans, *Martin Luther*. Studienausgabe, Bd. 1, Berlin 1979, 186-218; 또한 철학적 논제들에 관해 다음을 참조하라. WA 59,405-426, 1983.

4 WA 2,36,26-30.

5 1518년 12월 18일 벤첼 링크(Wenzel Link)에게 보낸 루터의 서신을 참조하라. WA Br 1 Nr.121.

6 WA 59,466,1048-1054.

7 WA 59,466,1061-467,1070.

8 Cl 7,366,3-6; WA 10 III,9,10-13.

9 WA Br 2 Nr.312,15f.

10 Cl 2,302,35f.; WA 8,679,26f.

11 Cl 2,379,36-380,2; WA 11,265,5-7.

12 Cl 2,365,27-30; WA 11,250,18-20.

13 Cl 2,366,8-16; WA 11,251,1-10.

14 Cl 2,366,21-23; WA 11,251,15-18.

15 요하네스 발만(Johannes Wallmann)은 이렇게 주장한다.

16 헤이꼬 오브르만(Heiko A. Oberman)은 이렇게 주장한다.

17 Siegfried Bräuer, in: *Thomas Müntzer-Anfragen an Theologie und Kirche*, 1977, 71.

18 Cl 3,317,18-318,2; WA 19,623,20-22.

19 Cl 3,318,4-6; WA 19,623,24-26.

20 Cl 3,319,17-24; WA 19,625,3-9.

21 Cl 3,319,37-39; WA 19,625,21-24.

22 Cl 3,325; WA 19,632.

23 Cl 3,331,34f.; WA 19,639,24-26.

24 Cl 3,336,15f.; WA 19,645,9f.

25 1516년 10월 19일 게오르크 슈팔라틴(Georg Spalatin)에게 보낸 서신. Cl 6 Nr.2; WA Br 1 Nr.27.

26 Ib 10.

27 Ia 4.

28 *Hyperaspist*. I, ed. Leswowsky, 1969, 272.

29 Cl 3,101,20-29; WA 18,606,22-29.

30 이에 대해 다음을 참조하라. Harry J. McSorley, *Luthers Lehre vom unfreien Willen*, 1967.

31 Cl 3,210,41-211,5; WA 18,715,17-716,1.

32 Cl 3,177,34-39; WA 18,685,19-24.

33 Cl 3,178,2-4; WA 18,685,27f.

34 Cl 3,291,23-294,4; WA 18,786,3-20.

35 CR 90,807,11-14.

36 [수년 후 1546년에 발생한 슈말칼덴 전쟁 때, 실제로 필리프는 황제에 의해 투옥된다].

37 Cl 1,496,18f.; WA 6,559,20f.

38 Cl 5,288,31-37; WA 56,478,26-32. 1516.

39 제3부 4장을 참조하라.

40 본문: *Die evangelischen Kirchenordnungen des 16. Jahrhunderts*, hg. von E. Sehling, Bd. 1, 1902, 33ff.

41 WA 26,197,15-29.

42 WA 26,200,29-34.

43 *Zur Entstehung des landesherrl. Kirchenregiments*, 1967, 52.

44 Cl 5,242,11; WA 56,274,14.

45 WA 57 I zur Stelle Röm. 4,7을 참조하라.

46 Cl 4,321.

47 Cl 4,322,1-13; WA 51,469,3-16.

48 Cl 4,322,16-21; WA 51,469,19-24.

49 WA 7,835,1-5.

50 Cl 4,325,19f.; WA 51,472,16f.

51 예를 들어, Cl 4,325,27; WA 51,472,24.

52 Cl 4,344,6f.; WA 51,510,23f.

53 Cl 4,338,35-339,11; WA 51,498,23-499,20.

54 Cl 4,339,8f.; WA 51,498,33-499,17.

55 Cl 4,339,26; WA 51,500,18f.

56 Cl 4,346,20; WA 51,515,27.

57 Cl 4,343,12; WA 51,508,23.

58 Cl 4,340,29; WA 51,502,23f.

59 Cl 4,345,11; WA 51,512,28f.

60 Cl 4,361,21-35; WA 51,542,28-543,28.

61 [교황이] 그리스제국으로부터 신성로마제국을 취하여 그 제국을 독일에게 주었다
는 주장으로서, 이를 근거로 교황은 독일인의 복종을 요구했다].

62 Cl 1,422,1-425,17; WA 6,462,12-465,21.

63 WA 54, Bildbeigaben.

64 유대인에 관한 루터의 저술의 제목은 아래 제4부 1장 7(12)항을 참조하라.

65 제2부 5장 8항을 참조하라.

66 Cl 6 Nr.14 S. 22,24; WA Br 1 Nr.202,35.

67 Cl 2,308,5-17; WA 8,685,4-15.

68 Cl 2,333,27-32; WA 10 II,40,7-12.

69 Cl 1,20,26-32; WA 1,528,27-31.

70 WA 30 III,386,14-387,4.

71 Cl 7,369,31-370,1; WA 10 III,18,14-19,7.

72 Cl 1,3,11-16; WA 1,233,1-9.

73 Cl 6 Nr.255,6-12; WA Br 5 Nr.1635,6-12. 1530년 7월 9일, 요나스(Justus Jonas)에게 보낸 서신.

Ⅳ. 루터의 저작

1 WA 50,657,2f.

2 WA 50,660,31-661,3.

3 M. Brecht, *Luther als Schriftsteller*, 1990, 22-37.

4 Bornkamm, 55.

5 Bornkamm, 59.

6 [약 35-95년 고대 로마의 위대한 웅변가].

7 WA 39 I, II.

8 Gerhard Hammer, *Militia Franciscana seu militia Christi.* 새로 발견된 1519년 10월 3일과 4일, 작센의 프란체스코회 대표들과 비텐베르크 대학교의 신학부 교수들 간의 토론 회의록, in: ARG 69, 1978, 51-81; 70, 1979, 59-105; Neuedition: WA 59,606-697 (1983).

9 WA DB 3-5.

10 WA Br 9 Nr.3629 Beilage를 참조하라.

11 이에 대해 Kurt Aland, *Hilfsbuch zum Lutherstudium*, 3. Aufl. 1970, Nr.754의 인명록을 참조하라.

12 WA 2,386f.

13 WA 49,278f.

14 *Luthers Glaube*, 1917, 160; Neuausgabe 1964, 144.

15 예를 들어, 다음을 참조하라. Cl 1,213,34; WA 6,63,3. Cl 1,227,22; WA 6,202,2.

16 Cl 2,300,2-8; WA 8,676,4-10.

17 Cl 2,310,20-25; WA 8,687,21-26.

18 Cl 2,360,5; WA 11,245,6.

19 Cl 2,404,1-19; WA 12,11,3-20.

20 이에 대해 다음을 참조하라. Luise Klein, *Die Bereitung zum Sterben. Studien*

zu den frühen reformatorischen Sterbebüchern, Diss. theol. Göttingen 1959
(masch.-schr.); Werner Goez, "Luthers 'Ein Sermon von der Bereitung zum
Sterben' und die mittelalterliche ars moriendi", in: LuJ 48, 1981, 97-114.

21 Cl 1,165,13-22; WA 2,689,3-11.

22 Cl 1,173,18-24; WA 2,697,14-21.

23 Cl 1,166,27f.; WA 2,690,16f.

24 Cl 6 Nr.54 S. 103,21-105,11; WA Br 2 Nr.455,39-85.

25 Neudr. 1975, 73.

26 [북부 및 서북부 독일에서 사용되는 독일어 방언].

27 [스위스 및 남서부 독일에서 사용되는 고지 독일어].

28 제4부 1장 7(20)항을 참조하라.

29 WA DB 10 I,400f.

30 WA 40 III,502,4f.

31 ebd., 497-503.

32 Cl 5에 나오는 발췌문.

33 Cl 5; 더 좋은 본문은 Studienausgabe 1, 1979, 186-218에서 볼 수 있다.

34 본문: W. Köhler (Hg.), Dokumente zum Ablaßstreit von 1517, 2. Aufl. 1934;
   알브레히트의 면죄부[면벌부] 지침은 훌륭하게 편집된 CCath 41, 1988, 224-293
   에서 두 개의 번역본으로 볼 수 있다.

35 Cl 1,53-58; WA 1,554-558.

36 이에 대해 다음을 참조하라. J. Heckel, Initia iuris ecclesiastici Protestantium, in:
   SBAW phil.-hist. Kl. 1949, 5, 1950.

37 이에 대해 다음을 참조하라. E. Iserloh, Der Kampf um die Messe in den ersten
   Jahren der Auseinandersetzung mit Luther, in: KLK 10, 1952.

38 Cl 2,11,6-9; WA 7,21,1-4.

39 다음과 비교하라. Cl 2,257,31-35; WA 8,632,39-633,4.

40 제3부 4장 3항을 참조하라.

41 G. Fabiunke.

42 Max Weber.

43 Cl; WA 18,336-343에는 수록되어 있지 않다.

44 제3부 4장 4항과 비교하라.

45 제3부 5장 1-5항을 참조하라.

46 이 논문에 대한 개관을 독일어 번역본으로 공부하는 데 가장 좋은 자료는 B. Jordahn in Mü Erg 1이다. H. J. Iwand (ebd.)의 해설도 도움이 될 것이다. 이 논 문의 구조에 대해서는 K. Schwarzwäller, *Theologia crucis*, 1970, 자유의지 문 제에 대한 논의의 역사에 대해서는 H. J. McSorley, *Luthers Lehre vom unfreien Willen*, 1967이 유용한 자료이다.

47 Cl 3,507-515; WA 26,499-509.

48 특별히 요하네스 마이어(Johannes Meyer, *Historischer Kommentar zu Luthers kleinem Katechismus*, 1929)와 알브레히트 페터스(Albrecht Peters, *Kommentar zu Luthers Katechismen*, 5 Bde., 1990-1994)의 훌륭한 연구를 참조하라.

49 Cl 4,104,1f.; WA 30 II,268,15f.

50 Cl 4,104,18f.; WA 30 II,269,20.

51 Cl 6에 루터의 서신이, 그리고 WA Br 5에는 상대편의 서신도 포함되어 있다.

52 BSLK 433,7f.

53 제3부 10장 2항을 참조하라.

54 WA 39 I,485,16-24, G. Ebeling, *Wort und Glaube*, 1960, 50-68. [루터의 율 법 이해에 세 번째 용법의 개념이 있는지에 관해 다양한 논의가 있다. 루터교 신 앙고백서에는 세 번째 용법을 명시하고 있지만, 저자는 루터의 이 용법을 부인하 는 입장이다].

55 그 주제와 전승사에 대한 에벨링의 광범위한 연구를 참조하라. G. Ebeling, *Lutherstudien*, II 1-3, 1977-1989.

V. 루터 신학 연구 입문

1 [옮긴이의 글에서 밝혔듯이, 제2판은 제5부, "루터 신학의 관점과 문제"에서 루 터 신학의 주요 주제들을 요약적으로 소개한다. 제3판에서 생략된 이 부분을 본 역서의 제6부에 삽입하였다].

2 제3부 11장을 참조하라.

3 Cl 3,101,23-28; WA 18,606,24-28.

4 Cl 3,508-511; WA 26,500-505.

5 특별히 WA 39 II에 나오는 토론, "말씀이 육신이 되었다"(*Verbum caro factum est*, 11. 1. 1539, WA 39 II,1-33)와 "그리스도의 신성과 인성에 대하여"(*De divinitate et*

humanitate Christi, 28. 2. 1540, WA 39 II,92-121)를 참조하라.

6 Cl에는 없지만, Studienausgabe, Bd. 5,456-617; WA 50,509-653에는 수록되어 있다.

7 Cl 1,22,1-8; WA 1,529,33-530,3.

8 *Auctoritas Patrum. Zur Rezeption der Kirchenväter im 15. und 16. Jahrhundert*, hg. von Leif Grane, Alfred Schindler und Markus Wriedt, in: VIEG Beih. 37, Mainz 1993.

9 WA 3,397,9-11,15f. Sch.Ps. 67,14.

10 Cl 5,222,1-6; WA 56,157,2-6. Sch.R. 1,1.

11 Cl 5,222,7-11; WA 56,158,10-14. Sch.R. 1,1.

12 K.-H. zur Mühlen을 참조하라.

13 제3부 2장 2항을 참조하라.

14 WA 2,7,10-14.

15 Johannes Schilling, *Passio Doctoris Martini Luhteri. Bibliographie, Texte und Untersuchungen*, in: QFRG 57, Gütersloh 1989를 참조하라.

16 Cl 6 Nr.251p. 319,9f.; WA Br 5 Nr.1626,13f. 1530년 6월 7일, 츠비카우의 콘라트 코르다투스(Konrad Cordatus)에게 보낸 루터의 서신.

VI. 루터 신학의 관점과 문제

1 [제3판에서 생략된 제2판의 제5부 4장, "성경의 권위" 이하의 항목을 번역해 실었다. 나머지 1-3장은 제3판에 포함되어 있다].

2 WA 50,657,26f.

3 WA 10 I,2,75,6f.

4 *Duae res sunt Deus et scriptura Dei, non minus quam duae res sunt creator et creatura Dei*. Cl 3,101,6-8; WA 18,606,11f.

5 *Tolle Christum e Scripturis, quid amplius in illis invenies?* Cl 3,101,29; WA 18,606,29.

6 ······*ut sit ipsa per sese certissima, facillima, apertissima, sui ipsius interpres, omnium omnia probans, iudicans et illuminans*. WA 7,97,23f.

7 WA Tr 3 Nr.3043a. *Primum caput Genesis totam scripturam in se continet*.

8 Cl 1,234,21-27; WA 6,209,24-30.

9   WA 10 I,1,625,18-626,3.

10 *Scriptura non debet aliter gedeut werden, quam quod homo nihil sit, et solus Christus omnia.* WA 15,527,35-37. 1524년의 설교.

11 WA 17 I,431,2-4. 1525년의 설교.

12 Cl 3,214f.; WA 18,719.

13 WA 9,448,37-449,1.

14 Cl 3,290,7-10; WA 18,784,36-39.

15 G. Ebeling, *Luther. Einführung in sein Denken*, 1964, 291-296.

16 WA 16,143,17-19. 1524-1527년의 출애굽기 설교.

17 Cl 3,200,38-41; WA 18,706,22-24.

18 *Non enim capit ratio, quid sit deus, certissime tamen capit, quid non sit deus.* Cl 2,253,32f.; WA 8,629,26f.

19 *Nisi convictus fuero testimoniis scripturarum aut ratione evidente* (nam neque Papae neque conciliis solis credo, cum constet eos et errasse sepius et sibiipsis contradixisse), *victus sum scripturis a me adductis et capta conscientia in verbis dei, revocare neque possum nec volo quicquam, cum contra conscientiam agere neque tutum neque integrum sit.* WA 7,838,4-8.

20 E. Hirsch, *Lutherstudien*, Bd. 1, 1954, 127f.

21 Cl 2,226,26-32; WA 8,606,30-35.

22 WA 28,608,21-29. 1529년의 신명기 설교.

23 이에 대한 에벨링의 상세한 연구를 참조하라. *Lutherstudien*, Bd. II, 1. Teil, 1977 (Untersuchung zu Luthers *Disputatio de Homine*).

24 WA 19,482,25-483,19.

25 R. Seeberg, *Lehrbuch der Dogmengeschichte*, IV, 1.

26 [루터가 언급한 "gedritts"라는 단어를 굳이 번역하자면, 셋이 하나처럼 활동한다는 의미의 "삼인조"로 옮길 수 있을 것이다].

27 WA 41,270,2-23; 272,1-19; 52,338,1-10.

28 *Articulus trinitatis……est fundatus in sacris literis.* WA 39 II,304,16. 1544년 루터가 지도한 게오르크 마요르(Georg Major)의 박사 논문에 나오는 문장.

29 *Multi sunt in scriptura loci, qui clare testantur esse trinitatem.* WA 39 II,382,6f. Disputation, 1545.

30 *Novi vero testamenti sunt clariora de pluralitate personarum testimonia.* WA 39 II,323,20f. 마요르의 박사 논문.

31 WA 8,149,34-150,4.

32 Cl 3,508,11-17; WA 26,500,27-32.

33 BSLK 414,10-415,3.

34 Cl 2,161,21-23; WA 7,574,29-31.

35 WA 19,232,21-25.

36 WA 23,133,26-28.

37 WA 23,137,31-36.

38 Cl 3,404,33-38; WA 26,339,39-340,2.

39 다음을 참조하라. WA 40 III,209-215.

40 WA 17 II,192,28-30.

41 제3부 5장 1-5항을 참조하라.

42 *Dogmengeschichte des Protestantismus*, Bd. 3, 1926, 16.

43 *Lehrbuch der Dogmengeschichte*, IV, 1, 182.

44 제1부 2장 8항과 제3부 5장 5항을 참조하라.

45 *Morphologie des Luthertums*, Bd. 1, 24; vgl. 19.

46 제3부 5장 4항 이하를 참조하라.

47 WA 39 I,370,12-371,1.

48 H. J. Iwand, *Um den rechten Glauben*. Ges. Aufsätze, 1959, 87-109.

49 제7부 7장 3-4항을 참조하라.

50 W. Elert.

51 WA 31 I,445,3-24.

52 *Die Theologie der Schöpfung bei Luther*, 1960.

53 Löfgren, 83.

54 WA 40 III,221,6ff.

55 제6부 3장 5-7항을 참조하라.

56 WA 5,168,1-8. Zu Ps. 5,12.

57 LuJ 13, 1931, 1-28; *Die Theologie Martin Luthers*, 1962, 109ff.

58 제3부 2장 3항을 참조하라.

59 Cl 1,21,31-35; WA 1,529,23-26.

60 Cl 1,21,7; WA 1,529,3.

61 Cl 1,335,13-19; WA 6,296,38-297,5.

62 Cl 1,333,28ff.; WA 6,295,12ff.

63 Cl 1,339,16f.; WA 6,301,3f.

64 다음을 참조하라. P. Brunner, *Nikolaus von Amsdorf*, 1961.

65 BSLK 430,5-9.

66 P. Brunner, 'Vom Amt des Bischofs', in: ders., *Pro Ecclesia. Ges. Aufs. zur dogm.*
    Theol., Bd. 1, 1962, 264.

67 WA 10 I,1,140,8-17. Kirchenpostille, 1522.

68 *Unica enim perpetua et infallibilis Ecclesiae nota semper fuit Verbum*. WA
    25,97,32f. Jesaja-Vorlesung, 1527-1530.

69 WA 50,628ff.

70 Cl 4,330ff.; WA 51,479ff.

71 Cl 4,333f.; WA 51,487.

72 WA 26,147,13ff. Von der Wiedertaufe an zwei Pfarrherrn, 1528.

73 WA 39 II,167,8-168,1. Promotionsdisputation von Johannes Macchabäus
    Scotus, 1542.

74 WA 6,604,19-38. *Adversus execrabilem Antichristi bullam*, 1520.

75 *Das geistliche Amt bei Luther*, 1959.

76 *Amt und Ordination bei Luther und Melanchthon*, 1962.

77 'Amt und Eucharistie in der Theologie Martin Luthers', in: P. Bläser, *Amt und*
    Eucharistie, 1973.

78 제4부 4장 6항을 참조하라.

79 제6부 4장 7항을 참조하라.

80 국가교회 제도의 발생과 이와 관련된 루터의 역할에 대해 제3부 9장을 참조하라.

81 *Christenheit und Weltverantwortung. Traditionsgeschichte und systematische*
    Struktur der Zweireichelehre, 1970.

82 *Lehrbuch der Dogmengeschichte*, IV, 1, 1933, 340f.

83 ebd.

84 *Geistliches und weltliches Regiment nach Luther*, 1940.

85 *Geistliches und weltliches Regiment bei Luther*, 1947 (schwed. 1940).

86 특별히 다음을 참조하라. *Lex Charitatis*, 1953; *Im Irrgarten der Zwei-Reiche-Lehre*, 1957.

87 특별히 다음을 참조하라. P. Althaus, ThLZ 81, 1956, 129-135; LuJ 24, 1957, 40-68.

88 ebd., 67.

89 *Luthers Lehre von den beiden Reichen*, 1952, 3. Aufl. 1953.

90 *Luthers Lehre von den zwei Reichen im Zusammenhang seiner Theologie*, 1958, 3. Aufl. 1969.

91 ebd., 9.

92 *Wort und Glaube*, 1960, 407-428.

93 ebd., 411.

94 *Die Vorstellung von Zwei Reichen und Regimenten bis Luther*, 1972.

95 *Umdeutungen der Zweireichelehre Luthers im 19. Jahrhundert*, 1975; *Die Ambivalenz der Zweireichelehre in lutherischen Kirchen des 20. Jahrhunderts*, 1976; Duchrows Aufsatz, 'Zweireichelehre als Ideologie. Folgenreiche Umdeutungen Luthers im 19. Jahrhundert', in: LM 14, 1975, 296-300.

96 *Zwei Reiche und Regimente. Ideologie oder evangelische Orientierung? Internationale Fall- und Hintergrundstudien zur Theologie und Praxis lutherischer Kirchen im 20. Jahrhundert*, 1977.

97 H. Kunst; E. Wolgast. Zur Diskussion über Duchrows Publikationen s. besonders T. Rendtorff, ZEE 20, 1976, 64-70; die Antwort von U. Duchrow/W. Huber, ebd., 144-153; M. Honecker, 'Zur gegenwärtigen Interpretation der Zweireichelehre', in: ZKG 89, 1978, 150-162.

98 제3부 11장 1-3항을 참조하라.

99 1533년 3월 5일, 작센 선제후에게 보낸 서신. Cl 6 Nr.54,104,7-11; WA Br 2 Nr.455,50-54.

100 제6부 3장 1항을 참조하라.

101 Cl 2,133-187; WA 7,538-604.

102 WA 50,461-477.

103 WA 50,475f.

104 WA 50,476.

1 H. Stephan, *Luther in den Wandlungen seiner Kirche*, 1907, 2. Aufl. 1951.

2 E. W. Zeeden, *Martin Luther und die Reformation im Urteil des deutschen Luthertums*, 2 Bde., 1950-1952.

3 H. Bornkamm, *Luther im Spiegel der deutschen Geistesgeschichte*, 1955, 2. Aufl. 1970.

4 W. v. Loewenich, *Luther und der Neuprotestantismus*, 1963.

5 이에 대해 특별히 다음을 참조하라. J. Rogge, *Johann Agricolas Lutherverständnis unter besonderer Berücksichtigung des Antinomismus*, in: ThA 14, Berlin 1960.

6 다음을 참조하라. E. W. Zeeden, Bd. 2, 167ff.

7 E. Beyreuther.

8 WA 51,200-264.

9 Holl, 73.

10 ebd.

11 Holl, 467.

12 [Erich Seeberg, *Luthers Theologie. Motive und Ideen*, Bd. 1-2, 1929/1937].

13 조지 윌리엄스(George H. Williams)가 이러한 표현을 사용했다.

VIII. 전집 · 선집, 루터 연구 국제 대회 및 전문 학술지

1 *Hilfsbuch zum Lutherstudium*, bearb. in Verbindung mit Ernst Otto Reichert und Gerhard Jordan, 3. Aufl. Witten 1970.

2 Lutherausgaben, in: TRE 21, 1991, 594-599.

3 ebd. Bd. 2.

4 *Luther's Works*. American Edition, hg. von Jaroslav Pelikan und Helmut T. Lehmann. 첫 서른 권은 세인트루이스의 컨콜디아 출판사(Concordia Publishing House)에 의해, 제31-54권은 필라델피아의 포트리스 출판사(Fortress Press)에 의해 출판되었다. 또한 색인서인 제55권은 1986년 포트리스 출판사에 의해 출판되었다. [미국판 루터 전집을 더 확장하는 프로젝트가 현재 진행 중이다. 지금까지 제58-59, 67-69, 75-79권이 이미 나왔으며, 나머지는 순차적으로 계속 출판할 계획이다].

5 [제9차 루터 연구 국제 대회는 1997년 8월 하이델베르크에서 개최되었으며, 이후 계속해서 몇 년의 간격을 두고 대회를 이어 갔다].

마르틴 루터 연보

1483년   11월 10일, 아이스레벤에서 구리 광산을 경영하는 한스 루더와 안나 루더의 자녀로 태어나다.

1484년   만스펠트로 이사하여 어린 시절을 보내다.

1501년   5월, 에르푸르트 대학교에 입학해 자유 과목 석사과정(Magister Artium)을 공부하다 ("이곳에서 오컴주의의 관점에서 신학과 철학을 교육받는다").

1505년   7월 2일, 만스펠트에서 에르푸르트로 돌아가는 길에, 슈토테른하임에서 강한 폭풍우를 만나고 수도사가 되기로 서원하다.
              7월 17일, 에르푸르트 아우구스티누스 은둔수도회의 검은 수도원에 입회하다.

1510년   11월, 수도원장 슈타우피츠의 명령으로 로마를 방문하다.

1511년   비텐베르크로 이사하여 영구히 거주하다.

1512년   10월, 비텐베르크 대학교에서 신학 박사 학위를 받는 동시에, 성경 강사로 임명되다.

1513년   아우구스티누스 은둔수도회 검은 수도원의 건물 꼭대기 서재에서 성경 연구 중 "탑 체험" 혹은 종교개혁 신학을 새롭게 인식하다.

1517년   10월 31일, 면죄부 판매에 반대해 비텐베르크 성(城) 교회 문에 "95개 논제"를 게시하다("루터의 논제는 놀라울 만큼 신속하게 독일 전역에 알려져 엄청난 반향을 불러일으켰다").

1518년   4월 26일, 하이델베르크에서 열린 교단 총회에서 "하이델베르크 논제"를 발표하다.

1519년   7월, 가톨릭 신학자 요하네스 에크와 "라이프치히 논쟁"을 벌이다("이 논쟁 중에 루터와 로마 간의 갈등은 정점에 도달하였다").

1520년   12월 10일, 교황 레오 10세의 파문 위협 교서("로마 교황은 옳다")를 로마교회 법령집 및 스콜라주의 신학 서적들과 함께 불사르다.

1521년   1월 27일, 보름스 제국 의회가 개최되다.
              5월 4일, 바르트부르크 성으로 피신하여, 신약성경을 번역하다.

1525년   4월, 『평화의 권고, 슈바벤 농민들의 12개 조항에 대한 답변』을 발표하여 농민전쟁에 개입하다("농민전쟁 중에 취한 입장으로 인해, 루터는 이후의 역사에서 독일의 민주주의의 발전을 방해했다는 비난과 오해를 받아 왔다").

1525년   12월, 에라스뮈스의 『자유의지에 대하여』를 반박하는 논문인 『노예의지에 대하여』를 발표하다("에라스뮈스는 바울에 근거한 루터의 종교개혁 신학을 이해하는 데 관심을 두지 않았다……이 논쟁의 결과, 종교개혁 운동은 인문주의와의 뚜렷한 차별성을 드러낸다").

1525년   6월 13일, 수녀 출신 카타리나 폰 보라와 결혼해 여섯 명의 자녀를 두다.

1534년   독일어 성경전서가 출간되다.

1546년   2월 18일, 그가 태어난 아이스레벤에서 63세의 나이로 숨을 거두다. 비텐베르크 성교회에 묻히다.